古詞今語

《荀子》與楊倞注詞彙比較研究

霍生玉 著

上海古籍出版社

　　本書爲國家社科基金項目"《毛詩》古注中的語詞替換與漢語詞彙演變的研究"(編號：18BYY145)階段性成果。

不一樣的視角，一樣的堅守

——序霍生玉《古詞今語——〈荀子〉與楊倞注詞彙比較研究》

劉曉南

　　歷來被稱爲"小學"的中國傳統語言學，其三大構成部分：文字學、音韻學、訓詁學本爲一體。三者之中歷史尤爲悠久、應用尤爲廣泛、對傳統優秀文化傳播的貢獻碩大者，非訓詁莫屬。以典籍詞語詮釋爲核心的訓詁學從最初偶然一見的"泺水者，洪水也"、"楚人謂乳，穀；謂虎，於菟"等，到《爾雅》《毛詩故訓傳》等訓詁專著成書，從漢人揚雄的"語之轉"到晉人楊泉所謂"在金石曰堅，在草木曰緊，在人曰賢"之類音義關聯的考察，到宋人王聖美等人的右文説，一直到清代民國學者的以聲音通訓詁、以語根探文始，數千年的實踐與探索，底蘊深厚。經過 20 世紀西學東漸的洗禮、中西學術的碰撞與交融，在現代科學的話語環境和學術氛圍中脱胎換骨，訓詁學已超越文獻語言詮解的單一範式，邁向漢語詞彙史，成爲了奠定漢語言文字學的一塊堅實基石。

　　改革開放以來的幾十年，老樹新華，生意盎然。詞語古音古義的考釋，古今語詞發展規律的探索，常用詞歷史演變的疏解，研究的創新層出不窮，詞彙史的園地萬紫千紅，一派欣欣向榮。霍生玉同志的新著《古詞今語——〈荀子〉與楊倞注詞彙比較研究》（以下簡稱"霍著"）在如此學術氛圍下出版，恰如萬花園中添新彩，一枝蓓蕾迎春開！

霍著追踪現代語言學發展前沿，在漢語詞彙史的歷史考述和理論建設方面發力，不僅首次系統地研究了先秦典籍《荀子》詞語的音義與形制，對於今天讀者研讀理解《荀子》多有助益，更是通過《荀子》原典與唐代楊倞注疏之間詞彙異同的考察，從一個獨特的視角深入發掘和梳理了漢語詞彙從戰國到唐代之間千餘年來的演變軌迹。這可以從以下三個方面來談。

一是課題設計。霍著看似只是作了一次專書詞語研究，但跟向來專書研究重在定點觀察、描述某一歷史時期詞語的静態表現不同，霍著獨特的視角就在於由點拓展到線，將静態定點的考察擴展爲跨越千年的縱向演變研究。統領全書的基本思路是：誕生於戰國時代的《荀子》，代表先秦某一特定時點的語言；唐人楊倞所作之注釋，代表《荀子》千年之後某一時代的語言。這種爲"釋古今之異言"（郭璞《爾雅》注語）而作的注釋，被注者"古詞"與注釋者"今語"，不正好構成跨越千年的一前一後兩個時點之間詞彙形義變異的鮮活實體嗎？一經如此確認，原本旨在幫助讀者閱讀的注疏文字，其原典語詞與注釋語詞瞬間變身成爲歷史長河之中兩個特定時點的對應形態，昭示了同一語詞形制跨越千年的差異與變化。我們不得不説，將《荀子》中"古詞"與唐代楊倞注中一對一注釋的"今語"詞彙作歷史比較的研究，藉以歸納戰國末期到中唐時代詞彙的差異和發展，進而探求自戰國至唐代約千年之間漢語詞彙歷史演變的某些特點及規律，這種思路自有其合理性，無疑是一種有益的嘗試。

　　二是選材。詞彙形音義的歷史演變一直是漢語史頗爲關注的熱門話題，無論是新詞新義的産生與舊詞舊義的消亡，還是詞形的擴展或詞義的演變，研究者無一不是希望通過不同時代文獻的考索取得在歷史上此消彼長的準確物證。尤其是近幾十年來，得益於大型資料庫，浩繁的語料檢索變得愈益簡明易行，通過海量原材料的歸納來映射詞語的生態變化再也不是夢。隨之而來，對選材"大而全"的追求也就越來越成爲一個普遍的研究範式。霍著卻另闢蹊徑，走相對"小而精"之路，取一種特定古籍及其注釋語料做解剖麻雀的工作。然而"麻雀雖小，五臟俱全"，取材小並不意味着問題少研究難度小，該做的其實一樣都不能少，而且正因爲"小"才要求"準"，正因爲"小"才要求"全"，現代大型資料庫"批量處理"式的檢索在這裏反而缺乏用武之地，手工勞動，一張張卡片收集材料、積累分析方是常態，材料一條條比對、一條條推敲，才可以得出準確的描述。比如霍著討論從上古到中古漢語詞彙雙音化發展的問題：首先，全面考察比對原典及注文，準確獲取了《荀子》及楊注中591組由單音詞發生雙音化擴展的"戰國—唐"古今對應片語，再通過形音義的全面考釋、比對，歸納其間的詞形擴展方式與途徑，確認其中360組是一對一的擴展，231組是一對多的擴展。此外，還統計出《荀子》中複音詞有473個仍爲楊注所沿用，進而製定了"《荀子》與楊倞注單、雙音節詞語對應表"，首次準確提供了《荀子》及楊注中內蘊之詞彙雙音化的全部實例。這些卓有成效的工作告訴我們，在詞彙史的研究中，既要有大軍團的磅礴推進，也需要遊擊隊式的精確出擊。尤其是有時間座標確定的經籍注疏文獻，更需要一本一本窮盡考察、各個突破，爲構建科學的漢語詞彙史宏偉大廈夯實基礎。

三是學術視野。霍著依托傳統訓詁學的深厚積澱，吸收現代詞義學、歷史語言學、認知語言學而且旁及社會、歷史、文化的方方面面。廣闊的學術視野，提供了豐富的語言及歷史文化信息，可謂全方位地展示了歷史語詞的形義演變歷程。比如關於"梁"與"橋"的詞語歷時替換一節，就是一個精彩的例子。現代人習以爲常的"橋"，荀子時代稱爲"梁"，唐人楊倞將《荀子》文中的"梁"注爲"橋"，説明從上古到中古發生了由"梁"到"橋"的常用詞替換。但是，"橋"爲何要替代"梁"，這個替換發生在什麼時候？這些問題可不是只列舉一兩條唐代的注釋就可以説明的。霍著通過繫聯"喬"聲字探求"橋"之語源義爲"高"而並非之前有學者所説的"高而曲"。先秦時代的渡河建築並不強調高於水面，因而斷定戰國以前文獻中並無今天"橋梁"義的"橋"。憑藉豐富的文獻語料，霍著認爲，渡河"橋"一詞的使用應當在秦漢時代隨着高出水面的渡河建築的出現而發生，所引證的論據來自秦漢簡牘以及傳世文獻，至數十種。還不止於此，又采用出土文物，如漢墓畫像石拓圖，引述現代橋梁專家茅以升的《橋梁史話》等，多角度論證了"梁""橋"更替的時代及動因。這種全方位的詞語訓釋，無論怎麼看，其所作所爲都有點像陸游的學詩名句"功夫在詩外"所説的意思，已經超越了純訓詁的範疇，展示出作者的學術視野之廣、掘發學理之深。論證需要推理，如果一個推理有豐富的證據，結論無疑會令人信服。

由此我想到學術研究中人們經常所謂的"小題大作"。是的，大題可以小做，小題可以大做，關鍵在怎麼去做。做得好，還是做得不好，全在於能否下真功夫、大功夫，不忘初心而始終堅持。我以爲，霍著之所以取得佳績，與其鍥而不舍，數十年如一日的學術堅守密切相關。我初識霍生玉是上世紀末。1997 年我到湖南師範大學任教，記得第一次給本科生開《音韻學》的選修課，生玉是這門“令人生畏”課程的少數選課者之一。此後課前課後常有接觸，她的勤奮好學給我很深的印象。不久，生玉繼續讀研深造，畢業論文選擇作《荀子》與楊倞注的訓詁研究。應當説這就是她與《荀子》及楊注語詞研究結緣的開始。雖然碩士畢業之後參加工作，但無論多麼繁忙，研究的腳步從未停止，擴大閲讀，收集資料，一點一滴積累，孜孜不倦，一做就是十來年。2011 年，她以優異成績考入復旦攻讀博士學位。此時，十多年所積累之優勢盡顯，其《荀子》語詞的研究得到長足的進展，從最初一個個詞語的考釋，發展到現在俯瞰千年的演變軌迹，終於登上了又一新的臺階。走筆至此，我良多感慨。其所經歷，屈指算來，二十有餘年矣。鄭板橋詠岩竹詩有云：“咬定青山不放鬆，立根原在破岩中。千磨萬擊還堅勁，任爾東西南北風。”霍著從醖釀到逐步實施到成書出版，其立意之堅、耗時之久、用力之勤、經歷之曲折，雖然算不上“千磨萬擊”，但用“咬定青山”數字來形容，還是貼切的。二十年的堅持，二十年的辛勤，奉上這部著作，難道不是堅韌不拔的“岩竹”精神的真實寫照？

　　我爲霍著叫好，我贊揚這種數十年如一日的堅守。

　　不久前，欣聞生玉申請國家社科項目《〈毛詩〉古注中的語詞替換與漢語詞彙演變的研究》獲得成功。看新的設計框架，格局尤爲恢閎，周文、漢故、唐疏、宋傳，四點一線，雄視兩千餘年。毫無疑問，這又是一次饒有意義的精準出擊。我期待着捷報飛傳的一天！

劉曉南

2019 年 2 月

目　　錄

序 ……………………………………………………… 劉曉南　1

緒　論 …………………………………………………………… 1

　　一　研究對象與語料取舍 …………………………………… 1

　　二　《荀子》與楊倞注介紹 ………………………………… 6

　　三　《荀子》與楊倞注研究 ……………………………… 26

　　四　研究宗旨與方法 ……………………………………… 32

第一章　單音詞：更替與演變 ……………………………… 37

　第一節　詞形更替舉例 …………………………………… 40

　　一　梁/橋 ………………………………………………… 42

　　二　盜、竊/偷 …………………………………………… 56

　　三　漸/浸 ………………………………………………… 73

　　四　相/視 ………………………………………………… 79

　　五　市/買、賣 …………………………………………… 85

　第二節　用法、意義演變舉例 …………………………… 93

　　一　言、説、道、云、談 ………………………………… 93

　　二　行、步、趨、走 …………………………………… 113

　　三　舉、凡、都 …………………………………… 124

　　四　宮、室 ………………………………………… 130

　　五　臭、香 ………………………………………… 135

第三節　演變原因分析 …………………………………… 142

　　一　語源義制約 ………………………………… 143

　　二　構形義影響 ………………………………… 144

　　三　社會經濟發展推動 ………………………… 144

　　四　內部語義調節 ……………………………… 145

第二章　複音詞：衍生與發展 ………………………… 147

第一節　《荀子》單音詞的雙音化 ……………………… 148

　　一　語料的選定 ………………………………… 148

　　二　數量統計 …………………………………… 151

　　三　個案研究舉例 ……………………………… 152

　　　　（一）"理"字詞群 ………………………… 154

　　　　（二）"曲"字詞群 ………………………… 166

　　　　（三）"領"字詞群 ………………………… 175

　　　　（四）"基"字詞群 ………………………… 180

　　　　（五）"縣"字詞群 ………………………… 184

第二節　《荀子》複音詞的詞義發展 …………………… 194

　　一　語料的選定 ………………………………… 194

　　二　沿用數量統計 ……………………………… 195

　　三　詞義發展類型 ……………………………… 199

　　　　（一）義項增加 …………………………… 201

（二）義項減少 …………………… 226

（三）詞義轉移 …………………… 229

第三章　楊倞注複音詞衍生的語用目的分析………… 236

第一節　語用目的原則用於注釋語言研究的適切性 …… 237

第二節　楊注複音詞的産生規律……………………… 240

一　多義限定式 …………………… 241

二　修飾中心詞式 …………………… 244

三　補出中心詞式 …………………… 245

四　補説動作結果式 …………………… 247

五　補出施受者式 …………………… 248

第四章　楊倞注複音詞的構詞理據探究……………… 251

第一節　單音詞意義的發展 ……………… 252

一　多點引申 …………………… 252

二　變讀滋生 …………………… 255

第二節　構詞語素組配與意義整合 ……………… 259

第五章　楊倞注與《漢語大詞典》的修訂 ……………… 265

第一節　釋義疏失例 …………………… 266

一　釋義欠允 …………………… 266

二　義項漏列 …………………… 285

第二節　詞目未收例 …………………… 297

第三節　首引書證滯後例 ……………… 321

　　一　《漢語大詞典》首引書證爲清代例 ……………… 322

　　二　《漢語大詞典》首引書證爲元明例 ……………… 325

　　三　《漢語大詞典》首引書證爲宋代例 ……………… 331

第六章　楊倞注與《荀子》校釋 …………………………… 335

　第一節　疑難字詞考釋 ……………………………… 337

　第二節　方俗語詞訓釋 ……………………………… 341

　第三節　《荀子》文本校勘 ………………………… 346

　第四節　前人注釋的引用 …………………………… 351

結　語 …………………………………………………… 360

引用書目 ………………………………………………… 365

參考書目 ………………………………………………… 372

附錄：《荀子》與楊倞注單、雙音節詞語對應表 ………… 390

後　記 …………………………………………………… 474

緒　　論

一　研究對象與語料取舍

1. 研究對象

荀子處於戰國後期，是繼孟子之後先秦儒學的總結者和集大成者，其書即爲《荀子》。《新唐書·藝文志》：“楊倞注《荀子》二十卷。”（《新唐書》，卷 59/1512①）唐代楊倞《荀子注》（以下簡稱《荀子注》或楊注）是今日所見《荀子》最古注本，也是後世研究《荀子》的必參之本，後人讀《荀子》必讀楊注。四庫館臣贊楊倞注曰“倞注多明古義”，“亦頗詳洽”②。

但楊注的價值卻不僅僅在其首注《荀子》之功，更在於其所蘊含的巨大的語言學價值。晉郭璞撰《爾雅注》，其序云：“夫爾雅者，

---

① 本書標注引文出處的體例是：分冊編排者，冊次和頁碼之間用“-”連接；分卷編排者，卷次和頁碼之間用“/”連接；既分冊又分卷編排者，先是冊次與卷次、頁碼之間用“-”連接，繼而卷次和頁碼之間用“/”連接。另，頁碼後的英文字母表示引文所在欄次。若引文跨頁，則在起止頁碼之間用“～”連接。例如：“《新唐書》，卷 59/1512～1513”，指引文出自《新唐書》，在該書第 59 卷 1512 至 1513 頁；“《玉海》，四庫，606 - 280”，指引文出自《玉海》，在文淵閣四庫全書第 606 冊 280 頁；“《淮南子》，四部初編，425 -卷 4/9b”，指引文出自《淮南子》，在四部叢刊初編第 425 冊《淮南子》第 4 卷第 9 頁左欄。爲避免重複，本書引文，除第一次出現時標注所引文獻的作者、書名、所屬叢書名和冊次、所在頁碼及出版社外，此後則僅注出書名、冊次或卷數以及所在頁碼。所引文獻的出版信息詳見書後所附“引用書目”和“參考書目”。

② 參看《四庫全書總目提要》，文淵閣四庫全書，第 695 冊，116 頁。

所以通詁訓之指歸，叙詩人之興詠，揔絶代之離詞，辯同實而殊號者也。"(《爾雅注》，四部初編，42 -序)唐代孔穎達在《詩經·周南·關雎》的疏中也説："詁者，古也。古今異言，通之使人知也。"①可見，釋古今語言之異乃訓詁之第一要義，故注家爲前代典籍作注，其所加注之處，往往正是對時人來説是已經産生閲讀障礙的地方，换句話説，也常常就是反映古今語言演變之處。所以，可以通過古籍母本與其後世注文的比較，來研究漢語從母本到注文所處時代的發展變化情況。錢鍾書説："不可固執於訓詁而忘了語義的變遷，經注中每每包含了豐富的'今言'語料，但後人卻未能細察。"②錢鍾書在研究中對故訓給予了極大關注，比如在對孔穎達《毛詩正義》的研究中，將毛傳、鄭箋、朱熹《詩集傳》等與孔疏作對比，每每於故訓中抉發出新義。陸宗達説："有關古漢語文字、語音、詞彙、語法、修辭、篇章結構等的資料，都是零散地保留在注釋書和工具書中的。對古代漢語的研究，不可能脱離這些資料。同時，只有把不同時期的語言加以綜合比較，才能看出語言發展的歷史，所以漢語史的研究也離不開這些資料。"③陸先生這句話指出了將包括注釋書在内的不同時期的語料作比較來研究漢語史的必要性。因此，對楊倞《荀子注》的研究不能只關注它校釋《荀子》之功這一方面，還應該重視它對漢語史研究的重要價值。楊倞痛感"荀氏之書千載而未光"，奮而作注。從戰國後期到中唐時代，時隔

---

① （唐）孔穎達：《毛詩正義》，李學勤主編，十三經注疏標點本，北京：北京大學出版社，1999 年，2 頁。

② 錢鍾書：《管錐編》，北京：三聯書店，2008 年，252～253 頁。

③ 陸宗達：《訓詁簡論》，北京：北京出版社，1980 年，168 頁。

千載，漢語發生了很大變化，讓唐人讀懂戰國時候的《荀子》，溝通古今語言隔閡，就成爲楊倞作注的首要任務。因此，他必然要用時人熟悉的語言來解釋《荀子》。雖然由於出身和仕宦的關係[①]，其注語風格稍偏文雅，不像某些俗文學、俗作品那樣俚俗和口語化，但我們也發現，楊注表現出了對當時口語和方言成分的充分關注。正如張能甫(2000)所説："漢語史上所謂的史料價值，主要指語料接近當時實際用語的狀況如何。就這一意義上説，價值最高的是佛典，其次是注釋語言。"此外，《荀子》和楊注在容量上也足夠豐富。據我們統計，《荀子》母本共計二十卷三十二篇，約 75 000 字；楊倞校釋條目總計 3 234 條，校注文字約 81 500 字(其中《君道》《樂論》二篇及《王制》"具具而王"以下未見注文)。可見，《荀子》與楊注容量豐富、語料翔實，廣泛、真實地反映了戰國後期和中唐時代的語言面貌，爲我們研究戰國後期到中唐時代的詞彙演變提供了豐富的資料。

　　目前學界較重視佛典、禪宗語録等熱門語料在漢語詞彙演變研究中的重要作用，而對注釋性語料的熱情不太高，將古籍母本與其後世注文進行全面比較來研究詞彙演變的成果尤其不多見。其實，注釋性文體是漢語傳世文獻的重要組成部分，由於注釋文體的特殊性，其詞彙的發展演變也往往有着不同於其他文體的特點，因而注釋文體在漢語詞彙演變進程中有着重要地位和推動作用。王雲路(2012)説："注釋語料是研究詞語演變的絕佳材料。"本書對《荀子》母本與唐代的楊倞注文進行的是一種詞彙演變的定點比較研究。要進行詞彙的定點比較研究，關鍵要注意兩個問題：第一

----

① 楊倞是中唐虢州弘農楊氏家族成員，下文將對其生平行實作出考證。

是選點,第二是語料的可比性。"選點"通常要從宏觀着眼,根據詞彙發展的實際情況選擇具有代表性的點。"語料的可比性",一是要看比較出來的結果是否有價值,一般來说,差異的大小可作爲衡量是否具有可比性的重要標準;二是要看所選語料的相關度。正如義素分析總是需要在一些相關的義位中進行比較一樣,詞彙的比較也應該在相關度較高的語料之間進行。因爲只有這樣,才能將比較工作一一落到實處。戰國處於上古漢語後期,中唐處於中古向近代漢語演變的過渡時期①,二者都屬於漢語發生重大變化的轉折時期,新舊語言成分的交替使得這兩個時期内語言變化較大,特徵顯著。因此,對這樣兩個漢語發展史上關鍵時段的詞彙進行定點比較研究,就具有特殊的意義。我們設想,要對這兩個時段的詞彙進行定點比較,最好是選擇一種用戰國、唐代兩個時代的語言表達同一對象内容的語料來作研究,因爲這樣的語料之間的相關度比較高。那麼,《荀子》與楊倞注就是這樣的語料。爲了幫助唐人讀懂戰國時的《荀子》,楊倞用中唐人能讀懂的語言去專門解釋《荀子》。《荀子》用語是戰國後期語言的重要載體,楊倞注文反映的則是一種比較文雅同時也包含豐富口語成分的唐代通語。戰國、中唐時隔千年,二者詞彙差異明顯。并且,楊倞注文係依附《荀子》母本而存在,二者有着内容上、表述上的基本對應關係,其内容上的相關度很高,這種相關度使得在將母本與注文進行語言比較

---

　　① 關於漢語史的分期,學界有多種不同意見。其中,王雲路、方一新認爲先秦、秦漢爲"上古漢語",初唐、中唐是中古漢語向近代漢語演變的過渡階段(詳參《中古漢語語詞例釋》,長春:吉林教育出版社,1992年,6～8頁)。據此,《荀子》應當處於上古漢語後期,楊注則處於中唐時代。

時，往往能找到明確的語詞對應線索，因而將二者詞彙進行比較，相對於兩種完全相互獨立的語料，更爲便利。同時，相對於平面單點研究來説，這種縱向定點比較研究更能凸顯詞彙的時代差異，更便於觀察漢語史上關鍵時期詞彙的顯著特徵和特有現象。

基於上述認識，本書選取《荀子》和楊倞注這兩種語言差異明顯、内容又基本對應、相關度極高的語料，對其中詞彙作定點比較研究。

2. 語料取捨

那麽，面對内容涉及多個方面、訓釋條目達 3 234 條的楊注，我們應該選取其中哪些條目，來與《荀子》母本進行詞彙比較呢？陸宗達説："訓詁學以解釋詞義爲基礎工作。"①周大璞也説"解釋詞語是訓詁學最核心的内容"，"串講句意、説明章旨不是孤立的，它是在解釋詞語的基礎上進行的"。② 因此，在楊注衆多的訓釋條目當中，我們選取了其中的釋詞條目以及他在串講句意、説明章旨中附帶也解釋了語詞的條目進行考察。同時，我們也考慮到，由於訓詁家對釋詞的選擇，不僅受語言發展普遍規律的制約，也受自身文體特點和所釋對象的影響，因此其中也有相當部分的語詞訓釋條目並非以今釋古，有的甚至還會出現"復古"現象（即放棄時人慣用語詞卻有意選取了更接近母本的語詞），因而注家釋詞有着複雜多樣性，並非所有的訓條都是以今語訓古語、以今義訓古義。這就需要我們結合《荀子》多家注本，從語言學、文獻學、歷史學等多個角度，去仔細辨别和分析楊注中各訓條的性質，判定哪些訓條確實

---

① 陸宗達：《訓詁簡論》，15 頁。
② 周大璞：《訓詁學初稿》，武漢：武漢大學出版社，2011 年第四版，25、27 頁。

反映了詞彙的演變，哪些可能只是楊注的刻意"復古"行爲或楊倞個人語言風格的體現，等等，由此篩選出其中體現了詞彙發展演變的訓釋條目來進行研究。具體的語料取舍標準在下面相應章節會再分別予以説明。

此外，對於楊注中所引用的前代典籍或前人成説，一般情況下，和楊倞不同時代的，基本可以排除在我們的考察範圍之外。但是，由於古人引書多節引原文或引述大意，所以對楊倞所引前代典籍之文，我們將其與原書文本進行核對，看是否與原書一致。如果完全一致，便屬楊倞直引前人言語，可排除在考察範圍之外；如果不一致，則要看是什麼原因導致的不一致。一般説來，導致古人引書與原典不一致的原因有三：1. 由版本不同所致；2. 因作者疏於核校原書所致；3. 由於某種原因作者有意而爲之。如屬第 3 種情況，則要進一步考察楊倞是否刻意改用當時的語言形式來表達，那麼，這樣的內容也應納入我們的考察范圍。

二　《荀子》與楊倞注介紹

1. 荀子其人其書

荀子，戰國著名思想家，先秦繼孟子之後儒家最重要的代表，也是春秋戰國時期百家爭鳴之佼佼者。他的思想觀點集中體現在《荀子》一書中。《荀子》作爲先秦重要的諸子散文而流傳於世。兩千餘年來，對於荀子其人和《荀子》一書，後世頗多關注。綜合前人研究，我們試對《荀子》其人其書，概述如下：

荀子其人

荀子名況，又稱荀卿、孫卿，戰國後期趙國人。"荀""孫"乃聲音之轉，謝墉《荀子箋釋·序》曰：“蓋‘荀’音同‘孫’，語遂移易。如荆柯在衛，衛人謂之慶卿；而之燕，燕人謂之荆卿。”顧炎武《日知錄》云：“荀之爲孫，如孟卯之爲芒卯，司徒之爲申徒，語音之轉也。”（《日知錄》，卷27/1006）有關荀子生平的最早記載見於《史記·孟軻荀卿列傳》（《史記》，卷74/2348），其文曰：

> 荀卿，趙人，年五十始來游學於齊。……齊襄王時，而荀卿最爲老師。齊尚脩列大夫之缺，而荀卿三爲祭酒焉。齊人或讒荀卿，荀卿乃適楚，而春申君以爲蘭陵令。春申君死而荀卿廢，因家蘭陵。李斯嘗爲弟子，已而相秦。荀卿嫉濁世之政，亡國亂君相屬，不遂大道而營於巫祝，信禨祥，鄙儒小拘，如莊周等又猾稽亂俗，於是推儒、墨、道德之行事興壞，序列著數萬言而卒。因葬蘭陵。

《史記》的這段記載文甚簡略，後人對《史記》所述亦頗有疑議，如錢穆就認爲“（荀卿）年五十始來游學於齊”應爲“十五”之誤①。再者，關於荀子之生卒年代，以及荀子自齊適楚的時間等，也都已無從稽考。今日可確知的年代只有兩個：荀卿於公元前255年任楚蘭陵令，而於公元前238年蘭陵令廢②。

---

① 詳見錢穆：《先秦諸子繫年》，北京：商務印書館，2001年，387頁。
② 據《史記·春申君列傳》：“考烈王元年，以黃歇爲相，封爲春申君。……春申君相楚八年，爲楚北伐滅魯，以荀卿爲蘭陵令。”又：“春申君相楚之二十五年，考烈王卒，李園伏死士刺春申君，斬其頭。”（《史記》，卷78/2395；2398）楚考烈王元年爲公元前262年，春申君相楚八年即爲公元前255年，故荀卿於公元前255年任楚蘭陵令。又春申君死於考烈王25年，即公元前238年，故荀卿蘭陵令廢於公元前238年。

　　荀子博學多才,兼通諸經,是儒家經學早期傳授中十分重要的
人物。荀子對先秦諸子各家幾乎都有所批判,同時對各家思想又
有所總結融合。正如胡適所説:"荀子學問很博,曾研究同時諸家
的學説,因爲他這樣博學,所以他的學説在儒家中別開生面,獨創
一種很激烈的學派。"①荀子在戰國末年及漢初備受學者推崇,司
馬遷《史記》以孟、荀合傳,而田駢、慎到、鄒衍、墨翟等,則附列於
孟、荀之後。然荀子由於主張性惡説,在漢以後以孔孟爲正宗的時
代受到統治階級的排斥而備受冷落,尤其以宋明理學對荀子的抨
擊最爲激烈。直到清代中葉以後,漢學興而理學衰,對荀子的評
價才發生改觀。清儒認定荀子之學源出孔門,如康有爲在《桂學
答問》中就認爲孔門後學有兩大支:其一爲孟子,其一爲荀子。
他還説:"蓋孟子重於心,荀子重於學,孟子近陸,荀子近朱,聖學
原有此二派,不可偏廢。而群經多傳自荀子,其功尤大;亦猶群
經皆注於朱子,立於學官也。二子者,孔子之門者也。"②清儒視
荀子爲傳經大師、孔學之門,荀學研究因而迎來了一個新的熱潮,
盧文弨、王念孫、俞樾、劉台拱、王先謙等都曾措意《荀子》,並撰有
重要著述。

《荀子》的流傳及版本

　　《荀子》成書於戰國後期,《史記·吕不韋傳》:"是時諸侯多辯
士,如荀卿之徒,著書布天下。"(《史記》,卷 85/2510)可見,《荀子》
當時流傳甚廣。漢初《荀子》亦備受重視,廣爲傳抄,流布甚雜,至

---

①　胡適:《中國哲學史大綱》(卷上),北京:商務印書館,1987 年,308 頁。
②　《康有爲全集》(第二集),上海:上海古籍出版社,1990 年,54~55 頁。

西漢成帝時，僅秘府所藏已達三百二十二篇，後經劉向校定爲《孫卿書》，分三十二篇，之後又有人將其分爲十二卷，《漢書·藝文志》和《隋書·經籍志》並稱之爲《孫卿子》。唐代始有楊倞爲之全面作注，分二十卷三十二篇，并易書名爲《荀子》。

關於《荀子》一書的版本，高正《荀子版本源流考》(2010)進行了專門研究，其研究之精審細緻，當世暫無以取代。據高正研究，北宋熙寧以前，《荀子》無刊本，藉寫本以流傳。直至北宋熙寧元年始有刊本，此本原刻今已無存。楊注《荀子》寫本在流傳中主要分化出兩種文字頗有出入之系統：其一，北宋熙寧監刻本系統。熙寧監本之翻刻本主要有南宋孝宗淳熙八年(1181)唐仲友翻刻之台州本和南宋寧宗時浙北翻刻本。清光緒年間，楊守敬隨黎庶昌赴日，從島田篁村處見影摹台州本，即依原貌精工影刻，收入《古逸叢書》。不過，據高正研究，楊守敬於日所見台州本并非淳熙八年唐仲友所翻刻之熙寧監本，而是寧宗嘉定十一年(1218)之補版後印本，書中若干頁版心下鑴有"嘉定十一年換"一行小字。然因唐仲友刊刻時"悉視熙寧之故"，楊守敬影刻時亦"略無校改"，且刻工精美，字迹清晰，誤文較少，大體存北宋熙寧監本之風，故仍不失爲熙寧監本系統中現存之唯一既接近祖本原貌又完整無缺之版本。浙北本亦爲熙寧監本之翻刻，然其所據底本似有缺頁，而以纂圖互注系統本補之，故高正認爲其版本價值已遜於台州本。其二，南宋二浙西蜀本與監刻四子纂圖互注本系統。南宋二浙西蜀本之準確書名和刊刻者均已無考，其與南宋監刻纂圖互注本乃同源，可能爲當時之坊間俗本。纂圖互注系統翻刻本有龔士卨五子纂圖互注本、纂圖分門類題注本、坊刻刪"纂圖互注"巾箱本、建安書坊纂圖互注重言重意四子本等，此後元、明又有諸多翻刻本。比較説來，纂圖互注系統本刊刻不如熙寧監本系統本之精審，其文字與台州本頗有出入。此外，亦有將熙寧監本和纂圖互注二系統合校者：南宋錢佃本以熙寧監本爲底本，取二浙西蜀諸本參校刊成，爲最早之合校本；明世德堂本則是以纂圖互注系統本與錢佃本合校之重要版本；其後，盧謝本、日本久保愛《荀子增注》本、王先謙集解本等更取諸本合校而成。合校一時成爲《荀子》版本發展之主流。然合校本取舍未精、謬從誤文之流弊，亦很明顯。如清盧謝本廣參諸本，校勘不可謂不精，取舍不可謂不審，王先謙集解本即以此爲底本，然盧校所稱"宋本"乃宋浙本，並非宋台州本，楊守敬曾以影刻宋台州本與之對照，發現"其遺漏不少數百字"①。故總的説來，諸刊本中，當以熙寧監本系統刊刻最精、誤文較少，其中尤以《古逸叢書》影刻宋台州本之版本價值最高。

　　因此，經過綜合考量，本書選用民國十八年（1929）上海涵芬樓影印《古逸叢書》影刻宋台州本爲工作底本。同時，爲了使我們的研究建立在可靠的語料基礎之上，除以宋台州本爲工作底本之外，我們還儘可能以宋浙本、盧謝本、集解本、久保愛《增注》本等幾個重要版本與宋台州本進行對勘和校正，以儘量窺得《荀子》和楊注的本來面貌。此外，文中所引《荀子》母本與楊倞注文中例句的標點，主要參考王先謙《荀子集解》（沈嘯寰、王星賢點校，新編諸子集成本，北京：中華書局，1988）之句讀。

---

　　① 引自楊守敬重刊宋台州本《〈荀子〉跋》，見《荀子》第 5 册附錄，叢書集成初編本，北京：中華書局，1985 年。

　　2. 楊倞生平及"倞"字讀音考

　　關於楊倞的生平事迹，人們知之甚少，包括對其名"倞"字的讀音，歷來也是歧議紛紜，有讀"liàng"的，亦有讀"jìng"者。楊倞雖非史上巨擘，然而其《荀子注》卻是《荀子》整理研究史上不可或缺的重要文獻，因此，關於楊倞之生平，很有弄清楚的必要。本節試就楊倞生平事迹及"倞"字讀音進行考辨，以豐富和促進《荀子》一書的整理和研究，也希望引起學界對楊倞《荀子注》研究的重視。

　　楊倞生平事迹略考

　　關於楊倞，史書所載極爲有限。除了楊倞《荀子注》自序題爲元和十三年(818)完成《荀子注》外，史書直稱楊倞其名的史料僅見兩處：一是宋代歐陽修《新唐書·藝文志》："楊倞注《荀子》二十卷。"注："汝士子，大理評事。"二是宋代王溥撰《唐會要》："(長慶三年正月)又請奏：'本司郎中裴潾、司門郎中文格、本司員外郎孫革、王永、大理司直楊倞，與本司尚書崔植、侍郎景重詳正勅格。'奏可。"①因此，有關楊倞生平，頗受後人懷疑：有人認爲楊倞或曾改名。《四庫全書總目提要》云："《新唐書·藝文志》以倞爲楊汝士子，而《宰相世系表》則載楊汝士三子：一名知溫，一名知遠，一名知至，無名倞者。《表》《志》同出歐陽修手，不知何以互異。意者倞或改名，如溫庭筠之一名歧歟？"(《四庫提要》，四庫，695-116)還有認爲楊倞"父"②汝士並非《宰相世系表》所載之汝士者，如郝懿行《與李璋煜月汀比部論楊倞書》引汪中云："(汪孟慈)因言《藝文

─────────────

　　①　(宋)王溥撰：《唐會要》，上海：上海古籍出版社，2006年，上册，823頁。
　　②　因楊倞是否確爲虢州弘農楊汝士之子暫存疑問，下文會進行考辨，故此處"父"暫加標引號。下同。

志》但云‘汝士子’，安知不有兩汝士也?”①“倞改名説”和“兩汝士
説”兩種疑議，使得楊倞生平愈加隱晦，成爲一個自古迄今懸而未
決的難題。楊倞《荀子注》是《荀子》整理研究史上不可或缺的重要
文獻，倞之生平不明，則他的生活時代就不能確定，這必然會影響
到對楊倞《荀子注》語言性質的確定以及對《荀子》一書的整理和
研究。

《新唐書·藝文志》注楊倞爲“汝士子，大理評事”。據《新唐
書》卷 175《楊虞卿列傳》所載：楊汝士屬虢州弘農（今河南靈寶市）
家族，於唐憲宗元和四年（809）登進士第，累遷至中書舍人，唐文宗
開成元年（836）由兵部侍郎出鎮東川，後入朝爲吏部侍郎，終刑部
尚書。

清人汪中以《藝文志》注楊倞乃“汝士子”而《宰相世系表》敘汝
士三子時卻未載倞名，因而懷疑《藝文志》所注楊倞父汝士並非《宰
相世系表》所載之汝士。我們以爲此説未必，理由如下：

其一，《新唐書·藝文志》特意注楊倞爲“汝士子，大理評事”，
這種表述值得注意。這裏《藝文志》僅注倞爲“汝士子”而不加任何
説明，其意應在與《新唐書》中其他篇目互參。也就是説，“汝士”肯
定是在《新唐書》其他篇目中出現過的人物。而我們查遍《新唐
書》，除《宰相世系表》和《楊虞卿列傳》所載虢州弘農楊汝士外，更
無其他名“汝士”者，可見汪之懷疑可商榷。

其二，虢州弘農汝士作爲楊倞“父親”，從楊倞的社會關係方面
考察，是站得住腳的。史書有關楊倞交遊事迹幾無記載，但我們仍

_____

① 　轉引自王先謙：《荀子集解·考證（上）》，北京：中華書局，1988 年，16 頁。

然從其唯一的傳世作品《荀子注》中找到了蛛絲馬迹。楊倞《荀子注》中，曾 8 處引“韓侍郎”説爲證，我們研究發現，宋人已明確此“韓侍郎”就是唐代文學家、時爲刑部侍郎的韓愈（元和十二年，即 817 年任職），楊倞注《荀子》時恰爲韓愈下屬。關於這個問題，我們在本書第七章“楊倞注與《荀子》校釋”中“楊倞注與前人注釋的引用”一節有詳細考證，可參看，此不贅述。

　　除楊倞和韓愈有過交往外，我們還發現韓愈與楊倞父汝士也有交集。史書雖未見韓愈和汝士有過接觸的直接記載，但我們找到了一位溝通二者關係的中間人物——白居易。衆所周知，白居易（772—846 年）和韓愈（768—824 年）關係密切，二人互酬詩歌不少傳於世。北宋胡仔《苕溪漁隱叢話前後集》卷五引《隱居詩話》云：

　　　　世言韓愈、白居易無往來之詩，非也。退之《招樂天》詩云：“曲江水滿花千樹，有底忙時不肯來。”又，《送靈師》詩云：“開忠二州牧，詩賦時多傳，失職不把筆，珠璣爲誰編。”是時韋處厚守開州、白居易守忠州也。又有“放朝曾不報，半夜蹋泥歸”之句，樂天和曰：“仍聞放朝夜，誤出到街頭。”樂天有《寄退之》詩曰：“近來韓閣老，疏我我先知。量（户）大嫌甜酒，才高笑小詩。”（引自《苕溪漁隱叢話前後集》，叢書集成初編本，1—卷 5/31）

可見，白居易和韓愈是有過多次詩歌酬答交往的。而白居易和楊汝士的關係更爲密切。五代王定保《唐摭言》曰：“（寶曆中）時元、白俱在，皆賦詩於席上。唯刑部楊汝士侍郎詩後成，元、白覽之，失色。……汝士其日大醉,歸謂子弟曰:'我今日壓倒元、白。'"(《唐摭言》,四庫,1035-卷3/716)又宋代祝穆《古今事文類聚·後集》:"開成中楊汝士以戶部檢校尚書鎮東川。白樂天即其妹壻也。時樂天以太子少傅分洛戲,代內子賀兄嫂詩曰:'劉綱與婦共升仙,弄玉隨夫亦上天。何似沙哥領兄嫂,碧油幢引向東川。'"注云:"沙哥,汝士小字。"(四庫,926-卷10/151)由此可知,楊汝士乃白居易之妻兄。至此,楊倞與汝士之間的關係通過韓愈、白居易得以關聯起來,四人之間關係如下圖所示:

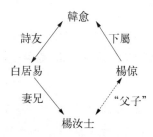

左邊人物關係鏈爲:元和年間,韓愈與白居易爲詩友,白居易之妻兄爲楊汝士;右邊實線人物關係鏈爲:韓愈曾爲楊倞上司。因此,在上述"其一"條已證《新唐書》僅一"楊汝士"的前提下,可推知:楊倞與弘農楊汝士存在於同一人物關係網中,二者之間確實很可能存在"父子"關係。

　　此外,我們還可找到另一組人物關係來進一步證明《新唐書·藝文志》所注楊倞父汝士就是《楊虞卿列傳》中所載楊汝士。看下面兩條資料:

　　　《舊唐書·本紀·穆宗》:"(長慶元年),貶禮部侍郎錢徽爲江州刺史,中書舍人李宗閔爲劍州刺史,右補闕楊汝士爲開州開江令。戊寅,宰臣崔植、杜元穎奏請,坐日所有君臣獻替,事關禮體,便隨日撰録,號爲《聖政紀》。"（五代　劉昫撰《舊唐書》,卷 16/488）

　　《韓愈年譜及詩文繫年》:"長慶二年,王庭湊圍牛元翼於深州,兵部侍郎韓愈爲宣慰使前往宣慰。是年,崔植罷相,元稹由工部侍郎同平章事。"（陳克明撰《韓愈年譜及詩文繫年》,618 頁）

由這兩條資料可知: 長慶元年,崔植和汝士在《舊唐書》中被同載於一事;長慶二年,崔植和元稹、韓愈亦曾同朝爲官。又前引《唐會要》載長慶三年,楊倞曾爲崔植下屬。綜合這幾個方面的信息可知,楊倞、楊汝士、韓愈在長慶年間都和同一人有過交集,這個人就是崔植。如此,又可梳理出一個人物關係網:

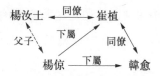

　　上述兩個人物關係網都指向《新唐書・藝文志》所注楊倞父親"汝士"就是《宰相世系表》《楊虞卿列傳》中所載與白居易、韓愈等同僚且爲白居易之妻兄的楊汝士。由此可見,清人汪中質疑楊倞生平的"兩汝士說",其實不必。

　　可是,爲何《藝文志》注楊倞乃"汝士子",而《宰相世系表》敘汝士三子時卻未載倞名呢? 這個問題頗令人費解,這應該也是清人汪中等質疑楊倞出身的原因。岑仲勉先生提出了一個大膽的推測，他説，《藝文志》"汝士"之下可能漏掉一"族"字。其意謂楊倞不是汝士嫡子，而是其族子①。若岑先生的推測屬實，《表》《志》互異的疑竇倒是可以得到合理的解釋：一方面因汝士爲倞之從父，《藝文志》爲藉汝士名而注倞爲"汝士（族）子"，則理所當然；另一方面因倞僅爲族子，《宰相世系表》敘汝士子時不載倞名自然也在情理之中。我們認爲，岑先生的推測可備一説。況且，如前所證，不管楊倞是汝士嫡子還是族子，都無害於這一點：《荀子注》作者楊倞確爲中唐虢州弘農楊氏家族的一員，且爲楊汝士之子輩。

在考證了楊倞出身後，我們再來略探其生平事迹。《四庫全書總目提要》因《表》《志》互異而疑楊倞或改名，此説亦不足信。除上文已證楊倞注《荀子》時曾爲刑部侍郎韓愈的下屬這個事迹外，我們搜采詩文及考古出土資料，楊倞行實尚有如下幾節可考。

其一，長慶三年（823），楊倞曾與韓愈侄孫韓湘②同赴江西道觀察使幕府任職。中唐文人沈亞之送韓愈侄孫韓湘赴江西道觀察使薛放（823—825 年在任）幕府任職時作《送韓北渚赴江西》，其序曰：

　　昔者余嘗得諸吏部昌黎公，凡遊門下十有餘年。北渚，公之諸孫也。左右杖屨，奉應對，言忠情勞。其餘則工爲魏晉之詩，盡造其度。今年春，進士得第。冬則賓仕於江西府。且有

①　岑仲勉：《唐史餘瀋》，上海：上海古籍出版社，1979 年，155～156 頁。
②　韓湘，字北渚，生於唐德宗貞元十年，即公元 794 年。

行日，其友追詩以爲別。乃相與訊其將處者而誰與？曰：有
弘農生儌耳。夫弘農，慎行其道不欺者也。北渚之往，吾無虞
其類之患。勉矣惟耳，不衰於道而已。①

關於韓湘赴江西任職之事，唐詩中亦有載，姚合有《送韓湘赴
江西從事》一詩，詩云：

> 年少登科客，從軍詔命新。行裝有兵器，祖席盡詩人。
> 細雨湘城暮，微風楚水春。潯陽應足鴈，夢澤豈無塵。
> 猿叫來山頂，潮痕在樹身。從容多暇日，佳句寄須頻。②

沈亞之序文中提到的與韓湘同赴江西之“弘農生儌”，應該就
是注《荀子》之楊倞。《新唐書·藝文志》敘《荀子注》作者楊倞爲
“汝士子，大理評事”，《新唐書·楊虞卿列傳》敘楊倞父汝士爲虢州
弘農家族（《新唐書》，卷175/5247），則楊倞亦弘農人。據周加勝
考證，沈文當作於長慶三年冬③。《河南通志·選舉二·進士》“韓
湘”條亦曰：“盂人。長慶三年第，大理丞。”（《河南通志》，四庫，
536-卷45/560）由此可知，韓湘於長慶三年春得第，任大理丞。上
文已述《唐會要》載楊倞長慶三年任大理司直。可見，長慶三年，韓

①　引自蕭占鵬、李勃洋：《沈下賢集校注》，天津：南開大學出版社，2003年，
170～171頁。
②　見《姚少監詩集·送韓湘赴江西從事》，四部初編，753-卷2/2b。
③　見周加勝：《唐沈亞之事叢考——兼論〈沈下賢集〉的史料價值》，陝西師範大
學碩士學位論文，2005年，6頁。

湘、楊倞同在大理寺任職,大理丞、大理司直都屬從六品①,故二人官階也相當。又,楊倞曾爲刑部侍郎韓愈的下屬,楊倞父汝士與韓愈爲同僚,如此一來,楊倞和韓湘同赴江西幕府也就在情理之中。綜合這些信息,與韓愈侄孫韓湘同赴江西任職之“弘農生倞”,顯然應該就是注《荀子》之楊倞。因此,長慶三年冬,楊倞曾與韓愈侄孫韓湘同赴江西道觀察使幕府任職事當可確認。

其二,楊倞開成年間曾任郎官。岑仲勉先生發現,《郎官石柱》載有楊倞名,楊倞前有鄭復、張又新、嚴澗、高少逸四人。岑先生又由張又新、高少逸二人事迹推知楊倞於開成中曾官主客郎中②。那麼,此與嚴澗等同爲郎官的楊倞,是否就是作《荀子注》之楊倞呢?《全唐詩》收有元稹《鄂州寓館嚴澗宅》一詩:“鳳有高梧鶴有松,偶來江外寄行踪。花枝滿院空啼鳥,塵榻無人憶卧龍。心想夜閑唯足夢,眼看春盡不相逢。何時最是思君處?月入斜窗曉寺鐘。”注云:“時澗不在。”(《全唐詩》,卷 414/4581)此詩說明嚴澗和元稹關係密切。如前所述,元稹和白居易、楊汝士曾有過同席作詩之經歷。既然元稹曾與楊倞父汝士同席作詩,元稹同時也與嚴澗相熟,而《郎官石柱》又載楊倞與嚴澗同爲郎官,則可知此《郎官石柱》所載之楊倞,其生活時代及社會關係與作《荀子注》之楊倞也是相合的。

其三,楊倞與中晚唐文人張知實有姻親關係。2002 年,洛陽

----

① 唐朝中央行政機構實行三省(中書、門下、尚書)六部(吏、戶、禮、兵、刑、工)九寺(太常、光禄、大理、衛尉、宗正、太僕、鴻臚、司農、太府)制度,文官分九品三十階。參看王力:《古代漢語》,北京:中華書局,1988 年,874~875 頁。

② 岑仲勉:《郎官石柱題名新考訂(外三種)》,北京:中華書局,2004 年,511 頁。

邙山出土了一方唐代郡守級官吏張知實的墓誌。墓誌爲唐守右散騎常侍周敬復於大中三年(849)二月撰,題云"唐故朝請大夫、使持節金州諸軍事、守金州刺史、上柱國張府君墓誌銘(並序)",誌云:

> 府君姓張氏,諱知實,字冠仁,隴西敦煌郡人也。生於貞元己巳年,以大中三年二月十七日感疾遘災,啟手足歸全於金州官舍,享年六十有一。……寶曆二年,相國楊公司春闈,以狀副,登上第,名聲籍甚。……會昌六年,遷金州刺史。……子四人,長曰保承,次曰保訓,嗣子曰保胤,次曰保望。保承娶汾州刺史楊倞女,保胤舉進士。①

《墓誌》中提到知實長子保承娶楊倞女爲妻,從《墓誌》内容看,誌文追述張知實寶曆二年(826)在"相國楊公司春闈"時"以狀副,登上第",此"楊公"即楊汝士之堂兄弟楊嗣復(783—848 年)。據《新唐書·楊嗣復傳》所載:長慶四年(824)牛僧儒爲相,令(嗣復)權知禮部侍郎,僅寶曆元年二月,就選貢士六十八人,嗣復文宗朝時還曾任宰相(《新唐書》,卷 174/5238～5241)。又,《新唐書·楊虞卿列傳》:"(汝士)開成初,繇兵部侍郎爲東川節度使。時嗣復鎮西川,乃族昆弟。"(《新唐書》,卷 175/5250)由此可知,張知實曾在楊倞從父楊嗣復主持春闈時登第。那麽,此墓誌中提到的張知實的姻親"楊倞",與作《荀子注》之楊倞,從時間節點及其社會關係方

---

① 趙振華、王學春:《唐張正則、張知實父子墓誌研究》,西安碑林博物館編《碑林集刊》(第 11 輯),三秦出版社,2005 年,124 頁。該資料係復旦大學歷史系 2011 級博士生胡耀飛提供,特此注明,謹致謝忱!

面來看，亦完全相合。

其四，會昌四年（844），楊倞曾撰《蔚州刺史馬公墓誌》。元末明初陶宗儀《古刻叢鈔》録《蔚州刺史兼御史中丞馬公墓誌》，題云"朝請大夫、使持節汾州諸軍事、守汾州刺史楊倞撰"（《古刻叢鈔》，四庫，683-6）。郝懿行以《墓誌》結銜"汾州刺史"，與《荀子注》題銜"大理評事"不同，遂指爲别一楊倞。此説未必。理由有二：第一，《蔚州刺史馬公墓誌》題爲汾州刺史楊倞撰於會昌四年，前面《張府君墓誌》也敘楊倞大中三年時爲汾州刺史，會昌四年至大中三年（849）短短六年時間内，兩位同名楊倞者任汾州刺史，卻不爲同一人，這顯然不太可能。況且，楊倞出身於鼎盛家族，《新唐書·楊虞卿列傳》："楊氏自汝士後，貴赫爲冠族。所居靜恭里，兄弟並列門戟。"（《新唐書》，卷175/5250）加上楊倞自身又頗有才學，故從元和十三年（818）到長慶三年（823）再到會昌四年，二十六年之間，他完全有可能從大理評事（從八品下）升至大理司直（從六品上），再除遷主客郎中（正五品），升至朝請大夫、汾州刺史（正四品）。第二，《馬公墓誌》所載年代與楊倞亦相合。《墓誌》對馬公生平功勳進行了概述，其中提到的馬公事迹時間節點依次爲：元和（806—820年）中參與平河朔之亂；太和（827—835年）初因與中書令裴公平叛有功而拜左武衛將軍、寧州刺史；開成中（836—840年）拜蔚州刺史；會昌四年卒，享年56歲。這些時間節點與前面已知的楊倞生平的幾個時間節點如元和十三年（818）、長慶三年（823）、開成年間（836—840）皆相符合。故從職銜和生活年代兩方面看，注《荀子》之楊倞是可以爲蔚州刺史馬紓撰寫墓誌的。

上述石柱、墓誌及詩文材料皆載楊倞名，且與《荀子注》作者楊倞的生活年代、身份、交遊亦相一致，故没有理由懷疑楊倞已改名。至此，楊倞生平行實數節已歷數浮出。試列表如下：

時　　間	官　職	大　致　行　迹
元和十三年(818)	大理評事	完成《荀子注》，爲刑部侍郎韓愈之下屬。
長慶三年(823)正月	大理司直	與尚書崔植等參與敕格編纂。
長慶三年(823)十一月	（未知）	與韓愈侄孫韓湘同赴江西道觀察使幕府任職。
開成年間(836—840)	主客郎中	與嚴潤等同爲郎官。
會昌四年(844)	朝請大夫、汾州刺史	撰《蔚州刺史馬公墓誌》。
會昌—大中年間(841—860)	汾州刺史	與張知實爲姻親。

楊倞之"倞"字讀音考

這裏還需討論的是有關楊倞之名"倞"字的讀音。由於楊倞之"倞"較爲生僻，加之"倞"本來就是個多音字，所以對於"倞"字讀音，學人頗多分歧。楊倞之"倞"，有讀爲"liàng"，也有讀爲"jìng"的。查《漢語大詞典》《漢語大字典》和《現代漢語詞典》(第 7 版，2016)，"倞"字都只收了 liàng 和 jìng 兩種讀音，但都未注明哪個讀音爲人名用字。那麽，楊倞之"倞"到底該如何讀呢？古代典籍中關於"倞"字的釋音主要有如下幾個：

　　　　《説文·人部》："倞，彊也。從人京聲。渠竟切。"（東漢

　　　許慎《説文解字》，四部初編，68－卷 8 上/2a）

《玉篇·人部》:"傹,渠向、渠命二切,强也。"(南朝梁　顧野王《玉篇》,78－卷3/66,四部初編)

《廣韻·庚韻》:"傹,渠敬切,强也。"(《宋本廣韻》,409頁,北京:中國書店,1982)

《集韻·漾部》:"其亮切,强也。或作倞。"漾部:"力讓切,遠也。"又,映韻:"傹,渠映切。《説文》:'彊也。或作竟。'"(《集韻》,171b、173a,北京:中華書局,1988)

《類篇·十四部》:"傹,居良切,强也。又力讓切,遠也。又其亮切,又渠映切。"(北宋　司馬光《類篇》,四庫,225－卷22/251)

《韻補·漾韻》"競"字條曰:"其亮切,彊也。《開元五經文字》讀僵,去聲。《毛詩》'秉心無傹',又曰'無傹維人'。今作競。"(宋　吳棫《韻補》,卷4/176,叢書集成初編本,上海:商務印書館,1936)

綜上,"傹"字共有四種音義:其一,渠敬切或渠竟切,强也,今讀 jìng。其二,渠向切或其亮切,强也,今讀 jiàng。其三,居良切,强也,今讀 jiāng。其四,力讓切,遠也,今讀 liàng。

那麼,這四種讀音,對於人名楊傹之"傹"該采哪一個呢? 我們查檢文獻發現,其實宋人對人名用字"傹"已有專門注音:

《〈新唐書〉釋音》卷六《宗室世系表第十下》:"傹,渠向切。"(北宋　董衝撰《〈新唐書〉釋音》,四庫,276－卷6/550)

《〈新唐書〉釋音》卷九《宗子列傳第七》:"傹,其亮切。"(276－卷9/562)

　　上述材料中宋人對《新唐書》中"倞"字釋音，雖然没有確定説是專爲楊倞之"倞"作注，但至少記録了"倞"字在唐代用作人名時的實際讀音。

　　下面幾條材料則確切無疑是宋人對《荀子注》作者楊倞之"倞"的專門音注了：

　　　　北宋阮逸爲隋代王通《中説》作序云："昔荀卿、揚雄二書尚有韓愈、柳宗元删定，李軌、楊倞注釋，况文中子非荀、揚比也。"阮逸注："倞，其亮反。"①（隋　王通撰，北宋阮逸注《中説》，四部初編，338-3）

　　　　《增修互註禮部韻略·漾韻》："倞，其亮切，强也。又楊倞注《荀子》。"（宋　毛晃增注，毛居正重增《增修互註禮部韻略》，四庫，237-卷4/731）

　　　　《增修校正押韻釋疑·漾韻》："倞，其亮切，强也。又楊倞注《荀子》。"（南宋　歐陽德隆撰，郭守正增修《增修校正押韻釋疑》，四庫，237-卷4/731）

　　可見，宋人專門就楊倞之"倞"進行了釋音。宋人釋音"渠向切"或"其亮反"，今讀 jiàng。

　　此外，宋代以"倞"字取名者亦屢見，如邢倞、俞倞、薛倞、張倞等。宋代范祖禹《范太史集·皇族墓誌銘·贈青州觀察使北海侯

---

　　①　此句四部本作"昔荀卿揚雄二書尚有韓愈柳宗元删定李軌楊倞，况文中子非荀揚比也"，句意未明，疑有脱誤。四庫本"楊倞"後有"注釋"二字，故據之改。另，此資料係得於復旦大學古籍所季忠平老師的授課中，特此致謝！

墓誌銘》：“侯，諱士俍，字子强。”(《范太史集》，四庫，1100－卷 48/514)古人的名與字往往意義相關，此北海侯名“士俍”，字“子强”，可知命名者取的是“俍”之“强也”義。宋人於唐最近，“俍”字在當時人名中又常見，所以，我們認爲，宋人釋音“其亮反/渠向切”(今讀 jiàng)，應該是最接近楊俍之“俍”的實際讀音的。

又由上所述，“俍”之“其亮切”一音，見於宋人吳棫著《韻補》所引《開元五經文字》。唐大曆十一年(公元 776)，張參①奉詔撰成《五經文字》三卷，有學者將《五經文字》與《廣韻》中讀音相異之字進行比較，確定該書是“中唐時期實際語音的反映”，認爲“該書打破了韻書照抄古音的局面，實際反映了中唐時代的語音面貌”②。這也説明“其亮切”應當是中唐時期“俍”字之實際讀音。

那麼，對於楊俍之“俍”，今天該如何讀呢？ 一般來説，專有名詞(主要指人名與地名)的讀音，通常可遵循兩條原則：或“名從主人”，或“約定俗成”。“名從主人”的定名原則是指人名、地名以主人所稱之名爲名。《普通話異讀詞審音表和本國地名審音表初稿》《普通話異讀詞三次審音總表初稿》在所附的地名表中對“名從主人”的原則作了具體説明：“凡是地名中某個字在歷史上有某種特殊的讀法而現在本地讀音和這種特殊讀音相合的，一概按‘名從主人’的原則，不加改動。”③所謂“約定俗成”的原則，是指許多人名

---

①　據邵榮芬《五經文字的直音和反切》(《中國語文》1964 年第 3 期)一文考訂：張參約生於唐開元二年(公元 714)，卒於貞元二年(公元 786)。

②　石磊：《〈五經文字〉音注反映的中唐語音現象》，《古籍整理研究學刊》2000 年第 4 期。

③　見普通話審音委員會編：《普通話異讀詞審音表和本國地名審音表初稿》(文字改革出版社，1957 年)和《普通話異讀詞三次審音總表初稿》(文字改革出版社，1963 年)。

地名雖然並没有按"名從主人"的原則稱呼,但長期以來已經爲大家所接受、所公認,因而不必也不宜再改。就是説,有些專有名詞的讀音在歷史演變長河中可能會出現變化,而且這種變化還有可能形成大衆化的態勢,一旦這種變化具有了廣泛的群衆基礎而獲得了廣泛的認同,它就已經習非成是,此時就應該遵從"約定俗成"的原則,應當從衆從俗。楊倞之"倞",作爲古人之專名,宋人其實是注有專名之音讀的,只是後人未見而已。那麼,今天"倞"字是否已有獲得大衆廣泛認同的統讀呢? 應該説,這樣的統讀並没有出現。因爲我們調查文獻發現,清人對楊倞之"倞"的讀音頗有分歧。例如:

　　《轉注古音略·漾韻》:"倞,其亮切,强也。人名,楊倞注《荀子》者。"(明　楊慎撰《轉注古音略》,四庫,239 -卷 4/388)

　　《古今通韻·漾韻》:"倞,其亮切,强也。又人名,楊倞注《荀子》。"(清　毛奇齡撰《古今通韻》,四庫,242 -卷 10/225)

　　《毛詩稽古編·衛風·淇奥》引楊倞《荀子注》云:"唐楊倞注引《方言》'晉魏間謂猛爲倞'證之。"陳啟源注音:"其亮切。"(清　陳啟源撰《毛詩稽古編》,四庫,85 -卷 4/386)

　　《毛詩稽古編·國風·周南》引楊倞《荀子注》云:"《荀子·脩身篇》'渠渠然',唐楊倞注:'渠,讀爲遽。'"陳啟源注音:"渠竟反。"(85 -卷 30/812)

　　《藝林彙考·飲食篇·酒醴類上》:"楊倞云:'(醨),麥之牙蘖也。至脆弱。音與豐同。'按:醨,從豐,與醴酒之豊義同。《荀子·富國》:'午其軍,取其將,若撥醨。'言薄弱也。

《説文》從豐，恐非。"這裏沈自南給"倞"字注了音，其音爲"倞，(音)諒"。（清 沈自南撰《藝林彙考》，四庫，859－卷5/225）

由此可見，對於楊倞之"倞"的讀音，宋人之後在沿襲"其亮切"音的同時也開始出現了分歧，如清代陳啟源撰《毛詩稽古編》曾兩次爲楊倞之"倞"注音，一次注爲"其亮切"，一次注爲"渠竟反"；清代沈自南撰《藝林彙考》注楊倞之"倞"卻爲"(音)諒"。大概清代去宋已遠，人們或未能見到宋人音注，只好通過查找韻書來注音，由於各人所查韻書不同，因而導致歧讀。既然清人對此頗多異讀，可見，楊倞之"倞"在後世並未形成新的統讀，那麼，這時就說不上"約定俗成"的原則了。古人之專名，無論當時或後代的讀音如何繁雜，如果未形成新的約定俗成的讀音，那麼就應該遵從"名從主人"的原則，即最好還是依其本讀。楊倞之"倞"，前面已有宋人多次專爲該名所注之音讀，宋人於唐最近，且"倞"字作爲人名用字在宋代又多見，顯然這時就應當遵從"名從主人"的原則，取最接近主人時代之宋人釋音"其亮反/渠向切"，讀"jiàng"爲好。同時，我們也建議，諸如《漢語大字典》《漢語大詞典》之類大型權威字典、詞典可增收人名用字及其讀音——"倞(jiàng)"。

三 《荀子》與楊倞注研究

1. 有關《荀子》的研究

學界關於《荀子》的研究成果非常豐碩，主要集中於《荀子》的思想、校釋、語言研究三個方面。有關《荀子》思想方面的著述和本書選題關係不大，故不作闡述，這裏主要概述有關《荀子》校釋和語言研究方面的成果。

　　有清一代，校注《荀子》者名家輩出，如盧文弨、王念孫、郝懿行、俞樾、劉台拱、于鬯、顧千里、汪中、劉師培等，都曾對《荀子》作過校釋。其中，成就顯著者當數盧文弨、謝墉《荀子箋釋》、王念孫《讀書雜志·荀子》和王先謙《荀子集解》。盧謝《箋釋》以“要言而不繁，簡潔而意明”見長；王念孫《雜志》校勘與詁訓並重，其説之精密、考辨之詳審，幾無人可比；王先謙《集解》則最爲精詳完善，是有清一代《荀子》整理、校釋的集大成之作。諸書皆爲後人研究《荀子》案頭必備之書。此外，還有同時期日儒久保愛《荀子增注》（日本文政八年，公元 1825 年）、豬飼彦博《荀子補遺》一卷（附於久保愛《荀子增注》書末）、物茂卿《讀荀子》、岡本保孝《荀子考》等，其中以久保愛《增注》最爲全面。民國期間沿襲清代考據之風，梁啟超、楊樹達、劉念親、劉遂盼、徐復、潘重規、魯實先、龍宇純、于省吾、梁啟雄、鍾泰等也都對《荀子》作過校釋方面的工作。影響較大的是梁啟雄《荀子簡釋》，其書最大特點是簡明易懂，且尤爲可貴的是首先引用了日本久保愛等日儒之注。最後以嚴靈峰編輯的《無求備齋荀子集成》收集資料最爲詳備。當代學者則運用現代科研方法、利用出土材料，將《荀子》校釋研究更推進一步。其中不乏取得較高成就者，如楊柳橋《荀子詁譯》、章詩同《荀子簡注》、李滌生《荀子集釋》、李中生《荀子校詁叢稿》、張覺《荀子譯注》、駱瑞鶴《荀子補證》、王天海《荀子校釋》等。概括説來，歷代學人對《荀子》的校釋工作，在版本考訂、文字校勘和語詞訓釋、疏通文義方面作出了卓越貢獻，弄清了書中一批疑難詞語的意義，爲後人理解《荀子》掃清了大量閱讀障礙，爲今人深入研究《荀子》提供了很好的讀本。

近年來,隨着漢語史研究的深入開展,學人開始把目光轉向對《荀子》詞彙、語法方面的語言專題研究。有關《荀子》語言本體研究的專著相繼問世,主要有魯六《〈荀子〉詞彙研究》(2007)、黄曉冬《〈荀子〉單音節形容詞同義關係研究》(2003)、黄珊《〈荀子〉虛詞研究》(2005)、于峻嶸《〈荀子〉語法研究》(2008)等。這些著作將《荀子》作爲一種獨立的語言材料,分別從詞彙或語法層面對《荀子》語言進行了較全面的描寫和分析,意在發掘其本身的語言價值。有關《荀子》語言研究的論文也紛紛涌現,學位論文主要有白鈺《〈荀子〉連詞的語法化初探》(首都師範大學,2007)、常豔勇《〈荀子〉述賓語義關係研究》(山東師範大學,2009)、陳輝《〈荀子〉反義字組研究》(蘭州大學,2007)、盧春紅《〈荀子〉複音詞研究》(遼寧師範大學,2005)等。期刊論文數量較多,較重要的有于峻嶸《〈荀子〉單重按斷複句研究》(《語文研究》2005 年第 2 期)、于智榮《〈荀子·勸學〉"完"字解詁》(《語言研究》2007 年第 1 期)、霍生玉《〈荀子〉中的"所"及"所"字在先秦的歷時考察》(《古漢語研究》2009 年第 3 期)等。這些論文選取《荀子》中某一語言現象進行專題討論,有的還由靜態的語言描寫轉向了動態的"史"的考察,研究視角與前代不同,研究方法也較前人先進,開拓了《荀子》語言研究的新局面。

2. 有關楊倞《荀子注》的研究

學界關於楊倞《荀子注》的研究主要散見於上述對《荀子》的校釋研究之中,學者們在校釋《荀子》的同時,也從訓詁層面對《荀子注》進行了糾誤補缺式的研究。然而,真正專以楊注爲研究對象的成果卻比較少見,專著迄今未有,有關楊注研究的論文也很少,碩士學位論文重要的有：一是霍生玉《〈荀子〉楊倞注訓詁説略》（湖南師範大學，2001），該文重點就楊倞注《荀子》的訓詁方法、手段作了較全面的歸納，尤其是對楊注之訓詁得失進行了一定程度的研究；二是楊愛萍《〈荀子〉楊倞注複音詞研究》（河北師範大學，2010），該文對楊注中的複音詞及其結構方式作了大致的描寫和分析；三是王紅《〈荀子〉楊倞注名詞釋義考察》（河北師範大學，2011），該文就楊注訓釋名詞的類別和形式進行了歸納和分析。期刊論文主要有霍生玉《〈荀子〉諸注誤説舉例》（2006）、《楊倞注〈荀子〉勘誤》（2008）等幾篇。總的説來，學界目前對楊倞《荀子注》的研究還有待加强。今人校理、注釋、對譯《荀子》，多采用清人的注本，這些注本對楊注或有删減，或有改易，或有一己之指摘，已不能盡顯楊注之原貌。雖也有學者關注楊倞注，然亦往往只側重於它在整理《荀子》之正誤得失的訓詁層面，真正專門措意於楊注，將楊注作爲一種獨立的語言材料，意在發掘它對漢語史研究的價值者，暫很少見。

　　總體而言，目前學界關於《荀子》和楊注的研究取得了較高成就，但仍有進一步開拓的空間，比如關於校釋研究的較多，關於語言研究的相對較少；針對《荀子》語言的研究較豐碩，而關於楊注語言的研究則較薄弱。至於將《荀子》與楊注語言結合起來加以考量的研究，更爲鮮見。

　　實際上，不獨《荀子》與楊注如此，將古籍母本與其注文加以比較以見古今語言之異的研究，當代學者普遍缺乏關注。囿於目力，專著我們暫僅見賴積船《〈論語〉與其漢魏注中的常用詞比較研究》（2007），該文對《論語》與其漢魏注中常用的合成詞及連用結構進行了清理,對二者中都出現了的五組單音常用詞的義點、義位情況作了分析和比較,在此基礎上總結了常用詞演變過程中涉及的一些詞義問題。期刊論文重要的有張世祿《先秦漢語方位詞的語法功能》(1996 年)一文,通過將《詩》與傳、箋、疏、注進行比較,闡明了漢語方位詞語序的歷史變化。周法高《中國古代語法・構詞編》(臺北史語所專刊,1962)和何毓玲《試論〈毛詩正義〉疏經語言中的狀貌詞詞尾》(1989)兩篇文章,都對《詩經》傳、箋、疏中"然"詞尾的用法進行了比較研究,前者指出"然"作詞尾的用法"隨時代的變遷而逐漸增加",後者則進一步揭示了狀貌詞詞尾從傳、箋到疏逐漸統一爲"然"的過程。還有劉瑶瑶《〈孟子〉與〈孟子章句〉複音詞構詞法比較研究》(蘭州大學,2007)、羅琴《〈詩經・國風〉四家注疏中複音詞替換單音詞現象研究》(四川外國語大學,2014)兩篇碩士學位論文,分別通過《孟子》《詩經》母本及多家注文之間的比較,就複音詞從母本到注文時代的發展作了分析和歸納。這些論文將古籍母本與其後世的注釋語言進行比較,從母本與某一家注釋或多家注釋之間的語言變遷中揭示詞彙在特定方面的發展變化,對注釋語言研究很有啟發。但像本書這樣,就母本詞彙與注文詞彙,進行全面系統比較的論著,似暫未見到。

目前學界對詞彙演變的研究頗爲關注,但取材範圍多集中於一些熱門語料和同質文獻,對注釋性語料熱情不高,楊倞《荀子注》尤其是被相對冷落的一種。其實,注釋性語料在漢語詞彙演變進程中有着重要地位和推動作用。王雲路(2012)説:"注釋語料是研究詞語演變的絕佳材料。"徐望駕(2015)也説:"中古注釋語料在漢語詞彙研究,尤其是複音詞研究方面具有獨特的文體價值,只要推陳出新,完全有可能成爲今後詞彙研究中可資利用的熱點語料。"
近年來,隨着漢語史研究的深入開展,學人開始把專注於古籍母本
的目光投向了注疏語言研究,出現了一大批意在挖掘注疏語料在
漢語史研究方面價值的成果。專著如張能甫對鄭玄注釋語
(2000)、徐望駕對皇侃《論語義疏》(2006)、焦冬梅對高誘注(2011)
的研究,尤其是徐望駕從語詞更替演變的角度探討了皇疏中的詞
彙發展,與一般平面描述的做法有所不同。董志翹(2005)、孫良明
(1990)等諸先生也都有論文涉及。還有許多博、碩論文,如浙江大
學漢語史研究中心出現了一批以故訓專書爲研究對象的博、碩士
學位論文: 吳欣《高誘〈吕氏春秋注〉詞彙研究》(2008)、胡曉華《郭
璞注釋語言詞彙研究》(2005)、周夢燁《杜預〈春秋經傳集解〉詞彙
研究》(2011)、施含笑《趙歧〈孟子章句〉詞彙研究》(2011)等,還有
復旦大學徐朝暉對《國語》韋昭注的研究(2009),河北師範大學王
倩倩對《孝經註疏》詞彙的研究(2011)等等,都是比較扎實的注釋
語言研究的成果。期刊論文重要的有胡繼明(2002;2003)、張聯榮
(2003)、陳建初(2004)等人的研究,其中胡繼明將《漢書》應劭注與
前後的《論衡》《三國志》相比較,發現應劭注中偏正式雙音詞占優
勢,指出"是由於注釋學的繁榮促進了偏正式的發展"。這些論文
將注疏語言看作一種獨立自足的語料,就注文本身所表現出的
詞彙現象進行平面描寫和分析,爲中古詞彙史研究作出了較大
貢獻。然而這些成果大多主要是按照結構類型對注釋文中的複
音詞進行了數量統計和舉例式闡述,並沒有較好地結合古籍母
本來考量漢語詞彙從母本到注文時代的發展,故其實質仍是屬
於一種平面單點式的研究。我們認爲,注文係依附母本而存在,

對注疏的研究終究不能撇開母本。所以,在目前要麽只重視古籍母本、要麽孤立地研究注文語言的背景下,從語言演變的角度去觀照母本和注本,通過二者的比較去發現古今語言之異,仍是一個有待開掘的領域,尚有較大研究空間,相信會引起越來越多學人的重視。

四　研究宗旨與方法

1. 研究宗旨

本書就《荀子》和楊注作詞彙定點比較研究,旨在發現和歸納戰國時期詞彙在中唐時代的重要發展變化,凸顯戰國後期與中唐時代詞彙的典型特徵和時代差異,並重點探討注釋性語料中詞彙發展演變的規律,爲漢語詞彙史研究,尤其是詞彙雙音化研究提供注釋文體方面的解釋依據,同時,也就楊倞《荀子注》這種注釋性語料在漢語辭書編修以及古籍整理中的特殊作用進行了闡發。具體說來,本書基本達到了以下幾個主要目標:

第一,梳理從《荀子》到楊注詞彙的發展演變。楊注是對《荀子》的隨文注釋,注文與《荀子》母本所表述的內容高度相關,這種相關度使得在將母本與注文詞彙進行比較時,往往能找到明確的語詞對應線索,從而爲梳理語詞的演變提供了便利。因此,通過從詞形、詞義、用法諸方面對《荀子》與楊倞注詞彙進行比較分析,可以較方便地直線追蹤在某一義位上不同詞彙形式發生更替的大致時間和具體演變軌迹。並且《荀子》處於戰國後期,楊倞注處於中唐時期,將二者進行語言比較,就能凸顯這兩個時段詞彙的典型特徵和時代差異,也能發現和歸納戰國詞彙在中唐時代的主要發展變化。

　　第二,研究楊注中新增雙音詞的產生規律和構詞理據。目前關於詞彙雙音化理據的研究,少有系統探討注釋文體對雙音詞衍生發展影響的成果。其實,注釋文體在漢語詞彙雙音化進程中有着重要地位和推動作用。由於上古漢語是以單音詞爲主的,這就使得後世注家常常需要使用添加語詞的辦法來補足古籍中省略、隱含或時人已經不甚明了的内容,這也就必然表現爲在注語中大量以雙音詞訓釋母本中單音詞的情形,因此,很多雙音詞成詞於注釋文體並沿用於後世。並且因注釋文體的特殊性,其詞彙的發展演變也有着不同於其他文體的特點。因此,本書對《荀子》楊倞注中新增雙音詞的產生規律和構詞理據進行研究,爲漢語詞彙雙音化理據研究提供了某些注釋文體方面的解釋依據,同時,總結注釋文體這種特定語料在漢語詞彙演變進程中的特殊地位和推動作用,爲漢語詞彙史研究提供了注釋文體方面的豐富資料。

　　第三,本書在《荀子》與楊注詞彙的比較研究中,也涉及對《荀子》校釋的辨正和對其中疑難詞語的考釋以及對楊注中新詞、新義的抉發,從而一定程度上爲《荀子》的整理工作提供參考,爲《漢語大詞典》等辭書的編修提供參證。

　　2. 研究方法

　　合適的研究方法是順利完成研究任務的重要保證。爲達成我們的研究目標,本書采用了比較研究與歷史文獻考證法相結合、定量統計與定性分析相結合和個案研究法以及語用-語義分析法來對《荀子》母本與楊倞注文中的詞彙現象進行研究。下面對這幾種研究方法稍作説明。

（1）比較研究法與歷史文獻考證法相結合

魯國堯先生説："歷史比較法與歷史文獻考證法的結合融會，是漢語史研究新的'二重證據法'。"①本書旨在將《荀子》和楊注詞彙作定點比較研究，因而比較研究法是貫穿全書始終的重要研究方法。本書所采用的比較研究法，從縱向與橫向兩個方面展開：一是把《荀子》母本與楊倞注文作縱向比較，以凸顯戰國詞彙在中唐的發展變化；二是將《荀子》母本和楊倞注文分别與同時代其他同類文獻進行橫向比較，以尋求共時材料的印證。縱向比較可以凸顯兩個時代之間的詞彙差異，橫向比較則可以幫助了解某語言事實在戰國或中唐是否具有普遍性。鑒於一部專書可能並不能很好地體現一個時代語言的全貌，因此，我們還將充分運用歷史文獻考證法，廣泛搜集和查閱我國豐富輝煌的歷史文獻，以確鑿、可靠的文獻資料來考察和驗證通過比較研究得來的結論。比較研究與歷史文獻考證相結合，互相配合，互相印證。

（2）個案研究法

汪維輝説："在目前起步階段，有必要强調'個案研究'（case study）的重要性，即：把一組一組詞的新舊遞嬗關係和演變更替過程扎扎實實地描寫清楚。只有把這項基礎工作做好了，才有可能撰寫漢語常用詞演變通史，也才談得上探索變化背後的規律。"②就目前階段來説，個案研究法仍是漢語詞彙史研究不可或缺的基本研究方法。因此，本書在考察描寫《荀子》母本與注文詞彙主要

---

① 魯國堯：《論"歷史文獻考證法"與"歷史比較法"的結合——兼議漢語研究中的"犬馬鬼魅法則"》，《古漢語研究》2003 年第 1 期。

② 汪維輝：《東漢—隋常用詞演變研究》，南京：南京大學出版社，2000 年，14 頁。

差異的基礎上，還從中選取了若干組典型個案進行重點研究，對語詞詞形、詞義的演變軌迹或發展脈絡作歷時的考察和追溯，一定程度上梳理和歸納了這些語詞從戰國至中唐的發展演變，並努力探求其演變動因。

(3) 定量統計與定性分析相結合

詞彙研究中的定量統計與定性分析相結合，是一種典型例句與統計數據相配合的方法。定量研究要求語料的封閉性，因爲只有封閉才能做到定量統計的窮盡和準確。定性是對定量統計進行"質"的分析，以發現語言的本質屬性和規律。二者配合使用，相互補充，才能使研究結論更客觀、更準確。本書的重要任務是通過《荀子》母本和楊倞注文詞彙的比較，分析歸納《荀子》和楊注在詞彙方面的差異。考慮到一部專書的語言并不能很好地代表一個時代的語言面貌，因此我們並不以某詞或某義在《荀子》或楊注中的有無，來斷定該詞、該義在《荀子》或楊注時代已經出現或消失，而是進一步分別調查與《荀子》及楊注同時代其他文獻的語言狀況，之後再謹慎得出結論。我們充分調查了傳世文獻及出土材料中的相關文獻，只有同時代的其他文獻也呈現出與《荀子》和楊注中相同的詞彙現象時，方作出該詞彙現象在某時段已經出現或消失的判斷，由此才大致估測出其在詞彙史上出現或消失的時間段。因此，對傳世文獻及出土材料中相關文獻例句進行廣泛搜集和數量統計，繼而對其中的典型例句作分門別類的定性分析，也是本書的重要研究方法。

(4) 語用-語義分析法

對兩種語料進行語言比較研究，不能僅僅是進行材料的整理羅列和描寫歸納,還需對其中的語言現象作多角度、多側面地分析和解釋。因此,本書在對《荀子》詞彙到楊注中的發展變化進行客觀描寫和對其中典型語詞的演變進行個案考察的基礎上,還對《荀子》楊注中新生複音詞的産生進行了語用目的分析和對複音詞的構詞進行了語義理據的分析。根據語用學的語用目的原則,任何言語事件和言語行爲(包括互動式和獨白式話語)都有一定的語用目的。注家作注也是一種有目的的言語行爲,他們會在一定語用目的的驅使下對自己注釋的語言形式進行選擇和組織。因此,本書以語用目的原則爲指導,根據楊倞作注時具體的語用目的,來考察其使用和構造雙音詞的規律。此外,楊注以《荀子》中原單音詞爲基礎語素,與另一語素組合構成雙音結構去訓釋單音詞,爲何這些雙音結構有的凝固成詞,而有的卻未能沿用於後世? 對此,我們運用了語義分析的方法,去分析雙音詞構詞語素之間的語義組配和整合,從而探求注釋文體中雙音詞的内部構詞理據。

第一章　單音詞：更替與演變

　　漢語詞彙從古到今，一直處於不斷發展變化之中。研究漢語詞彙的發展變化歷程，是詞彙史研究的重要內容。根據索緒爾的符號學理論，語言符號是由能指和所指相聯結所産生的整體[1]。所以，詞彙的發展變化也涉及詞的能指與所指之間的歷時關聯與變化。從戰國後期的《荀子》到中唐時代的楊倞《荀子注》，漢語詞彙在很多方面都發生了變化，楊倞以唐人通語訓釋戰國《荀子》中的語言，其中很多訓條體現了戰國後期到中唐時代詞彙的差異和演變。我們把《荀子》母本與楊倞注文進行比較，發現從《荀子》到楊注詞彙的發展演變主要表現爲以下四個方面，試分別舉例説明：

　　《王制》：脩[2]隄梁，通溝澮，行水潦，安水臧，以時決塞，歲雖凶敗、水旱，使民有所耘艾，司空之事也。

　　楊注：梁，橋也。

---

　　① ［瑞士］索緒爾著，高名凱譯：《普通語言學教程》，北京：商務印書館，1996年，102頁。
　　② 《古逸叢書》本《荀子》"脩""修"不分，全部作"脩"，引用時皆從其舊，下文不再説明。

　　按：楊注以"橋"釋"梁"，説明"梁"表"渡河建築"義已不爲時人所熟知，所以楊倞才要用當時習用的"橋"字去解釋它，這裏從"梁"到"橋"的演變是在"渡河建築"義位上從一個單音詞到另一個單音詞的更替。這反映出在同一個義位上，前後時代用不同的語詞來代表，舊詞在該義位上已消亡，轉由新詞穩固、經常地代表該義位。也就是説，同一所指，在不同歷史階段能指不同，這些能指之間存在歷時替換的關係。此爲第一個方面。

　　《王霸》：夫人之情，目欲綦色，耳欲綦聲，口欲綦味，鼻欲綦臭，心欲綦佚，此五綦者，人情之所必不免也。

　　楊注：臭，氣也。凡氣香亦謂之臭。

　　按：楊倞之所以要特別作注説明"凡氣香亦謂之臭"，正説明在唐人通語裏"臭"字已經專指穢惡之氣，其在上古漢語裏泛指"氣味"的用法已不大爲時人所熟悉，"臭"的詞義範圍縮小了。這裏語詞的發展主要表現爲單音詞的意義發生了諸如擴大、縮小、轉移或義項增減之類的變化，並且有時詞彙意義的變化還會引起語詞用法的變化。此爲第二個方面。

　　第三個方面表現爲《荀子》中單音詞在楊注中大量擴展爲雙音詞的形式。如《荀子》中的"行"字常常是獨立成詞，而在楊注中多以雙音詞的形式出現，諸如"行人""行事""力行""運行""施行""通行""言行""操行""巡行"等，這説明"行"字在《荀子》中是以單音詞爲主要表現形式的，而到楊注中則擴展爲以雙音詞爲主要表現形式了。這裏語詞的發展主要表現爲語詞從綜合變爲分析、由單音詞擴展爲雙音詞的形式。

再看第四個方面：如複音詞"修飾"在《荀子》中有兩個義項：① 修養品行。② 整理；修飾。而它在注文中卻有三個義項：① 修養品行。② 整飭；整頓。③ 梳妝打扮；修整儀容。可見"修飾"一詞，在楊注中意義有發展，義項有增加。這裏語詞的發展表現爲複音詞的意義發生了變化。這種詞義的變化可以是義項的增加，也可以是義項的減少，或是詞義的轉移。

因此，概括説來，從《荀子》到楊注詞彙的發展演變主要體現在單音詞和複音詞兩個層面：其中單音詞層面的演變表現爲單音詞發生了詞形更替和單音詞意義、用法發生了變化這兩個方面；複音詞層面的發展則表現爲單音詞的大批雙音化和一些複音詞的意義有了發展變化這兩個方面。

本章主要討論《荀子》語詞在單音詞層面的更替和演變。需要説明的是，我們下面要討論的單音詞主要是單音節的常用詞。關於常用詞的界定，我們遵從張永言(1995)和蔣紹愚(1989)二位先生的意見：常用詞首先是作爲訓詁學研究對象的疑難詞語的對立面提出來的；其次是指對研究辭彙演變有重要價值的詞。具體説來，是指：1. 這類詞的所指與人類自身以及生產生活有着密切關係，而且這種關係不會因時代的不同而改變。2. 這類詞的能指，包括語音和文字形式曾經隨時代的不同而發生過變化。

下面我們就采用個案研究的形式，分別考察從《荀子》到楊注，詞形出現了更替和詞的用法、意義發生了變化的單音節常用詞。至於從單音詞到雙音詞的擴展以及複音詞詞義的發展變化，這兩個《荀子》語詞在複音詞層面的衍生與發展問題，將在本書第二章

“複音詞：衍生與發展”部分再作分析。

第一節　詞形更替舉例

漢語詞彙從古到今，很多方面發生了變化，比如説，一些古語已經死亡或趨於消失，一些新的詞語産生和發展，等等。王力先生説：“古語的死亡，大約有四種原因：第一是古代事物現代已經不存在了。例如‘禊’字的意義是‘三月上巳臨水袚除，謂之禊’，現代没有這種風俗，自然用不着這個字。第二是今字替代了古字。例如‘怕’字替代了‘懼’，‘綺’字替代了‘褲’。第三是同義的兩字競爭，結果是甲字戰勝了乙字。例如‘狗’戰勝了‘犬’，‘豬’戰勝了‘豕’。第四是由綜合變爲分析，即由一個字變爲幾個字。例如由‘漁’變爲‘打魚’，由‘汲’變爲‘打水’，由‘駒’變爲‘小馬’，由‘犢’變爲‘小牛’。”①本節所要討論的發生了詞形更替的單音詞，應該屬於王力先生所説的第三種情況，即在某義位上，新詞戰勝了舊詞，舊詞已消失或不再表示該義位，轉由新詞穩固、經常地代表該義位。至於從《荀子》到楊注意義、用法發生了變化的單音常用詞，將在下文“用法或意義發生了演變的單音詞個案考察”一節作分析。

注釋語言的根本特徵是以今釋古。注釋爲了讓時人讀懂前代典籍，注家之所以要給古書某語詞作注，很多時候是因爲該語詞的指稱對象（或者説“義位”）到注家所處時代或已經發生變化、或已

---

① 　王力：《龍蟲並雕齋文集》，北京：中華書局，1980 年，第 1 册，414 頁。

經用不同的詞來表示了，所以注家通常會以當時通行的語詞去訓釋對時人來説已不熟悉的古語詞，即在某一義位上，被釋詞在注家所處時代已消亡或已不再用來記錄該義位，而轉由訓釋詞穩固地代表該義位，此類條目即可認爲是反映了有關單音詞詞形更替的信息。爲掃除唐人閲讀《荀子》的障礙，楊倞常常會以唐代習用的單音詞來訓釋《荀子》中對時人來説已經陌生難懂的單音詞。我們發現，在某一具體注釋語境中，楊注常常用"A，B也"的形式去釋詞或在闡發文意中以唐代通行語詞去訓釋《荀子》中的語詞，被釋詞和訓釋詞是在不同時代記錄某義位的兩個不同的詞，二者在該義位上存在歷時更替的關係。此類訓條即可用來分析《荀子》和楊注中所蘊含的戰國至中唐單音詞更替的信息。

　　《荀子》與楊注中反映出來的自戰國至唐代發生了詞形更替的單音節常用詞數量不少，據我們調查，至少有下面 20 餘組常用詞的歷時更替在《荀子》和楊注中有着一定程度的體現。

常用詞　義位	常用詞　義位
本/根——"樹根"	步/行——"行走"
嘗/曾——"曾經"	崖/岸——"河岸"
盜、竊/偷——"偷東西"	惡/醜——"相貌難看"
弗/不——否定副詞	跪/足——"腳；腿"
干/求——"尋求"	卒/終、盡——"盡；完畢"
漸/浸——"没於水中"	梁/橋——"渡河建筑"
數/術——"技藝；技巧"	須/待——"等待"
卧/寢——"睡眠"	云、道/言、説——"言説"

相/視——“用眼睛看”　　參/三——數詞

市/買、賣——“做生意;做買賣”

户/門——“房屋等出入口能開關的障蔽裝置”

　　關於以上 20 餘組常用詞的演變更替,有的已有學者進行了較深入的研究,有的由於筆者學力及手頭材料所限,暫不能予以討論。因此,本節僅選取其中 5 組常用詞作個案研究。這些常用詞有的是目前暫無人對其演變歷程作過研究,有的雖有人論及,但我們覺得仍有可商榷或進一步探討之處。我們主要運用典型例句與統計數據相配合的方法,對這些常用詞的演變軌迹進行較爲深入細緻的梳理和描寫,進而努力探求促使其演變更替的動因。

一　梁/橋[①]

　　“梁”“橋”是漢語史上不同時代所使用的表“渡河建築”義的常用詞,上古時代稱“梁”,後來“梁”爲“橋”所取代。《説文解字》段注“梁”字條云:“見於經傳者,言‘梁’不言‘橋’也。”(清 段玉裁《説文解字注》,篇 6 上/267b)我國著名橋梁史專家茅以升(2012)也説:“‘橋’和‘梁’是同義異名。‘梁’這一專用名詞,在文字應用上略先於‘橋’。”[②]

　　“梁”與“橋”的歷時更替,在《荀子》和楊注中也有所體現。

---

　　① 此節關於“梁”“橋”替換的内容已發表於《中國語文》2016 年第 2 期,收入本書時有修改。

　　② 茅以升:《橋梁史話》,北京: 北京出版社,2012 年,199 頁。

例如：

> 《王制》：脩隄梁，通溝澮，行水潦，安水臧，以時決塞，歲
> 雖凶敗、水旱，使民有所耘艾，司空之事也。
>
> 楊注：隄，所以防水。梁，橋也。

按：關於渡河建築，在《荀子》裏稱"梁"，楊倞以"橋"對釋之，說明表"渡河建築"義的常用字，戰國時爲"梁"，唐代已經轉爲用"橋"了。

那麼，"梁"是何時爲"橋"所取代的呢？又是什麼原因導致了二者的更替呢？關於這個問題，丁喜霞曾撰文作出論述[①]。丁文說："'橋'作爲渡河建築始見於戰國中期文獻，不過用例極少。到了漢代，'橋'的使用頻率逐漸增加，成爲表示橋梁義的主要用字。"她還指出，"橋"的語源是"喬"，取其"高而曲"義，由於科技進步和社會發展，橋梁的形制發生了變化，出現了以高和曲拱爲特點的"橋"，加之"梁"詞義負擔過重，因而"橋"最終戰勝了"梁"，成爲表橋梁義的主要用字。

丁文所述詳盡深入，但尚有可進一步探討之處：第一，"橋"取義於"高而曲"的説法，值得商榷；第二，丁文據以斷定"橋"作爲渡河建築始見於戰國中期的3個"橋"字用例並不可靠，且不能確定是指渡河建築；第三，"橋"在漢代取代"梁"成爲表橋梁義的主要用字，確是因爲當時出現了橋面高抬的新橋梁，然而這種新橋梁並不

---

① 丁喜霞：《"橋"、"梁"的興替過程及原因》，《語言教學與研究》2005 年第 1 期。

僅僅如丁文所説是"以高和曲拱爲特點"的曲拱橋,實際上也可以是平板橋。下面試一一討論。

　　首先,丁文據《説文解字·夭部》"喬,高而曲也",指出"橋"乃取義於"喬"之"高而曲"義,此説可商。蔡英傑《從同源關係看"窈窕"一詞的釋義》(《中國語文》2012 年第 3 期)一文從同源關係的視角探求了"窈窕"一詞的釋義,他指出:"'窈''窕'二字,一爲影母幽部,一爲透母宵部。聲母上一屬見系,一屬端系;韻部上幽、宵相近。無論見系的宵、幽部,還是端系的宵、幽部,均有兩個同源系列,其一爲'長義',其二爲'曲義'。"①此外,他還特別指出:"'長義'系列的詞語有高、長、深、遠多種意義,實爲音近義通的同源詞。"蔡文將從"喬"聲的字歸入見系宵、幽部,指出"喬"聲字與"窈""窕"乃出自同一語源。可是,"橋"字是取"長(高)義"還是"曲義",抑或"長(高)義"和"曲義"二者兼有呢?

　　要確定一個詞的語源意義,可以通過考察它所在的同源詞族來幫助作出判斷。清代朱駿聲《説文通訓定聲》打破了許慎《説文解字》"分別部居,據形系聯"的體例,"舍形取聲",不按部首排字,而是按古韻 18 部排列,把聲符相同的字排在一起,每字上用小字標出平水韻,有的字上朱氏標了多個韻,是因爲該字有多個讀音。朱氏力求通過這種編排方式來探求詞與詞的淵源關係,闡發自己的古音理論。因而,此書成爲"一部從形音義的角度綜合探討漢字發展史的字源學著作",是"清代最爲完備的諧聲聲系

---

　　①　王寧先生曾對蔡文從同源關係的角度解釋"窈窕"的本義給予了肯定,但也提出了"一個詞的本義是否可以有兩個來源"的疑問(參看蔡文文末注釋)。我們下面的分析,可爲解決王寧先生這個疑問提供有力佐證。

和古韻韻書"①。《説文通訓定聲》對我們研究形聲字聲符的示源功能有着重要價值，因此，我們試以該書所列以"喬"爲聲符的字來看"橋"之語源義到底如何。兹將朱氏《説文通訓定聲》所收以"喬"爲聲符的字(1983：325～327頁)全部臚列如下：②

【橋】(蕭)水梁也。從木喬聲。

【趫】(蕭)善緣木走之才。從走喬聲。讀若王子蹻。按：今俗有踹高趫之戲。//《文選·(張衡)西京賦》："非都盧之輕趫，孰能超而究升。"李善注："《太康地志》曰：'都盧國，其人善緣高。'"(《六臣注文選》，1895–卷2/13a)

【鷮】(蕭)走鳴，長尾雉也。從鳥喬聲。

【僑】(蕭)高也。從人喬聲。//段注："《春秋》有叔孫僑如，有公孫僑，字子產，皆取高之義也。"(《説文解字注》，篇8上/368b)//《説文義證》："《列子·説符》篇'異伎'張注云'僑人'。《山海經·長股國》郭注：'今伎家僑人象此。'馥案：北方伎人足繫高竿之上跳舞，作八仙狀，呼爲高橋，當作此僑。"(清 桂馥《説文義證》，685頁)

【驕】(蕭)驕，馬高六尺爲驕。從馬喬聲。《詩》曰："我馬唯驕。"

【獢】(蕭)獢獢也。從犬喬聲。短喙田犬。長喙者獫。

---

① 分別見房建昌：《朱駿聲與〈説文通訓定聲〉》，《辭書研究》1984年第2期；汪少華：《朱駿聲的古韻研究貢獻》，《江西教育學院學報》1989年第4期。

② 每字頭後面圓括號裏是朱氏爲該字所標的韻。有的在列出朱氏釋義後，再適當補充其他相關注疏，中間以"//"隔開。

【綯】（蕭）絝紐也。從系喬聲。如今套褲之系係於帶者。

【鐈】（蕭）似鼎而長足，從金喬聲。

【蹻】（蕭、篠）舉足行高也。從足喬聲。……《方言七》："蹻，躡也。"注："卻蹻，燥躡貌。音謔。"按：不平正之意。

【撟】（篠）舉手也。從手喬聲。《爾雅·釋獸》："人曰撟，謂人體倦鈒輒欠伸，舉手以自適。"

【矯】（篠）揉箭箝也。從矢喬聲，正曲使直。

【敿】（篠）繫連也。從攴喬聲。讀若矯。

　　我們發現，上述 12 個從"喬"聲的字，除"蹻"字有"舉足行高"和"不平正"兩義，故朱氏標以蕭、篠兩韻外，前 8 個都有"長"或者"高"的特點[1]，皆屬蕭韻；後 3 個都帶有"曲"的特徵，皆屬篠韻。"長義"亦同於"高義"，《墨子·公輸》："荊有長松、文梓、梗柟、豫章，宋無長木，此猶錦繡之與短褐[2]也。"（415 - 卷 13/13b）《荀子·非相》："仲尼長，子弓短。"（312 - 卷 3/1b）對此，殷寄明也有過闡述："高、深，乃就縱向言之，自平面而上，距離大曰高，自平面而下，距離大稱深；遠、長則就橫向言之，自近處而往，距離大叫遠，兩端距離大則謂之長。"[3]也就是說，高、深是縱向的，遠、長是橫向的，

---

①　其中，"獢"字釋義"短喙"特與"長喙"相反相對，殷寄明說過："同源詞是由同一語源孳乳分化出來的語詞，在語音上具有相同或相通之特徵，而在語義上則具有相同、相反或相對、相通之特徵。"（參看殷寄明：《語源學概論》，上海：上海教育出版社，2000年，131 頁）故可認爲"獢"字也與"長"義相關。

②　王寧先生校此"短褐"爲"裋褐"。參看王寧主編：《訓詁學》，北京：高等教育出版社，2010 年，188 頁。

③　參看殷寄明：《漢語同源字詞叢考》，上海：中國出版集團東方出版中心，2007年，205 頁。

二者實際都是指距離大。因此，漢語中也有高遠、深遠、深長等同義並列複合詞。由此可見，一方面以"喬"爲聲符的同源字可分爲兩類：一類屬蕭韻，取義爲"長（高）"；一類屬篠韻，取"曲"義。故蔡文所述見系宵、幽部的兩個同源系列"長義"和"曲義"，其實還可進一步探討其分化的條件。這也證明了王寧先生就蔡文提出的"一個詞的本義是否可以有兩個來源"的疑問實乃真知灼見。另一方面，既然屬蕭韻的字都取"高"義，"曲"的特徵並不明顯，"橋"字也屬蕭韻，那麼，"橋"自當也是取義於"高"，而非丁文所説的"高而曲"。

在論證了"橋"字係取義於"高"之後，我們再來看看丁文所舉3個"橋"字用例是否能證明"'橋'作爲渡河建築始見於戰國中期"。先引述丁文3例如下：

《六韜・虎韜・軍用》："渡溝塹，飛橋，一間廣一丈五尺長二丈以上，著轉關轆轤八具，以環利通索張之。"

《墨子・備城門》："斷城以板橋，邪穿外，以板次之。"

《墨子・備城門》："木橋長三丈，毋下五十。"

所舉3例，1例出自《六韜》，2例來自《墨子》。關於《六韜》的成書時代，學界頗多歧議[1]：有人認爲《六韜》成書於戰國時期，有人認

<hr />

[1]　依次參看劉宏章：《六韜初探》，《中國哲學史研究》1985年第2期；中國軍事史編寫組：《中國軍事史》第4卷《兵法》，北京：解放軍出版社，1988年，104頁；張烈：《六韜的成書及其內容》，《歷史研究》1981年第3期；仝晰綱：《六韜的成書及其思想蘊涵》，《學術月刊》2000年第7期。

爲該書成書"上限不會早於周顯王時,下限絕不遲於秦末漢初",也有人定其爲"秦始皇在位時寫成",還有人認爲是齊桓公"復修太公法"時整理周室舊檔案中的太公言論而成。可見,將《六韜》看作戰國中期的作品是值得懷疑的。關於《墨子》作者,學界認爲既有可能是墨子本人,也有可能是墨子弟子,如梁啟超認爲《經上》至《小取》六篇爲墨翟自著,而陳柱認爲僅《經上》《經下》兩篇爲墨子自著,其餘皆墨家弟子所輯,史黨社則進一步認定"城守諸篇只能是出自戰國時代墨徒之手"①。《墨子・備城門》屬《墨子》城守諸篇之一,因此,綜合各家之説,將《墨子》二例看作戰國文獻用例是可以的。

然而,細味這兩個"橋"字用例,將其釋爲一般渡河建築,卻未必可靠。該句前後完整爲:"爲斬②縣梁,酌穿,斷城以板橋,邪穿外,以板次之,倚殺如城報。"孫詒讓注:"斬,塹之省。'縣梁'即於塹上爲之,後云'塞外塹去格七尺爲縣梁'。"岑仲勉對此句的解釋是:"塹縣(與懸同)梁即後世之釣(弔)橋。取板橋令從城穴向外邪伸出(酌即令),板橋長未達地,則再以板接之(次者,再接之謂);板橋之斜度或坡度(倚殺),視城之形勢爲之。"岑先生並繪圖示意③。如下圖:

---

① 依次參看梁啟超:《墨子學案》,收入《共學社哲人傳記叢書》,上海商務印書館,1921年,14頁;陳柱:《墨學十論》,收入《國學小叢書》,上海商務印書館,1934年,109頁;史黨社:《墨子城守諸篇研究》,北京:中華書局,2011年,77頁。
② 斬,塹也。《墨子・備蛾傅》:"斬城爲基,掘下爲室。"孫詒讓云:"斬,塹之省。"見孫詒讓撰,孫啟治點校:《墨子閒詁》,北京:中華書局,2001年,502頁。
③ 岑仲勉:《墨子城守各篇簡注》,據民國三十七年排印本影印,見嚴靈峰《無求備齋墨子集成》45册,臺北:成文出版社,1977年,43頁。

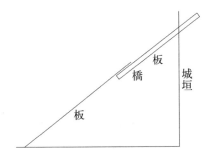

還有當代學者秦彦士專門就《墨子·備城門》的軍事設施進行了研究,跟岑仲勉先生一樣,他也認爲,句中的"縣梁"即"吊橋"。既然"懸梁"爲吊橋,若將"板橋"再釋爲"吊橋",則有重複之嫌①。那麼,根據岑、秦二人的研究,這裏的"板橋"應該是一種古城防中架設於城垣高處的通行工具。顯然,它與一般意義上的渡河建築還是有區別的。因此,丁文僅憑上述 3 例,就說"'橋'作爲渡河建築始見於戰國中期文獻",是不可靠的。並且,這 3 個"橋"字所表述的,不管是一種什麼樣的城防工具,它們都是架於城垣高處,有着"遠離地面而高"的特點,卻看不出任何"曲"的特徵,這也再次印證了"橋"應該是取義於"高",而非"高而曲"。

我們發現,在秦漢文獻中才見"橋"真正用於一般渡河建築義的用例。例子如下：

> 《郝家坪秦墓木牘》：十月爲橋,脩(修)波隄。(《秦簡牘合集(一)》,190 頁)

---

① 秦彦士：《古代防禦軍事與墨家和平主義——〈墨子·備城門〉綜合研究》,北京：人民出版社,2008 年,29 頁。

《睡虎地秦墓竹簡》：千（阡）佰（陌）津橋，囷屋蘠（牆）垣。[1]（《秦簡牘合集（一）》,331 頁）

《張家山漢墓竹簡·二年律令》：十月爲橋，脩波（陂）堤。[2]（《張家山漢墓竹簡》,42 頁）

《張家山漢墓竹簡·二年律令》：除道橋，穿波（陂）池，治溝渠，塹奴苑。（64 頁）

《張家山漢簡·二年律令》：市垣道橋，命市人不敬者爲之。（64 頁）

《淮南子·主術訓》：蝦蟇鳴，燕降而達路除道，陰降百泉則修橋梁。（426－卷 9/19b）

《史記·秦本紀》：（昭襄王）十八年，錯攻垣、河雍，決橋取之。（卷 5/212）

《史記·秦本紀》：（昭襄王五十年）初，作河橋。（卷 5/214）

《史記·高祖功臣侯者年表》：元朔三年，侯臧坐爲太常，南陵橋壞，衣冠車不得度，國除。（卷 18/899）

《史記·刺客列傳》：既去，頃之，襄子當出，豫讓伏於所當過之橋下。（卷 86/2521）

---

① 此兩例簡文出自陳偉主編：《秦簡牘合集（一）》,武漢：武漢大學出版社,2014 年。兩例中"橋"字可以認爲是指渡河建築。前例出自郝家坪秦墓 16 號木牘,述秦武王二年事；後例出自睡虎地 11 號秦墓竹簡,約處於秦朝初年。

② 《二年律令》是吕后二年施行的法律。參看：張家山二四七號漢墓竹簡整理小組編著：《張家山漢墓竹簡（二四七號墓）》（釋文修訂本）,北京：文物出版社,2006 年。《二年律令》三例蒙臺北中研院史語所顏世鉉先生和友人上海古籍出版社姚明輝分別提供。特此致謝。

只有諸如上述這樣的文獻用例，方可確認爲真正用於一般意義之渡河建築的"橋"。所以，"橋"用於渡河建築義在秦漢之際已經出現。不過西漢時仍是"橋""梁"並用的時期[①]，因爲這個時候"梁"仍然經常用來指渡河建築。東漢時，單音詞"梁"表渡河建筑漸爲少用，它常作爲構詞語素與"橋"組合成雙音詞"橋梁"，單音詞"橋"已經成爲表渡河建築義的主要用字。從《漢書》《論衡》《前漢紀》《東觀漢記》幾部典籍裏"梁""橋"的使用情況可清楚地看出這一點。試列表如下：

書　名	漢　書	論　衡	前漢紀	東觀漢記
"橋"的次數	33	11	16	9
"梁"的次數	7	3	2	0

關於"橋"取代"梁"的動因，丁文指出，是由於科技進步和社會發展促使了橋梁形制的變化。對此我們是認同的。不過，丁文還說，"以高和曲拱爲特點的橋的出現，使'橋'最終戰勝了'梁'。"這個說法則未必。我們認爲，這種新橋梁不獨爲曲拱橋，平板橋亦可。準確地說，應該是橋面高抬的新橋梁的普遍出現，才是促使"梁"最終爲"橋"所取代的真正原因。

---

① 趙岩先生《從簡牘文獻看"橋""梁"的更替》(《文匯學人》2017 年 2 月 3 日)一文說在岳麓書院所藏秦簡中也找到了幾個用作渡河建築義"橋"的用例，由此指出："在戰國中期到秦漢時期的秦地文獻中，'橋'完成了對'梁'的替代，這一替代可能與部分秦地方言轉化爲通語有關。"我們認爲，戰國時期所見到的幾個"橋"的用例都只出現在秦簡中，而且，從傳世文獻看，"梁"表渡河建築義在西漢仍多見，只有到東漢以後，"梁"才漸爲少見。因此，暫時只能說"橋"在戰國末期的秦國已經出現，但"橋"在通語中完全取代"梁"的時間應該爲時尚早。

這裏得説到"梁"的本義。"梁"的本義是斷水捕魚的堰,文獻有載:

> 《詩·邶風·谷風》:毋逝我梁,毋發我笱。 毛亨傳:梁,魚梁;笱,所以捕魚也。(《毛詩》,5-卷2/10b)
>
> 《詩·衛風·有狐》:有狐綏綏,在彼淇梁。 毛亨傳:石絶水曰梁。 又,《説文解字注·木部》:《毛傳》"石絶水曰梁",謂所以偃塞取魚者,亦取亙於水中之義謂之梁。凡《毛詩》自"造舟爲梁"外,多言魚梁。(《毛詩》,5-卷3/17b;《説文解字注》,篇6上/267)
>
> 《周禮·天官·鱉人》:鱉人,掌以時鱉爲梁。 鄭玄注:《月令》:季冬,命漁師爲梁。鄭司農云:"梁,水偃也。偃水爲關空,以笱承其空。"(9-卷1/36b)

顯然,"梁"表"橋梁"義是由它的本義"絶水捕魚之堰"引申而來的,因此,它所代表的橋梁,也一定程度上保留了其"絶水""亙於水中"這個本義的印迹。就是説,"梁"所代表的橋梁是橫貫水面、亙於水中的。這一點從古文獻中一些關於"梁"的記載中也可以看出來。例如:

> 《詩·大雅·大明》:文王嘉止,大邦有子。大邦有子,俔天之妹。文定厥祥,親迎於渭。造舟爲梁,不顯其光。 孔穎達疏:造其舟以爲橋梁。(《毛詩正義》,970頁)
>
> 《竹書紀年·穆王》:(穆王)三十七年,伐楚,大起九師,

東至於九江，叱黿鼉以爲梁，遂伐越至於紆。（四庫，86－卷下/10a）

按：前一例"造舟爲梁"是說連接船隻成爲橋梁；後一例"叱黿鼉以爲梁"，是說穆王命令大鱉、鼉龍等浮於水面形成橋梁。二者所述橋梁的共同特點是橫亙於水面。可見，由於受其本義的影響，"梁"最初所表示的橋梁應該是以橫貫水面、亙於水中爲特點的①。

關於"梁"與"橋"形制上的這種區別，著名橋梁專家茅以升有與我們類似的論述：

（"橋"和"梁"）二字雖是異名同義，但"橋"字又特有其含義，與"梁"字僅訓爲跨水或絕水者有所不同。（《橋梁史話》，198～199 頁）

橋梁出現的時代最早的絕水爲梁，有的壘石，有的培土，雖然也達到跨河越谷目的，但它（梁）還不具備橋梁的本質，因爲它不是架空飛跨。……真正的橋，應以跨水行空爲標誌。（《橋梁史話》，218 頁）

可見，"梁"與"橋"的根本區別正在於是橫亙水面還是跨水行空？前者爲"梁"，後者則稱"橋"。那麼，是什麼原因導致了橋梁形制上的變化？應該說，這是漢代漕運的發展和磚石拱建築技術進

---

① 順便提及：有友人向筆者提出，"梁"後來常用來表屋梁，屋梁也有遠離地面而高的特點。但是，屋梁之"梁"仍然是橫貫屋内這個空間的，因此，其實它仍然保留了"橫亙水中"這個本義的印迹，它和跨水行空、遠離水面的"橋"還是不同。

步的結果。漢代時,由於生產力的發展,水路交通成爲必要,於是要求橋體高出水面許多,以方便船隻從橋下通過。而橋體要高跨水面,唯一的辦法就是使橋面上抬,於是架空飛跨水面的橋梁應時出現。其中,橋面中部上抬、橋體彎曲的拱橋既符合架空飛跨的要求,又造型美觀,還可延長橋的跨度,因而曲拱橋大量出現。茅以升説:"東漢是我國建築史上的一個燦爛發展時期,磚石拱結構的創新,在我國橋梁史上是一個躍進。"(《橋梁史話》,67 頁)他還説:"最早的拱橋,是否中國首創,姑不具論,但在東漢畫像磚上,即見有拱橋。"(《橋梁史話》,76 頁)現代出土文物也證明了這一點。1965 年河南新野出土的東漢中晚期的漢畫像磚刻"泗水取鼎"圖中就有單孔圓弧曲拱橋①,見下圖:

圖二:"泗水取鼎"圖。圖中間有一單孔圓弧形曲拱橋,橋上有騎馬、駕駛馬車和手拿弓箭的人,圓弧形曲拱橋的下面有船通行。

但我們發現,不僅有曲拱橋,山東臨沂漢畫像石中的"胡漢戰爭"和"車騎過橋"圖②,圖中的橋就不是曲拱的,而是橋體高跨於

---

① 周到、吕品、湯文興:《河南漢代畫像磚》,上海:人民美術出版社,1985 年,227 頁。

② 圖三、圖四見焦德森:《中國畫像石全集》(第 3 卷),濟南:山東美術出版社,2000 年,100～101 頁、90～91 頁。

水面的平板橋。見下圖：

圖三："胡漢戰爭"圖。沂南北寨漢畫像石墓墓門橫額畫像。

此圖畫面的中間是一座下有兩個橋墩、兩旁有欄杆、兩端立着高大柱子的平板橋。橋下的兩個橋墩之間有船，船隻從橋墩之間穿過。橋身下、橋墩外側是陸地，有人在地上活動。

圖四："車騎過橋"圖。蒼山縣卞莊鎮曬米城出土。

此圖畫面中心爲一平板橋，橋飾欄杆，橋身中間立一橋墩。橋下一舟，兩人划船，船身坐兩人。橋身兩旁的引橋下面也是陸地。

以上漢畫像爲我們展現了漢代橋梁的實際形象，證明我國至遲在漢代以前已會建造跨水行空的橋梁①。如前所述，鑒於出土

---

① 東漢畫像石上已見橋面高抬的拱橋和平板橋，但從秦漢文獻中已屢見渡河建築義之"橋"的情況看，估計我國建造跨水行空橋梁的歷史應該要早於東漢。

的秦國木牘和秦代竹簡中已見少數幾個"橋"指渡河建築的用例，因此，"橋"最早在秦國方言中應該已經出現，然其在通語中被普遍使用則要更晚一些，應該到漢代了。

由以上漢畫像可知，當時的橋不獨有曲拱的，也有平板的。不管是曲拱橋，還是平板橋，二者都以橋體高跨水面爲顯著特徵，這也進一步證明了"橋"之語源義在"高"，而不在"曲"。正是由於這種新橋梁的大量出現，使得原來橫貫水面、互於水中的"梁"已不足以顯其義，而古城防中爲跨越深溝高壘而架設於高處的"橋"卻能很好地體現新橋梁跨水行空的特點，於是，"橋"由古城防工具詞義範圍擴大爲一般意義上的渡河建築——橋梁。

綜上所述，大約在秦漢時候，"橋"已經用作渡河建築之稱。"橋"之所以能取代上古時候的"梁"，是因爲跨水行空、方便漕運的新橋梁（曲拱、平板皆可）的大量出現。這種新橋梁與"橋"之"高"的語源義正相契合，而以橫貫水面、互於水中爲特點的"梁"與現實需要已不相適宜，從而導致了"梁"最終爲"橋"所替代。可見，常用詞的更替演變一方面與自身的語源義有着脫不開的關係，另一方面也與人類社會生活密切相關。兩漢時候，社會生產力的發展和橋梁建築技術的進步，也是促使"橋""梁"更替的重要原因。

二　盜、竊/偷

這是一組表示"偷東西"概念的詞，它們在漢語史上也發生了歷時更替。這一點在《荀子》和楊注中表現爲：《荀子》中主要用"盜"和"竊"，"偷"在《荀子》中是"苟且，怠惰"義；楊注中則主要用"竊"和"偷","盜"在楊注中詞義已發生變化,成爲"賊"的同義詞。

先看"盜"之例句：

《不苟》：故曰盜名不如盜貨。田仲、史鰌不如盜也。

《正論》：故可以有奪人國,不可以有奪人天下;可以有竊國,不可以有竊天下也。

《君道》：汙漫突盜以先之,權謀傾覆以示之,俳優、侏儒、婦女之請謁以悖之。

楊注：盜,竊也。

按：由上述例子可知,《荀子》中"盜""竊"都可表"偷東西"義。而楊注刻意以"竊"對釋"盜",這是爲了讓時人明白《荀子》中"盜"與"竊"同,都是"偷東西"的意思。同時,這也説明"盜"作爲"偷東西"義在唐代已不常用。

《勸學》：傷良曰讒,害良曰賊;是謂是,非謂非,曰直。竊貨曰盜,匿行曰詐,易言曰誕。

《正論》：故盜不竊,賊不刺,狗豕吐菽粟,而農賈皆能以貨財讓。

楊注：盜、賊通名,分而言之,則私竊謂之盜,劫殺謂之賊。

按：由前一例可知,《荀子》中"盜""賊"意義有別,即所謂"害

良曰賊”，“竊貨曰盜”。後一例“盜不竊，賊不刺”句，楊倞特意加注
“盜、賊本爲通名”，這說明在楊注所處時代“盜”與“賊”已趨同，然
在《荀子》中析言有別：“盜”爲私竊，“賊”爲劫殺。

再看“偷”之例句：

> 《議兵》：齊人隆技擊。其技也，得一首者則賜贖錙金，無
> 本賞矣。是事小敵毳則偷可用也，事大敵堅則渙然離耳，若飛
> 鳥然。
> 　　楊注：可偷竊用之也。

按：楊注以“偷竊”釋《荀子》中“偷”字，對此諸家皆不認同。
久保愛曰：“偷，苟且也。”王先謙曰：“《晉語》‘其下偷以幸’，韋注：
‘偷，苟且也。’偷可用，謂苟且用之猶爲可也。楊注非。”[1]《荀子》
此句言戰事小且敵脆弱，則苟可用之；反之，則兵敗如鳥之四散也。
久、王二說是，楊注非。

> 《富國》：垂事養民，拊循之，呪嘔之。冬日則爲之饘粥，
> 夏日則與之瓜麮，以偷取少頃之譽焉，是偷道也，可以少頃得
> 姦民之譽，然而非長久之道也。事必不就，功必不立，是姦治
> 者也。
> 　　楊注：姦人爲治，偷取名譽。

---

① 　分別見久保愛：《荀子增注》，5－卷 10/6b；王先謙：《荀子集解》，271 頁。

按：《荀子》中"以偷取少頃之譽"句,楊注釋爲"偷取名譽",應該是把《荀子》中"偷取"當作了並列式複音詞其實並不妥當。這裏"以偷取少頃之譽",應斷爲"以偷/取少頃之譽",此句謂君主若冬日爲民饘粥、夏日與之瓜麩,只不過是苟且取得少頃的名譽而已,絕非長久之道也。故句中"偷"仍然不能認爲是"偷東西"義,而是"苟且;暫且"的意思。

這兩例楊注都將《荀子》中苟且義之"偷"誤注爲偷竊義之"偷",然正是因了楊倞之誤以今義注古語,才向我們透露了"偷"字從《荀子》到楊注詞義變化的重要信息:《荀子》時代"偷"尚不是"偷東西"義;而在楊倞所處時代,"偷"已經是表"偷東西"義的常用詞。

上述例句向我們傳達了從戰國後期到中唐時候關於"盜""偷"意義演變的兩個重要信息:其一,"盜"字發生了從"偷竊"義向"賊殺"義的轉變;其二,"偷"字經歷了從"苟且;怠惰"到"偷竊"義的演變。

王力先生曾對"盜"和"賊"的古今義作過討論,他説:"'盜''賊'二字的上古意義,跟現代意義差不多正好相反。現在普通話所謂'賊'(偷東西的人)上古叫'盜';現在所謂'強盜'上古叫'賊'。可見(上古)'盜'是偷竊的,'賊'是搶劫的。"[1]不過,關於"盜""賊"古今發生意義錯位的原因,王力先生未有論及。我們研究發現,"偷(偷竊義)"的崛起,正是"盜""賊"發生意義錯位的重要原因。因此,下面我們就對"盜""賊"古今意義的演變和"偷"的崛起進行

---

① 王力:《古代漢語》,北京:中華書局,1987 年,第 1 册,233 頁。

討論，同時也可顯現出"盜""竊""偷"的更替軌跡。

春秋時期，"盜"多作名詞，指"偷竊者"。例如：

《論語·陽貨》：子曰："色厲而內荏，譬諸小人，其猶穿窬
之盜也與?"（38－卷9/6a）

《左傳·僖公二十四年》：竊人之財猶謂之盜，況貪天之
功以爲己力乎?（26－卷6/12 a）

戰國以後，"盜"也可作動詞，指"偷竊"的行爲。例如：

《韓非子·外儲説左下》：西門豹請復治鄴，足以知之，猶
盜嬰兒之矜裘與蹠危子榮衣。（351－卷12/1b）

《荀子·不苟》：故曰：盜名不如盜貨。（312－卷2/10a）

《荀子·賦篇》：不盜不竊，穿窬而行。（316－卷18/14a）

《睡虎地秦墓竹簡》[①]時代約爲戰國晚期至秦朝初年，其中
"盜"出現70餘次，幾乎全部作動詞用，指"偷竊"行爲。例如：

《法律答問》：甲告乙盜牛，今乙盜羊，不盜牛，問可（何）
論? 爲告不審。（《睡虎地秦墓竹簡》，171頁）

《法律答問》：夫盜三百錢，告妻，妻與共飲食之，可（何）

---

① 睡虎地秦墓竹簡整理小組編：《睡虎地秦墓竹簡》，北京：文物出版社，
1978年。

以論妻？(157 頁)

《法律答問》：人臣甲謀遣人妾乙盜主牛，買(賣)，把錢偕邦亡。(152 頁)

由這些用例可知，先秦時期的"盜"無論作名詞還是動詞，所表示的偷竊行爲都是一種避人耳目、背地裏取人財物的私竊行爲，即所謂的"穿窬之行"。

再看先秦時候"賊"的用法：

《論語·先進》：子路使子羔爲費宰。子曰："賊夫人之子。"(38－卷 6/8b)

《韓非子·內儲説下》：二人相憎，而欲相賊也。(351－卷 10/7b)

《荀子·儒效》：故人無師無法，而知則必爲盜，勇則必爲賊。(313－卷 4/19a)

《荀子·勸學》：傷良曰讒，害良曰賊。……竊貨曰盜，匿行曰詐，易言曰誕。(312－卷 1/12a)

上述句中"賊"都是傷害、殘害的意思。《説文·戈部》："賊，敗也。從戈則聲。"段玉裁注："毁則爲賊。""賊"從戈，説明"賊"是一種使用武器的暴力行爲。可見，"賊"的本義是以暴力傷害，再引申爲傷人或殺人及强奪財物者。由於"賊"對社會秩序的危害極大，故"賊"又引申出"危害社會者"或"違法亂紀、犯上作亂者"。

　　綜上,春秋戰國時期,"盜""賊"基本分立,二者并無糾葛。"盜"無論是作名詞還是動詞,都具有暗地裏竊取他人財物的語義特徵;"賊"無論是作動詞還是名詞,都帶有暴力奪取的語義特徵。可見,"盜"是"私竊",是趁人未發覺時,悄悄拿走他人財物,但並不以惡意傷人爲目的;而"賊"是"强奪",是明目張膽地奪人財物,甚至戮及他人生命、危及社會秩序。正如閆曉君《秦漢盜罪及其立法沿革》一文所説,"盜"與"賊"在上古時候的區别在於"'盜'非公取,它屬於'潛行隱面而取'或'方便私竊其財'的行爲,而'賊'是一種公然采用暴力手段非法獲取公私財物的犯罪。"[①]

　　然而,兩漢時期"盜"出現了語義兩可的現象。王毅力《常用詞"竊"、"盜"、"偷"的歷時演變》[②]一文指出:"至遲到西漢,'盜'代替'竊'成爲偷竊義的代表詞。"此説可商。王文考察了西漢時《韓詩外傳》《鹽鐵論》《説苑》等幾部文獻,統計出表"偷竊"的"盜"分别出現了 7 次、13 次和 8 次,而"竊"僅分别出現 1 次、2 次和 1 次,從而作出了"'盜'替代了'竊'的結論"。然而,我們認爲,不能單憑"盜""竊"在文獻中的見次多寡就作出判斷,而應深入分析它們在具體語境中的語義。我們也對這三部文獻,外加《淮南子》《論衡》中"盜""竊"的使用情況作了調查,結果發現,其中相當多的"盜"例,其實已經不是偷拿他人財物的"私竊",而是使用暴力手段、公然傷人的"强奪"。也就是説,漢代文獻中,"盜"的語義其實已經出現了"私竊""强奪"語義兩可的傾向。例如:

---

① 閆曉君:《秦漢盜罪及其立法沿革》,《法學研究》2004 年第 6 期。
② 王毅力:《常用詞"竊"、"盜"、"偷"的歷時演變》,《語言科學》2009 年第 6 期。

《淮南子·人間訓》：秦牛缺徑於山中而遇盜，奪之車馬，解其橐笥，拖其衣被。盜還反顧之，無懼色憂志，驩然有以自得也。盜遂問之，曰："吾奪子財貨，劫子以刀，而志不動，何也？"（428－卷 18/14b）

《説苑·指武》：所謂誅之者，非爲其晝則攻盜，暮則穿窬也，皆傾覆之徒也。（331－卷 15/15a）

《鹽鐵論·本議》：匈奴背叛不臣，數爲寇，暴於邊鄙，備之則勞中國之士，不備則侵盜不止。（323－卷 1/1b）

《鹽鐵論·刑德》：故其末途至於攻城入邑，損府庫之金，盜宗廟之器，豈特千仞之高、千鈞之重哉！（324－卷 10/2b）

《論衡·答佞篇》：攻城襲邑，剽刦虜掠，發則事覺，道路皆知盜也；穿鑿垣牆，狸步鼠竊，莫知謂誰。（436－卷 11/26a）

《論衡·論死篇》：人盜其物不能禁奪，羸弱困劣之故也。（438－卷 20/17b）。

《論衡·幸偶篇》：牛缺爲盜所奪，和意不恐，盜還殺之。（433－卷 2/2b）

上述例句中的"盜"，有的作名詞，有的作動詞，但都是明目張膽地攻擊殺戮、奪財害命，其行爲與偷拿他人財物的"私竊"已大不相同，卻與傷人越貨、公然劫奪之"賊"無異。有的句中"盜"甚至與"穿窬"者（《説苑·指武》）和"鼠竊"者（《論衡·答佞篇》）相對出現，凸顯出了其傷人越貨、公然劫奪的語義特徵。

爲使結果顯明，試將這幾部文獻中盜、竊在"偷竊"義位上的使用情況列表如下①：

	韓詩外傳	鹽鐵論	説　苑	淮南子	論衡
盗	8/12	16/31	16/20	16/22	8/33
竊	1/6	8/14	3/9	7/8	9/14

　　可見，兩漢文獻中雖然"盗"出現的次數很多，但並不能一概以偷竊之"盗"論之，其中相當部分用例實際已非偷竊之"盗"，而是劫殺之"盗"。所以，在"偷竊"義位上並不存在"盗"比"竊"多的情況，更不能作出"在'偷竊'義位上'盗'已經替代了'竊'"的結論。其實，王文也提及西漢時"盗"出現了語義兩可傾向而導致表義不明晰的現象，遺憾的是，他並沒有作進一步的深入考察。

　　魏晉文獻中，"盗"的語義繼續維持兩可的狀況，可以是"私竊"，也可以是"强奪"，但用法卻出現了分化：當"盗"表"私竊"時，只作動詞；而指"强奪"時，則全部是名詞。試以《三國志》爲例來加以説明：

　　　《三國志・魏志・武帝紀》：昔直不疑無兄，世人謂之盗嫂；第五伯魚三娶孤女，謂之撾婦翁。（卷 1/27）
　　　《三國志・魏志・鮑勛傳》：太子郭夫人弟爲曲周縣吏，

---

①　表中斜杠前數位爲"盗""竊"在該書中用於"偷竊"義位的次數，斜杠後數位爲"盗""竊"在該書中出現的總次數（其餘表格亦同此，以下不再出注）。其中，"盗蹠"在文獻中多次出現，因它是專有名詞，故"盗蹠"之"盗"不計入總次數。又，"盗賊"連用頻繁出現，作爲複音詞或複音連用結構，"盗""賊"兩個語素的意義已融合，故不能明確區分"盗""賊"各自所指，因此，對"盗賊"之"盗"，我們既不計入"偷竊"義位，也不計入"劫奪"義位。

斷盜官布，法應棄市。（卷 12/384）

　　《三國志·魏志·司馬芝傳》：遷大理正。有盜官練置都
廁上者，吏疑女工，收以付獄。（卷 12/387）

按：此 3 例"盜"都指"私竊"行爲，作動詞。

　　《三國志·魏志·張燕傳》：張燕，常山真定人也，本姓
褚。黃巾起，燕合聚少年爲群盜，在山澤間轉攻，還真定，衆萬
餘人。（卷 8/261）

　　《三國志·魏志·武帝紀》：濟師洪河，拓定四州，袁譚、
高幹，咸梟其首，海盜奔迸，黑山順軌，此又君之功也。（卷
1/38）

　　《三國志·魏志·臧洪傳》：洪在州二年，群盜奔走。紹
歎其能，徙爲東郡太守，治東武陽。（卷 7/232）

按：此 3 例，"盜"都是"強奪者"，作名詞。

　　再説到"賊"的用法。"賊"在魏晉時的用法與先秦基本一致，
指"強奪者"。但在南北朝文獻裏，出現了個別似乎是"賊"作名詞
指"偷竊者"的用例。

　　《世説新語·假譎》：魏武少時，嘗與袁紹好爲遊俠，觀人
新婚，因潛入主人園中，夜叫呼云："有偷兒賊！"青廬中人皆出
觀，魏武乃入。（464－卷下之下/24a）

　　此例"賊"前受"偷兒"修飾,使得"賊"指"偷竊者"的語義得到凸顯,表現出"賊"已開始由"強奪者"向"私竊者"轉化的迹象,但其前仍需標記成分"偷兒"加以限制和修飾。如果此例可靠的話,這時的"賊",應處於由"強奪者"向"私竊者"轉化的過渡階段。

　　唐五代文獻裏"賊"指"強寇"的用例仍然頻見,但其明顯指"私竊者",且其前不需標記成分修飾的用例也已出現不少。

　　《(子蘭)短歌行》:四季攸往來,寒暑變爲賊。偷人面上花,奪人頭上黑。(《全唐詩》,23-卷824/9286)

　　《(貫休)書陳處士屋壁》:唯云李太白,亦是偷桃賊。吟狂鬼神走,酒釅天地昃。(《全唐詩》,23-卷827/9317)

　　《(李白)俠客行》:俠客不怕死,怕在事不成。事成不肯藏姓名,我非竊賊誰夜行?(《全唐詩》,2-卷25/322)

　　《(韓愈)南陽樊紹述墓誌銘》:惟古於詞必己出,降而不能乃剽賊。(《昌黎先生文集》,卷34/2a)

　　《祖堂集·龍牙和尚》:問:"師見古人,得個什摩?"師云:"如賊入空室。"(卷8/405)

　　《祖堂集·黃檗和尚》:師乃呵云:"這賊漢,悔不預知!若知則便打折腳。"(卷16/730)

　　可見,"賊"在唐五代時已常常表"私竊",這就使得它與"盜"發生了意義的糾葛。於是,"賊"與"盜"發生意義錯位的過程也就開始了。

　　但大約到宋元時代,"賊"才完全失去"強奪"義而轉爲指"私竊者"。我們調查了宋代的《河南程氏遺書》《五燈會元》和元代的《老乞大》《朴通事》四部文獻,得到"賊"表"私竊者"的使用情況如下表:

	河南程氏遺書	五燈會元	老乞大	朴通事
賊	0/16	37/85	16/16	21/21

"賊"表"私竊者"的用例在《河南程氏遺書》中未有,而在《五燈會元》中卻很多見,說明"賊"表"私竊者"在文人作品中可能使用尚不廣泛,但在百姓口語中卻已經被普遍使用。再從《老乞大》《朴通事》兩部文獻來看,"賊"在元代口語中已完全變爲"私竊者"。如前所述,"盜"作名詞,在魏晉時就已全部指"强奪者",那麼,"盜"與"賊"至此才終於完成了"私竊者"和"强奪者"的意義錯位。

綜上所述,"盜""賊"語義的錯位經歷了漫長的過程,先秦時期"盜""賊"詞義差別明顯,"盜"主竊,"賊"主殺;兩漢魏晉時期"盜"出現了語義兩可,這爲"盜""賊"的語義錯位提供了可能;唐代"賊"也出現了語義兩可,"盜""賊"在唐五代進入語義糾葛期;二者語義的錯位直到宋元時期才最終完成。

那麼,"盜""賊"發生意義錯位的原因是什麼呢?

首先,有來自社會層面的原因。

"盜""賊"爲何會先後出現"私竊""强奪"語義兩可呢? 這有着社會層面的原因。由於在實際情形中,"盜""賊"兩種人並無明確的界限,往往會因各種原因相互轉化。中國人民公安大學的甄岳剛先生在研究古今"盜""賊"差異的時候,指出:"行竊之人有的會發展成爲强盜,故有時會用'盜'同時指稱小偷與强盜兩種人。竊賊也往往與强盜並起，二者之間不易明確界定。"①也正因如此，文獻中"盜""賊"經常連用並稱，並時有二者換用者。如《世說新語·政事》："陳仲弓爲太丘長。有劫賊殺財主，主者捕之。未至發所，道聞民有在草不起子者，回車往治之。主簿曰：'賊大，宜先按討。'仲弓曰：'盜殺財主，何如骨肉相殘？'"（462－卷上之下/1a）此例中，主簿曰"賊"，仲弓曰"盜"，二者屬同義換用。可見"盜""賊"當時已混同不分。中國歷史上"賊"與"盜"是密切相關的兩個稱謂，經常出現糾葛不清的情況：在社會承平時期，没有爆發大規模平民起義的情況下，朝廷對傷人作亂者"賊"的處罰往往比偷竊者"盜"更嚴厲，所以當二者不易界定的時候，"賊"寧願承認自己是"盜"而不願被認作是"賊"；而在皇朝末期，因對反叛者"賊"剿不勝剿，只好采取懷柔招安的政策，只要能平息就不追究其犯上作亂的行爲，這時的偷竊者"盜"則寧肯承認是"賊"也不願被認作是"盜"，甚者還會假冒反叛者"賊"的身份去謀取被招撫的待遇。由於"盜""賊"這種長期的糾葛不清，久而久之，人們也分不清孰爲"盜"、"孰"爲"賊"，於是不管三七二十一，"盜"就是"賊"，"賊"就是"盜"了。"盜""賊"概念重疊，逐漸導致了二者語義的相互融合和轉化。於是，"盜""賊"先後分别出現了"强奪""私竊"語義的兩可，這爲二者最終發生意義的錯位提供了可能。

其次，有來自詞彙系統内部的原因。

"盜""賊"的概念重合、語義糾葛在兩漢魏晉南北朝時期一直持續，最終促成二者完成意義錯位的，是南北朝以後"偷竊"之"偷"

---

① 甄岳剛：《古今盜賊稱謂之差異》，《公安大學學報》（社科版）1999 年第 2 期。

的崛起。

　　"偷"在先秦文獻中很常見,但都不是"偷竊"義,而是指"苟且"。如:

　　《論語·泰伯》:故舊不遺,則民不偷。(37-卷4/12a)

　　《荀子·議兵》:是事小敵毳則偷可用也,事大敵堅則渙然離耳,若飛鳥然。(314-卷10/6a)

　　偷竊之"偷"在西漢開始出現①。如在《淮南子》中,"偷"出現12次,其中5次是"偷竊"義,7次是"苟且、怠惰"義。偷竊之"偷"的用例如下:

　　《淮南子·道應訓》:楚將子發好求技道之士,楚有善爲偷者往見,曰:"聞君求技道之士。臣,偷也。願以技齎一卒。"(427-卷12/13b)

　　《淮南子·道應訓》:左右諫曰:"偷者,天下之盜也。何爲之禮?"(427-卷12/13b)

　　《淮南子·道應訓》:後無幾何,齊興兵伐楚。子發將師以當之,兵三卻。楚賢良大夫皆盡其計而悉其誠,齊師愈强。於是市偷進,請曰:"臣有薄技,願爲君行之。"子發曰:"諾。"不

---

　　① 關於"偷"之所以會由"苟且"義轉爲"偷竊"義,董爲光進行了解釋。他說:"因爲先秦時'偷'經常修飾取得義動詞,與之相連同用,如《管子·形勢》:'偷得利而後有害。'而後,對類似結構的分析發生理解轉換,於是,'偷'從對'取得'行爲的一種貶義性評價,最終變成一種特定的'取得'方式。"參看董爲光:《漢語詞義發展的基本類型》,武漢:華中科技大學出版社,2004年,251頁。

問其辭,而遣之。偷則夜解齊將軍之幬帳而獻之。(427-卷
12/13b)

東漢《潛夫論》中"偷"出現 3 次,2 例指"苟且",僅 1 例表
"偷竊":

　　《潛夫論·忠貴》:夫竊人之財猶謂之盜,況偷天官以私
己乎?(334-卷 3/1b)

東漢《論衡》中,"偷"字出現 3 次,全部表"偷竊":

　　《論衡·逢遇篇》:是竊簪之臣親於子反,雞鳴之客幸於
孟嘗。子反好偷臣、孟嘗愛偽客也。(433-卷 2/3b)
　　《論衡·答佞篇》:夫佞與賢者同材,佞以情自敗;偷盜與
田、商同知,偷盜以欲自劾也。(436-卷 11/20a)
　　《論衡·辨祟篇》:巧惠生意,作知求利,驚惑愚暗,漁富
偷貧,愈非古法度聖人之至意也。(439-卷 24/11b)

魏晉時候,"偷"仍然既可指"苟且",又可表"偷竊",如《三國
志》中"偷"出現 6 次,"苟且"義 4 例,"偷竊"義 2 例:

　　《三國志·魏志·管輅傳》:當此之時,輅之鄰里,外戶不
閉,無相偷竊者。(卷 29/818)
　　《三國志·吳志·孫破虜討逆傳》:及操子丕,桀逆遺醜,

薦作奸回,偷取天位。(卷 47/1134)

直到南北朝時期,"偷"的意義才變得單一,只作動詞,表"偷竊"[①]。如《世說新語》中"偷"出現 2 次,《齊民要術》中"偷"出現 2 次,無一例外全部指"偷竊"。茲舉例如下:

《世說新語·言語》:孔文舉有二子,大者六歲,小者五歲。畫日父眠,小者床頭盜酒飲之。大兒謂曰:"何以不拜?"答曰:"偷,那得行禮?"(462-卷上之上/18a)

《世說新語·言語》:鍾毓兄弟小時值父畫寢,因共偷服藥酒。其父時覺,且托寐以觀之。毓拜而後飲,會飲而不拜。既而,問毓何以拜? 毓曰:"酒以成禮,不敢不拜。"又問會何以不拜? 會曰:"偷本非禮,所以不拜。"(462-卷上之上/22b-23a)

《世說新語·假譎》:魏武少時,嘗與袁紹好為遊俠,觀人新婚,因潛入主人園中,夜叫呼云:"有偷兒賊!"青廬中人皆出觀。(464-卷下之下/24a)

《世說新語·假譎》:(袁)紹不能得動,復大叫云:"偷兒在此!"(464-卷下之下/24a)

《齊民要術·桃》:《漢武故事》曰:東郡獻短人。帝呼東方朔。朔至,短人因指朔謂上曰:"西王母種桃,三千年一著

---

① 南北朝後,"偷"字單用,一般不作名詞,只有在"偷兒""小偷"等合成詞中,才可指"偷竊的人"。

子。此兒不良,以三過偷之矣,遂失王母意,故被謫來此。"
(356-卷10/6a)

《齊民要術·法酒》:若欲取者,但言偷酒,勿云取酒。
(355-卷7/29a)

試將上述"私竊"之"偷"在各文獻中的使用情況列表如下:

	淮南子	論衡	潛夫論	三國志	世説新語	齊民要術
偷(偷竊義)	5/12	3/3	1/3	2/6	5/5	2/2

可見"偷"在漢代開始出現"偷竊"義,魏晉時候,"苟且""偷竊"二義
並用,南北朝時"偷竊"義成爲"偷"的常用義。

"偷"在轉爲"偷竊"義後,便開始了與"盜"(私竊義)和"竊"的
競爭。"竊"是個文言詞,書面語色彩較濃厚,魏晉以後,它用作"偷
東西"義逐漸減少,一般多用於書面語,或者作爲構詞語素與"偷"
一起組成複音詞"偷竊"。由於"盜"在"私竊"和"強奪"兩個方面語
義兩可,而"偷"只作動詞"私竊",表義明確單一,作爲新興語詞,其
構詞能力也很強,因而在語言交際明晰性原則的影響下,表"私
竊"的"盜"在競爭中逐漸處於劣勢,最終失去了該義位,而只剩
了"強奪"義。然後,由於"盜"專指"強奪",這又促使語義兩可的
"賊"卸掉了"強奪"義而專指"私竊者",至此"盜""賊"完成了意
義的錯位。

爲了更清楚地顯示兩漢魏晉南北朝期間在"偷東西"義位上
"偷""盜""竊"的歷時更替,我們對三者在《淮南子》《論衡》《世説新
語》《齊民要術》四部文獻中的使用情況作了調查,統計數據如

下表：

	淮南子	論　衡	世説新語	齊民要術
偷	5 次/12	3 次/3	5 次/5	2 次/2
盜	6 次/12	11 次/40	3 次/5	—
竊	7 次/8	9 次/14	3 次/12	1 次/4

　　由上述討論可知,在"偷東西"這一義位上,兩漢之際是"偷""盜""竊"三者並用的時期,"偷"的用例呈漸多趨勢,"盜""竊"都較常用,由於"盜"有相當多的用例是指傷人劫奪財物,其意義與"賊"趨近,所以並不存在"盜"比"竊"多的情況。而且,從絕對使用頻率來看,"竊"可能還多於"盜"。到魏晉南北朝時期,由於"偷"意義單一、競争力強,使得"偷"逐漸成了"偷東西"義位的常用詞;"竊"用作"偷東西"義逐漸減少,一般只作爲文言詞的身份用於書面語,或者作爲構詞語素與"偷"一起組成複音詞"偷竊";"盜"失去了作爲"偷東西"義位常用詞的地位,而轉爲指"傷人劫奪財物者"。這個演變過程經歷了兩漢至宋元的漫長時期,直到宋元以後,文獻中才少有表"私竊"的"盜",而多爲"強奪"之"盜"。

三　漸/浸

　　這是一對表示"淹没或浸潤於水中"的常用詞,它們在漢語史上也發生了歷時替換。這一點在《荀子》和楊注中也有較明顯地體現。例如:

　　《勸學》:蘭槐之根是爲芷,其漸之潃,君子不近,庶人不服。

　　楊注：言雖香草，浸漬於溺中，則可惡也。

　　《大略》：蘭茝、稾本，漸於蜜醴，一佩易之。

　　楊注：雖皆香草，然以浸於甘醴，一玉佩方可易貫之。
漸，浸也，子廉反。

　　《勸學》：血氣剛強，則柔之以調和；知慮漸深，則一之以
易良。

　　楊注：漸，進也。或曰：漸，浸也，子廉反。《詩》曰："漸車
帷裳。"

　　《議兵》：故招近募選，隆埶詐、尚功利，是漸之也。

　　楊注：漸，進也。言漸進而近於法，未爲理也。或曰：漸，
浸漬也。謂其賞罰纔可，漸染於外，中心未悦服。漸，子廉反。

　　《正論》：上幽險，則下漸詐矣；上偏曲，則下比周矣。

　　楊注：漸，進也，如字。又曰：漸，浸也。謂浸成其詐也，
子廉反。

　　按：上述例句，楊注或直接，或以"又曰""或曰"的形式，將《荀
子》中"漸"釋爲"浸"，並注明讀音"漸，子廉反"，這説明在中唐時
代，表示"淹没或浸潤於水中"已經不大用"漸"，而常用"浸"。同
時，由楊注我們也看到："漸"字仍然活躍在唐人口語中，只不過其
義不是"淹没或浸潤於水中"，而是"進也"，即緩進、漸進的意思；其
音也非"子廉反"，楊注釋爲"如字"，説明這時"漸"字應讀如它的本
音。依《廣韻·琰韻》："漸，次也，進也，稍也。事之端先覩之始也。
《地理志》有'漸江'，今之浙江也。慈染切。"（《宋本廣韻》，315頁）

因此，緩進、漸進之"漸"應讀爲"慈染切"。

唐人注疏中，不獨楊注以"浸"釋"漸"，别的注家也多有此注。例如：

《史記·孝武本紀》：其北治大池，漸臺高二十餘丈，名曰泰液池。　張守節《正義》：顏師古云："漸，浸也。臺在池中爲水所浸，故曰漸。"（卷 12/482～483）

《漢書·晁錯傳》：丈五之溝，漸車之水，山林積石，經川丘阜，中木所在，此步兵之地也，車騎二不當一。　顏師古注：漸，讀曰灒，謂浸也，音子廉反。（卷 49/2279～2280）

《文選》：水漸漬疆宇，喟然歎息，思淮陰之奇謨，亮成安之失策。　吕延濟曰：漸漬，浸也。（《六臣注文選》，1914 - 卷 40/25a）

這説明"漸，浸也"在當時乃常訓。在唐代注家看來，對於"淹没或浸潤於水中"義位，"漸"是需要加注的古語詞，而"浸"則爲時人所習用。由此可見，"漸"之"淹没、浸潤於水中"義至遲在唐代已爲"浸"所取代。那麽，這中間經歷了怎樣的替换過程？下面我們試對"漸""浸"在唐代以前文獻中的使用情况進行梳理和分析。

在上古漢語裏，"漸""浸"都可表示"淹没、浸潤於水中"。"漸"用於該義位，除上述《荀子》例外，其他文獻中也屢見。例如，

《詩·衞風·氓》：淇水湯湯，漸車帷裳。（《毛詩》，5 - 卷 3/14a）

《楚辭·招魂》：朱明承夜兮時不可淹，皋蘭被徑兮斯路漸。(580－卷 9/18b)

《楚辭·九嘆·離世》：漸藳本於洿瀆，淹芳芷於腐井兮。(581－卷 16/12a)

"浸"用於該義位在上古文獻裏同樣比較常見，例如：

《詩·曹風·下泉》：洌彼下泉，浸彼苞稂。(6－卷 7/11a)

《詩·小雅·大東》：有洌氿泉，無浸穫薪。(7－卷 13/3b)

《詩·小雅·白華》：滮池北流，浸彼稻田。(7－卷 15/10a)

《南華真經·天地》：子貢曰："有械於此，一日浸百畦，用力甚寡而見功多，夫子不欲乎？"(536－卷 5/12a)

然而，後來"漸"慢慢失去了該義位。"漸"是何時失去該義位的呢？我們發現，最遲兩漢時候，仍可見到"漸"用於該義位的用例，不過，兩漢時候"浸"的數量要明顯多於"漸"。如《淮南子》中"漸"見 2 例，"浸"有 6 例。分別舉例如下：

《淮南子·人間訓》：水決九江而漸荆州，雖起三軍之眾弗能救也。(428－卷 18/12a)

《淮南子·泰族訓》：虽有腐髊流漸，弗能污也，其性非異也。(428－卷 20/9a)

《淮南子·地形訓》：疏圃之池，浸之黃水，黃水三周復其原，是謂丹水。飲之不死。(425－卷 4/2b)

《淮南子·精神訓》：夫臨江之鄉居人，汲水以浸其園，江水弗憎也；苦涔之家，決涔而注之江，涔水弗樂也；是故其在江也，無以異其浸園也；其在涔也，亦無以異其在江也。（426－卷7/4a）

東漢的《論衡》裏已只見"浸"，而不見有用於"浸潤"義位的"漸"字。南北朝時，"浸"更呈現明顯優勢，"漸"僅在書面文學語言裏零星出現，在口語中已完全消失。即便是在語言風格偏於古雅的《文選》中，"浸"見9例，"漸"僅見3例，"浸"也遠多於"漸"。而在口語色彩較强的《齊民要術》裏，"漸"已完全不見踪迹，"浸"卻高達64例。僅擷舉該書卷九中"浸"之數例如下：

《齊民要術·餅法》：餺飥接如大指許，二寸一斷，著水盆中浸。（356－卷9/12b）

《齊民要術·餅法》：簸小麥，使無頭角，水浸令液漉出。（356－卷9/14a）

《齊民要術·飧飯》：治旱稻赤米令飯白法：莫問冬夏，常以熱湯浸米，一食久，然後以手接之。湯冷，瀉去，即以冷水淘汰，接取白乃止。飯色潔白，無異清流之米。（356－卷9/19a）

"漸""浸"在"淹没或浸潤於於水中"這一義位上爲何會發生如此的更替？我們認爲，這得説到二者在副詞"逐步，逐漸"義上的演變：先秦時候，"漸""浸"都可表示"淹没、浸潤於水中"義，先是"浸"由"浸潤、滲透"義引申出了副詞"逐漸"義，然後"漸"在兩漢時也由

"浸潤於水中"引申出"緩進、漸進"義,繼而又引申出了副詞"逐漸"義①。如此一來,"漸""浸"就同時共有了兩個相同的義位。這不符合語言表達的經濟性原則,語言的運用要求語詞意義、用法必須具體、明確,語言中一般不允許同時存在多個在語義、用法兩方面都糾纏不清且詞性相同的詞,其結果要麼分化、要麼合併。於是語言內部發生了自我調節,對"漸""浸"進行了分工,讓它們各自分擔其中一個義位:"漸"專職表示副詞"逐漸","浸"則專門承擔動詞義"淹没、浸潤於水中"。由上面所舉文獻用例可知,這個過程大概始於兩漢,完成於魏晉南北朝時期。從下面幾部文獻中"漸""浸"的使用情況,大致可以看出二者在這兩個義位上此消彼長的狀況。如下表:

詞項＼書名	楚　辭	淮南子	論　衡	齊民要術
副詞"漸"	0	2	4	10
副詞"浸"	2	2	1	0
動詞"漸"	2	2	0	0
動詞"浸"	0	6	2	64

　　可見,詞彙系統是一個不斷發展變化同時又趨於穩定的系統,當詞彙系統內部出現了某個新的元素時,原有的平衡被打破,語言內部就會進行自發地調節,直至達到新的平衡。"漸"和"浸"在副詞"逐漸"和動詞"淹没、浸潤於水中"這兩個義位上的此消彼長,正

----

　　① 關於"漸""浸"副詞義的出現時間,唐賢清指出,"副詞'漸'的真正出現,是兩漢時期的事情","魏晉南北朝時,以'漸'的出現頻率爲最高,先秦兩漢常見的'浸'正在消失或已經在口語中消失"。詳見唐賢清:《漢語"漸"類副詞演變的規律》,《古漢語研究》2003 年第 1 期。

是語言自身調節的結果。同時，由以上"漸""浸"的發展演變，我們也發現，其實常用詞的演變並不總是只在一個義位上發生歷時更替，有時還可能會在兩個或兩個以上義位之間交錯競爭，直至達到新的平衡。

四　相/視

從《荀子》和楊注的比較來看，"相"和"視"在《荀子》中都可用作"看視"義，然"相"作爲"看視"義常用詞在楊注中已不使用；《荀子》中"相"之"通過觀察面貌、形體來推測人的命運"，即"相面"這一義位，在楊注中仍然沿用。試擷舉《荀子》和楊注中"相""視"例句如下：

> 《勸學》：目不能兩視而明，耳不能兩聽而聰。
>
> 《不苟》：君子位尊而志恭，心小而道大；所聽視者近，而所聞見者遠。
>
> 《儒效》：相高下，視墝肥，序五種，君子不如農人。

按：此3例《荀子》中"視"都表"看視"義。值得注意的是第3例，《荀子》中"相""視"對文，説明"相""視"在《荀子》中都可用作"看視"義動詞。

> 《非相》楊注解題：相，視也。視其骨狀以知吉凶貴賤也。
>
> 《王制》：相地而衰政，理道之遠近而致貢。

楊注：相，視也。

《王制》：相陰陽，占祲兆，鑽龜陳卦，主攘擇五卜，知其吉凶妖祥，傴巫跛擊之事也。

楊注：相，視也。

按：上述各例，《荀子》中"相"字，楊注皆以"視"對釋之，這説明在唐代"相"作爲"看視"義常用詞的身份已爲"視"所替代。

《非相》：古者有姑布子卿，今之世，梁有唐舉，相人之形狀顏色，而知其吉凶妖祥，世俗稱之。

楊注：姑布，姓。子卿，名。相趙襄子者。或本無"姑"字。（唐舉），相李兑、蔡澤者。

按：由此例，《荀子》母本中"相"之"通過觀察面貌、形體來推測人的命運"，即"相面"這一義位，在楊注中仍然沿用。

關於漢語看視語義場成員的演變更替，學者多有措意。如汪維輝先生就曾對"視"和"看"在中古時期的演變更替進行了研究①，不過他未論及看視語義場在上古時期成員之間的演變更替情況。由上述《荀子》與楊注例可知，"相"和"視"在先秦都可用作"看視"義動詞，然"相"後來失掉了該義位。這中間經歷了怎樣的演變過程？又是什麼原因導致了"相"之"看視"義的失落？下面我們就對"相""視"在上古漢語裏的使用情況進行闡述。

① 汪維輝：《東漢—隋常用詞演變研究》，118～129頁。

　　"相"和"視"在先秦時候很早就用作了"看視"義動詞。如《詩・鄘風・相鼠》："相鼠有皮，人而無儀。"(《毛詩》，1-卷 3/7a)裘錫圭先生將甲骨文中的"𥄳"字釋爲"視"，認爲這是形聲字"視"的表意初文①。又，《尚書・周書・無逸》："相小人，厥父母勤勞稼穡，厥子乃不知稼穡之艱難。"孔安國傳："視小人不孝者，其父母躬勤艱難，而子不知其勞。"(《尚書》，四部初編，4-卷 9/9a)由於傳世文獻有限，我們無法通過查檢文獻用例來判斷"相"和"視"誰先用作"看視"義動詞。不過，一個漢字最初的意義常常就是它的構形義，而字的構形義又與它的造字結構相關。所以，我們先來看"相""視"的造字結構。《説文》："相，省視也。從目木。"(66-卷 4 上/2b)可知"相"是個會意字，其本義即"用眼睛看"，所以"相"最初是作爲"看視"義動詞的身份而使用的。再看"視"字：《説文》："視，從見示聲。𥄳，古文視。"段注："《小雅》：'視民不恌。'箋云：'視，古示字也。'……按：古作'視'，漢人作'示'，是爲古今字。'示'下曰：'天垂象見吉凶，所以示人也。'許書當本作'視人'。"(《説文解字注》，篇 8 下/407b)段注指出"視"即古"示"字，二者爲古今字。依段注，"視"(𥄳)的本義當同"示"，顯示也，那麼，由於顯示出來的事物就能被看見，從而產生了認知上的相因推衍，"視"由"顯示"義引申出一般意義的"看視"義，也就在情理之中了。

　　可是，後來"相"卻失掉了"看視"義位，它是什麼時候失掉該義

①　裘錫圭：《甲骨文中的"見"與"視"》，收入《裘錫圭學術文集》(甲骨文卷)，上海：復旦大學出版社，2012 年，444 頁。

位的呢？爲了探討這個問題，我們選取《詩經》《楚辭》和《史記》三部文獻①，對"相""視"在上古漢語裏的使用情況進行了抽樣調查。試將統計數據列表如下：

書名	"相"		"視"	
	出現篇目及次數	合計	出現篇目及次數	合計
詩經	相鼠 1；伐木 1；節南山 1；四月 1；抑 1；公劉 1	6 次	載馳 1；女曰雞鳴 1；東門之枌 1；正月 1；小旻 1；何人斯 1；巷伯 1；大東 1；白華 1；抑 1；長發 1	12 次
楚辭	離騷 3	3 次	遠遊 1；招魂 2；怨世 1；遠逝 1；遭厄 1	6 次
史記	五帝本紀 1；魯周公世家 1	2 次	夏本紀 2；殷本紀 3；……（略）	627 次

由上表可知，在《詩經》中，"相"與"視"並用爲"看視"義常用詞，其中《詩·大雅·蕩之什·抑》："視爾友君子，輯柔爾顏，不暇有愆。相在爾室，尚不媿於屋漏。"（《毛詩》，8－卷 18/5a）句中"相"與"視"處於相對爲文、同義並列的位置，可見"相"在《詩經》時代仍是"看視"義常用詞。

然而，在《楚辭》中，"看視"義之"相"僅在《離騷》1 篇中出現了3 次。列舉如下：

《楚辭·離騷》：悔相道之不察兮，延佇乎吾將反。　王

① 語料統計的底本分別是：《詩經》《楚辭》采用四部叢刊本，《史記》選用中華書局點校本。若重複出現只計 1 次。另，"視"在《史記》的大多數卷目中都有出現，限於篇幅，故不在表格中窮盡列出其所出現的篇目名。

逸《章句》：相,視也。(577－卷 1/17a)

　　《楚辭·離騷》：瞻前而顧後兮,相觀民之計極。　　王逸
《章句》：相,視也。(577－卷 1/25a)

　　《楚辭·離騷》：榮華之未落兮,相下女之可詒。　　王逸
《章句》：相,視也。(577－卷 1/31b)

　　按：上述 3 例,都出自《楚辭·離騷》一篇之中,《楚辭》其餘篇
目都未見有。可見,戰國末期"相"作爲"看視"義常用詞使用已不
普遍。東漢王逸於此每特爲之加注"相,視也。"這更説明至遲到東
漢,"相"作"看視"義已不大爲人所熟知,以致需要注家刻意以"視"
釋之,方使句意顯明。

　　《史記》中"看視"義"相"也僅出現 2 次。例見下：

　　《史記·五帝本紀》：舜曰："嗟！女二十有二人,敬哉惟時
相天事。"　　張守節《正義》：相,視也。舜命二十二人各敬行
其職,惟在順時視天所宜而行事也。(卷 1/39)

　　《史記·魯周公世家》：成王七年二月乙未,王朝步自周,
至豐,使太保召公先之雒相土。其三月,周公往營成周雒邑,
卜居焉。曰吉,遂國之。　　裴駰《集解》引鄭玄曰：相,視也。
(卷 33/1519)

　　按：但嚴格説來,這 2 例並不能作爲"相"在西漢仍有一般"看
視"義用法的證據,因爲前 1 例是引述舜之原話,並不能確定是反
映了西漢時的語言特點；後 1 例"相"其實是相卦、占卜之"相",並

非一般"看視"義動詞。

　　因此,可以推測,至遲在漢代以前,"相"作爲一般"看視"義常用詞的身份已失落,"視"成爲看視義常用詞。然而,此後不久,漢末三國時期"視"又被迫捲入了和"看"的競争當中。汪維輝指出,漢末三國時"看"在口語裏必定已經取代了"視",不過由於口語、俗語詞進入書面文學語言需要經過一個較長的過程,到魏晉南北朝時"看"才從口語進入書面文學語言①。語言的發展就是這樣,詞彙内部各成員總是處於不斷競争和相互調節當中,舊的成分不斷消亡,新的成員繼之而生,這也正是漢語之所以具有永恆的鮮活生命力的原因所在。

　　接下來,我們要説的是"相"爲什麼會失掉"看視"義位。我們認爲,語義減負原則在其中起了重要作用。李宗江説:"如果一個詞所承擔的義位過多,就容易在使用中發生歧義,影響交際,這可能導致兩個結果:一個是變爲複合詞。……另一個是導致在與詞義負擔較輕的同義成分的競争中失敗,以致最後消失。"②"相"在上古除承擔了"看視"義以及由此引申而來的一系列動詞義外,還承擔了名詞"相貌""丞相"和副詞"互相"等多個義項,尤其是名詞"國相"義和副詞"互相"在當時使用非常頻繁,而"視"一般只表"看視"義以及由此引申出的與"看視"義相關的動詞義,意義相對較爲單一,故"視"功能專一、活力强勁。於是,在"相"和"視"的競争中,"相"這種過重的語義負擔就成爲它的致命弱點,直接導致了它在

①　汪維輝:《東漢—隋常用詞演變研究》,118～129 頁。
②　李宗江:《漢語常用詞演變研究》,上海:漢語大詞典出版社,1999 年,40 頁。

與"視"的競争中失敗,最終被擠出了"看視"義常用詞的隊伍,黯然離開了"看視"義場。

五　市/買、賣

上古漢語裏,"市"可兼指買、賣兩個方面,後來"市"的這種用法爲"買"和"賣"兩個詞所分別承擔,"買"指買進,"賣"指賣出。這在《荀子》和楊注中也有所反映。試看下面例句:

> 《王制》:田野什一,關市幾而不征;山林澤梁,以時禁發而不税。
> 《解蔽》:農精於田而不可以爲田師,賈精於市而不可以爲賈師,工精於器而不可以爲器師。
> 《脩身》:故良農不爲水旱不耕,良賈不爲折閲不市,士君子不爲貧窮怠乎道。(楊注:折,損也。閲,賣也。謂損所閲賣之物價也。)

按:這三個《荀子》例句中的"市",依次指"關市""做買賣"和"賣出"。可見,《荀子》中"市"既可作名詞"關市"義,又可以作動詞用,作動詞時可以是"做買賣"義,也可以是單指"賣出"的意思。

> 《富國》:今之世而不然:厚刀布之歛,以奪之財;重田野之税,以奪之食;苛關市之征,以難其事。
> 楊注:苛關市之征,出入賣買皆有税也,使貨財不得通

流,故曰難其事。

《哀公》:且丘聞之:"好肆不守折,長者不爲市。"竊其有益與其無益,君其知之矣。

楊注:好,喜也。言喜於市肆之人,不使所守貨財折耗,而長者亦不能爲此市井盜竊之事。

按:上述楊注例中,楊倞雖然表面上沒有釋詞,但實際上是在串講中附帶地注釋了詞義。楊注以"出入賣買皆有稅"釋《荀子》中"苟關市之征",以"長者亦不能爲此市井盜竊之事"釋《荀子》中"長者不爲市",可見,楊注中的"市"已基本只用於名詞,即"市肆;市井"義,而《荀子》中"市"的動詞義"做買賣",在楊注中已由"賣"和"買"所分擔。

《荀子》中"市"可兼指賣出和買進兩個方面,這在上古其他文獻中也很常見。例如:

《左傳·僖公三十三年》:(秦師)及滑,鄭商人弦高將市於周,遇之。以乘韋先、牛十二犒師。(《春秋經傳集解》,26-卷7/14a)

按:句中"市"指"做買賣",包括了貿易活動買、賣的兩個方面。

《韓非子·外儲説右上》:殺一牛,取一豆肉,餘以食士;終歲,布帛取二制焉,餘以衣士。故市木之價不加貴於山;澤

之魚鹽龜鼈蠃蚌不貴於海。(351－卷 13/2a)

按：句中"市木"指"買賣木頭的價格"，也包括了交易活動買、賣的兩個方面。

"市"又可以分別指貿易活動的一個方面，可以爲"買進"，也可以指"賣出"。例如：

《國語·齊語》：以其所有，易其所無，市賤鬻貴。(252－卷 6/4a)

《論語·鄉黨》：沽酒、市脯，不食。(37－卷 5/15b)

《戰國策·齊語》：(馮諼)辭曰："責畢收，以何市而反?"(257－卷 4/37b)

《史記·大宛列傳》：其使皆貧人子，私縣官齎物，欲賤市以私其利外國。(卷 123/3171)

按：這裏前三例"市"爲"買進"；後一例"市"指"賣出"，"賤市"即低價售出。

交換行爲本身所反映的實際上是商品交易活動密不可分的兩個方面，一方的存在，意味着另一方也同時存在。在不同的語言環境條件下，它可能形成兩個義點：① 站在給與一方看，是賣方的行爲；② 站在接受一方看，是買方的行爲。古人卻以"市"一個就表示了這樣兩個方面。對於這樣一種"買賣同辭"的現象，前賢已有關注。楊樹達在《古書疑義舉例續補》(1956)中首先提出"施受同辭"的概念，他說："古人美惡不嫌同辭，俞氏書已言之矣。乃同一事也,一爲主事,一爲受事,且又同時連用,此宜有別白矣。而古人亦不加區別,讀者往往以此迷惑,則亦讀古書者所不可不知也。……然則施受同辭,蓋猶初民之遺習歟?"接着他又以"受"與"授"、"買"與"賣"、"糴"與"糶"爲例,指出"本各兩事也,古人語言混合不分,則無怪同一事之主、受兩面混淆部分矣"。這裏楊樹達雖未明説"市"兼有買、賣兩個方面,但他説"買"與"賣"、"糴"與"糶"在上古本爲一字,卻兼指了施受兩個方面,這説明他對上古時候的這種"買賣同辭"現象已有敏鋭的發現。

那麼,爲什麼上古漢語裏會有這樣一種"買賣同辭"的現象呢?上古時候的商品交易常常是一種簡單的物物交換活動。這種實物之間的交換,交換雙方在付出一種商品的同時也獲得了另一種商品,這一點對於交換雙方來説都一樣,故無須對二者身份加以區分。因此,"市"既可指"做買賣",又可指"買進",還可指"賣出",也就在情理之中了。

接下來要討論的是,"市"什麼時候失去了兼指買、賣兩個方面的功能? 又是什麼原因導致了"市"這種功能的失落? 張荆萍説:"隨着生産力的發展,商品交換再也不是簡單的以物易物,人們已經清楚地區分了'買'(以貨幣换商品)和'賣'(以商品换貨幣)的差别。原有的'市'包含的'做買賣或貿易'隱含意義指向不能滿足商業活動明晰性的需要,所以它們就逐漸被'買''賣'取代了。"[①]的確,商品經濟的發展在"市"和"買""賣"的演變中起了關鍵作用。

---

①　張荆萍:《"買"、"賣"語義場交集動詞演變探析》,《寧波大學學報》(人文科學版)2011年第5期。

因爲隨着生産力和社會分工的發展，人們需要更廣泛的商品交換，於是貨幣作爲商品交換的一般等價物應時而生。司馬遷説：“農工商交易之路通，而龜貝金錢刀布之幣興焉。”馬克思也説過：“貨幣結晶是交換過程的必然産物。”（《馬克思恩格斯全集》卷 23/105）貨幣的出現，使人們的貿易活動由原來物與物的交換變爲“以貨幣換商品（買）”和“以商品換貨幣（賣）”的兩個過程①，因而人們必須清楚區分“買”和“賣”兩個方面。同時，買、賣主體也有了顯著區分，二者以［±獲得貨幣］和［±獲得商品］爲區別特徵。這樣一來，兼指買、賣的“市”在實際運用中，即使有上下文語境的制約，也還是會對交際造成一定程度的影響，已經不能適應商品經濟發展的需要，因而不可避免地失去了兼指買、賣兩個方面的功能。

　　但我們認爲，在“市”和“買”“賣”的替換過程中，“市”並不是被“買”“賣”所“取代”，而是被“買”“賣”所排擠。所謂“取代”，即取而代之，是指除去別的事物而替代其位置。所謂“排擠”，即排斥擠占，是指排斥別的事物而擠占其位置。二者的區別在於：“甲取代乙的位置”，是説甲和乙原來並不在同一位置，後來甲戰勝了乙而替代了它的位置，對甲來説，是從無到有的占領；“甲排擠乙的位置”，是説甲乙原本共處同一領域，後來經過競爭，甲將乙排斥出去而擠占了其位置，對甲來説，是領地從小到大的擴張。圖示如下：

---

　　①　張荆萍：《“買”、“賣”語義場交集動詞演變探析》，《寧波大學學報》（人文科學版）2011 年第 5 期。

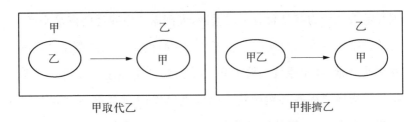

甲取代乙　　　　　　　　　甲排擠乙

對於在"貿易；做買賣"這個動作語義場裏"市"和"買""賣"的歷時演變，我們認爲屬於"排擠"，而不是"取代"。因爲"買""賣"在上古漢語裏已經出現。徐中舒《甲骨文字典》(1989：706 頁)收有"買"，無"市""賣"，容庚《金文字典》(1985：375、436、437 頁)"市""買""賣"三字都有。在上古文獻裏，關於"貿易；做買賣"的動作行爲，不僅可以看到"市"，"買"和"賣"也很常見。例如：

《左傳·昭公二十九年》："公執歸馬者賣之，乃不歸馬。"（《春秋經傳集解》，30－卷 26/8a）

《左傳·昭公二十六年》：齮曰："魯人買之，百兩一布。以道之不通，先入幣財。"子猶受之。(29－卷 25/12b)

《周禮·天官冢宰·小宰》：以官府之八成經邦治：一曰聽政役以比居；……；七曰聽賣買以質劑；八曰聽出入以要會。(9－卷 1/21b)

《韓非子·說林下》：有與悍者鄰，欲賣宅，而避之。(351－卷 8/6a)

《韓非子·外儲說左上》：楚人有賣其珠於鄭者，爲木欄之櫃，薰桂椒之櫝，綴以珠玉，飾以玫瑰，輯以羽翠。鄭人買其櫝而還其珠。(351－卷 11/2b)

由此可知，在"市"用於該語義領域的先秦時期，"買""賣"同時也爲人們所普遍使用，"買"指買進，"賣"指賣出。"買""賣"和"市"是共處於"貿易；做買賣"這一動作語義場的，所以"市"和"買""賣"之間的歷時演變不是相互取代的關係，而是"市"受到了來自"買""賣"的排擠，最終被它們排擠出了自己的領地。

不過，"買""賣"完成對"市"的排擠，這個過程經歷了相當漫長的一段時間。我國在殷周時候商品經濟就已經很發達了，因爲作爲商品交換媒介的貨幣在當時已經通用。王國維在《觀堂集林》卷三《藝林·説玨朋》裏説："殷時玉與貝皆貨幣也。"①陳夢家認爲："我們以爲武丁卜辭已有賜貝之事，已稱十貝爲朋，和晚殷金文相同，則當時已可能用貝爲貨幣了。"②孫健根據 1953 年河南安陽大司空村古墓等地出土的文物材料，在《試論貝爲中國最早的貨幣形式》一文中，也確認殷周時候商業發展已經很顯著，貝已經作爲貨幣通用。陳斯鵬(2016)發現，在睡虎地秦墓竹簡中，買和賣兩個詞都記作"買"，但在里耶秦簡中，"買""賣"二字都有，且分工明確，買入用"買"，賣出用"賣"。因此他提出，"買"字早出，"賣"字晚出，當是從"買"字衍生而來，"買"本可表買賣二義，亦猶"受"之表受授二義，亦屬於所謂的施受同辭者，後來爲了適應概念的分化以及相應語詞的分化，於是在母體"買"的基礎上增加一個明確意義取向的"出"而分化出了"賣"字③。如果陳文所述可靠的話，很

①　王國維：《觀堂集林》，北京：中華書局，1959 年，卷 3/17～18 頁。
②　陳夢家：《殷虚卜辭綜述》，北京：中華書局，1988 年，557 頁。
③　陳斯鵬：《説"買""賣"》，《中國文字學報》第 7 輯，商務印書館，2016 年，106 頁。

可能在從"買"分化出"賣"的秦漢時候①,適應商品經濟發展的需要且表意明確的"買""賣",就已經開始了與"市"的競爭。不過,它們最終把"市"排擠出去,卻經歷了很長時間。據張荆萍統計,在晚唐五代以後,"市"這種"買賣同辭"的用法才在時人口語中漸趨消失②。

其實,不獨"市"失去了兼指買、賣兩個方面的功能,上古漢語裏除"市"之外,可以兼指買、賣兩個方面的還有"貨""賈""鬻""酤""沽"等,都發生了類似的演變,它們後來都或被淘汰不用或失去了這個功能,上古漢語中"買賣同辭"的現象也隨之消失。正如李宗江(1999)所說:"詞彙的演變不是個別詞的孤立現象,而往往是具有共同語義特徵的若干詞發生平行的變化。"③

上面我們論述了在"做買賣"這個語義領域裏"市"和"買""賣"的歷時演變歷程以及上古漢語中"買賣同辭"現象的消失,一方面再次證明了我們在"梁/橋"一節所說的"語言的發展往往與社會活動密切相關"的規律,另一方面,從"市"和"買""賣"的歷時演變中,我們也看到,常用詞的演變並不一定總是一對一的線性更替,有時也可能是一對多或多對一的消長與更替。

---

①　里耶秦簡爲秦王政二十五年至秦二世二年的洞庭郡遷陵縣的公文檔案。見湖南省文物考古研究所:《里耶秦簡(壹)》"前言",文物出版社,2012年。

②　張荆萍《"出售"語義場的演變初探》(《吉林省教育學院學報》2008年第3期)一文說:"晚唐五代以後,作'賣'義的'市、買'使用頻率更低,只出現在書面的文言文中。"

③　李宗江:《漢語常用詞演變研究》,上海:漢語大詞典出版社,1999年,78頁。

第二節　用法、意義演變舉例

一些單音詞從戰國一直沿用至唐代，但其意義或用法已經發生變化。由於從《荀子》到楊注中這類語詞較多，不可盡述，我們僅按義類選擇若干組比較典型的意義或用法發生了變化的單音節常用詞加以分析。

一　言、説、道、云、談

這是一組從《荀子》到楊注意義或用法發生了變化的"言説"義詞。這些"言説"義詞在《荀子》和楊注中可作名詞，也可作動詞。總的説來，它們作名詞時的用法變化不大，而作動詞用時則有較大差異。因此，這裏主要就它們作動詞時的使用情況進行分析。

漢語"言説"義場成員衆多、意義複雜，我們首先把這裏要討論的"言説"義動詞的義素構成界定爲：［＋使用＋言語＋表達＋意思］。如果上述言説類詞中一個詞的某一義項，其義素構成超出了這個范圍，比如説在這個義素構成式的基礎上，增加了某個限定性義素，那麽，就不屬於我們要討論的一般"言説"義動詞的範圍。例如，"説"在表"勸説；説服"義時，其義素構成可描寫爲［＋使用＋言語＋表達＋意思＋使（人）聽從］，此時的"説"讀 shuì，就已不屬於我們這裏要討論的一般"言説"義動詞。

我們統計，《荀子》中一般"言説"義詞有"言""説""語""談""曰""謂""道""云"八個；在楊注中，除"道"不見有用作"言説"義之外，其餘七個作爲"言説"義詞都有出現，但"言""説""云""談"四個詞的用法，與《荀子》相比已有較大變化。

先看"道"在《荀子》和楊注中的使用情況。

道

《勸學》：不道禮憲，以《詩》《書》爲之。

楊注：道，言説也。

《榮辱》：故君子道其常，而小人道其怪也。

楊注：道，語也。

《非相》：相人，古之人無有也，學者不道也。

楊注：道，説。

按：《荀子》中"道"用作"言説"義動詞，共 14 例，以上即爲其中三例。楊注分別以"言説""語""説"對釋之，説明在楊倞看來，這裏如果不特別加注"道"爲"言説"義，就可能會引起時人的閱讀障礙。在楊倞注文中，未見有表"言説"義的單音詞"道"，也没有"言説"義"道"作爲構詞語素與其他語素組合成詞的例子。也就是説，表"言説"義的"道"，無論是獨立成詞，還是作構詞語素，在楊倞注文中都未見到。可見，"道"表"言説"義在中唐已不常用。

《不苟》：君子能則寬容易直以開道人；不能則恭敬繳絀以畏事人。

楊注：道，與導同。

《王霸》：不可不善爲擇道然後道之，涂薉則塞，危塞則亡。

楊注：不可不善爲擇道路而導達之。

按：上述《荀子》例句中，第 1 例中“道”爲“引導”義，非“言説”義；第 2 例有兩“道”字，前一“道”爲名詞，“道路”也；後一“道”爲“引導”義。對《荀子》中“引導”義之“道”，楊注通常以“導”或“導達”釋之，這樣的注釋共見 8 處。這説明《荀子》中“道”的“引導”義項在楊注中已爲“導”字所分擔。在“引導”這個義位上，“道”“導”成爲古今字，“道”爲古字，“導”爲今字。同時，這種用字的變化也引起了詞彙系統其他要素的變化，比如楊注中新出現了“導引”“導達”等新的合成詞。

由上所述，《荀子》中“道”詞義比較豐富，除表“言説”義外，還可以指“道路”“引導”及“道理”等。而“道”在楊注中不僅“言説”義已不常用，“引導”義項也已經由“導”字來分擔，它的主要職責就只剩下了表示“道理”和“道路”義，其意義、用法與現代漢語已基本無異。此外，《荀子》中“道”除“道路”“道德”“天道”爲雙音詞外，其餘主要是以單音詞的形式出現。而在楊注中，“道”除可獨立成詞外，還新增了“中道”“道術”“道義”“道涂”等雙音詞。

下面再就“言”“説”“云”“談”四個“言説”義詞在《荀子》和楊注中的使用情況進行討論。

言

“言”無論是在《荀子》還是在楊注中，都是義域很廣、使用頻率非常高的一個詞。作名詞時，其詞義有發展：《荀子》中“言”主要有“言論”義，楊注中“言”除“言論”義外，還可指“方言”。“言”作動詞時，用法、詞義也有變化，主要體現在“言”作訓詁術語和作一般

“言説”義動詞時。下面我們就着重對“言”用作訓詁術語和作一般“言説”義動詞這兩個方面用法的變化進行分析。

　　“言”在古籍注疏中常作訓詁術語用,相當於“指的是”“説;説的是”,多用於解釋被釋對象在原文中的特殊含義,在《荀子》和楊注中都很常見。不過,“言”在《荀子》和楊注中同是作訓詁術語,用法卻有所不同。這種不同是“言”字用法發展的體現。例如:

　　　《脩身》:《書》曰:“無有作好,遵王之道。無有作惡,遵王之路。”此言君子之能以公義勝私欲也。
　　　《不苟》:《詩》曰:“左之左之,君子宜之;右之右之,君子有之。”此言君子能以義屈信變應故也。

　　按:上述例句中,《荀子》中“言”作訓詁術語用,表示的是言説的内容。其後所接成分不能是句子,前一例是借助助詞“之”連接主謂成分,取消該主謂結構的句子獨立性,使之成爲一個名詞性詞組;後一例句末“故也”二字使“言”後的成分變成了一個名詞性結構。

　　　《勸學》:君子生非異也,善假於物也。
　　　楊注:皆以喻脩身在假於學。生非異,言與衆人同也。
　　　《勸學》:蘭槐之根是爲芷,其漸之滫,君子不近,庶人不服。
　　　楊注:滫,溺也。言雖香草,浸漬於溺中,則可惡也。

按：上述例子，楊注中"言"也是用作訓詁術語，表示的是言説的内容，然而其後可接詞組，也可接結構複雜的複句。故"言"作訓詁術語在《荀子》與楊注中的差異表現爲：《荀子》中"言"後賓語一般不能是句子，而楊注中則可以是結構比較複雜的複句。

我們再來看"言"作爲一般"言説"義動詞在《荀子》和楊注中的使用情況。一般來説，應從組合關係和語法功能兩個方面來對一個詞進行分析。"言"作爲"言説"義動詞，也要從這樣兩個方面來看：是否能帶賓語？如果能帶賓語，其賓語的性質又怎樣？

先看《荀子》中"言説"義動詞"言"的用例。《荀子》中"言"後有時帶賓語，有時不帶賓語，據我們統計，《荀子》中"言"用作"言説"義動詞，共出現 84 次，其中不帶賓語 39 次，帶賓語 45 次。分列如下：

　　《勸學》：故未可與言而言，謂之傲。
　　《不苟》：天不言而人推高焉，地不言而人推厚焉，四時不言而百姓期焉。
　　《非相》：然而不好言，不樂言，則必非誠士也。

按：上述 3 例，《荀子》中"言"後未帶賓語，是不及物動詞。

　　《勸學》：故禮恭而後可與言道之方，辭順而後可與言道之理，色從而後可與言道之致。
　　《非相》：凡人莫不好言其所善，而君子爲甚。
　　《大略》：孟子三見宣王不言事。門人曰："曷爲三遇齊王而不言事?"

《大略》：言味者予易牙，言音者予師曠，言治者予三王。

按：上述例子中，《荀子》中"言"後帶一個名詞或名詞性詞組作賓語。"言"後的賓語非指言說的内容，而是言說的話題對象，指所說的人或事物，此類用法計 11 例。《荀子》中的"言"除了作訓詁術語時其後賓語表示的是言說的内容外，其餘情況下其後賓語表示的都是言說的話題對象。

再看楊注中"言說"義動詞"言"的例子：

《勸學》：端而言，蝡而動，一可以爲法則。

楊注：端，讀爲喘。喘，微言也。一，皆也。或喘息微言，或蝡蠢微動，皆可以爲法則。蝡，人允反。或曰：端而言，謂端莊而言也。

按：此例楊注中"言"的用法與《荀子》同，後面未帶賓語。

《正論》：故盜不竊，賊不刺，狗豕吐菽粟，而農賈皆能以貨財讓。

楊注：盜、賊通名。分而言之，則私竊謂之盜，劫殺謂之賊。

按：此例楊注中"言"後的賓語"之"代"盜"和"賊"，不是言說的内容，而是言說的話題對象。

　　《仲尼》：如是，有寵則必榮，失寵則必無罪，是事君者之寶而必無後患之術也。

　　楊注：夫荀卿生於衰世，意在濟時，故或論王道、或論霸道、或論彊國，在時君所擇，同歸於治者也。若高言堯、舜，則道不必合，何以拯斯民於塗炭乎！

按：此例楊注中"言"字是"稱説；稱道"（含有稱譽的意味），後面的賓語"堯、舜"是被稱譽的人，也是言説的話題對象。

　　《儒效》：兼制天下，立七十一國，姬姓獨居五十三人，而天下不稱偏焉。

　　楊注：《左氏傳》成鱄對魏獻子曰："昔武王克商，光有天下，其兄弟之國者十有五人，姬姓之國者四十人，皆舉親也。"與此數略同。言四十人蓋舉成數。

　　《性惡》：孟子曰："人之學者，其性善。"

　　楊注：孟子言人之有學，適所以成其天性之善，非矯也。

按：此2例，前一例楊注中的"言"所帶賓語是一個名詞性詞組，後一例是一個結構比較複雜的複句。"言"後賓語非指言説的話題對象，而是言説的內容，這種用法是《荀子》中所未見的。

　　《堯問》：周公謂伯禽之傅曰："女將行，盍志而子美德乎！"

　　楊注：將行，何不志記汝所傅之子美德以言我？

　　按：此例楊注中"言"很特殊，其後的"我"爲第一人稱代詞，它既不是言說的話題對象，也不是言說的内容，而是一個指人的間接賓語。王力先生説："'言'一般只能帶指事物的賓語（'言病''言事'），如果指人，也只能他指，不能指談話的對方。"他還説："'語'字的'告訴'這一意義，是'言'字所不具備的。"①這種説法似乎值得商榷。此例楊注係模擬"周公"的口氣，注文中"言"後面的"我"可看作是"周公"自稱，故"我"顯然是一個指聽話人的間接賓語，這裏的"言"也並非"言說"義，而是"告訴"的意思。除楊注此例外，其他文獻中亦可見"言"表"告訴"義的用例，如《禮記・哀公問》："其順之，然後言其喪筭。"鄭玄注："言，語也。"（四部初編，23 -卷 15/3b）又，《史記・酈生陸賈列傳》："酈生瞋目案劍叱使者曰：'走！復入言沛公，吾高陽酒徒也，非儒人也。'"（卷 97/2704）這兩例中"言"都是"告訴"的意思，後面接言說的話題對象。我們認爲，既然"言"可以是"告訴"義，而"告訴"是一個可以帶聽話人作間接賓語的"言說"義動詞，所以此例楊注中"言"後面接聽話人作間接賓語是沒有問題的。可見，"言"詞義的發展可能也帶動了其用法的變化。

　　綜上所述，"言"在《荀子》與楊注中用法的差異主要體現在它作動詞時。一是"言"用作訓詁術語。"言"作訓詁術語在《荀子》和楊注中都很常見，但《荀子》中"言"後賓語只能是一個名詞或名詞性詞組，未見有接句子的情形；而在楊注中"言"後賓語已經可以是一個句子，甚至是一個結構比較複雜的複句。二是"言"用作一般

---

　　①　王力：《古代漢語》，北京：中華書局，1981 年，第 1 册，43 頁。

"言說"義動詞。《荀子》中"言"後面有時不帶賓語,有時可帶一個比較簡短的名詞或名詞性詞組作賓語,表示的是言說的話題對象;而楊注中"言"後帶的賓語有所發展:賓語既可以是名詞或名詞性詞組,也可以是一個結構比較複雜的複句,並且其賓語可以是言說的話題對象,也可以是言說的内容,甚至有時還可以是表聽話人的間接賓語。

説

"説"在《荀子》和楊注中常用作名詞和動詞,作名詞用是"學説;觀點"義;作動詞用才是"言説"義。其名詞用法在《荀子》和楊注中没有差別,但作動詞用時差別較大。下面我們主要分析"説"在《荀子》和楊注中作"言説"義動詞時的情況。

先看《荀子》中動詞"説"的使用情況:

> 《勸學》:《禮》《樂》法而不説。
>
> 楊注:有大法而不曲説也。
>
> 《榮辱》:辯而不説者,争也;直立而不見知者,勝也。
>
> 楊注:不説,不爲人所稱説。
>
> 《非相》:以類度類,以説度功,以道觀盡,古今一度也。
>
> 楊注:以言説度其功業也。
>
> 《致士》:誦説而不陵不犯,可以爲師;知微而論,可以爲師。
>
> 楊注:誦,謂誦經。説,謂解説。

按:上述例句,《荀子》中"説"表"解説;談論"義,後面都不帶賓語。此類例子計 19 例。這個時候，楊注往往以"稱說""言說"
"解說"等雙音詞對釋《荀子》中單音詞"說"。

  《非相》：凡説之難：以至高遇至卑，以至治接至亂。

  楊注：以先王之至高至治之道説末世至卑至亂之君，所
以爲難也。説，音税。

  《富國》：所以説之者，必將雅文辨慧之君子也。

  楊注：所使行人往説之者，則用文雅禮讓之士。説，
音税。

  按：此 2 例，《荀子》中"説"，楊倞注音爲"説，音税"，此乃直音
以明義。此類例子共見 6 例。前面説過《荀子》中"説"後都不帶賓
語，而此 2 例"説"後卻帶了"之"作賓語，表"説"的對象，這是爲什
麼呢？因爲這裏的"説"不是"解説；談論"義，而是"勸説；説服"義，
讀 shuì，其義素構成爲［＋使用＋言語＋表達＋意思＋使（人）聽
從］，故它已非一般意義上的"言説"義動詞。所以，不能憑此類例
子就説《荀子》中的"説"後面能帶賓語。

  再看楊注中動詞"説"的使用情況：

  《儒效》：曷謂中？曰：禮義是也。道者，非天之道，非地
之道，人之所道也，君子之所道也。

  楊注：重説先王之道，非陰陽、山川、怪異之事，是人所行
之道也。

  《正名》：辭也者，兼異實之名以論一意也。

楊注：辭者，説事之言辭。

按：此2例楊注中"説"也是"解説；談論"義，但"説"後都帶了賓語，前一例"説"後接"先王之道"作賓語，後一例"説"後帶"事"作賓語。"説"後所帶賓語都是"説"的話題對象，指所説的人或事物。像這樣的例子，楊注中很常見，計17例。

《禮論》：始卒，沐浴、鬠體、飯唅，象生執也。不沐則濡櫛三律而止，不浴則濡巾三式而止。充耳而設瑱，飯以生稻，唅以槁骨，反生術矣。

楊注：前説象其生。此已下説反於生之法。

按：此例注文中"説"較爲特殊。楊注中前一"説"字並非《荀子》中通常的"解説；談論"義，而是"言説"義。由《荀子》母本言"始卒，沐浴、鬠體、飯唅，象生執也"，可知楊注"前説象其生"中"説"後所帶賓語"象其生"指的是所説的内容，而非話題對象；後一"説"是"解説；談論"義，其後所接賓語"反於生之法"是"説"的話題對象，指所説的事物。

《禮論》：三年之喪，哭之不文也；《清廟》之歌，一倡而三歎也；縣一鐘，尚拊之膈，朱弦而通越也，一也。

楊注：司馬貞説："拊鬲，謂縣鐘格也。不擊其鐘，而拊其格，不取其聲，示質也。"

按：此例楊注中"說"字亦非《荀子》中通常的"解説；談論"義，而是"言説"義，其後所帶賓語也是所説的内容。不過與前一例不同的是，這裏是直接引語的形式。

《非相》：楚之孫叔敖，期思之鄙人也，突秃長左，軒較之下而以楚霸。

楊注：突，謂髮短可凌突人者。故莊子説趙劍士蓬頭突鬢。

按：此例楊注中"説"亦非《荀子》中常用的"解説；談論"義，而是"言説"義，而且其後還帶了雙賓語"趙劍士"和"蓬頭突鬢"。"趙劍士"爲間接賓語，是"説"的對象，"蓬頭突鬢"爲直接賓語，是"説"的内容。不過，此類"説"後帶雙賓語的例子，注文中只見 1 例，故不好據此就認爲"説"在中唐時代已經能帶雙賓語。也許可以説，它體現了"説"後帶雙賓語的萌芽。此例比較特殊，尚需廣泛調查同時代其他文獻，方可定性。兹列於此，以備學人後論。

綜合以上各例，從《荀子》到楊注，動詞"説"的發展主要表現爲三個方面。其一，詞義方面：《荀子》中"説"詞義偏於"解説；談論"，楊注中則已擴大爲一般意義的"言説"。其二，用法方面：《荀子》中"説"後面不帶賓語，而楊注中"説"則可帶可不帶，帶賓語時，賓語形式多樣化，可以是"説"的話題對象，也可以是以非直接引語的形式表所説的内容，還可以是以直接引語的形式表示所説的話語。楊注中"説"後所帶賓語的結構比較複雜，可以是名詞或名詞性詞組，也可以是動詞性詞組，還可以是一個單句或複句，甚至還出現了個別"説"後接雙賓語的例子。其三,表現形式方面:"説"在《荀子》中一般以單音詞形式出現;在楊注中,"説"可獨立成詞,也可作爲構詞語素與其他語素組合成雙音詞使用,如"論説""講説""解説""辯説""敘説""稱説"等。因此,在詞義、用法、表現形式三個方面,楊注中"言説"義動詞"説"相比《荀子》都有了明顯發展。可見,"説"在中唐時代已經是一個使用非常普遍的"言説"義動詞。

云

"云"也是一個在《荀子》和楊注中都常出現的"言説"義動詞。不過,從《荀子》到楊注,它的用法已有所變化。列述如下:

先看《荀子》中"云"的使用情況:

> 《脩身》:禮然而然,則是情安禮也;師云而云,則是知若師也。情安禮,知若師,則是聖人也。
> 《解蔽》:故口可劫而使墨云,形可劫而使詘申,心不可劫而使易意。是之則受,非之則辭。

按:上述例句中"云"是"言説"的意思,其後不帶賓語。此類用法計3例。

> 《榮辱》:巨涂則讓,小涂則殆。雖欲不謹,若云不使。
> 《堯問》:觀其善行,孔子弗過。世不詳察,云非聖人。奈何!

按:上述例句中"云"也是"言説"義,其後帶表言説内容的賓語，爲非直接引語的形式。此類用法僅 2 例。

　　《脩身》：夫師以身爲正儀，而貴自安者也。詩云："不識不知，順帝之則。"此之謂也。

　　《王霸》：《詩》云："如霜雪之將將，如日月之光明；爲之則存，不爲則亡。"此之謂也。

　　按：上述例句中"云"後面帶直接引語形式的賓語，是直接引用《詩》中原話，也屬於表言説内容的賓語。此類用法計 11 例。

　　再看楊注中"云"的使用情況：

　　《正論》：世俗之爲説者曰："堯舜擅讓。"是不然。

　　楊注：《書》序曰："將遜於位，讓於虞舜。"是亦有讓之説。此云非禪讓，蓋《書》序美堯之德，雖是傳位，與遜讓無異，非是先自有讓意也。

　　《賦》：皓天不復，憂無疆也；千歲必反，古之常也。

　　楊注：皓，與昊同。昊天，元氣昊大也。呼昊天而訴①之，云世亂不復，憂不可竟也。復自解釋，云亂久必反於治，亦古之常道。

　　按：上述注文中"云"後的賓語是楊注對《荀子》母本中話語的

---

　　① 此句宋台州本作"呼昊天而許之"，誤。盧謝本、集解本"許"皆作"訴"，據文意當從盧謝本、集解本。

轉述，表言説的内容。不過楊注並非原話轉述，而是以非直接引語的形式加以引述。此類用法僅見上述 3 例。

　　《仲尼》：文王誅四，武王誅二，周公卒業，至於成王，則安以無誅矣。

　　楊注：《史記》云："武王斬紂與妲己。"

　　《脩身》：加惕悍而不順，險賊而不弟焉。

　　楊注：韓侍郎云："'惕'與'蕩'同字，作心邊易，謂放蕩兇悍也。"

　　按：此 2 例注文中"云"後面帶表言説内容的賓語，其賓語直接引用古代典籍或前人原話，屬直接引語。楊倞爲《荀子》作注，往往廣徵博引，其徵引古代文獻或前人成説，多以"云"或"曰"出之，故這種"云"後接直接引語的用法在楊注中隨處可見，達 200 多處。

　　不過，雖然"云"在楊注中出現的頻率很高，但實際上它的用法很單一，不管是直引他人原話還是轉述《荀子》母本話語，其實都只用於作注時引用他人言論的場合。這説明作爲"言説"義一般動詞，"云"實際上已不常用。此外，我們發現，注文中還出現了多處楊注刻意以"言"對釋《荀子》中"云"的訓條。例如：

　　《解蔽》：故口可劫而使墨云，形可劫而使詘申，心不可劫而使易意。是之則受，非之則辭。

　　楊注：云，言也。

按：此例"云"在《荀子》中乃一般"言説"義動詞，後面未帶賓語。楊注特意以"言"對釋之，此乃以時人常語釋古語詞，這説明"云"用於"言説"義動詞在楊注所處時代已不爲人所熟知。

《非十二子》：今之所謂處士者，無能而云能者也，無知而云知者也，利心無足而佯無欲者也。

楊注：云能，自言其能也。《慎子》曰："勁而害能，則亂也；云能而害無能，則亂也。"蓋戰國時以"言能"爲"云能"，當時之語也。

《儒效》：故人無師無法而知則必爲盜，勇則必爲賊，云能則必爲亂，辨則必爲誕。人有師有法而知則速通，勇則速威，云能則速成，察則速盡，辨則速論。

楊注：云能，自言其能。

按：此2例，《荀子》母本中"云"，楊注皆以"言"對釋之："云能，自言其能也。"並指出"云"乃戰國時語詞。不過，此2例楊注不確，王念孫對此另有説法：

云者，有也。言無師無法而有能，則必爲亂。有師有法而有能，則其成必速也。楊注《非十二子篇》引《慎子》曰："云能而害無能，則亂也。"云能，有能也。《法行篇》："曾子曰：'《詩》曰：轂已破碎，乃大其輻。事以敗矣，乃重大息。'其云益乎？"云益，有益也。古者多謂"有"爲"云"。《大雅·桑柔篇》："民有肅心，荓云不逮。"言使有不逮也。"爲民不利，如云不克。"

言如有不克也。（王念孫《荀子雜志》，670 頁）

王念孫提出，《非十二子》中"云"當訓"有"。"云"訓"有"，文獻中多有用例，例如：

> 《春秋公羊傳·文公二年》：曷爲以異書？大旱之日短而云災，故以災書；此不雨之日長而無災，故以異書也。　王引之："云災"與"無災"對文，是"云"爲"有"也。（王引之《經傳釋詞》，卷 3/30 頁）
>
> 《文選·陸士衡〈荅賈長淵〉》：公之云感，貽此音翰。李善注引應劭《漢書注》曰：云，有也。（《六臣注文選》，1906 - 卷 24/23b～24a）
>
> 《後漢紀·桓帝紀下》：三月，洛陽城中夜無故云火光，人聲正諠，於占皆不出。（97 - 卷 22/11a）

《荀子》"無能而云能者也，無知而云知者"句，"云"與"無"相對，故當從念孫說，"云"訓"有"爲長。楊注以時人熟悉的"言"對釋"云"，失之。然正是楊注之誤向我們傳達出了一個重要信息：在楊注所處時代，"云"已不用作"言説"義動詞，所以楊倞才要特別加注。

綜上所述，在《荀子》中，"云"可用於一般"言説"義動詞，其後可帶可不帶賓語。帶賓語時，其賓語表言説的內容，直接引語和非直接引語皆可。而在楊注中，僅保留了"云"後接引語的用法，且絕大多數爲直接引語的形式，間接引語很少見。可見，雖然"云"在楊注中出現的頻率很高,但它主要用於作注時直引古代文獻和前人話語這種場合,用法非常單一。而注文中多處出現的楊注刻意以"言"對釋"云"的訓條,更進一步反映了當時"云"基本已不作爲一般"言説"義動詞使用的事實。正如汪維輝所説:"在唐代口語中,'云'和'曰'實際上可能已經被淘汰。"①

談

"談"也是《荀子》和楊注中一個跟"言説"義相關的詞。

《儒效》:萬物得其宜,事變得其應,慎、墨不得進其談,惠施、鄧析不敢竄其察。

《儒效》:其言議談説已無以異於墨子矣,然而明不能分别。

《宥坐》:故居處足以聚徒成群,言談足以飾邪營衆,强足以反是獨立,此小人之桀雄也,不可不誅也。

按:《荀子》中"談"只作名詞或名詞性語素,表"言論"義,共見5例,其中僅1例以單音節詞形式出現,其餘4例都是作爲構詞語素與其他語素組合成雙音詞的形式。

《非相》:故君子之於言也,志好之,行安之,樂言之,故君子必辯。

楊注:辯,謂能談説也。

① 汪維輝:《漢語"説類詞"的歷時演變與共時分布》,《中國語文》2003年第4期。

《正論》：《詩》曰："下民之孽，匪降自天；噂沓背憎，職競由人。"此之謂也。

楊注：《詩・小雅・十月之交》之篇。言下民相爲妖孽，災害非從天降。噂噂沓沓然相對談語，背則相憎，爲此者，蓋由人耳。

按：楊注中"談"未見有獨立成詞的用例，它只作爲構詞語素和其他語素組合成雙音詞使用，並且其詞性也已發生變化："談"在《荀子》中只作名詞或名詞性語素，而在楊注中已經變爲了動詞性語素，可以和其他語素組合成"言說"義動詞"談說""談語"等，其後不帶賓語。

汪維輝《漢語"說類詞"的歷時演變與共時分布》一文對"說類詞"進行了較全面的研究，他從受事類型和與事類型兩個角度把"說類詞"在漢語史上出現的全部用法大致歸納爲如下 12 個句類，前 8 種爲受事類型，後 4 種爲與事類型，列述如下：

（一）受事類型

1. 不帶受事，簡稱 S1；

2. 受事爲直接賓語，根據賓語的性質又可分爲 5 個小類：

S2：受事指所說的人或事物，詞義爲"談論；敘說"；

S3：受事指所說的內容，但不是直接引語；

S4：受事爲所說的話，即直接引語，動詞後面一般可加冒號和引號；

S5：受事爲"話"（包括"話"的同義詞）或某種性質的話；

S6：受事爲語言、方言，表示用這種語言、方言說話；

3. 受事用介詞引進，又可分爲兩個小類：

S7：受事用介詞引進，充當狀語，如"張三把這件事說了"；

S8：受事用介詞引進，充當補語，如"王嘗語莊子以好樂"（《孟子·梁惠王下》）；

（二）與事類型

S9：不帶與事；

S10：與事直接充當賓語，如"居，吾語女。"（《論語·陽貨》）；

S11：與事用介詞引進，充當狀語，如"與之言"；

S12：與事用介詞引進，充當補語，如"言於王"。

爲了使上面"言""說""云""談"在《荀子》和楊注中的差異顯明，我們參照汪文分類標準，用表格的形式將"言""說""云""談"在《荀子》和楊注中的使用情況表示如下：

	言	説	云	談
《荀子》	S1、S2	S1	S1、S3、S4	—
楊注	S1、S2、S3、S10	S2、S3、S4	S3、S4	S1

由上表可知，汪文所界定的"説類詞"12 個句類，在《荀子》和楊注中只出現了 S1、S2、S3、S4 及 S10 五種，其餘七種都未見。"言""説"在楊注中句類較豐富，用法相比《荀子》也有較大發展，可

見"言""説"在中唐是主要的"言説"義動詞，而"云""談"則已不常用。"云"在《荀子》中有 S1、S3、S4 三種句類，但在楊注中只見 S4 和極少量的 S3 句類，且不管是 S3 還是 S4，都只用於作注時引用古代典籍或他人話語，用法非常單一，可見"云"在唐代已基本不用作一般"言説"義動詞。"談"在《荀子》中只作爲名詞或名詞性語素出現，而在楊注中已經發展爲表"言説"義的動詞性語素，可與別的語素一起組合成雙音節的"言説"義動詞，後面不帶賓語，屬 S1 式。

二 行、步、趨、走

這是一組關於"行走"義的詞。"行""步""趨""走"在《荀子》和楊注中都常見，不過它們的表現形式和用法有些差異。下面分別闡述和分析。

行

《荀子》中"行"有四種意義：① 作動詞，"步行；行走"義；② 作動詞，"行動；行事"義；③ 作名詞，"行爲；行迹"義；④ 作動詞，"巡行；巡視"義。據我們統計，"行"在《荀子》中共出現 277 次，其中作動詞"行走"義 83 次，作動詞"行動；行事"義 139 次，作名詞"行爲；行迹"義 54 次，作動詞"巡行；巡視"義出現 1 次。分別舉例如下：

① 作動詞，"步行；行走"義。

《脩身》：道雖邇，不行不至；事雖小，不爲不成。其爲人也多暇日者，其出入不遠矣。

楊注：多暇日，謂怠惰。出入，謂道路所至也。

《王霸》：故國者，世所以新者也，是憚憚非變也，改王改行也。

楊注：晉文公曰："先民有言，曰'改玉改行'。"玉，佩玉。行，步也。

按：此2例，"行"表"步行；行走"義。楊倞不注音。

② 作動詞，"行動；行事"義。

《不苟》：君子行不貴苟難，説不貴苟察。

楊注：行，如字。察，聰察。

《議兵》：故湯之放桀也，非其逐之鳴條之時也，武王之誅紂也，非以甲子之朝而後勝之也，皆前行素脩也。此所謂仁義之兵也。

楊注：前行素脩，謂前已行之，素已脩之。行，讀如字。

按：此2例，"行"作動詞，表"行動；行事"義。楊倞以"如字"釋之。

③ 作名詞，"行爲；行迹"義。

《彊國》：爲人臣者，不恤己行之不行。

楊注：上行，下孟反。下行，如字。

按：此例上"行"是名詞，"行爲；行迹"義，楊注"下孟反"。下

“行”是動詞，“行動；行事”義，楊倞加注“如字”。

　　《勸學》：故木受繩則直，金就礪則利，君子博學而日參省乎己，則知明而行無過矣。[1]
　　楊注：知，讀爲“智”。行，下孟反。
　　《正名》：正義而爲，謂之行。
　　楊注：苟非正義，則謂之姦邪。行，下孟反。

　　按：此2例，《荀子》中“行”作名詞，“行爲；行迹”義。楊倞注音“下孟反”。
　　④　作動詞，“巡行；巡視”義。

　　《王制》：行水潦，安水臧。
　　楊注：行，巡行也。下孟反。

　　按：此例《荀子》中“行”作動詞，後面帶賓語“水潦”。楊注“巡行；巡視”也，並加注“下孟反”。
　　由上述用例可知，爲了區別和解釋《荀子》中“行”的各項意義，楊倞作注時采用了注音的方式加以區分。概括説來，楊倞爲“行”字注音，有如下四種情况：

---

　　[1]　《荀子》中“知明而行無過”中“知”字，宋台州本原作“智”，注文亦無“知，讀爲‘智’”四字。盧謝本則正文作“知”，注文有“知，讀爲‘智’”四字。據我們考察，《荀子》中多見正文爲“知”，注文再注“知，讀爲‘智’”者。《荀子》中“了解”義和“智慧”義同用“知”字，楊注則將二者作了清楚地區分：“了解”義用“知”，“智慧”義用“智”。故此句從盧謝本改。

其一,當"行"作動詞,表"步行;行走"義時,楊倞不注音,其意當爲此時"行"讀本音。據《廣韻·庚韻》:"行,步也,適也,往也,去也。戶庚切。"(《宋本廣韻》,167頁)故"行走"義之"行"讀音爲"戶庚切"。

其二,當"行"表跟"行走"義相關的動詞義"行動;行事"時,楊倞加注"行,如字",其意是説這時"行"是讀同"行走"義之"行"的。

其三,當"行"作名詞,表"行爲;行迹"義時,楊倞注爲"行,下孟反"。"行"作名詞,注音"下孟反",這在唐人注疏中較常見,如《漢書·文帝紀》:"不滿九十,嗇夫、令史致。二千石遣都吏循行,不稱者督之。刑者及有罪耐以上,不用此令。"顏師古注:"行,音下孟反。"(卷4/113~114)

其四,當"行"作動詞,表"巡行;巡視"義時,楊倞亦注爲"行,下孟反"。此時,"行"後一般都要帶處所賓語,指巡視的地方。此類例子雖然在楊注中僅一見,但在唐人其他注疏中屢見。例如:

《漢書·匈奴傳》:時鴈門尉史行徼,見寇,保此亭。單于得,欲刺之。　顏師古注:漢律,近塞郡皆置尉,百里一人,士史、尉史各二人巡行徼塞也。行,音下孟反。(卷94上/3765~3766)

《左傳·隱公五年》:公曰:"吾將畧地焉。"遂往。　杜預注:畧,總攝巡行之名。　陸德明音義:行,下孟反。(《春秋左傳注疏》,四庫,143-卷2/81)

《左傳·襄公九年》:蓄水潦,積土塗。巡丈城,繕守

備。　杜預注：巡行也。　孔穎達疏：巡行其城以丈度之，故
云丈城。　陸德明音義：行，下孟反。(144－卷 30/37)

由上可知，楊注是通過注音的方式來幫助時人區分《荀子》中
"行"字不同意義的：當"行"作動詞，表"行走"和"行動；行事"義時
讀平聲(戶庚切)；作名詞，表"行爲；行迹"義時讀去聲(下孟反)；作
動詞，表"巡行；巡視"義時讀去聲(下孟反)。這種做法即古漢語中
的"四聲別義"現象，或叫"破讀"，又叫"變調構詞"。

我們發現，楊注中像"行"這種論音以定義的情形並非個例。
試將楊注中此類例子全部簡列如下：

例　字	《荀子》中之詞性、詞義	楊倞注音
行	名詞，行爲；行迹	下孟反
行	動詞，巡行；巡視	下孟反
中	動詞，1. 擊中；2. 符合	丁仲反
稱	動詞，符合	尺證反
間	動詞，空隙；間隔	古莧反
王	動詞，稱王	于況反
當	動詞，適合；符合	丁浪反
分	名詞，名分；本分	扶問反
相	名詞，引導盲者的人	息亮反
迎	動詞，迎親	魚敬反
和	動詞，附和；響應	胡臥反
殺	動詞，減省	所介反
遠	動詞，遠離	于願反

續　表

例　字	《荀子》中之詞性、詞義	楊倞注音
衣	動詞,穿(衣)	於既反
長	名詞,居首位者,君長	丁丈反
臧(藏)	名詞,儲存東西的地方	才浪反
塞	名詞,邊境;邊塞	先代反
度	動詞,測度,推測	大各反

　　上表是楊注以注音的方式來區分某語詞在《荀子》特定語境下詞義不同的情況,這説明上古漢語中的"四聲別義"在唐代仍然普遍使用。周祖謨在《四聲別義釋例》一文裏説:"以四聲區分字義,遠自漢始,至晉宋以後,經師爲書作音,推波助瀾,分辨更嚴,至陸德明《經典釋文》,乃集其大成。後之傳文選史漢之學者,論音定義,亦莫不宗之。"①他在該文中列舉了149個古代聲調別義之字,證明了"四聲別義"乃古代漢語之常例。其實,在周文所列舉的149個四聲別義字中,有好、惡、爲、冠、卷、將、處、乘、當、興、便、降、種、倒、背、鋪、空、會、宿、藏、數、量、應、少、調、相、稱、鑽、聞、假、折、傳、重、散、繫、盡、悶、畜、奔、吐、搜等41個詞,在現代漢語裏仍然有兩讀。這些詞的聲調不同,意義也不同。也就是説,今天仍然用聲調來區別它們的詞性或詞義。這説明四聲別義並不只存在於古代漢語中,現代漢語中也仍見其遺迹,只是現代漢語裏這種現象已大爲減少。關於上古漢語裏常用的"四聲別義"現象在後世漸少的原因,一般認爲主要是由漢語語音系統的簡化所致。郭錫

---

①　周祖謨:《問學集・四聲別義釋例》,北京:中華書局,1966年,91頁。

良説："有的破讀隨着破讀義不再在口語中使用而消失了，而許多破讀没有保留下來的主要原因是由於漢語語音系統（聲、韻、調）的趨於簡化。"①

　　再説另外三個表"行走"義的動詞"步""趨""走"。三者在《荀子》和楊注中都常見，意義、用法差别不大。不過，爲了方便下文對"行""步""趨""走"四個"行走"義動詞的辨析，這裏還是各略舉數例。

步

　　《荀子》中"步"共出現 13 次，其中，作名詞"脚步"義見 7 次，作動詞"行走"義見 6 次。楊注中"步"用法和意義與《荀子》基本無異。如：

　　　　《勸學》：故不積頤步，無以至千里。

　　　　楊注：半步曰頤。頤，與跬同。

　　　　《王霸》：楊朱哭衢涂，曰："此夫過舉頤步，而覺跌千里者夫！"哀哭之。

　　　　楊注：半步曰頤。

　　按：此 2 例，《荀子》和楊注中"步"都作名詞用。《禮記·祭義》："君子頃步而弗敢忘孝也。今予忘孝之道，予是以有憂色也。"鄭玄注："頃，當爲跬，聲之誤也。"陸德明音義曰："頃，讀爲跬，缺娌反，又丘弭反。一舉足爲跬，再舉足爲步。"（《禮記》，23－卷14／

---

①　郭錫良：《古代漢語》，北京：商務印書館，2009 年，下册，1081 頁。

142a)《荀子》和楊注中名詞"步"之詞義與《禮記》同，即鄭注所謂
"再舉足爲步"。這與現代漢語中"步"的詞義還是有所不同的。

　　《禮論》：和鸞之聲，步中《武》《象》，趨中《韶》《護》，所以
養耳也。
　　《勸學》：不識步道者，將以窮無窮、逐無極與？意亦有所
止之與？
　　《哀公》：今東野畢之馭，上車執轡，銜體正矣；步驟馳騁，
朝禮畢矣。
　　楊注：銜體，銜與馬體也。"步驟馳騁，朝禮畢矣"，謂調
習其馬，或步驟馳騁，盡朝廷之禮也。
　　《非十二子》：行偽險穢而彊高言謹愨者也，以不俗爲俗，
離縱而跂訾者也。
　　楊注：縱，與纚同，步也。離縱，謂離於俗而步去。

　　按：上述幾例，《荀子》及楊注中"步"都作動詞用，爲"行
走"義。

趨

《荀子》中"趨"共出現 23 次，都作動詞用，其中"行走"義計 18
次，"趨附"義 5 次。楊注中"趨"的用法、意義與《荀子》亦基本無
異。試舉數例"行走"義的"趨"如下：

　　《儒效》：故近者歌謳而樂之，遠者竭蹶而趨之。
　　楊注：竭蹶，顛倒也。遠者顛倒趨之，如不及然。

《禮論》：略而不盡，貌而不功，趨輿而藏之，金革轡靬而不入，明不用也。

楊注：趨輿而藏之，謂以輿趨於墓而藏之。趨者，速藏之意。

《正論》：和鸞之聲，步中《武》《象》，驟中《韶》《護》以養耳。

楊注：驟，當爲趨。步，謂車緩行。趨，謂車速行。

《子道》：子路趨而出，改服而入，蓋猶若也。

《正論》：居則設張容，負依而坐，諸侯趨走乎堂下。

按：上述例句中，《荀子》和楊注中“趨”都是“快速行走”義。

走

“走”在《荀子》中共出現 10 次，都作動詞，“奔跑”義。楊注中“走”的詞義、用法與之同。例如：

《王制》：力不若牛，走不若馬，而牛馬爲用，何也？

《解蔽》：背而走，比至其家者，失氣而死，豈不哀哉！

《解蔽》：是以與治雖走而是已不輟也。

楊注：走，並馳。

《議兵》：服者不禽，格者不舍，犇命者不獲。

楊注：奔命，謂奔走來歸其命者，不獲之爲囚俘也。犇，與奔同。

《議兵》：大寇則至，使之持危城則必畔，遇敵處戰則必北。

楊注：北，敗走也。北者，乖背之名，故以敗走爲北也。

由上可知，"步""趨""走"在《荀子》和楊注中都常見，只是在《荀子》中這幾個"行走"義詞多以單音詞形式出現，而楊注中則既可獨立成詞，又可作爲構詞語素與其他語素組合成雙音詞，如"趨"有"趨走"義、"走"有"奔走""敗走"義等。除此之外，"步""趨""走"的意義、用法在《荀子》和楊注中基本無別："步"可用作名詞，所謂"再舉足爲步"，也可作動詞用，即"行走"義。"趨"是速度比較快地行走；"走"指疾速奔跑，其後一般不帶目的賓語，常出現在情況緊急或處境危險等情況下，如躲避戰亂、災禍及被人追殺等。

"行""步""趨""走"這四個"行走"義動詞，比較説來，"行"乃行走之通名，"步""趨""走"在表行走動作時是同義詞，不過三者詞義有細微差別。楊注對三者作了清楚的區分，《正論》篇："和鸞之聲，步中《武》《象》，驟中《韶》《護》以養耳。"楊注："驟，當爲趨。步，謂車緩行。趨，謂車速行。"又釋"走，並馳"（《解蔽》），可見在速度上，楊倞認爲三者是有差別的："步"是緩慢前行，"趨"是快速行進，而"走"則是奔跑前進。就是説，"步"最爲緩慢，"趨"的速度比較快，"走"的速度最快。那麼，"步""趨""走"在其他文獻中是否也如此呢？

《説文》：行，人之步趨也。　段注：步，行也。趨，走也。二者一徐一疾，皆謂之行。（《説文解字注》，篇2下/78a）

《説文》：走，趨也。　段注：《釋名》曰："徐行曰步，疾行曰趨，疾趨曰走。"此析言之。許渾言不別也。（篇2上/63b）

《尚書·召誥》：王朝步自周,則至於豐。　鄭玄注：步,行也。(《尚書大傳》,四部初編,45-卷4/11a)

《論語·子罕》：子見齊衰者、冕衣裳者與瞽者,見之,雖少,必作;過之,必趨。(37-卷5/4a～4b)

《韓非子·五蠹》：田中有株,兔走,觸株折頸而死。(352-卷19/1a)

從古書用例看,"步""走""趨"的區別在於："步"是緩慢地走,"趨"是小步快走,"走"則相當於現代漢語裏的大步奔跑。用義素分析式表示"步""趨""走"的意義如下：

步：[＋兩腳交互＋移動＋緩慢地]

趨：[＋兩腳交互＋移動＋快速地－大步]

走：[＋兩腳交互＋移動＋疾速地＋大步]

"走"後來由"跑"變爲"行路"義。關於"走"的詞義演變,王力先生説："'走'當行路義講,大約起源於明代。"[1]當代學者對"走"之"行路"義的産生時代,多有提前之論,如潘允中説："走路的'走',出現在南北朝以後的民間文學和變文中。"祝敏徹、楊克定、白雲等則認爲"走"由"跑"變爲"行路"義至少可以提前至唐五代[2]。我們發現,處於中唐時代的楊倞《荀子注》,尚未見有表行路義之"走"的例子,其中的"走"仍然沿襲上古漢語中的意義和用法,相當於現代漢

---

① 《王力文集》,濟南：山東教育出版社,1990年,卷11,633頁。
② 分別見潘允中：《漢語詞彙史概要》,上海：上海古籍出版社,1989年,78頁;祝敏徹、尚春生：《敦煌變文中的幾個行爲動詞——穿、走、行李、去》,《語文研究》1984年第1期;楊克定：《關於動詞"走"行義的産生問題》,《東岳論叢》1994年第3期;白雲：《"走"詞義系統的歷時與共時比較研究》,《山西大學學報》(哲社版)2007年第2期。

語裏的"跑"。這説明"走"之行路義在唐代可能還僅限於在口語色彩較强的俗文學作品中使用,正式進入書面語言尚待時日。

三　舉、凡、都

這是一組表總括義的範圍副詞。《荀子》中表總括義的範圍副詞主要是"皆""凡"和"舉";楊注中則主要用"皆""凡",也有少量用"都"。也就是説,關於總括義範圍副詞,"皆"在《荀子》和楊注中都是最爲常見的總括義範圍副詞,其用法也相同;"凡"在二者中都有使用,但用法有變化;《荀子》中未見"都",楊注中不用"舉"。下面就總括義範圍副詞"舉""凡""都"在《荀子》和楊注中的用法分別闡述如下。

舉

"舉"在《荀子》母本中作總括義範圍副詞用,共計 13 次,而楊注每每以"皆"對釋之。此外,在楊注闡發荀意的話語中亦未見有用作總括義范圍副詞的"舉"。試看下面例句:

《不苟》:故君子不下室堂,而海内之情舉積此者,則操術然也。

楊注:舉,皆也。

《儒效》:鄉也,胥靡之人,俄而治天下之大器舉在此,豈不貧而富矣哉!

楊注:舉,皆也。

《儒效》:故君子無爵而貴,無禄而富,不言而信,不怒而威,窮處而榮,獨居而樂,豈不至尊、至富、至重、至嚴之情舉積此哉!

　　楊注：舉，皆也。此，此儒學也。其情皆在此，故人尊貴敬之。

　　《王制》：聲則凡非雅聲者舉廢，色則凡非舊文者舉息，械用則凡非舊器者舉毀。

　　楊注：舉，皆。

　　按：由上述例句可知，《荀子》中多用"舉"，表示對主語的總括性陳述，楊注則用唐代習用的總括副詞"皆"對釋之。可見，總括義範圍副詞"舉"在唐代已不常用。

　　凡

　　"凡"在《荀子》中作總括義範圍副詞，有兩種詞義，一是"所有；凡是"的意思，共 67 例；二是表"皆；都"義，見 3 例。"凡"這兩種用法的區別在於：前者可接名詞或名詞性詞組，多位於句子的前一分句；後者可接動詞性詞組，且一般位於句子的後一分句。楊注中"凡"也常用作總括義範圍副詞，但它只保留了前者"所有；凡是"義。試舉例説明：

　　"凡"表"所有；凡是"義之例：

　　《脩身》：凡治氣養心之術，莫徑由禮，莫要得師，莫神一好。

　　《富國》：凡攻人者，非以爲名，則案以爲利也；不然，則忿之也。

　　楊注：凡攻伐者，不求討亂征暴之名，則求貨財土地之利。不然，則以忿怒。

　　《正論》：凡人之鬭也，必以其惡之爲説，非以其辱之爲故也。

　　楊注：凡鬭，在於惡，不在於辱也。

　　按：上述例句中，《荀子》和楊注中的"凡"都是總括性範圍副詞，表"所有；凡是"義，"凡"後接名詞或名詞性詞組，多置於句首。
　　"凡"表"皆；都"義之例：

　　《議兵》：彼仁義者，所以脩政者也。政脩則民親其上、樂其君，而輕爲之死。故曰："凡在於君，將率末事也。"①
　　《議兵》：孝成王、臨武君曰："善！請問王者之兵設何道何行而可？"孫卿子曰："凡在大王，將率末事也。"
　　《榮辱》：故薄薄之地，不得履之，非地不安也，危足無所履者，凡在言也。
　　楊注：凡，皆也。所以廣大之地側足無所容者，皆由以言害身也。

　　按：上述3例，《荀子》中"凡"是"皆；都"義。"凡"表"皆；都"義時，後面需接動詞或動詞性詞組，且不位於句首。上述"凡在於君""凡在大王"，看似好像"凡"位於句首，其實不然，因爲這兩例都處於對話語境中，其前分別隱含了"仁義者所以修政"和"王者之兵設何道、何行"兩個主語，所以實際上它們還是處於句中位置的。

---

　　①　宋台州本作"凡在於軍"。盧文弨校："舊本作'凡在於軍'。今案：由下文'凡在大王'，可知當是'君'字。"（見《荀子》，3-315，叢書集成初編本）竊以爲盧説是，故從之。

第 3 例中，楊注以"皆"對釋《荀子》中"凡"，説明"凡"在楊注中可能已不大用作總括性範圍副詞。

由上可知，"凡"在《荀子》和楊注中都是常用的總括義範圍副詞，不過，相較《荀子》，楊注中"凡"的用法有所變化。《荀子》中"凡"有兩種用法，一是置於句首，後接名詞或名詞性成分，是"所有；凡是"的意思；一是用於句中，後接動詞性成分，表"皆；都"義。楊注中只見前一種用法。

都

《荀子》中"都"全部用於名詞，指"國都"或"城市"，尚未出現"都"作範圍副詞的用例。而楊注串講和通釋《荀子》章旨的語句中已經出現了 3 個"都"用作範圍副詞的用例。數量雖少，但其用法卻比較典型。

關於副詞"都"的用法，武振玉歸納了自魏晉六朝至唐宋時期副詞"都"的四種基本類型①，簡述如下：

1. "都"用於總括其前的主語所指事物的範圍，"都"爲全部義。它指稱的主語一般均在其前明現，且爲涵蓋一定範圍的人或事物，"都"表示這個範圍內的人或事物無一例外地具有其後的動作。

2. "都"用於總括賓語所指事物的範圍，"都"有全部、完全義。此種類型多爲"都＋動詞＋名詞性賓語"，"都"的語義指向賓語。如"平至之日都委諸事，君臣上下皆怪臣待平之厚

① 武振玉：《副詞"都"的産生和發展》，《社會科學戰線》2001 年第 5 期。

也。"(三國蜀・諸葛亮《彈李平表》)又,"寧都亡諸寶,不失斯珠。"(晉・法護《六度集經》)

3."都"是全然、根本義,主要表示程度。此類格式亦爲"都＋動詞＋名詞",但從語義上看,"都"的作用主要是強調程度而不是總括,且多見於否定句中。這種用法應該是"都"表範圍義的引申。

4."都"＋數量詞,"都"爲總共義。此類用法主要見於佛經類作品中,當是由"都"的動詞義"聚集"義而來的。

由此可見,魏晉至唐宋時期,副詞"都"的語義既可指向動詞前面的成分,也可指向動詞後面的成分。當其語義指向動詞前面的成分時表範圍,當其語義指向動詞後面的賓語時,在肯定句中多表範圍,在否定句中則主要表程度。此外,"都"還可以用於數量詞前,表"總共"義。不過,此類用法僅見於佛經類文獻。

再來看楊注中的"都"。楊注中的"都",雖然僅見 3 例,但上面的前三種類型都有。例見下:

《彊國》:故善日者王,善時者霸,補漏者危,大荒者亡。
楊注:大荒,謂都荒廢不治也。

按:注文中"都"屬上述第 1 中類型。"都"的語義指向其前所隱含的主語"所有政事",表示所有政事全部荒廢,如此則必定國亡。

《正名》:推而別之,別則有別,至於無別,然後止。

　　楊注：謂揔其萬名，復謂之物，是同名者生於欲都舉異名也。

　　按：注文中"都"屬上述第 2 種類型"都＋動詞＋名詞性賓語"式，此言"同名者"産生的原因在於人們總是想要給事物制定區別性的名稱。

　　《彊國》：觀其朝廷，其朝閒聽決，百事不留，恬然如無治者，古之朝也。

　　楊注：如無治者，如都無聽治處也。

　　按：注文中"都"屬上述第 3 種類型。前二例"都"表總括，這一例則不然，因爲它用在否定句中，强調的是程度，是"全然、根本"的意思。此言"古之朝"所有政事皆得到妥善處理，君主安閑得好像根本没有什麼事需要治理一樣。

　　可見，除多用於佛經類作品中的第 4 種類型在楊注中未出現之外，其餘三種類型在楊注中都已基本齊備。不過，楊注中"都"的使用和"皆"還是没法比的。以《彊國篇》楊倞注文爲例，"都"出現了 2 例，而"皆"則有 11 例。據我們統計①，同時代其他作品的情況，也是如此，如《全唐詩》表總括的"都"計 269 例，而"皆"則多達 1 747 例。再如口語色彩較强的《入唐求法巡禮行記》，"都"僅見

---

① 分別以（清）彭定求編《全唐詩》（北京：中華書局，1960 年）和［日］圓仁撰《入唐求法巡禮行記》（上海：上海古籍出版社，1986 年）爲底本進行語料統計。

21 例(其中上述第 4 類表"總共"者見 17 例,第 3 類見 4 例),而表總括的"皆"則多達 87 例。所以,從共時語料看,唐代在範圍副詞這一領域,不管是在文學語言中,還是在口語中,"皆"都仍然處於完全的優勢地位,"都"則尚未得到普遍使用。

四　宮、室

"宮""室"兩個詞在《荀子》和楊注中都有出現,不過二者在《荀子》和楊注中意義有別。下面先就"宮""室"從《荀子》到楊注意義的變化作一分析。看下面例句:

> 《王制》:衣服有制,宮室有度,人徒有數,喪祭械用皆有等宜。
> 《王制》:和則一,一財多力,多力則彊,彊則勝物,故宮室可得而居也。

按:此 2 例,"宮""室"在《荀子》中同義連用,意義無别,都指房屋、住宅。

> 《儒效》:道過三代謂之蕩,法二後王謂之不雅。高之下之,小之臣之,不外是矣,是君子之所以騁志意於壇宇宮庭也。
> 楊注:宮,謂之室。庭,門屏之内也。君子雖騁志意,論説不出此壇宇宮庭之内也。

按:楊倞爲《荀子》中"宮庭"特意加注,以"室"釋"宮",説明在他所處的時代,對"宮""室"的同義無別關係人們已經比較陌生,故需要刻意加注,否則就會引起理解上的偏差,比如可能會誤以爲"宮庭"是指王者的住宅等。

　　《禮論》:卜筮視日,齋戒脩涂,几筵、饋、薦、告祝,如或饗之。

　　楊注:視日之吉凶。《史記》"周文爲項燕視日脩涂",謂脩自宮至廟之道塗也。几筵,謂祝筵几於室中東面也。

　　按:此例"宮""室"在楊注中差異明顯:楊注引《史記》所載戰國末年周文爲項燕視日推算時辰吉凶之事"脩自宮至廟之道塗",謂修繕一條從房子到廟宇的道路,則"宮"指包括屋宇、圍牆等在内的整座房子,其概念外延比"室"大;而"祝筵几於室中東面",謂"室中",則説明"室"是指房間四壁之内,它的概念外延比"宮"小。

　　上述例句所反映出的"宮""室"在《荀子》和楊注中意義的差異,前賢亦有論及。《説文》"宮"字下段注云:"宮言其外之圍繞,室言其内。析言則殊,統言不別也。"(《説文解字注》,篇7下/342a)王念孫也認爲:"《爾雅》'宮''室'雖可互訓,然以其制言之,則自户牗以内乃謂之室。宮爲總名,室爲專稱。"[①]

　　上古漢語裏,"宮""室"兩詞可互訓。《爾雅·釋宮》:"宮謂之室,室謂之宮。"郭璞注:"(宮、室)同實而兩名"。(《爾雅》,四部初編,42-卷中/37)後來其義有别,陸德明《爾雅音義》:"此文云:'宮

---

　　①　王念孫:《廣雅疏證》,南京:江蘇古籍出版社,1984年,206頁。

謂之室,室謂之宫。'郭云:'皆所以通古今之語,明同實而兩名。'
案:古者貴賤同稱宫,秦漢以來唯王者所居稱宫焉。"(《爾雅注
疏》,四庫,221-卷4/82)也就是説,上古時期,"宫"和"室"都是住
宅的通稱,不别貴賤,上到帝王的殿堂,下至百姓的房屋都可稱爲
"宫";秦漢以後,則惟帝王所居稱"宫"。"宫""室"在文獻中的用例
也確如陸德明所説:

　　《周易·下經·困卦》:困於石,據於蒺藜,入於其宫,不
見其妻,凶。(1-卷5/122)

　　《孟子·滕文公上》:且許子何不爲陶冶,舍皆取諸其宫
中而用之?(40-卷5/10a)

　　《戰國策·秦策一》:父母聞之,清宫除道,張樂設飲,郊
迎三十里。(256-卷3/6a)

　　按:上述3例,來自先秦文獻,"宫"都非指王侯貴族之宅舍,
而指平民的房屋,並無貴賤之分。

　　《詩·小雅·斯干》:築室百堵,西南其户。(《毛詩》,7-
卷11/7a)

　　《孟子·梁惠王下》:孟子謂齊宣王曰:"爲巨室,則必使
工師求大木。"趙岐注:巨室,大宫也。(39-卷2/12b)

　　《吕氏春秋·恃君覽·驕恣》:齊宣王爲太室,大益百畝,
堂上三百户,以齊之大,具之三年而未能成。(四部初編,
423-卷20/18b)

　　按：上述 3 例,也來自先秦文獻,第一例"室"指一般的房屋；後二例,"室"指王者的住宅。可見,"室"在上古時期也是房屋、住宅的通稱,既可是一般房屋的通稱,也可指王者住宅,並無貴賤之別。

　　然而,秦漢以後,"宮"開始專用於表示帝王的住宅,如阿房宮、未央宮等,"室"則逐漸專用於"四壁之內"的意義,很少用來泛指住宅。例如：

　　《呂氏春秋‧審分‧慎勢》：古之王者,擇天下之中而立國,擇國之中而立宮,擇宮之中而立廟,天下之地,方千里以爲國,所以極治任也。（423－卷 17/15b）

　　《史記‧秦始皇本紀》：作宮阿房,故天下謂之阿房宮。（卷 6/256）

　　《左傳‧僖公二十六年》：齊侯曰："室如縣罄,野無青草。何恃而不恐?"　杜預注：時夏四月,今之二月,野物未成,故言居室而資糧縣盡,在野則無蔬食之物,所以當恐。　楊伯峻注：罄之懸掛,中高而兩旁下,其間空洞無物。百姓貧乏,室無所有,雖房舍高起,兩簷下垂,如古罄之懸掛者然也。（楊伯峻《春秋左傳注》,439 頁）

　　《南華真經‧雜篇‧讓王》：原憲居魯,環堵之室,茨以生草,蓬戶不完,桑以爲樞而甕牖二室,褐以爲塞,上漏下濕,匡坐而弦。（538－卷 9/24b）

　　按：前二例,"宮"指貴族王侯之住宅；後二例,"室"指四壁之内,"室如縣罄"謂室中空無所有,比喻一貧如洗。

那麼,爲何"宫""室"在秦漢以後會發生這樣的詞義演變呢?學界一般認爲,"宫"的詞義演變是由於"秦漢以後爲了强調帝王之尊,專用於帝王的宫殿,指稱百姓住宅的義點消失了"。[①] 秦始皇統一天下後,爲了顯示皇帝的無上權威,確實制定了一套强化君威的朝儀和文書制度,如皇帝自稱"朕",皇帝命令稱爲"制"等。然而,我們在史書裏暫未找到有關於"宫"字專用於帝王乃出於秦始皇御定的確切記載,當然也可能是史書缺載。這種特殊的社會背景確有可能是促使"宫""室"詞義分化的重要原因。然而,緣何要選擇以"宫"來强調帝王之尊,而不是"室"呢? 我們認爲,這是因爲"宫"比"室"更適合於表現皇帝居處[②]。這恐怕要説到"宫""室"二者各自在最初造字構形方面的差異。

"宫"的甲骨文字形爲⿱宀吕、⿱宀吕、⿱宀吕,"室"的甲骨文字形爲⿱宀矢。羅振玉《增訂殷虛書契考釋》説:"宫,从呂从口,象有數室之狀,从⿴囗中,象此室達於彼室之狀,皆象形也。"[③]由"宫"之構形可知,"宫"的本義是指包括了數室在内的整座房子。《説文》:"室,實也。从宀从至。至,所止也。"(67-卷7下/2a)"所止",即止於室,故它側

---

① 董爲光:《漢語詞義發展基本類型》,武漢:華中科技大學出版社,2004年,239頁。

② 秦始皇是一個喜歡取名宏大響亮的帝王,這從"阿房宫"之名,即可見一斑。"阿房宫",蓋以其建築規模宏偉高大而得名。《史記·秦始皇本紀》云:"始皇以爲咸陽人多,先王之宫廷小,……乃營作朝宫渭南上林苑中。先作前殿阿房,東西五百步,南北五十丈,上可以坐萬人,下可以建五丈旗。……成,欲更擇令名名之。作宫阿房,故天下謂之阿房宫。"唐司馬貞《索隱》也説:"此以其形名宫也,言其宫四阿旁廣也。"(《史記》,卷6/256)

③ 見羅振玉:《羅振玉學術論著集》第1集《增訂殷虛書契考釋》,上海:上海古籍出版社,1987年,165～166頁。

重於指屋室之中，尤其是一室之內。《禮記·儒行》：“儒有一畝之宮，環堵之室。”鄭玄注：“宮爲牆垣也。”孔穎達疏：“牆方六丈，故云一畝之宮。宮，謂牆垣也。”（《禮記》，24－卷 19/5b）這裏，“宮”與“室”對文義異，“宮”指包括垣牆、圍牆等在内的方圓一畝的房子，而“室”則指四壁之内的屋室之中。《周禮·考工記下·匠人》：“室中度以几，堂上度以筵，宮中度以尋，野度以步，塗度以軌。”鄭玄注：“周文者各因物宜爲之數。室中舉謂四壁之内。”（《周禮》，14－卷 12/17a）“室”之“四壁之内”與“宮”之“牆垣之内”相較，顯然“宮”所指範圍比“室”大，“室”所指範圍比“宮”小。

可能正是“宮”“室”這種構形義方面的差異，正好符合了秦漢帝王強化君威、顯示皇帝至高無上地位的意願，因此“宮”被選定爲王侯居所的固定稱謂，而“室”則專指屋室之中，尤指一室之内。所以説，“宮”“室”的意義向不同方向發展，除特定社會原因的推動外，二者最初造字構形上的差異也是其詞義變化的重要條件。可以説，一個詞意義的源頭往往是它的構形義，無論後來詞義經過怎樣的輾轉引申和發展變化，它的各項意義總是或多或少帶有其構形義的印迹，這種印迹與生俱來，且很可能將一直伴隨其詞義發展演變的始終。

五 臭、香

這一組詞，《荀子》和楊注詞義有別的主要是“臭”，“香”在《荀子》和楊注中詞義基本無異。不過由於“臭”的詞義演變和“香”有着密切聯繫，因此我們把二者放在一起討論。“臭”在漢語史上的詞義變化主要表現在由泛指氣味轉爲專指穢惡之氣，詞義範圍縮小了。爲敍述方便，我們分別稱之爲臭₁（泛指氣味，讀 xiù）、臭₂（專指穢惡之氣,讀 chòu）。下面先來分析《荀子》中"臭"之用法和意義。

　　《榮辱》：彼臭之而無嗛於鼻,嘗之而甘於口,食之而安於體,則莫不弃此而取彼矣。

　　楊注：臭,許又反。

　　《禮論》：利爵之不醮也,成事之俎不嘗也,三臭之不食也,一也。

　　楊注：是臭謂歆其氣,謂食畢也。許又反。

　　按：此二例,《荀子》中"臭"都指用鼻子聞食物的氣味,作動詞。此乃用其本義。《説文·犬部》："臭,禽走,臭而知其迹者,犬也。"（68-卷 10 上/5b～6a）"臭"由動詞義引申爲名詞義"氣味"後,才另造"嗅"字專門分擔其本義。臭、嗅爲古今字。

　　《王霸》：夫人之情,目欲綦色,耳欲綦聲,口欲綦味,鼻欲綦臭,心欲綦佚。

　　楊注：臭,氣也。凡氣香亦謂之臭。

　　《王霸》：故人之情,口好味而臭味莫美焉,耳好聲而聲樂莫大焉。

　　按：此二例,《荀子》中"臭"當爲臭$_1$,名詞,泛指氣味,讀 xiù。而楊倞之所以要特意加注"臭,氣也。凡氣香亦謂之臭",顯然是因爲在唐代"臭"的通用義已經轉爲專指穢惡之氣,即臭$_2$,讀 chòu。

　　那麼,戰國時候臭$_2$有沒有出現呢？有學者認爲,春秋戰國時候，"臭"就已經兼表"泛指氣味"和"惡氣"兩義。例如楊伯峻《春秋左傳注·僖公四年》"一薰一蕕，十年尚猶有臭"一句注云：

> "臭"有兩義，凡氣味，不論香臭，皆可曰"臭"。《禮記·月令》"其臭羶""其臭焦""其臭香"，《易·繫辭上》"其臭如蘭"，諸"臭"字皆是此義。一是專指惡氣而言，《荀子·正名》"香臭以鼻異"，《孔子家語》"鮑魚之肆不聞其臭"是也。此恐指是第二義。[1]

楊伯峻先生的意思是説，《左傳·僖公四年》"一薰一蕕"、《禮記·月令》"其臭羶"等和《易·繫辭上》"其臭如蘭"句中"臭"乃泛指氣味，即"臭$_1$"，而《荀子·正名》"香臭以鼻異"、《孔子家語》"鮑魚之肆不聞其臭"是指穢惡之氣，即"臭$_2$"。郭錫良先生也舉《荀子·正名》"香臭以鼻異"例，説："'臭'字和'香'字並舉，是詞義已經縮小的體現。"[2]

我們認爲，《孔子家語·六本》例不足以證明"臭"字在春秋戰國時即可指惡氣，因爲雖然隨着河北定縣八角廊漢墓竹簡和阜陽雙古堆漢墓木牘的出土，《孔子家語》已經被證明並非僞書，但學者們經過研究，指出"今本《家語》的大部分内容尚保持着劉校本的原貌"，同時，"今本《家語》也確實存在一些後人編纂加工的痕迹"，[3]

---

① 楊伯峻：《春秋左傳注》，北京：中華書局，1990年，296頁。

② 郭錫良：《漢語史論集》（增補本），北京：商務印書館，2005年，512頁。

③ 可依次參看李學勤：《竹簡〈家語〉與漢魏孔氏家學》，《孔子研究》1987年第2期；胡平生：《阜陽雙古堆漢簡與〈孔子家語〉》，《國學研究》第7卷，北京大學出版社，2000年；王承略：《論〈孔子家語〉的真僞及其文獻價值》，《煙台師範學院學報》（哲社版）2001年第3期。

因此,將此例定爲春秋戰國時期語料,似未爲妥當,至少也要把它定爲西漢劉向時用例方爲穩妥。

至於《荀子・正名》"香臭以鼻異"例,倒是值得考究。不過,《正名》例原文其實是這樣的:

> 《正名》:香、臭、芬、鬱、腥、臊、洒、酸、奇臭,以鼻異。
>
> 楊注:芬,花草之香氣也。鬱,腐臭也。《周禮》曰:"鳥皫色而沙鳴鬱。"洒,未詳。酸,暑涺之酸氣也。奇臭,眾臭之異者。氣之應鼻者爲臭,故香亦謂之臭。《禮記》曰:"皆佩容臭。"或曰:洒,當爲漏,篆文稍相似,因誤耳。《禮記》曰:"馬黑脊而班臂,漏。"鄭音螻。螻蛄,臭者也。

按:此例《荀子》母本中出現了兩個"臭"字,殊爲難解。我們認爲,要正確理解這兩個"臭"字,先要正確斷句。而關於《荀子》此句的標點,歷來存在分歧,列述如下:

1. 香、臭、芬、鬱、腥、臊、洒、酸、奇臭以鼻異。(王先謙撰,沈嘯寰、王星賢點校《荀子集解》,中華書局,1988 年,416 頁)

2. 香臭、芬鬱、腥臊、洒酸、奇臭,以鼻異。(《漢語大詞典》卷三【鬱】字條"8.腐臭"項書證)

3. 香臭芬鬱、腥臊洒酸奇臭以鼻異。(王天海《荀子校釋》,上海古籍出版社,2005 年,891 頁)

我們基本贊同沈嘯寰、王星賢對《荀子集解》的點讀,不過仍需稍作補充："奇臭"之後宜再加逗號。此句上文爲"甘、苦、鹹、淡、辛、酸、奇味，以口異。"楊注："奇味，眾味之異者也。"就是説，"奇味"是指與前面六種氣味都不同的一種奇異的味道。此例"奇臭"和上句"奇味"相應，楊注"眾臭之異者"，那麼，"奇臭"也應該是指一種與其他氣味都不同的奇異的氣味。因此，此"臭"字，當指臭$_1$（氣味）。上句言甘、苦、鹹、淡、辛、酸、奇味七種味道皆以口嘗而異，那麼，與之對應的下句"香、臭、芬、鬱、腥、臊、洒、酸、奇臭，以鼻異"，亦當是並舉九種不同的氣味，意謂它們都因鼻嗅而殊。

可是，爲什麼不能像《漢語大詞典》那樣將"奇臭"前面的八種氣味兩兩斷開呢？若兩兩斷開分成四組，則這四組應當是分別指兩兩相對的氣味，也就是説，"香"與"臭"、"芬"與"鬱"、"腥"與"臊"、"洒"與"酸"所指氣味是相互對立的。那麼，是不是這樣的呢？首先，我們來看除"香臭"之外的其餘"芬、鬱、腥、臊、洒、酸"六種分別指何種氣味。《讀書雜志・荀子》先是肯定了楊倞"洒，當爲'漏'"，"螻蛄，臭者也"的説法，繼而指出："'酸'乃'膮'字之誤。膮，從酉聲，與'酸'字左畔相同，又涉上文'辛酸'而誤也。《周官・內饔》及《內則》並云：'牛夜鳴則膮。'先鄭司農云：'膮，朽木臭也。'"[1]又，《説文》："膮，久屋朽木。《周禮》曰：'牛夜鳴則膮，臭如朽木。'"(68 – 卷 9 下／6a)由此可知，《正名》中"酸"，即"膮"，是指牛身上的氣味。《周禮・天官上》："共後及世子之膳羞，辨腥、臊、膻、香之不可食者。牛夜鳴則膮。羊泠毛而毳，膻。犬赤股而躁，臊。鳥皫色而沙鳴，貍。豕盲眂而交睫，腥。馬黑脊而般臂，螻。"(四部

---

① 　王念孫：《讀書雜志・荀子》，723 頁。

初編,9-卷1/18a)《禮記・內則》:"鳥皫色而沙鳴,鬱。"綜合楊注、王念孫說和《周禮》所載,《荀子》原句中的六種氣味分別是:"腥"——豕的气味,"臊"——犬的气味,"洒"(漏)——马的气味,"酸"(膻)——牛的氣味,"芬"——花草之氣,"鬱"——鳥之氣味。可見,這六種氣味並非兩兩相對,而是各自獨立的六種具體的氣味,彼此之間都是並列的關係。因此,剩下的"香"和"臭",也自然是分別指兩種具體的氣味,二者之間也不應該是相對的關係。《漢語大詞典》的標點,顯然於此未察,而把它們當作是各自兩兩相對的氣味了。

　　那麼,該如何理解此句中的"香"和"臭"呢?"香"本義是指穀類熟後的氣味,後來才引申爲芳香的氣味。《說文・香部》:"香,芳也。從黍從甘。《春秋傳》曰:'黍稷馨香。'"《詩・大雅・生民》:"卬盛於豆,於豆於登。其香始升,上帝居歆。"(《毛詩》,8-卷17/4a)這裏用的是"香"的本義,而《尚書・周書・酒誥》"弗惟德馨香,祀登聞於天"①用的則是其引申義。那麼,《正名》此句"香"字是用的本義還是引申義呢?上面說過,該句是並舉九種具體的氣味,因此,"香"應該是用其本義"穀類熟後的氣味",而不是通稱芳香的氣味。然後,再來看緊跟其後的"臭"字到底何所指。童致和在《"香"和"臭"的詞義演變及氣味詞的詞義系統的發展》一文中提及《正名》該句,他對此"臭"字提出了兩種可能的解釋:一是"臭"屬"臭₂";二是"臭"是"殠"的通假字②。童先生未定取舍,我們認爲第

---

　　① 《尚書今古文注疏》,十三經注疏本,卷8/381頁。
　　② 童致和:《"香"和"臭"的詞義演變及氣味詞的詞義系統的發展》,《杭州大學學報》(哲社版)1983年第2期。

二種解釋更爲可取。前面已證其餘八個"香""芬""鬱""腥""臊""洒""酸""奇臭"，都分別指一種具體的氣味，那么，此"臭"字應該也是指某種具體的氣味，因而它既不是臭₁（泛稱氣味），也不是臭₂（穢惡之氣）。臭者，"殠"也。《説文・歺部》："殠，腐氣也。"《淮南子・時則訓》："孟冬之月……其味鹹，其臭腐。"許慎注："水味鹹也，水殠腐也。"（《淮南子》，四部初編，425-卷5/11a）《墨子・尚賢下》："腐臭餘財而不相分資也，隱慝良道而不相教誨也。"孫詒讓引畢沅注云："臭，殠省文。"[1]因此，我們認爲，將《正名》該句中"臭"字解作"殠"，水之腐氣也，似爲可行。

　　由上所述，"臭"在《荀子》中除保留了其"用鼻子聞氣味"這個本義外，主要還是泛指"氣味"義，即仍處於臭₁的階段。而在唐代，"臭"的通用義已經轉爲專指穢惡之氣，所以楊倞才要特意加注"臭，氣也。凡氣香亦謂之臭"。這説明在楊倞所處的時代，"臭"已經處於臭₂的階段了。

　　那麼，"臭"是何時開始由指氣味義的臭₁轉爲專指穢惡之氣的臭₂呢？我們調查文獻發現，至遲在漢代初期，臭₂應該已經產生並通用。試看下面例句：

　　《韓非子・五蠹》：民食果蓏蚌蛤，腥臊惡臭，而傷害腹胃，民多疾病。有聖人作鑽燧取火，以化腥臊，而民説之。（352-卷19/1a）

---

① 孫詒讓：《墨子閒詁》，新編諸子集成本，北京：中華書局，2001年，72頁。

　　按：句中"臭"受"惡"字修飾，"惡臭"與"腥臊"並列，"惡臭"顯然是指非常難聞的氣味。可見"臭"已向穢惡之氣接近，此例體現的是由"氣味"義轉爲專指"穢惡之氣"的過渡時期的狀態。

　　《鹽鐵論·論災》：故不知味者，以芬香爲臭。（四部初編，324－卷 9/12b）

　　《孔子家語·六本》：與善人居，如入芝蘭之室，久而不聞其香，即與之化矣；與不善人居，如入鮑魚之肆，久而不聞其臭。（四部初編，310－卷 4/9a）

　　《淮南子·俶真訓》：夫人之所受於天者，耳目之於聲色也，口鼻之於芳臭也，肌膚之於寒燠，其情一也。（425－卷 2/10a）

　　《淮南子·説林訓》：入水而憎濡，懷臭而求芳。（428－卷17/10b）

　　按：這些例子中，"臭"與"香""芳"或並現，或對舉，作者構成反義關係的意圖很明顯，因而"臭"字只能是指穢惡之氣。那麼，可以推測，指稱與"香"相對的穢惡之氣的"臭$_2$"至遲在西漢應該已經産生並通行。

第三節　演變原因分析

　　基於上面對從《荀子》到楊注中五組發生了詞形更替的單音常用詞和五組意義、用法發生了演變的個案研究，我們試對其中常用詞演變更替的動因進行簡單歸納和總結。關於常用詞演變更替的動因，目前學界頗多關注，指出了多個方面的影響因素，其中以李宗江先生概括最爲全面。他一共歸納出了 8 個方面的動因，分別是：語音、詞義、語法、語言環境、詞彙系統、外來語、社會因素的影響以及認知的作用①。汪維輝先生也提出了社會動盪、方言地位的升降、詞彙系統自我調節機制以及常用詞内部更新機制四個方面的動因②。從上面 10 組發生了更替和演變的單音常用詞來看，兩位先生所述似乎尚不能概括常用詞演變動因的全部，某些方面還可深入探討。因此，基於上述個案研究，我們試就漢語單音常用詞演變更替的動因再補充幾點粗淺的意見。

一　語 源 義 制 約

　　詞義的引申發展，會受到來自它本身語源義的制約，這也影響到了某些常用詞的更替。如前文所述"梁"與"橋"在"渡河建筑"義位上的更替，就是這樣。如前所述，先秦表"渡河建筑"的是"梁"，後來由於生產力的發展和橋梁建筑技術的進步，至遲在漢代出現了橋體遠離水面、橋下可通行船隻的新橋梁。"梁"的"橋梁"義是由它的本義"斷水捕魚之堰"引申而來的，因而它所表示的是橋體浮於或貼近水面的橋梁，這就與新橋梁不相適應了，因爲它已不足以表現新橋梁高跨水面的特點。而我們通過系聯所有"喬"聲符的字，發現"橋"的語源義係來自"高"，上古時候用來指城防中爲跨越深溝高壘而架設於高處的通行工具。那麼，在"梁"已不足以表達

---

①　李宗江：《漢語常用詞演變研究》，36～55 頁。

②　汪維輝：《東漢—隋常用詞演變研究》，410～414 頁。

新時代橋梁特點的時候，"橋"卻與新橋梁高跨水面的特點正相契合，從而促使其詞義範圍擴大爲一般意義上的渡河建築——橋梁。

二　構形義影響

一個漢字最初的意義往往是它的構形義，並且，無論後來它的詞義經過怎樣的輾轉引申，它的各項引申義，總是或多或少帶有記錄該語詞的漢字的構形義的印迹。而漢字的構形義又跟它的造字構形相關，所以，常用詞的演變有時也跟記錄該語詞的漢字的造字構形有着密切關係。比如前文所述"宮""室"的演變，即屬此類。上古漢語裏，"宮""室"無別，都可用來泛指住宅。秦漢以後，"宮"開始專指帝王住宅，而"室"則逐漸專用於"四壁之内"的意義。"宮""室"詞義之所以會向不同的方向發展，除特定社會因素的推動外，二者最初造字構形上的差異應該也是其詞義分化的重要條件。由"宮"(宮)之構形"從呂從口，象有數室之狀，從囙，象此室達於彼室之狀"，可知"宮"的本義是指包括了數室在内的整座房子。而"室"(室)，由《説文》"從宀從至。至，所止也"之"所止"即止於室，可知它側重於指屋室之中，尤其是一室之内。由此可見，從最初的構形義來看，"宮"的所指範圍比"室"要大，"室"的所指範圍比"宮"要小。正是"宮""室"這種造字構形上的差異，符合秦始皇彰顯君威的需要，才使得"宮"成爲王侯居所的不二選擇，於是，"宮""室"詞義發生了分化。

三　社會經濟發展推動

李宗江和汪維輝兩位先生已論及社會因素對常用詞演變的影

響,李宗江主要談到社會避忌對詞彙演變的影響,汪維輝則提到了社會動盪的作用。其實,社會經濟的發展對常用詞的演變更替也有着重要的推動作用。如前所述,商品經濟的發展在"市"與"買""賣"的更替中就起到了關鍵的作用。上古時候人與人之間的貿易活動主要是實物的交換,這種物物交換,交換雙方在付出一種商品的同時也獲得了另一種商品,這一點對交換雙方來説都一樣,故無須對二者身份加以區分,所以"市"在當時具有"買賣同辭"的功能也就在情理之中。後來,隨着商品經濟的發展,貨幣作爲商品交換的一般等價物應時而生。貨幣的出現,使人們的貿易活動由原來物物交換的過程變爲"以貨幣換商品"(買)和"以商品換貨幣"(賣)這樣兩個過程,同時,買、賣主體也有了顯著區分:二者以[±獲得貨幣]和[±獲得商品]爲區別特徵,[-獲得货币+獲得商品]爲"買",而[+獲得货币-獲得商品]則爲"賣"。這樣一來,兼指買、賣的"市"在實際使用中,已不能滿足商品經濟發展的需要,因而不可避免地遭到了能明確區分買進、賣出主體的"買""賣"的排擠,從而失去了兼指買、賣兩個方面的功能。

四　内部語義調節

李宗江和汪維輝都談到了常用詞演變中詞彙系統内部的自我調節作用:由於新詞的出現打破了系統的平衡,而舊詞詞義負擔過重,敵不過新詞强勁的發展勢頭,從而或消亡,或把某些義項卸給新詞。本書前面所討論的"臭"與"香"意義的演變,就是受到了詞彙系統内部調節作用的結果。不過,二者的演變不是因爲"臭"詞義負擔過重,而是語義場内部其他成員的語義制約導致了語義的重新分配所致。上古漢語裏,"臭"泛指氣味,然而在漢代初期,它的詞義范圍縮小爲專指穢惡之氣,這是"臭"受到與它同處氣味語義場的"香"制約的結果。起初,"臭"泛指氣味,所以在具體的語言環境裏它既可指臭[chòu]氣,也可稱香氣。然而,當"香"由其本義"穀類熟後的氣味"引申也有了"香味;香氣"義後,這種情形就被打破了。因爲"同一語義場中的詞語存在着橫向聯繫,這種橫向聯繫體現爲同一層級的詞語在語義上互相制約、互相依存"①。"臭""香"都可指"香氣"義位,二者就免不了會發生競争。由於"臭"既可表香氣,也可指臭[chòu]氣,語義表達不明晰,於是敵不過表義單一明確的"香"字強勁的發展勢頭,最終失去了"香氣"義位,而僅餘"臭[chòu]氣"義位,詞義範圍就此縮小。可見,語義場中某成員的詞義發生變化,會導致語義場内部語義的重新劃分和分配,直到義場内部語義系統新的平衡。這種語義的重新劃分和分配,也會導致常用詞的演變。

---

① 邢福義:《現代漢語》,北京:高等教育出版社,1991年,214頁。

第二章　複音詞：衍生與發展

　　漢語詞彙的發展變化，包括從單音詞到單音詞的演變更替，也包括從單音詞到雙音節連用結構再到複合詞的演變。《荀子》處於單音詞佔優勢的戰國時期，楊注則處於漢語以複音詞爲主的詞彙系統已經確立的唐代，戰國時《荀子》詞彙發展到楊注時代，除本書第二章所述從單音詞到單音詞的更替和演變外，另一個更明顯的變化則表現爲複音節合成詞的大發展。這種發展主要體現在兩個方面：一是《荀子》中單音詞在楊注中大量擴展爲雙音詞；二是《荀子》中原有的一些複音詞在楊注中仍然沿用，但其中一些複音詞的意義已有所發展變化。因此，本章主要從《荀子》中的單音詞在楊注中的雙音化擴展和《荀子》中原有的複音詞在楊注中詞義的發展這兩個方面來闡述。具體做法是，將《荀子》母本與楊倞注文進行全面比較，分析和歸納出母本與注文詞彙單、雙音節的詞形變化以及複音詞在詞義方面的差異；然後，通過搜檢傳世文獻中的典型例句，對雙音詞詞形和詞義變化的歷史過程進行追溯，對其出現的時間進行大致的定位。

　　需要說明的是，由於《荀子》和楊注中複音詞都是雙音詞佔絕對優勢，多音節詞只是極少數，爲了突出重點，本章只討論雙音節的複音詞，而對多音節詞的發展暫不予討論。還有，本章所說的

"複音詞"主要是指雙音節合成詞,而雙音節的聯綿詞和音譯詞則不包括在内,因爲一方面它們不存在發生雙音化的問題,另一方面,它們的意義較爲單一,古今變化不大,故本章不予討論。此外,由於本書是就《荀子》和楊注詞彙作比較研究,我們僅關注《荀子》和楊注中出現過的複音詞,而不涉及未見於《荀子》和楊注中的複音詞。下一章有關複音詞産生規律和構詞理據的討論也以《荀子》和楊注中複音詞衍生發展的語言事實爲據。

第一節　《荀子》單音詞的雙音化

　　詞彙的雙音化發展是漢語詞彙發展的必然趨勢。王力先生指出:"到了中古時期,雙音詞逐漸增加。漢語由單音詞過渡到雙音詞的發展,是漢語發展的内部規律之一。遠在唐代,漢語雙音詞已經非常豐富了。"[1]漢語詞彙在中古發生大批量雙音化的這一特點,在《荀子》母本和楊倞注文的詞彙比較中表現得非常明顯。較之《荀子》,楊注表現出雙音詞數量有了大幅度增加、雙音詞意義有了較大發展的局面,反映出雙音詞爲主的詞彙系統在唐代已經確立的特點。

一　語料的選定

　　本節主要考察從《荀子》到楊注詞彙的雙音化發展,換句話說,就是要考察《荀子》中單音詞在楊注中具體有多少擴展成爲雙音

---

　　① 王力:《漢語史稿》,342～343頁。

詞,同時其詞義又有着怎樣的發展。由於古人作注往往是隨文釋義,並非完全逐字逐句地對譯,如果僅憑《荀子》和楊注各自雙音詞絶對數量的多少來考察漢語雙音詞從戰國後期到中唐時代的發展是不恰當的,只能從楊注相比《荀子》新增的雙音詞來研究。楊倞注《荀子》,除以單音詞釋單音詞外,更多的是以雙音詞訓釋單音詞,如《脩身》:"辟違而不愨,程役而不録。"楊注:"程,功程。役,勞役。"除了直接以雙音詞對釋單音詞外,楊注還在申講或通釋《荀子》文意時使用雙音詞,這時楊注雖然表面上没有釋詞,但實際上是在申講文意或闡發章旨時也附帶以雙音詞去解釋了單音詞。

從訓釋詞與被釋詞的關係看,楊注以雙音詞釋《荀子》中單音詞主要有兩種情況:一是被釋詞重現,如《勸學》:"螾無爪牙之利,筋骨之强,上食埃土,下飲黄泉,用心一也。"楊注:"螾,與蚓同,蚯蚓也。"楊注以雙音詞"蚯蚓"釋單音詞"螾(蚓)",這裏原單音詞"螾(蚓)"作爲構詞語素對應地擴展成了雙音詞"蚯蚓";二是被釋詞不重現,如《勸學》:"螣蛇無足而飛,梧鼠五技而窮。"楊注:"技,才能也。"楊注以複音詞"才能"釋單音詞"技",原單音詞"技"不是複音詞"才能"的構成語素。考慮到楊注屬注釋性語言,注家作注時對措辭的選擇可能存在一定的主觀性,有時也可能是出於對原單音詞詞義的申述,因此在判斷第二類是否屬於單音詞發生了雙音化的時候,存在不確定性。比如楊注以"才能"釋"技",能不能説"才能"就是詞彙雙音化的結果呢? 這樣説似乎有些寬泛。因此,穩妥起見,我們采取縮小考察範圍的辦法:在語料選擇時只關注被釋詞重現的第一類,對第二類暫不納入考察范圍。即楊注中的雙音詞是以《荀子》中原單音詞爲構詞語素對應地擴展而來,並且該詞在《荀子》其他篇目中也未出現，這樣的才認爲是楊注中由《荀子》中單音詞擴展而來的新增的雙音詞。例如《脩身》："辟違而不愨，程役而不録。"楊注："程，功程。役，勞役。録，檢束也。"此例中，楊注以"功程"釋"程"、以"勞役"釋"役"，被釋詞"程""役"在訓釋詞"功程""勞役"中作爲構詞語素重現，則"功程""勞役"是由單音詞"程""役"擴展而來的雙音詞，且它們在《荀子》其他篇目中也未出現，因此可以認爲是楊注相比《荀子》新增的雙音詞，從而納入我們的考察範圍；而被釋詞"録"在訓釋詞"檢束"中未重現，則不納入。也就是説，《荀子》中單音詞和楊注中雙音詞是否對應地共有一個語素且兩個語素已凝固成詞，是我們選擇和確定新增雙音詞的主要依據。當然，我們也不是簡單地僅僅憑藉這種形式上的對應關係就作出判斷，還要看《荀子》中單音詞在楊注中是否確實對應地擴展成了一個雙音節合成詞。

比如，下面這種情形就不計算在內：《荀子》中某個單音詞看起來到楊注中似乎是變成了雙音節的形式，但是該雙音節形式實際並不是複合詞。例如《儒效》："其窮也，俗儒笑之；其通也，英傑化之，嵬瑣逃之；邪説畏之，衆人媿之；通則一天下，窮則獨立貴名。"楊注："言英傑之士，則慕而化之；狂怪之人，則畏而逃去之也。"此例看起來《荀子》中單音詞"逃"到楊注中似乎是變成了雙音詞"逃去"，其實不然。因爲注文"畏而逃去之也"實際當讀爲"畏而逃/去之也"，而非"畏而逃去/之也"①。

---

① 此例楊注之所以釋"逃之"爲"逃去之"，是因爲"逃"字在《荀子》中是作及物動詞用的，"逃之"逃避、躲避他也。而在唐代，"逃"已用作不及物動詞，故楊注要在"之"前加"去"字——"逃去之"，意謂逃跑並離開他。

　　總之，在選擇楊注以雙音詞訓釋《荀子》中單音詞的條目時，只有在具體注釋語境中，被釋詞在訓釋詞中重現，原被釋單音詞在楊倞注語中作爲構詞語素與別的語素組合，對應地擴展爲雙音節合成詞，且該雙音詞在《荀子》其他篇目中也未見，這樣才算是楊注中新增的雙音詞，也才會納入我們的考察範圍。此外，很多雙音詞都經過了由雙音連用結構再到雙音詞的逐步凝固過程，一些雙音結構最初可能只是注家在原單音詞基礎上臨時添加語素形成的，但後來隨着注釋書的傳播，這些雙音結構也流傳開來，相沿成習，最終凝固成詞，所以，雙音連用結構和雙音詞之間的界限有時很難確定，這已是學界共識。本書的目的並不在研究每一個具體語詞在楊注中是否已凝固成詞，而是要通過考察《荀子》中單音詞在楊注中的大量雙音化來探索注釋文中詞彙雙音化發展的規律和分析注釋文中雙音詞衍生發展的理據，因此，在對具體雙音詞的認定時，我們采取從寬原則，因而一些雙音節連用結構可能也會被計算在內。

二　數　量　統　計

　　依據上述標準，我們對《荀子》單音詞在楊注中擴展爲雙音詞的情形進行了數量統計，並一一列出《荀子》和楊注單、雙音節詞語的對應關係，最終形成《〈荀子〉與楊倞注單、雙音節詞語對應表》（見書末附錄），以客觀呈現《荀子》單音詞在楊注中發生雙音化擴展的具體情況。

　　大致説來，《荀子》與楊注單、雙音節詞語的對應關係主要有這樣兩種情況：

　　第一，楊注以雙音詞直接對釋《荀子》中單音詞。《勸學》："生乎由是,死乎由是,夫是之謂德操。"楊注:"死生必由於學,是乃德之操行。"又,《脩身》:"容貌、態度、進退、趨行,由禮則雅;不由禮則夷固僻違,庸衆而野。"楊注:"庸,凡庸。野,郊野之人。"楊注以"由於"對釋"由"、以"操行"對釋"操"、以"凡庸"對釋"庸"、以"郊野"對釋"野",這就構成了《荀子》和楊注"由—由於""操—操行""庸—凡庸""野—郊野"四組對應的單、雙音節詞語。

　　第二,楊注在串講或通釋《荀子》文意時使用雙音詞。如《非相》:"故《易》曰:'括囊,無咎無譽。'腐儒之謂也。"楊注:"腐儒,如朽腐之物,無所用也。"又,《不苟》:"見閉則敬而齊。"楊注:"謂閉塞,道不行也。敬而齊,謂自齊整而不怨也。"這裏,"腐"與"朽腐"、"閉塞"與"閉"、"齊整"與"齊"相對應,從而也構成了《荀子》和楊注"腐—朽腐""閉—閉塞""齊—齊整"三組對應的單、雙音節詞語。

　　《荀子》中單音詞擴展爲楊注中的雙音詞,有的是一對一地發生雙音化,如《勸學》:"螾無爪牙之利。"楊注:"螾,與蚓同,蚯蚓也。""蚓—蚯蚓",這是一對一地擴展;有的是一個單音詞擴展出了多個雙音詞,呈現出一對多的輻射狀對應態勢,如"領"在《荀子》母本中主要是單音詞的形式,到注文中則擴展出了"綱領""統領""主領"三個雙音詞。據我們統計,楊注以《荀子》中單音詞爲構詞語素對應地擴展爲雙音詞的計 591 個,其中 360 個是一對一擴展,231個是一對多擴展(詳見文末附錄《〈荀子〉與楊倞注單、雙音節詞語對應表》)。

三　個案研究舉例

　　漢語詞彙的雙音化,有利於克服單音詞的表義模糊性,使語詞能夠更爲明確地表達意義,這符合語言作爲人類社會最重要的交際工具的基本要求。因而,雙音化成爲漢語詞彙發展的必然趨勢。然而,漢語雙音詞的發展經歷了長期和複雜的過程。關於複音詞衍生發展的研究,成果很多,一般都比較注重對某一時期或某一專書中複音詞的數量、結構類型進行分類統計和舉例式闡述,而專門從注釋文體的角度研究複音詞的衍生和發展則有待加強。因此,本書對《荀子》母本和楊倞注文中的單、雙音詞作縱向的比較研究,不僅從單、雙音節詞語的數量上作比較,還從詞義演變及詞形變化的層面進行追溯和梳理。就是説,不僅統計出《荀子》中到底有多少單音詞在楊注中擴展成了雙音詞,還考察《荀子》中單音詞在擴展爲雙音詞的過程中,其詞義和詞形在何時、經歷了何種發展變化。我們發現,由一對一擴展而來的雙音詞,其詞義比較單一,與原單音詞的意義關係也比較單純;而由一對多擴展而來的雙音詞,它們與原單音詞的意義關係則比較複雜。這時,《荀子》中單音詞的多項意義在楊注中往往分別存在於不同的雙音詞中,楊注中每個新增的雙音詞都承載了原單音詞的某個義項,有的新增雙音詞還由《荀子》中原單音詞的意義引申出了新的意義。原單音詞有的已不能獨立成詞,成爲半自由語素,不過其能産性仍然很高,在發生雙音化後位置不固定,既可出現在另一語素之前,也可出現在另一語素之後。同時,一個單音詞擴展出了多個雙音詞,從而形成了一個意義相關的詞群。下面,我們選取若干由一對多擴展而來的詞群作個案研究,就單音詞在雙音化過程中詞義和詞形的發展脈絡作歷時的考察。

　　我們考察詞群在雙音化過程中詞形、詞義發展脈絡的具體做法是：一方面，通過搜檢雙音詞在四部、四庫以及漢籍全文檢索系統中可見到的較早文獻用例，來估測各雙音詞及其各義項的大致始出時間；另一方面，通過分析相關文獻用例，梳理出該詞群的詞義引申脈絡和雙音詞衍生發展的路徑。因爲從詞義發展的歷史來説，一個詞的各義項之間必然有源流演變關係，否則它們就不能構成一詞多義。梳理語詞的詞義引申脈絡，既可方便我們在詞義發展脈絡中了解詞義，也可以爲建立科學的詞彙史提供參考。那么，義項之間的引申關係該如何判定？胡明揚先生説："義項之間的引申關係不能單從邏輯上去推斷，首先要看在歷史上出現的先後順序。書證有確切的年代，就本身而言可以證明有關義項的出現不晚於這一年代，同時又可以相互比較，説明源和流的關係。"①因此，我們除依據詞義發展由個別到一般、由具體到抽象、由實詞義到虛詞義等一般邏輯規律外，各義項在文獻用例中出現的時代先後也將作爲我們確定詞義引申發展順序的依據。此外，我們還會適當參照《漢語大詞典》關於該詞條的義項排列。因爲作爲一部"源流並重"的大型語文詞典，《大詞典》對詞目義項的排列順序基本上是遵循詞義發展源流進行的。不過，我們也發現《大詞典》在首引書證和義項排列方面的問題也並不少見，本書第五章將對此作專門闡述。

（一）"理"字詞群

單音詞"理"在《荀子》和楊注中都很常見，詞義也非常豐富。"理"的本義爲"治玉"，其本義在宋代仍然使用，如宋代王讜《唐語

---

① 胡明揚等：《詞典學概論》，北京：中國人民大學出版社，1982年，145頁。

林·識鑒》："吾聞金剛石至堅，物莫能敵，唯羚羊角破之，汝但取試焉。……出角叩之，應手而碎，觀者乃止。今理珠者用此角。"（《唐語林》，四庫，1038－卷 3/73）不過，《荀子》母本和注文中都未見"理"用作本義之例。"理"在《荀子》和楊注中可作名詞（"事之理"義），也可作動詞（"處理"義）。雙音詞"事理""文理""道理"在母本和注文中都曾出現，其中"文理"在注文中詞義有所發展。此外，相比《荀子》，楊注新增了"條理""義理""物理""倫理""調理"5 個雙音節合成詞。分述如下：

"理"在《荀子》母本和注文中都可作動詞，"處理（事情）"的意思。例如：

《天論》：思物而物之，孰與理物而勿失之也？

楊注：思得萬物以爲己物，孰與理物皆得其宜，不使有所失喪。

《王制》：故天地生君子，君子理天地。

《彊國》：堂上不糞，則郊草不瞻曠芸。

楊注：言近者未理，不暇及遠。

"理"在《荀子》母本和注文中也都可作名詞，"事之理"的意思。例如：

《非相》：類不悖，雖久同理。

楊注：言種類不乖悖，雖久而理同。

《大略》：以其本知其末，以其左知其右，凡百事異理而相守也。

楊注：其事雖異，其守則一。謂若爲善不同，同歸於理之類也。

"事理"：偏正式合成詞，指"事之理"。《荀子》母本、注文中都有見。例如：

《非十二子》：遠罪過者也，務事理者也，羞獨富者也。

《脩身》：安燕而血氣不惰，柬理也。

楊注：言柬擇其事理所宜而不務驕逸。

"文理"："文理"在《荀子》母本和注文中都有見，但在注文中詞義有發展：《荀子》中"文理"指"禮儀"，如《禮論》："文理繁，情用省，是禮之隆也。文理省，情用繁，是禮之殺也。"而楊注中"文理"除此義外，還有"花紋；紋理""條理；秩序"兩個義項。

① 花紋；紋理。名詞。

《榮辱》：口辨酸鹹甘苦，鼻辨芬芳腥臊，骨體膚理辨寒暑疾養。

楊注：膚理，肌膚之文理。

《解蔽》：故人心譬如槃水，正錯而勿動，則湛濁在下而清明在上，則足以見鬚眉而察理矣。

楊注：理，肌膚之文理。

② 條理；秩序。名詞。

《法行》：潤而澤,仁也;栗而理,知也。

楊注：鄭云"栗,堅貌"也。理,有文理也。似智者處事,堅固又有文理。

《成相》：五聽脩領,莫不理續主執持。

楊注：脩領,謂脩之使得綱領,莫不有文理相續。

此外,相比《荀子》,楊注增加了"條理""義理""調理""物理""倫理"5個雙音節合成詞。分述如下：

"道理"：並列式合成詞,指"義理;規律",《荀子》母本、注文中亦都有見。例如：

《脩身》：君子之求利也略,其遠害也早,其避辱也懼,其行道理也勇。

《非十二子》：言無用而辯,辯不給惠而察。

楊注：辭辯不順,道理而聰察也。

"條理"：在楊注中有三個義項,分別是：
① 層次;秩序。名詞。

《脩身》：少而理曰治,多而亂曰耗。

楊注：少謂舉其要,而有條理,謂之治。

《儒效》：井井兮其有理也,嚴嚴兮其能敬己也。

　　楊注：理，有條理也。

② 條例；規律。名詞。

　　《臣道》：禮義以爲文，倫類以爲理。
　　楊注：言推近以知遠，以此爲條理也。
　　《王霸》：德雖未至也，義雖未濟也，然而天下之理略奏矣。
　　楊注：天下之謂條理者，略有節奏也。

③ 治理；整理。動詞。

　　《王制》：相地而衰政，理道之遠近而致貢。
　　楊注：相，視也。理，條理也。

　　按：此例《荀子》中"理"與"相（xiàng）"相對，顯然是作動詞用，"治理；整理"也。楊注以"視"訓"相"，以"條理"釋"理"，故此"條理"爲動詞。
　　"義理"：規律；原理。

　　《賦》：三俯三起，事乃大已，夫是之謂蠶理。
　　楊注：五帝言此乃蠶之義理也。
　　《賦》：既以縫表，又以連裏，夫是之謂箴理。
　　楊注：理，義理也。

"調理"：調和；治理。

> 《正名》：驗之所緣無以同異，而觀其孰調，則能禁之矣。
> 楊注：若觀其精孰得調理與否，則能禁惑於實而亂名也。

"物理"：事物的道理、規律。

> 《解蔽》：聖也者，盡倫者也；王也者，盡制者也。
> 楊注：倫，物理也。
> 《解蔽》：凡以知人之性也，可以知物之理也。
> 楊注：以知人之性推之，則可知物理也。

按：《荀子》中言"物之理"，說明"物理"在戰國時尚未凝固成詞。而楊注言"知物理"，可見"物理"在唐代已凝固成詞，屬偏正式合成詞。

"倫理"：人倫之理，指人與人相處的各種道德準則。

> 《非相》：故曰："斬而齊，枉而順，不同而一。"夫是之謂人倫。
> 楊注：夫如此，是人之倫理也。

下面以表格形式列出"理"字詞群在《荀子》母本和注文中單、雙音節詞形及詞義的對應關係：

《荀子》		楊注	
詞　形	詞　　義	詞　形	詞　　義
"理"	① 處理(事情) ② 之理	"理"	① 處理(事情) ② 之理
"事理"	事之理	"事理"	事之理
"道理"	義理;規律	"道理"	義理;規律
"文理"	禮儀	"文理"	① 花紋;紋理 ② 禮儀 ③ 條理;秩序
──		"條理"	① 層次;秩序 ② 條例;規律 ③ 治理;整理
		"義理"	規律;原理
		"調理"	調和;治理
		"物理"	事物的道理、規律
		"倫理"	人倫之理

　　那麼,上述楊注中相較《荀子》新增的"條理""義理""調理""物理""倫理"這 5 個雙音節合成詞,其詞形、詞義在漢語史上經歷了怎樣的發展歷程呢? 以下是我們搜檢到的它們各個義項的較早文獻用例:

"文理":

① 花紋;紋理。

　　《管子·水地》:鳥獸得之,形體肥大,羽毛豐茂,文理明著。(344-卷 14/1b)

　　《周禮·冬官考工記》:合灂若背手文。　鄭玄注:弓表裏澣合處，若人合手背，文相應。鄭司農云："如人手背文理。"
（14－卷 12/32b）

《禮記·月令》：天子居總章左个，乘戎路，駕白駱，載白
旂，衣白衣，服白玉，食麻與犬，其器廉以深。　鄭玄注：總章
左个，大寢西堂南偏。戎路，兵車也。制如周革路，而飾之以
白，白馬黑鬣曰駱，麻實有文理，屬金。犬，金畜也。（21－卷
5/14b）

按："文理"指"花紋；紋理"，雖然於《荀子》中未見，但在大約同
時期的《管子》中卻見 1 例。大約到漢代以後，"文理"表"花紋；紋
理"義才比較常見。

② 禮儀。

《荀子·禮論》：文理繁，情用省，是禮之隆也。文理省，
情用繁，是禮之殺也。

《史記·龜策列傳》：故云取之以暴彊而治以文理，無逆
四時，必親賢士。（卷 128/3235）

按：戰國文獻中，"文理"指"禮儀"僅見於《荀子》，其他同時代
文獻中幾乎未見，直至漢代才出現在其他文獻中。

③ 條理；秩序。

《漢書·高帝紀下》：南海尉佗居南方長治之，甚有文理，
中縣人以故不耗減。（卷 1/73）

《漢書·東方朔傳》：以筦窺天，以蠡測海，以莛撞鐘，豈能通其條貫，考其文理，發其音聲哉？（卷 65/2867）

按：此 2 例中"文理"爲"條理；秩序"義。"文理"在先秦時就已有"花紋；紋理"和"禮儀"義。雖然由傳世文獻用例看不出來二者孰先孰後，但依據詞義由具體到抽象引申的一般規律，"花紋；紋理"應該爲起始義，"禮儀"則爲引申義。大概是因爲古人以中國有着"服章之美""禮儀之大"，故"文理"一詞由"花紋；紋理"義引申出了"禮儀"義。又由於禮儀能使社會條理有序，"文理"一詞大約在東漢時又由"禮儀"義引申出了"條理；秩序"義。

"條理"：

① 次；秩序。

《新書·道德説》：未變者道之頌也，道氷疑而變，變及諸生之理，皆道之化也，各有條理，以載於德。（322－卷 8/39a）

《尚書·商書·盤庚上》：若網在綱，有條而不紊；若農服田力穡，乃亦有秋。　孔安國傳：下之順上，當如網在綱，各有條理而不亂也。（孔安國傳《尚書》①，四部初編，3－卷 5/2b）

---

①　李學勤《〈尚書孔傳〉的出現時間》（《古籍整理研究學刊》2002 年第 1 期）一文説："學者多以爲《尚書孔傳》始出於東晉梅賾獻書，時在公元 317 或 318 年，但皇甫謐《帝王世紀》數引此書。皇甫謐生於漢建安二十年（公元 215），至西晉泰始初撰《帝王世紀》，在公元 265 年或稍晚，足見此書於魏晉間業已存在。"公元 265 年爲西晉開國元年。我們也發現，三國魏何晏《論語集解》亦曾 476 次引孔安國説。高華平考證《論語集解》約作於曹魏正始二年（公元 241）前後。詳見高華平《何晏著述考》，《文獻》2003 年第 4 期。因此，我們認爲，孔傳至遲在漢末曹魏時期應該就已存在。以下引《孔傳》時，不再出注。

② 條例；法規。

《陳書·蕭濟傳》：高宗嘗勅取揚州曹事，躬自省覽，見濟條理詳悉，文無滯害，乃顧謂左右曰……。（唐　姚思廉撰《陳書》，卷 30/396，中華書局二十四史點校本，1972）

③ 治理；整理。

《張燕公集·昭容上官氏碑銘》：三光錯行，昭容綱紀。百揆繁會，昭容條理。外圖邦政，内諗天子。憂在進賢，思求多士。忠孝心感，天焉報之？（唐　張説《張燕公集》，四庫，1065－卷 22/861）

《南史·施文慶列傳》：文慶聰敏强記，明閑吏職，心算口占，應時條理，由是大被親幸。（唐　李延壽撰《南史》，卷 77/1938～1939）

按："條理"一詞較早出現於漢代文獻中，最初是"层次；秩序"義，大約在唐代又分別引申出了"條例；法規"和"治理；整理"兩個義項。

"義理"：規律；原理。

《韓非子·難言》：故度量雖正，未必聽也；義理雖全，未必用也。（350－卷 1/6b）

《春秋繁露·五行順逆》：故動衆興師，必應義理，出則祠

兵,入則振旅,以閑習之。(西漢 董仲舒《春秋繁露》,四部初編,51-卷 13/9b～10a)

"調理": 调和;治理。

《南華真經·天運》:應之以自然,然後調理四時,太和萬物。(536-卷 5/38b)

《前漢紀·孝文一》:(陳平)對曰:"陛下不知臣駑下,使臣待罪宰相。宰相在上佐天子調理陰陽,下遂萬物之宜,外鎮撫四夷,内親附百姓,使公卿大夫各得其職。"(東漢 荀悦《前漢紀》,四部初編,88-卷 7/2b)

按:由此可知,"義理"和"調理"兩個雙音節合成詞雖然在《荀子》中未見,但其實在戰國時期其他文獻中已經出現,只不過用例不多。由於先秦傳世文獻數量有限,對待早期孤例宜持謹慎態度。汪維輝説:"文獻中没有見到用例未必就意味着口語中不存在這個詞,而文獻中偶爾一見的例子也許恰恰透露了口語的真實消息。"[1]因此,在没有確鑿證據的情况下,比如説,没有人對該文獻的成書年代及作者提出疑問,也没有人對該用例提出過異文的話,那么,最好不要輕易懷疑例子的真實性。因此,我們對孤例未徑直忽略,而是將其列出,以備學人參證。以後遇到類似情形,做法同此。

---

[1]　汪維輝:《東漢—隋常用詞演變研究》,409 頁。

"倫理"：

① 規則；條理。

《禮記·樂記》：凡音者，生於人心者也；樂者，通倫理者也。（22-卷11/7a）

《尚書·周書·呂刑》：刑罰世輕世重，惟齊非齊，有倫有要。　漢孔安國傳：言刑罰隨世輕重也。刑新國用輕典，刑亂國用重典，刑平國用中典。凡刑所以齊、非齊，各有倫理、有要善。（4-卷12/11b）

② 人倫之理，指人與人相處的各種道德準則。

《新書·時變》：商君違禮義，棄倫理。（321-卷3/4a～4b）

《春秋繁露·人副天數》：天以終歲之數，成人之身。故小節三百六十六，副日數也；大節十二分，副月數也。……心有計慮，副度數也；行有倫理，副天地也。此皆暗慮著身，與人俱生。（51-卷13/3a）

按："倫理"一詞較早見於西漢文獻，有"規則；條理"和"人倫之理"兩個義項。從可見文獻用例雖看不出這兩個義項的產生孰先孰後，但詞義引申一般是由具體到抽象，所以應該是由"規則；條理"引申爲"人倫之理"。

"物理"：事物的道理、規律。

《論語•雍也》：(季康子)曰："賜也可使從政也與?"(子)曰："賜也達。" 何晏注：孔曰達,謂通於物理。(三國魏 何晏《論語集解》,四部初編,37－卷 3/12b~13a)

《三國志•吳書•諸葛瑾傳》：瑾揣知其故,而不敢顯陳,乃乞以意私自問,遂於權前爲書,泛論物理,因以己心遙往忖度之。(卷 52/1232)

按:"物理"較早見於魏晉文獻,指"事物的道理、規律"。

爲了使"理"字詞群從單音詞到雙音詞詞義和詞形的發展變化顯明,我們依據上述分析,將其詞義和詞形的發展變化圖示如下(見下頁)①。

由上述分析及下頁圖表可知,"理"的本義是"治玉;雕琢",由於詞義引申往往是由個別到一般,"理"由"治玉;雕琢"分別引申爲"處理(事情)"和"文(紋)理"義。"處理(事情)"是從治玉的動作引申而來,"文(紋)理"則是源於治的對象玉石是有紋理的這個特點。繼而,又由"文(紋)理"引申爲"事之理"。於是,沿着這兩個方向分別衍生出了楊注中一批以"理"字爲構詞語素的雙音詞:前者衍生出了"處理""調理""治理";後者衍生出了"道理""事理""文理""義理""倫理""條理""物理"等多個雙音詞。

(二)"曲"字詞群

單音詞"曲(qū)"在《荀子》中很常見,詞義也非常豐富,如"彎

---

① 爲節省篇幅,我們僅爲"理"字詞群繪圖以示意,以下幾個詞群的發展與此同理,故不再一一繪圖。

"理"字詞群從單音詞到雙音詞的詞義、詞形發展脈絡示意圖

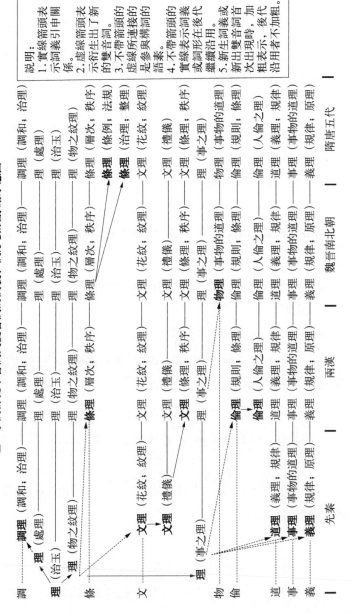

曲""含蓄曲折""曲意遷就""屈服曲從"等義。《荀子》中也出現了"曲直""邪曲"兩個雙音詞。在楊注中,單音詞"曲"僅表"彎曲"義,雙音詞"曲直""邪曲"仍然沿用。此外,還出現了"委曲""屈曲""撓曲"幾個雙音詞。分述如下:

> 《勸學》:木直中繩,輮以爲輪,其曲中規,雖有槁暴,不復挺者,輮使之然也。
>
> 《不苟》:鉤有須,卵有毛。
>
> 楊注:丁之曲者爲鉤,須與尾皆毛類,是同也。……世人謂右行曲波爲尾,今丁、子二字,雖左行,曲波亦是尾也。

按:上述例句,《荀子》母本和注文中單音詞"曲"都是"彎曲;不直"的意思。

> 《臣道》:不卹是非,不論曲直,偷合苟容,迷亂狂生。
>
> 楊注:迷亂其君,使生狂也。
>
> 《不苟》:以義變應,知當曲直故也。
>
> 楊注:以義隨變而應,其所知當於曲直也。

按:上述例句,《荀子》母本和注文中"曲直"指"是非;有理無理",屬雙音節並列式合成詞。

> 《非相》:故鄉乎邪曲而不迷,觀乎雜物而不惑。
>
> 楊注:以測度之道明之,故向於邪曲不正之道而不迷,雜

物炫耀而不惑。

按：此例《荀子》母本和注文中"邪曲"指"邪僻；不正派"，也是雙音節並列式合成詞。

以上是楊注沿用《荀子》"曲"之用法的例子，再看"曲"在楊注中詞形、詞義有所發展之例：

"委曲"：楊注屢以雙音節並列式合成詞"委曲"訓釋《荀子》中單音詞"曲"，"委曲"一詞承擔了"曲"的多項詞義。分述如下：

① 含蓄曲折。

　　《非相》：曲得所謂焉，然而不折傷。

　　楊注：言談説委曲，皆得其意之所謂，然而不折傷其道也。

　　《禮論》：於是其中焉，方皇周挟，曲得其次序，是聖人也。

　　楊注：言於是禮之中，徘徊、周匝、委曲，皆得其次序而不亂，是聖人也。

② 周全；調和。

　　《王霸》：儒者爲之不然，必將曲辨。

　　楊注：委曲使歸於理也。①

　　《仲尼》：故知者之舉事也，滿則慮嗛，平則慮險，安則慮

---

① 梁啟雄曰："曲，周也。……《説文》：'辨，治也。'"參看梁啟雄：《荀子簡釋》，156頁。

危,曲重其豫,猶恐及其既。

　　楊注:委曲重多而備豫之,猶恐其及既。

　　《王制》:三節者不當,則其餘雖曲當,猶將無益也。

　　楊注:曲當,謂委曲皆當。

　　《臣道》:推類接譽,以待無方,曲成制象,是聖臣者也。

　　楊注:委曲皆成制度法象。

　　《禮論》:故天子七月,諸侯五月,大夫三月,皆使其須足以容事,事足以容成,成足以容文,文足以容備。曲容備物之謂道矣。

　　楊注:道者,委曲容物,備物者也。

　　按:上述幾例,《荀子》母本中都是以單音詞"曲"的形式出現,而楊注則都以雙音詞"委曲"釋之。"委曲"一詞分擔了單音詞"曲"的"含蓄曲折""周全;調和"兩個義項,避免了"曲"一詞多義帶來的表義不確定性,使表達更明晰。

　　此外,楊注中還出現了雙音詞"屈曲"和"撓曲"。"屈曲"是"曲意服從"義,"撓曲"是"屈服順從"義。例見下:

　　《臣道》:調而不流,柔而不屈。

　　楊注:雖柔從而不屈曲。

　　《榮辱》:重死持義而不撓,是士君子之勇也。

　　楊注:雖重愛其死而執節持義,不撓曲以苟生也。

下面以表格形式列出"曲"字詞群在《荀子》母本和注文中單、

雙音節詞形及其詞義的對應關係：

《荀子》		楊注	
詞　形	詞　　義	詞　形	詞　　義
"曲"	彎曲；不直	"曲"	彎曲；不直
"曲直"	是非；有理無理	"曲直"	是非；有理無理
"邪曲"	邪僻；不正派	"邪曲"	邪僻；不正派
——		"委曲"	① 含蓄曲折 ② 周全；調和
		"屈曲"	曲意服從
		"撓曲"	屈服順從

　　由上表可知，"曲"字表"彎曲"義一直是以單音詞的形式出現的，雙音詞"曲直""邪曲"在《荀子》時代就已常見，且一直沿用下來。此外，楊注中還增加了"委曲""屈曲""撓曲"幾個雙音詞。

　　那麼，"委曲""屈曲""撓曲"分別大約始出於何時？其詞義發展過程又如何？下面試列舉它們的用法及意義，以追溯它們各自的較早出現時間。

"委曲"：

① 曲折延伸。

　　《史記·司馬相如列傳》：裛積褰縐，紆徐委曲，鬱橈谿谷。（卷117/3011）

　　《淮南子·精神訓》：休息於無委曲之隅，而游敖於無形埒之野。（426-卷7/6a）

　　《漢書·成帝紀》：九月戊子，流星光燭地，長四五丈，委

曲蛇形,貫紫宮。(卷 10/304)

《風俗通義·山澤·阜》:今曲阜在魯城中,委曲長七八里。(東漢　應劭《風俗通義》,四部初編,442 - 卷 10/6a)

② 含蓄曲折。

《春秋繁露·玉英》:《春秋》之書事,時詭其實,以有避也……然則説《春秋》者,入則詭辭,隨其委曲而後得之。(50 - 卷 3/5b)

《詩·國風·小戎》:言念君子,温其如玉。在其板屋,亂我心曲。　東漢　鄭玄箋:心曲,心之委曲也。憂則心亂也。(6 - 卷 6/3a)

《論語·公冶長》:子曰:"孰謂微生高直? 或乞醯焉,乞諸其鄰而與之。"　三國魏　何晏注:孔安國曰:"乞之四隣以應求者,用意委曲,非爲直人也。"(《論語集解》,37 - 卷 3/9a)

③ 遷就曲從。

《漢書·儒林傳·嚴彭祖》:凡通經術,固當修行先王之道,何可委曲從俗,苟求富貴乎! (卷 88/3616)

《漢書·谷永杜鄴傳》:意豈將軍忘湛漸之義,委曲從順,所執不彊,不廣用士,尚有好惡之忌,蕩蕩之德未純,方與將相大臣乖離之萌也? (卷 85/3457)

④ 周全;調和。

《荀子》楊注中"委曲"表"周全;調和"義很是多見,此不贅述。

按：由上述用例可知,"委曲"約於西漢時候就已凝固成詞,在東漢時又分別引申出了"含蓄曲折"和"遷就曲從"義,"周全;調和"義則出現於唐代。

根據詞義由具體到抽象引申的一般規律,我們將"委曲"的詞義衍生路徑大致描述爲："委曲"最初是"彎曲;曲折延伸"義;然後由具體到抽象引申爲"(文辭、言辭的)隱晦曲折"及"對人、對事的遷就曲從";又,"對人、對事的遷就曲從"一般是被動的,但如果是主動的曲意遷就則爲"周全;調和"。圖示如下：

"委曲"：彎曲;曲折延伸 ⟨ 文辭、言辭的隱晦曲折
對人、對事的遷就曲從——周全;調和

"屈曲"：

① 彎曲;曲折。

　　《文選·(張衡)東京賦》：諮門曲榭,邪阻城洫。　三國吳　薛綜注：冰室門及榭,皆屈曲邪行,依城池爲道也。(《文選注》,四庫,1329－卷3/49)

　　《水經注·沁水》：臣被明詔,興河內水利。臣既到,檢行沁水,源出銅鞮山,屈曲周迴,水道九百里。(北魏　酈道元撰《水經注》,四部初編,292－卷9/11a)

　　《水經注·谷水》：《東京賦》曰："其南則有諮門曲榭,邪阻城洫。"　注云："諮門,冰室門也。阻,依也。洫,城下池也。"皆屈曲邪行,依城池爲道。(294－卷16/22a)

② 曲意服從。

　　《三國志‧吳書‧孫靜傳》：吾值明主，但當輸效力命，以
報所天，誠不能隨俗屈曲矣。(卷51/1207)
　　《三國志‧吳書‧諸葛瑾傳》：其所以務崇小惠，必以其
父新死，自度衰微，恐困苦之民一朝崩沮，故彊屈曲以求民心，
欲以自安住耳，寧是興隆之漸耶！(卷52/1234)

　　按："屈曲"指"彎曲；曲折"，較早之例見於三國時期薛綜的注
文中，繼而在北魏《水經注》中很是常見。同時，"屈曲"在西晉時又
引申爲"曲意服從"。
"撓曲"：
① 彎曲；屈曲。

　　《韓非子‧有度》：法不阿貴，繩不撓曲。(350 - 卷2/4a)
　　《鹽鐵論‧大論》：大夫曰："俗非唐虞之時，而世非許由
之民，而欲廢法以治，是猶不用檃栝斧斤欲撓枉曲直也。"
(324 - 卷10/14b)

② 屈服順從。

　　《東窗集‧李翼之除大理司直制》：夫三尺之法，持平如
衡，事有撓曲爾。(宋 張擴《東窗集》，四庫，1129 - 卷6/51)
　　《東窗集‧周三畏除刑部侍郎兼詳定一司勅令制》：至於

列卿求情，必以哀矜持議，初無撓曲，閱歲滋久，全活甚衆，豈非所謂確乎能其事者歟？（1129－卷 10/105）

按："撓曲"最早約於戰國末西漢初已經出現，指"彎曲；屈曲"。宋代以後才抽象化引申爲"屈服順從"。

由上所述，我們試將"曲"字詞群自先秦到唐代從單音詞到雙音詞的詞形和詞義發展脈絡作出梳理。先秦時候，"曲"多以單音詞的形式出現，其詞義非常豐富。"曲"的本義是"彎曲；不直"。遵循詞義發展通常由具體向抽象引申的規律，"曲"的詞義開始向各個方向呈輻射狀發生抽象化引申，有表是非曲直之"曲"，有表品行邪曲之"曲"，有表文辭曲折之"曲"，有表對人、對事曲從之"曲"，等等。也正因如此，"曲"的構詞能力很強，在漢語詞彙雙音化趨勢的作用下，它和其他語素構成了"曲直""邪曲""委曲""屈曲""撓曲"等一批雙音節合成詞。這些合成詞的出現時間，以兩漢魏晉爲多。

（三）"領"字詞群

"領"在《荀子》中主要是單音詞的形式，到注文中擴展出了"綱領""統領""主領"三個雙音詞。請看下面例句：

《哀公》：哀公曰："寡人問舜冠於子，何以不言也？"孔子對曰："古之王者，有務而拘領者矣，其政好生而惡殺焉。"

楊注：務，讀爲冒。拘，與句同，曲領也。禮，正服方領也。

按：此例《荀子》母本和注文中"領"都指衣領，也都是單音詞。

《勸學》：若挈裘領，詘五指而頓之，順者不可勝數也。

楊注：言禮亦爲人之綱領。

按：此例《荀子》母本中"裘領"尚是一個偏正式的雙音節連用結構，而注文中"綱領"則已經是一個結構定型、意義凝固的雙音節合成詞。

《成相》：五聽循領，莫不理續主執持。

楊注：脩領，謂脩之使得綱領，莫不有文理相續。

按：此例《荀子》母本中"領"指事物的總領，爲單音詞；注文中"綱領"是一個複合詞，指總綱要領。

《哀公》：明察乎日月，總要萬物於風雨，繆繆肫肫，其事不可循。

楊注：總要，猶統領也。風以動之，雨以潤之，言統領萬物如風雨之生成也。

《富國》：和齊百姓，使人不偷，是將率之事也。

楊注：將率，猶主領也，若今宰守。

按：此2例，注文中"統領""主領"都是複合詞，"統領"是動詞，指統率、管理，"主領"是名詞，指主管者、領導者。

由上述例句，《荀子》中只見單音詞"領"，"領"有兩個義項：① 衣領。② 事物的總領。而在楊注中，除衣領義之"領"仍是單音詞形式外，又增加了"綱領""統領"和"主領"三個雙音節合成詞，從而由單音詞"領"擴展出了一個"領"字詞群。下面試以表格形式列出"領"字詞群在《荀子》母本和注文中單、雙音節詞形及詞義的對應關係。

《荀子》		楊注	
詞　形	詞　　義	詞　形	詞　　義
"領"	衣領	"領"	衣領
		"綱領"	① 綱綱裘領…… ② 總綱要領
"領"	事物的總領	"統領"	v. 統率；管理
		"主領"	n. 主管者、領導者

那麼，在"領"字的雙音化過程中，"領"字詞群的詞形和詞義經歷了怎樣的發展脈絡呢？"領"在先秦時候，主要是以單音詞形式出現。"領"的本義是"脖子"，脖子正是穿衣時衣領所在的位置，由此引申有了"衣領"義。又，衣領乃衣之總領，遂由具體向抽象引申爲"事物之總領"。我們檢索文獻發現，漢人注疏中已經出現以"頸"對釋"領"的情況，可見"領"單用指"脖子"應該在東漢已爲"頸"所取代。例如：

《詩·衛風·碩人》：領如蝤蠐，齒如瓠犀。　毛亨傳：領，頸也。（5-卷5/3b）

《釋名·釋衣服》：領，頸也，以雍頸也。（65-卷5/1a）

合成詞"統領""綱領""主領"較早大約出現於什麼時候？從文獻用例看，"統領""綱領""主領"約於漢魏時期已經出現。

"綱領"：較早出現於魏晉文獻中。例如：

《抱朴子·外篇·君道》：操綱領以整毛目，握道數以御
衆才。（《抱朴子》，四部初編，539–卷5/6b）

《抱朴子·外篇·尚博》：故通人總原本以括流，末士操
綱領而得致焉。（543–卷33/1a）

《三國志·魏書·陳矯傳》：子本嗣，歷位郡守、九卿。所
在操綱領，舉大體，能使群下自盡。（卷22/645）

按："綱領"在前一例中乃指具體的"網綱裘領"①，在後二例中
是指抽象的"總綱要領"，二者都是雙音節合成詞。依據詞義引申
由具體到抽象的規律，應該是由"網綱裘領"義引申爲"總綱要
領"義。

"統領"：較早在漢代文獻中已出現，不過僅見個別用例，直到
西晉時才比較常見。例如：

《古列女傳·母儀傳·湯妃有㜸》：統領九嬪，後宮有序，
咸無妬媢逆理之人。（265–卷1/7b）

《三國志·蜀書·楊儀傳》：（楊）儀至，拜爲中軍師，無所
統領，從容而已。（卷40/1005）

《後漢紀·光武皇帝紀》：是時建威將軍耿弇屯漆，征虜

---

① 例1中"綱領"與"毛目"相對，"綱領"應該實指網之綱、裘之領。其他文獻中亦
有類似表述，如《南齊書·顧歡傳》："顧歡上表曰：'臣聞舉網提綱，振裘持領，綱領既理，
毛目自張。'"（《南齊書》，卷54/929）

將軍祭遵屯汧，征西將軍馮異屯上林，大司馬吳漢在長安，中郎將來歙統領衆軍在安定。(93-卷 5/17a)

"主領"：再看"主領"一詞在文獻中的用例：

《漢書‧禮樂志》：僕射二人主領諸樂人，皆不可罷。(卷 22/1073)

《禮記‧月令》：是月也，命奄尹申宮令，審門閭，謹房室，必重閉。　鄭玄注：奄尹，主領奄豎之官也。(24-卷 5/22a)

《論衡‧月令》：若典官文書，若太史公及劉子政之徒，有主領書記之職，則有博覽通達之名矣。(440-卷 27/9b)

按：由上述 3 例可知，"主領"在東漢時作動詞用，後接主管、領導的對象作賓語。

然而，《荀子》楊注"將率，猶主領也，若今宰守"中，"主領"卻是名詞，指"主管者、領導者"，與東漢時"主領"的詞性不相同。我們查檢文獻發現，名詞"主領"較早見於唐代文獻。例如：

《禮記‧祭義》：及良日，夫人繅三盆手，遂布於三宮夫人、世婦之吉者，使繅。　孔穎達疏：云世婦之吉者，擇其吉者以爲主領，非唯一人而已。(《禮記注疏》，116-卷 48/281)

《唐國史補》：有蕃長爲主領，市舶使籍其名物，納舶腳，禁珍異。(唐 李肇《唐國史補》，四庫，1035-卷下/449)

　　按：此2例都爲唐代時用例，可見，名詞"主領"至遲在唐代已出現。

　　由上所述，我們試將"領"字詞群自先秦到唐代從單音詞到雙音詞的詞形和詞義發展脈絡梳理如下：

　　先秦："領"的本義是"脖子"。脖子正是穿衣時衣領所在的位置，由此引申有"衣領"義。又，衣領乃衣服之總領，遂由具體向抽象引申爲"事物之總領"。先秦時期"領"主要爲單音詞的形式。

　　漢魏："領"單用表"脖子"義在漢代以後消失。"衣領"義仍由單音詞"領"表示。複合詞"統領""主領"在漢代出現，都是動詞，"統領"是"對事物的統率、管理"，"主領"是"對事物的主管、領導"。複合詞"綱領"較早出現於魏晉文獻中，並且"綱領"由"網綱裘領"義又引申出了"總綱要領"義。

　　唐代：除上述已有詞形、詞義繼續沿用外，"主領"又由動詞義"對事物的主管、領導"引申爲"主管者、領導者"，名詞"主領"出現。

　　（四）"基"字詞群

　　"基"的本義是"房屋的根基"，《荀子》母本和注文中都未見有"基"用作本義之例。《荀子》母本中單音詞"基"，楊注每以雙音詞"基本"或"基業"去訓釋。楊注中不見有"基"單用的情形。例見下：

　　"基本"：基礎；根本。

　　《王霸》：如是，則下仰上以義矣，是綦定也。

楊注：綦，當爲基，基本也。言以義爲本。

《大略》：取友善人，不可不慎，是德之基也。

楊注：取友求善人不可不慎，是德之基本。

“基業”：作爲根基的大業。多指帝位或國家政權。

《成相》：請布基，慎聖人，愚而自專事不治。

楊注：請説陳布基業，在乎順聖人也。

《成相》：展禽三絀，春申道綴基畢輸。

楊注：言春申爲李園所殺，其儒術、政治、道德、基業盡傾覆委地也。

《成相》：天乙湯，論舉當，身讓卞隨舉牟光。道古賢聖基必張。

楊注：古之賢聖，基業必張大也。

《成相》：請牧祺，明有基。

楊注：請牧治吉祥之事，在明其所有之基業也。

　　下面以表格形式列出“基”字詞群在《荀子》母本和注文中單、雙音節詞形及其詞義的對應關係。

《荀子》		楊注	
詞　形	詞　義	詞　形	詞　義
“基”	基礎；根本。	“基本”	基礎；根本。
“基”	作爲根基之事。	“基業”	作爲根基的大業。多指帝位或國家政權。

　　那麼,雙音詞"基本""基業"大約出現於什麼時候? 其詞義又有着怎樣的發展? 以下是我們搜檢到的較早文獻用例:

"基本":基礎;根本。

　　《左傳·昭公十三年》:仲尼謂:"子產於是行也,足以爲國基矣。"詩曰:"樂祇君子,邦家之基。"子產,君子之求樂者也。　　杜預注:《詩·小雅》言樂與君子爲治,乃國家之基本。(《春秋經傳集解》,29-卷 23/16)

　　《三國志·魏志·杜畿傳》:(杜恕)在章武,遂著《體論》八節,又著《興性論》一篇,蓋興於爲己也。　　裴松之注:杜氏《新書》曰:"以爲人倫之大綱,莫重於君臣;立身之基本,莫大於言行。"(卷 16/507)

　　按:雙音詞"基本"較早出現於晉代文獻中。雖然《漢書·谷永杜鄴傳》云:"王者以民爲基,民以財爲本,財竭則下畔,下畔則上亡。是以明王愛養基本,不敢窮極,使民如承大祭。"(《漢書》,卷 85/3462),該句中似已出現了"基本"一詞,然此"基本"乃合併前文"王者以民爲基,民以財爲本"而言,故不能認爲"基本"已凝固成詞。只有上述晉代杜預和裴松之注文中的"基本"才可認爲是結構定型、意義凝固的雙音節合成詞。

"基業":

① 爲根基的事業。多指帝位或國家政權。

　　《漢書·賈山傳》:雖堯、舜、禹、湯、文、武累世廣德,以爲

子孫基業，無過二三十世者也。（卷 51/2332）

《詩·周頌·雝》：假哉皇考，綏予孝子。宣哲維人，文武維后。　鄭玄箋：文王之德，乃安我孝子，謂受命定其基業也。（8-卷 19/10a）

《尚書·周書·立政》：率惟謀從容德，以並受此丕丕基。

孔安國傳：武王循惟謀，從文王寬容之德，故君臣並受此大大之基業，傳之子孫。（4-卷 10/14a）

② 產業。

《三國志·魏書·武帝紀》：其令死者家無基業不能自存者，縣官勿絕廩，長吏存恤撫循，以稱吾意。（卷 1/32）

《爾雅·釋言》：基，經也。　郭璞注：基業所以自經營。（42-卷 2/8a）

《太玄經·從減至晦》：初一冥積否作明基，測曰冥積否在惡也。　晉 范望注：否，不善也，謂秋物衰也。萬物衰落，故言不善。積衰落之物以備明歲，故作明基。言爲明年之基業也。（《太玄經》，四部初編，394-卷 5/9b）

按：由上述文獻用例可知，雙音詞“基業”大約在漢代就出現了，多用來指代“帝位；國家政權”。“基業”在晉代又出現了表“產業”義的例子。

由上所述，我們試將“基”字詞群自先秦到唐代從單音詞到雙音詞的詞形和詞義發展脈絡梳理如下：

　　"基"的本義是"房屋的根基",其本義作爲語素義至今沿用。繼而,由其本義引申爲"(事物的)基礎;根本"以及"作爲根基之事",此乃由具體到抽象地引申。先秦時候"基"一般以單音詞形式出現。雙音詞"基本"較早出現於晉代文獻中。"基業"則在漢代已出現,指"作爲根基的大業",且多用來指代"帝位;國家政權"。"基業"在晉代又出現了表"產業"義的用例。

　　(五)"縣"字詞群

　　"縣"在《荀子》中常以單音詞形式出現,詞義很豐富,主要有以下六個義項:① 掛。② 懸鐘磬之具。③ 維繫。④ 稱量;衡量。⑤ 相隔。⑥ 相差大。《荀子》中雙音詞只見"縣衡"一個。楊注中,單音詞"縣[1]"主要表"掛"和"稱量;衡量"義,未見有表"懸鐘磬之具"的時候,其餘幾個義項也都已被各雙音節合成詞所分擔。除"縣衡"外,注文中還增加了"縣系""縣遠""縣隔"幾個雙音節合成詞。先將《荀子》中"縣"之六個義項的用法列述如下:

　　① 掛。

　　　　《正論》:昔者武王伐有商,誅紂,斷其首,縣之赤旆。
　　　　楊注:《史記》:"武王斬紂頭,懸之大白旗。"
　　　　《解蔽》:桀死於亭山,紂縣於赤旆,身不先知,人又莫之諫,此蔽塞之禍也。
　　　　楊注:《史記》武王斬紂頭,縣於大白旗。

　　---

　　① 楊注中,有時特爲"縣"加注"縣,讀爲懸"或"縣,音懸",有時也徑直寫作"懸"。縣、懸乃古今字,故我們在搜檢典型例句和統計數據時,縣、懸例都計入內。

《禮論》：縣一鐘，尚拊之膈，朱弦而通越也，一也。

楊注：縣一鐘，比於編鐘爲簡略也。

② 懸鐘磬之具。

《王霸》：齊桓公閨門之內，縣樂、奢泰、游抏之脩，於天下不見謂脩。

楊注：縣，簨簴也。

按："簨簴"，即簨虡，古代懸掛鐘磬鼓的木架。橫杆叫簨，直柱叫虡。《禮記·明堂位》："夏后氏之龍簨虡。"鄭玄注："簨虡，所以懸鐘鼓也。橫曰簨，飾之以鱗屬；植曰虡，飾之以蠃屬、羽屬。"(《禮記》，22-卷9/16b)楊倞特爲之作注"縣，簨簴也"，説明"縣"指懸鐘磬之具這個意義在唐代已不爲時人所熟知。不過，"縣"表示該義項，南北朝文獻中仍可見，例如：

《六臣注文選·(顏延年)三月三日曲水詩序一首》：悵鈞臺之未臨，慨酆宮之不縣。　唐呂延濟注：縣，謂縣鐘磬之格，朝諸侯則設以樂也。縣，懸也。(1918-卷46/13b)

按：《文選》語言風格偏於古樸，顏延年是南朝劉宋時人，可見"懸"表懸鐘磬之具，至遲在南朝劉宋時代尚見諸文人筆端。然而從《荀子》楊注及《文選》呂延濟注來看，該義項在唐代應該已不常用。

③ 維繫。

《王霸》：以是縣天下，一四海，何故必自爲之？

《王制》：夫威彊未足以殆鄰敵也，名聲未足以縣天下也，則是國未能獨立也，豈渠得免夫累乎！

《正論》：聖王没，有執籍者罷，不足以縣天下。

《彊國》：其縣日也博，其爲積也大。

楊注：所縣系時日多也。

《性惡》：加日縣久，積善而不息。

楊注：縣久，縣系以久長。

按：上述例句，《荀子》中"縣"乃"維繫"義，楊注以雙音詞"縣系"釋之。

④ 稱量；衡量。

《彊國》：然而縣之以王者之功名，則倜倜然其不及遠矣！

《正論》：聖人，備道全美者也，是縣天下之權稱也。

楊注：縣天下，如權稱之懸揔，知輕重也。

按：單音詞"縣"表"稱量；衡量"，在《荀子》母本和注文中都有出現。

"縣衡"：

《荀子·解蔽》：故無欲無惡，無始無終，無近無遠，無博無淺，無古無今，兼陳萬物而中縣衡焉。

　　楊注：不滯於一隅，但當其中而縣衡，揣其輕重也。

　　按：雙音詞"縣衡"在《荀子》母本和注文中也都有出現，表"平衡"義。

⑤ 相隔。

　　《富國》：功名未成，則群眾未縣也。

　　楊注：有功名者居上，無功名者居下，然後群眾縣隔。

　　《富國》：群眾未縣，則君臣未立也。

　　楊注：既無縣隔，則未有君臣之位也。

　　按：上述 2 例，《荀子》中的"縣"表"相隔"義，楊注以雙音節合成詞"縣隔"釋之，避免了單音詞"縣"因一詞多義而帶來的表義不確定，從而使意義顯明。

⑥ 相差大。

　　《非相》：知行淺薄，曲直有以縣矣。

　　楊注：言智慮德行至淺薄，其能否與人又相縣遠，不能推讓明白之。縣，讀爲懸。

　　按：此例中，《荀子》中"相差大"之"縣"，楊注用雙音詞"縣遠"釋之，使語義表達更爲準確明晰。

　　下面試以表格形式列出"縣"字詞群在《荀子》母本和注文中

單、雙音節詞形及其詞義的對應關係。

《荀子》		楊注	
詞　形	詞　形	詞　形	詞　形
"縣"	① 掛 ② 懸鐘磬之具 ③ 維繫 ④ 稱量;衡量。 ⑤ 相隔 ⑥ 相差大	"縣"	① 掛 ② 稱量;衡量
		"縣系"	維繫
		"縣隔"	相隔
		"縣遠"	相差大
"縣衡"	平衡	"縣衡"	平衡

　　雙音詞"縣衡"在《荀子》中已經出現,那麼,"縣隔""縣遠""縣系"大致出現於何時? 以下是我們搜檢到的它們各個義項的較早文獻用例:

　　"縣隔":

　　① 相隔遠。

　　《史記·高祖本紀》:秦,形勝之國,帶河山之險,縣隔千里,持戟百萬,秦得百二焉。(卷8/382)

　　《漢書·高帝紀下》:夫齊,東有琅邪、即墨之饒,南有泰山之固,西有濁河之限,北有勃海之利,地方二千里,持戟百萬,縣隔千里之外,齊得十二焉。(卷1下/59)

　　② 差別大。

　　《魏書·公孫邃傳》:邃、叡爲從父兄弟。而叡才器小優,

又封氏之甥,崔氏之壻;邃母雁門李氏,地望縣隔。(北齊　魏收撰《魏書》,卷 33/786)

《劉子·遇不遇》:董仲舒智德冠代,位僅過士;田千秋無他殊操,以一言取相。同遇明主而貴賤懸隔者,遇不遇也。(北齊　劉晝撰《劉子》,848－卷 5/905)

按:由上可知,雙音詞"縣隔"在漢代文獻中已經出現,指距離相隔遠。南北朝時發生抽象化引申,指地位、身份差別大。

"縣遠":

① 偏遠。

《三國志·魏書·牽招傳》:招以蜀虜諸葛亮數出,而比能狡猾,能相交通,表爲防備,議者以爲縣遠,未之信也。(卷 26/732)

《三國志·蜀書·法正傳》:事變既成,又不量彊弱之勢,以爲左將軍縣遠之衆,糧穀無儲,欲得以多擊少,曠日相持。(卷 37/958)

《三國志·蜀書·法正傳》:本爲明將軍計者,必謂此軍縣遠無糧,饋運不及,兵少無繼。(卷 37/959)

② 相差大。

《後漢書·孔融傳》:融上疏曰:"何者? 萬乘至重,天王至尊,身爲聖躬,國爲神器,陛級縣遠,禄位限絶,猶天之不可

階，日月之不可踰也。"(卷 70/2269)

　　《毛詩·大雅·生民》：誕實匍匐，克岐克嶷，以就口食。
東漢　鄭玄箋：以此至於能就衆人口自食，謂六七歲時。　　孔
穎達疏：言至於者，從此至彼，見其間懸遠之意也。（孔穎達
《毛詩正義》，1066 頁）

　　按：由上可知，"縣遠"較早出現於西晉文獻中，指"偏遠"。南
北朝以後，又引申爲地位、名望及話語等抽象概念"相差大"。
　　"縣系(繫)"：拴繫；維繫。

　　《急就篇》：承塵户帳絛繢總。　　顔師古注：承塵，施於牀
上以承塵土，因爲名也。户帳，户上之幔也，字或作簾。絛，一
名偏諸，織絲縷爲之，所以懸系承塵。（漢　史游撰，唐　顔師古
注《急就篇》，四部續編，69－卷 3/40a）
　　《詩·齊風·東方未明序》：挈壺氏不能掌其職焉。　　孔
穎達疏：然則挈壺者，懸繫之名。（《毛詩正義》，337 頁）

　　按：由此可知，"縣系(繫)"除在楊注中有見外，在唐代其他文
獻中也有出現。
　　由上所述，我們將"縣"字詞群從戰國至唐代詞義、詞形的發展
歷程大致梳理如下：
　　詞義方面："掛"應是"縣"的初始義。《説文解字·系部》："縣，
繫也。从系持县。臣鉉等曰：'此本是縣挂之縣，借爲州縣之縣。
今俗加心别作懸，義無所取。胡涓切。'"(68－卷 9 上/3b) 又，

《詩·魏風·伐檀》曰："不狩不獵,胡瞻爾庭有縣貆兮?"(《毛詩》,6-卷5/12b)以"掛"義爲起點,"縣"之詞義向兩個方向引申：其一,由"掛"的動作出發,引申爲"懸掛的器具,如秤錘等",如《禮記·經解》："故衡誠縣,不可以欺輕重。"鄭玄注："縣謂錘也。"孔穎達疏："衡謂稱,衡縣謂稱錘。誠,審也。若稱衡詳審縣錘,則輕重必正,故云不可以欺輕重。"(《禮記》,23-卷15/148)然後,再引申爲"懸鐘磬之具"。如《東觀漢記·東海恭王劉彊傳》："賜虎賁頭,宮殿設鐘簴之懸,擬於乘輿。"(《東觀漢記》,四庫,370-卷7/5a)"懸"指懸掛鐘磬等樂器的架。由"掛"的動作也引申出表懸掛動作持續的"拴繫;維繫"義。又由於古代衡器權秤是懸掛的這種特點,"縣"還引申出了"稱量;衡量"義。其二,由於懸掛連接的兩端是有距離的,由此引申爲"距離",有距離則相隔,故引申有"相隔"義。繼而,詞義繼續由具體向抽象引申,由時空的距離抽象化引申爲地位、名望及話語等"差別大"。

詞形方面：沿着上述"掛的動作"和"距離"兩個語義方向,"縣"字詞群分別衍生出了若干以"縣"字爲構詞語素的雙音詞：前者衍生出了"縣衡""縣系(繫)";後者衍生出了"縣隔""縣遠"。

圖示如下：

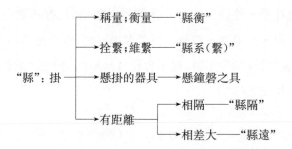

　　上面對"領""理""基""曲""縣"五個詞群從戰國到唐代詞義和詞形發展的路徑進行了歷時考察。我們發現,詞彙發展具有系列性、群聚性的特點。每個詞群都是由原單音詞的某一語義特徵(我們暫稱之爲原點義)出發引申開去,所衍生出的每個雙音節合成詞都或隱或顯地具有該語義特徵,因而詞群中每個成員之間都存在一定的意義關聯。這種分群繫聯語詞的方法,對漢語詞彙研究很有必要。張聯榮説:"一個詞的詞義是指這個詞在與其他詞所構成的系列關係中所占的位置。所以研究詞義的時候要將其放到一定的語義系統中去,將其當作系統中的一個點來研究,而不能把其看作孤島。"①概括説來,詞群繫聯對詞彙研究的意義主要體現在以下幾個方面:

　　其一,詞群繫聯便於我們追溯語詞意義的源頭。比如"基本""基業"這兩個詞,由於詞義的演變,今人已看不出它們和房屋根基之"基"有什麼關聯,然而通過對"基"字詞群的繫聯,"基本""基業"詞義係來自"基"之本義"房屋根基"這一源頭就得以明確。

　　其二,詞群繫聯可以幫助我們驗證語詞的釋義是否準確。比如"綱領"一詞,在將"領"字詞群進行繫聯後,我們了解到它在表"事物的總綱要領"義之前還經歷了指"網綱裘領"的階段,因而在遇到《抱朴子·外篇·君道》"操綱領以整毛目,握道數以御衆才"和《南齊書·高逸傳·顧歡》"臣聞舉網提綱,振裘持領,綱領既理,毛目自張"這樣的句子時,就不會想當然地把句中的"綱領"誤釋爲"事物的總綱要領"。

---

　　①　張聯榮:《古漢語詞義論》,北京:北京大學出版社,2000 年,1～2 頁。

其三,詞群繫聯有利於找到語詞所屬的群類,有助於漢語詞彙系統的科學構建與研究。陸宗達説:"不但要把單個詞的詞和固定的詞義訓釋好,還要在詞與詞之間、多義詞的義與義之間研究它們的相互關係,理出詞義的系統。"①顯然,詞群繫聯在整理詞義系統方面具有重要意義。比如,"理"字詞群之名詞系列("事理""物理""倫理"等)和動詞系列("處理""調理""理解"等)之間的意義關聯并不明顯,然而通過對"理"字詞群的繫聯,二者共同的語源——治玉之"理"這一源頭被找出,它們之間的意義關聯便得以豁顯。相反,如果只是對語詞進行單個、零散的考釋,顯然是難以達到這種效果的。

下面將各詞群新生雙音詞的出現時代列表如下(在某時代非新生詞形但詞義有發展的,在詞的右上角標注★號):

各詞群新生雙音詞詞形、詞義出現時代列表

雙音詞 詞群　　時代	先　秦	兩　漢	魏晉南北朝	隋唐宋
"理"	道理、事理、義理、文理、調理	條理、倫理、文理★	物理	條理★
"領"	——	主領、統領	綱領	主領★
"基"	——	基業	基本、基業★	——
"曲"	曲直、邪曲、撓曲	委曲	屈曲	委曲★、撓曲★
"縣"	縣衡	縣隔	縣遠、縣隔★	縣系(繫)

由上表可知,從戰國到唐代,單音詞的雙音化擴展十分迅速。大致説來,尤以漢魏時新生的雙音詞爲多,隋唐時候新生的雙音詞

---

① 見陸宗達:《訓詁簡論》,22 頁。

僅"縣系(繫)"一個,其餘都是原有詞形在詞義方面的繼續引申和
發展。可見,漢魏時期是雙音化發展最爲快速的階段。隋唐以後,
新的雙音詞詞形的產生已不再是漢語雙音詞發展的主流,更多的
是漢魏時候出現的雙音詞在詞義方面的逐漸豐富和細密。這五個
詞群是我們從《荀子》和楊注中單、雙音節詞語的比較中隨意抽取
的,一定程度上可以反映戰國至唐代單音詞雙音化擴展的實際情
況。當然,我們主要是就四庫、四部所收文獻進行了窮盡式的調
查,由於時間有限,佛經、變文和禪宗語錄等語料暫未充分關注,尚
待來日進一步研究。

第二節　《荀子》複音詞的詞義發展

中古漢語複音詞的發展,一方面表現爲新的複音詞大量出現,
另一方面體現在原有複音詞在義項的豐富程度上比上古漢語有很
大發展。我們發現,《荀子》中很多單音詞在楊注中擴展成爲雙音
詞;同時,《荀子》中也有相當部分複音詞在楊倞釋語中仍然出現,
但其中一部分複音詞的詞義已有發展變化。本節將全面統計《荀
子》中複音詞爲楊注所沿用的數量,並就《荀子》中複音詞在楊注中
詞義發生了變化的語詞作舉例式闡述,以窺戰國至唐代複音詞詞
義變化之一隅。

一　語料的選定

我們在統計楊注沿用《荀子》中複音詞的數量時,如果《荀子》
中複音詞在楊注中用字發生了變化,諸如《荀子》中"窕冶""燕爵"

"犇喪"，楊注中作"姚冶""鸞雀""奔喪"等，也應計入楊注沿用《荀子》複音詞之列。不過，以下情形將被我們排除在外：

1. 人名（包括姓、氏、名、字、謚等）、國名、地名、族名等專名。除了單純的專名外，還包括：

A. 國名＋爵位名，如"蔡侯"等。

B. 專名＋通名，如"鮫革"等。

C. 方位詞＋民族名，如"南夷""北狄"等。

2. 數詞組合。數詞可以有各種排列組合，數詞的組合並不能視爲固定的語詞，因而也排除在外。不過像《成相篇》"君法明，論有常"，楊注"君法所以明，在言論有常，不二三也"中"二三"這樣的結構，雖然其形式上是由數詞構成的，但意義並非表示具體的數目，故這樣的詞仍然可計算在複音詞之內。

3. 記錄日期的天干地支。干支計日和數詞組合一樣，也可以有各種排列組合，並不固定，所以也排除在複音詞之外。

二　沿用數量統計

依據以上標準，我們就楊注沿用《荀子》中複音詞的數量進行了統計，發現《荀子》中複音詞共有 473 個仍爲楊注所沿用。現將《荀子》中爲楊注所沿用的複音詞依其首字的漢語拼音字母順序分類簡列如下：

A

晻然　安存　焉居　安習　成功　安固　安樂　安危

B

備用　博大　不免　拜請　暴悍　不肖　本性　本分　本務

便利	卑下	卑賤	霸王	白刃	變化	變詐	表儀	悖亂
蔽匿	奔喪	步驟	兵革	百姓	犇(奔)喪			

C

誠信	芻豢	仇敵	成俗	次序	恥辱	垂拱	材性	財物
讎人	裁制	朝聘	赤旂	倡優	長久	牀第	讒言	充盈
螭龍	鴟梟	馳騁	出入					

D

大分	顛倒	獨立	盜賊	盜竊	墮落	等宜	德行	道術
道德	弟子	道路	帝王	大凡	敵人	黨與	當時	獨夫
篤厚	等級	埏埴	彫領	顛躓				

E

耳目	恩德	恩惠	鳳皇	二三				

F

富貴	富厚	符節	焚燒	分流	方圓	方術	分別	法度
法則	分均	風俗	方略	反覆	奉養	廢疾	非常	分散
鳳凰	分背	夫婦						

G

綱紀	關市	宮庭	宮室	功利	孤獨	鰥寡	官人	古今
公正	公平	國家	國君	恭敬	官職	攻伐	功名	功勞
乖離	規矩	溝壑	躬親	乖謬	過度	弓矢	根本	工人
廣大								

H

後王	後世	豪末	毫毛	禍亂	和齊	和合	禍患	婚姻
昏亂	歡欣	慌忽	行列	和樂	貨賂	貨財		

J

姦人	警戒	技擊	金石	兼并	節奏	久遠	謹慎	教化
教誨	精神	精微	君子	吉凶	疾力	疾速	覺悟	謹慎
劫迫	飢寒	飢渴	奸人	奸詐	祭祀	將來	筵几	祭祀
禁止	肌膚	摺笏	俊士	稽首	覺悟			

K

口舌	恐懼	昆蟲	可以	寬容	口腹	空虛

L

勞佚	雷霆	勞役	勞苦	力役	立功	流矢	流言	論説
羸瘠	隆盛	陵遲	廉恥					

M

名聲	名號	名物	迷亂	名號	迷惑	蠻夷	勉力	名聲
滅亡	明察	明堂	門户	沐浴	民力	美麗	盟誓	
嘿（默）然								

N

農夫	女子	矮人	駑馬

P

匹夫	貧苦	貧賤	偏黨	偏頗	譬喻	平明	牝牡

Q

騏驥	豈止	親戚	淺薄	儉約	慶賞	欺惑	趨使	丘山
丘陵	千歲	衢涂	屈然	親比	齊一	權稱	千金	器用
輕重	傾覆	勸勉	請謁	彊勝	權謀	群衆	權稱	妻子
奇異	情性	其中	攲器	泣涕	禽獸	取舍	秋豪	窮困
窮乏	泉源							

R

| 人君 | 人主 | 人情 | 容貌 | 戎甲 | 如此 | 仁義 | 柔弱 | 然而 |
| 然後 | 日昃 | 偄弱 | | | | | | |

S

四海	四時	斯須	疏遠	樞機	禪讓	死亡	所以	所謂
司寇	碎折	聖王	聖人	聖賢	誦説	手臂	聲音	事業
士卒	山林	生養	執位	塞外	思慕	水旱	聲色	生長
施行	收藏	孰與	少頃	世俗	庶人	時人	庶羞	殺損
師旅	私門	舒遲	社稷	繩墨	四枝(肢)	粹(碎)折		

T

土地	談説	荼毒	壇宇	頭目	田宅	統類	天子	天下
天帝	天府	天時	天性	思慮	神明	圖籍	土地	土宜
通達	通流	調和						

W

| 葦苕 | 王公 | 文章 | 威儀 | 危亡 | 危殆 | 危害 | 威彊 | 嵬瑣 |
| 未嘗 | 聞見 | 文理 | 無私 | 無乃 | 惟恐 | 無乃 | 委積 | |

X

刑罰	刑法	刑戮	學者	先王	先生	犧牲	脩身	險賊
玄端	小人	形狀	形體	賢能	賢良	賢人	賢士	性命
行事	脩飾	犧牲	姓名	嫌疑	選擇	邪曲	邪心	邪僻
畜積	星辰	陷溺	休息	胥靡	相反	相率	縣衡	須臾
鮮絜	孝弟(悌)	孝子						

Y

| 有司 | 憂戚 | 隱匿 | 勇力 | 顏色 | 愚陋 | 衣食 | 衣服 | 飲食 |

優泰	嬰兒	遠大	億萬	隱匿	耘耨	幽險	應變	疑惑
蝘蜓	夷狄	遠近	有餘	願愨	野人	隱竄	言語	越踰
燕爵(鷰雀)	宛(姚)冶							

Z

子弟	子孫	糟糠	至平	終身	爪牙	終始	制度	賊害
諸侯	尊長	尊貴	智慮	左右	政治	政令	中和	中立
擇取	正道	正直	志意	中國	周密	致命	族黨	造次
治世	治化	重大	災害	在於	葬薶	執持	鐘鼓	雜博
自彊	忠誠	衆人	從橫	珠玉				

三 詞義發展類型

蔣紹愚先生指出，研究詞義系統的演變包括"研究不同歷史階段義位的有無和結合情況及其歷時發展變化。"①我們統計，在楊注沿用《荀子》的 473 個複音詞中，有一部分複音詞的詞義已發生不同程度的變化，有的義項增加了，有的義項減少了，有的詞義發生了轉移。這裏所説的義項增加或減少，是就語詞的全部義項而言增加了某個義項或減少了某個義項；詞義的轉移是就語詞的某個義項而言，該義項的中心義發生了改變，新義產生後，舊義隱没不用，但新舊義之間仍有一定聯繫。

需要説明一點的是，由於本書是要就《荀子》母本和楊倞注文詞彙作比較研究，所以本節只針對某複音詞在《荀子》母本和注文

---

① 見蔣紹愚：《關於漢語詞彙系統及其發展變化的幾點想法》，《中國語文》1989 年第 1 期；蔣紹愚：《兩次分類——再談詞彙系統及其變化》，《中國語文》1999 年第 5 期。

中出現了的詞義進行考察，而對該複音詞在《荀子》母本和注文中未出現的義項不作討論。

我們研究《荀子》中複音詞在楊注中詞義發展的具體做法是：首先，通過《荀子》母本和楊倞注文相關條目的比較，分析歸納出某複音詞在《荀子》和楊注中詞義的差異。然後探求詞義變化發生的時間。我們並不以某複音詞在《荀子》或楊注中出現了某義項，就斷定該義項在《荀子》或楊注時代已經出現。因爲某義項在《荀子》或楊注中出現了，不等於該義項就始出於戰國或中唐，有可能在此前就已經出現；同理，某義項在《荀子》或楊注中未出現，也並不等於它在同時代其他文獻中沒有。因此，判斷一個詞在某時代是否產生了新義或減少了某義項，對該詞在同時代及前後文獻中的使用情況進行檢索以及對語料進行深入分析是必不可少的。我們繼續運用定量統計與定性分析相結合的方法進行考察，即主要以四部、四庫文獻爲語料庫，盡量查檢該複音詞在這兩個語料庫中的相關文獻用例，收集其中的典型例句進行分析，然後才對某義項在傳世文獻中出現或消失的時間節點作出大致的推斷。

另外，我們的目的是了解某義項在傳世文獻中較早出現或至遲消失的時間節點，所以只要找出其出現最早或最晚的相關文獻用例，即可大致估測該義項在當時已經出現或趨於消失，或者至少可以說，就知道了其在傳世文獻中較早出現或至遲消失的時間節點。例如"委積"一詞，在《荀子》中用作名詞，指"儲備的糧食、財物"，在楊注中卻爲動詞，表"聚積；積累"義，但不能據此就斷定前一義項在唐代已消失，也不能説後一義項直到唐代才開始出現，我們還需調查"委積"一詞的歷代文獻用例之後方可作出判斷。經過文獻調查，我們發現，一方面，唐宋其他文獻中仍有"委積"用於"儲備的糧食、財物"的用例；另一方面，"委積"表"聚積；積累"義也並非至唐代才有，它最早約見於西漢文獻。再如，"文理"一詞，在《荀子》中僅用作"禮儀"一個義項，而楊注中有三個義項：① 禮儀。② 花紋；紋理。③ 條理；秩序。但不能據此就說②、③義項在戰國時沒有，更不能說②、③義項至唐代才出現。前面"關於'理'字詞群的詞形、詞義發展脈絡的考察"一節對此已有闡述：義項②雖然於《荀子》中未見，但它在大約同時期的《管子》中已見個別用例，所以義項②實際在戰國後期就已經出現，而義項③已較早見於東漢文獻。

　　總之，我們在考察某複音詞詞義的發展時，并不局限於就《荀子》母本和楊倞注文中的用例作比較，還盡可能地調查該複音詞在不同時期文獻中的用法、意義，繼而找出其在傳世文獻中較早和至晚的相關用例，之後才能就其某義項出現或消失的時段作出大致估測。這樣做的工作量比較大，限於時間精力，我們未能窮盡考察所有在楊注中詞義發生了變化的複音詞，僅就其中 15 個語詞作列舉式考察，希望能起窺斑見豹之效。

（一）義項增加

【分別】

"分別"在《荀子》中出現了 2 次，用作動詞，"區分；分辨"的意思。例見下：

　　《王制》：兩者分別，則賢不肖不雜，是非不亂。
　　《正名》：如是，則志必有不喻之患，而事必有困廢之禍。

故知者爲之分別，制名以指實。

　　楊注中“分别”共出現 12 次,其中 8 次作動詞,指“區分,分辨”;2 次作名詞,指“區别,差别”;1 次作動詞,指“離别”;1 次作副詞,指“分頭,各自”。列述如下:

　　① 動詞,區分,分辨。

　　　　《正論》:天下者,至重也,非至彊莫之能任;至大也,非至辨莫之能分。

　　　　楊注:至大則難詳,故非小智所能分别也。

　　　　《王制》:義者,分此者也;節者,死生此者也。

　　　　楊注:分别此五者,使合宜,則爲義也。

　　② 名詞,區别,差别。

　　　　《王制》:分未定也,則有昭繆也。

　　　　楊注:繆,讀爲穆。父昭子穆,言爲政當分未定之時,則爲之分别,使賢者居上,不肖者居下,如昭穆之分别然,不問其世族。

　　按:此例注文中有兩個“分别”,詞義各不同。前一“分别”是動詞,“區分;分辨”義;後一“分别”是名詞,“區别;差别”的意思。

　　③ 詞,離别。

　　　　《王制》:黿鼉魚鼈鰌鱣孕别之時,罔罟、毒藥不入澤,不夭其生,不絶其長也。

楊注：別，謂生育，與母分別也。《國語》里革諫魯宣公曰："魚方別孕。"韋昭曰："自別於雄而懷子也。"

④ 副詞，分頭，各自。

《正名》：異形離心，交喻異物，名實玄紐。

楊注：若不爲分別立名，使物物而交相譬喻之，則名實深隱紛結難知也。

"分別"作名詞，表"區別；差別"義，《世說新語》中見 1 例，隋唐之後較爲常見。例如：

《世說新語·容止》：王夷甫容貌整麗妙於談玄，恒捉白玉柄麈尾，與手都無分別。(464－卷下之上/2b)

《顏氏家訓·音辭篇》：江南至今行此分別，昭然易曉。而河北混同一音，雖依古讀，不可行於今也。(隋 顏之推撰《顏氏家訓》，四部初編，430－卷下/33a)

《萬首唐人絕句·(白居易)答次休上人》：姓白使君無麗句，名休座主有新文。禪心不合生分別，莫愛餘霞嫌碧雲。(宋 洪邁編《萬首唐人絕句》，四部初編，卷 14/129)

《全唐詩·(白居易)洛陽有愚叟》：洛陽有愚叟，白黑無分別。浪迹雖似狂，謀身亦不拙。(卷 453/5121)

"分別"作動詞，表"離別"義，較早約見於魏晉文獻。例如：

《文選·(曹丕)與朝歌令吳質書》：今果分別，各在一方，元瑜長逝，化爲異物。(《六臣注文選》，1915-卷42/11b)

《陶淵明集·擬古九首(其三)》：自從分別來，門庭日荒蕪。我心固匪石，君情定何如？(東晉 陶潛《陶淵明集》，四部初編，590-卷4/2a)

"分別"作副詞，表"分頭；各自"義，較早約見於漢代文獻。例如：

《史記·魏其武安侯列傳》：是時郎中令石建爲上分別言兩人事。(卷107/2852)

《春秋繁露·官制象天》：故散而名之爲百二十臣，選而賓之爲十二長，所以名之雖多，莫若謂之四選十二長。然而分別率之，皆有所合，無不中天數者也。(50-卷7/12b)

《漢書·魏相丙吉傳》：(吉)識，謂則曰："汝嘗坐養皇曾孫不謹督笞，汝安得有功？獨渭城胡組、淮陽郭徵卿有恩耳。"分別奏組等共養勞苦狀。(卷74/3144)

《春秋公羊經傳·宣公元年》：其稱婦何？有姑之辭也。

何休注：有姑當以婦禮至，無姑當以夫人禮至，故分別言之。(東漢 何休《春秋公羊經傳解詁》，32-卷7/1b)

"分別"上述詞義的變化可列表如下(新增義項前標注★號。表中"新增義項始見時代"，是指在四部、四庫中找到的較早文獻用例的時代。下同。)：

義　　項	戰國	唐代	新增義項始見時代
① v. 區分；分辨。	＋	＋	——
★② n. 區別；差別。	－	＋	隋唐
★③ v. 離別。	－	＋	魏晉
★④ adv. 分頭；各自。	－	＋	漢代

【安居】

《荀子》中“安居”只出現1次，指“安定地居住”。例見下：

> 《致士》：無土則人不安居，無人則土不守；無道法則人不
> 至，無君子則道不舉。

楊注中“安居”共出現5次，其中2次指“安定地居住”，2次指
“安靜、平和地居處”，1次表“輕鬆；安逸”義。相比《荀子》，楊注中
“安居”多了“安靜、平和地居處”和“輕鬆；安逸”兩個義項。分述
如下：

① 安定地居住。

> 《王制》：和則一，一財多力，多力則彊，彊則勝物，故宮室
> 可得而居也。
> 楊注：物不能害，所以安居。
> 《大略》：仁有里，義有門。仁非其里而虛之，非禮也；義
> 非其門而由之，非義也。
> 楊注：里與門，皆謂禮也。里所以安居，門所以出入也。

② 安静、平和地居處。

《正論》：居則設張容，負依而坐，諸侯趨走乎堂下。

楊注：居，安居也，聽朝之時也。

《非相》：不先慮，不早謀，發之而當，成文而類，居錯遷徙，應變不窮，是聖人之辯者也。

楊注：錯，置也。居錯，安居也。

③ 輕鬆；安逸。

《禮論》：苟利之爲見，若者必害；苟怠惰偷懦之爲安，若者必危；苟情説之爲樂，若者必滅。

楊注：言苟以怠惰爲安居，不能恭敬辭讓。若此者，必危也。

“安居”表“安静、平和地居處”義，雖然於《荀子》中未見，但在戰國其他文獻中比較多見。例如：

《孟子·滕文公下》：景春曰：“公孫衍、張儀豈不誠大丈夫哉！一怒而諸侯懼，安居而天下熄。”(40-卷6/3a)

《韓非子·十過》：襄子召張孟談而告之曰：“夫知伯之爲人也，陽親而陰疏。三使韓、魏而寡人不與焉，其措兵於寡人必矣。今吾安居而可?”(350-卷3/3b)

《韓非子·詭使》：重厚自尊謂之長者；私學成群謂之師

徒;閒靜安居謂之有思;損仁逐利謂之疾險。(352－卷17/10b)

"安居"表"輕鬆;安逸"義,較早見於東漢文獻。例如:

《漢書·循吏傳》:信臣爲人勤力有方畧,好爲民興利,務在富之。躬勸耕農,出入阡陌,止舍離鄉亭,稀有安居時。(卷89/3642)

"安居"上述詞義的變化可列表如下:

義　項	戰國	唐代	新增義項始見時代
① 安定地居住。	＋	＋	——
② 安静、平和地居處。	＋	＋	——
★③ 輕鬆;安逸。	－	＋	東漢

【委積】

《荀子》中"委積"只出現 1 次,用作名詞,指"儲備的糧食、財物",見《儒效》:"呼先王以欺愚者,而求衣食焉;得委積足以揜其口,則揚揚如也。"楊倞注文中"委積"出現了 4 次,都是動詞,表"聚積;積累"義。其中 2 次是對釋《荀子》母本中單音詞"積",2 次出現在楊注闡發《荀子》文意的釋語中。分述如下:

《儒效》:故聖人也者,人之所積也。

楊注:言其德行委積。

《儒效》：爭之則失，讓之則至；遵道則積，夸誕則虛。

楊注：遵道則自委積，夸誕則尤益空虛也。

《脩身》：夫"堅白""同異""有厚無厚"之察，非不察也，然而君子不辯，止之也。

楊注：《莊子》又曰："無厚不可積也，其大千里。"不可積，言其委積至多，不可使復積也。

《富國》：汸汸如河海，暴暴如丘山，不時焚燒，無所臧之，夫天下何患乎不足也？

楊注：暴暴，卒起之貌。言物多委積，高大如丘山也。

按：上述 4 例，注文中"委積"都是動詞，"聚積；積累"的意思，既可指具體物品的聚積和積累（如後二例），也可指抽象事物（如前二例）的聚積和積累。

楊注中雖未見有"委積"用於"儲備的糧食、財物"義的名詞用法，然唐宋其他文獻中卻曾出現（限於篇幅，僅酌舉若干用例以見其有，以後各詞條舉例亦大抵同此）：

《元次山文集·問進士》：太倉委積，陳腐不可挍量。忽遇凶年，穀猶耗盡。（唐 元結撰《元次山文集》，四部初編，648－卷 7/10b）

《新唐書·百官志》：司農寺：卿一人，從三品；少卿二人，從四品上。掌倉儲委積之事。（卷 48/1259）

《資治通鑑·宋紀·太宗明皇帝下》：千里孤軍，後無委積，求戰不得，自然瓦解。（《資治通鑑》，四部初編，306－卷

133/780)

按：由上述例句可知，"委積"表"儲备的糧食、財物"義，在唐宋時期仍然沿用。

"委積"作動詞，表"聚積；積累"義，較早已見於西漢文獻，例如：

> 《史記·屈原賈生列傳》：文質疏内兮，衆不知吾之異采；材樸委積兮，莫知余之所有。（卷84/2488）
>
> 《詩·小雅·天保》：如山如阜，如岡如陵。　東漢　鄭玄箋：此言其福禄委積高大也。（《毛詩》，6-卷9/7b）

試將"委積"上述詞義的變化列表如下：

義　項	戰國	唐代	新增義項始見時代
① 儲备的糧食、財物。	＋	＋	
★② 聚積；積累。	－	＋	西漢

【怠慢】

"怠慢"在《荀子》中出現了4次，都指"懈怠輕忽"，列述如下：

> 《勸學》：怠慢忘身，禍災乃作。強自取柱，柔自取束。
>
> 《脩身》：庸衆駑散，則劫之以師友；怠慢僄棄，則炤之以禍災。
>
> 《議兵》：仁人之兵，不可詐也。彼可詐者，怠慢者也，路

亶者也,君臣上下之閒滑然有離德者也。

《君子》:士大夫無流淫之行,百吏官人無怠慢之事,衆庶百姓無奸怪之俗,無盗賊之罪,莫敢犯大上之禁。

"怠慢"在楊注中只見1次,指"輕慢不敬":

《臣道》:事人而不順者,不疾者也;疾而不順者,不敬者也。

楊注:不順上意也。疾,速也。不疾,言怠慢也。

按:由上述例句可知,《荀子》中"怠慢"是"懈怠輕忽"的意思,而楊注中"怠慢"爲"輕慢不敬"義。顯然,這是由"懈怠輕忽"引申而來的意義,因爲如果對神靈或長者懈怠輕忽的話,自然就會被認爲是輕慢不敬或者是冷淡。

楊倞注文中雖未見有"怠慢"用於"懈怠輕忽"的用例,但不能説"怠慢"之"懈怠輕忽"義在唐代已消失,因爲實際上"怠慢"指"懈怠輕忽",在現代漢語中仍然很常用。

"怠慢"表"輕慢不敬;冷淡"義,較早已見於西漢文獻,有時也寫作"怠嫚",例如:

《史記·封禪書》:祖己曰:"修德。"武丁從之,位以永寧。後五世,帝武乙慢神而震死。後三世,帝紂淫亂,武王伐之。由是觀之,始未嘗不肅祇,後稍怠慢也。(卷28/1356~1357)

《史記·封禪書》:是時既滅兩越,越人勇之乃言:"越人

俗鬼,而其祠皆見鬼,數有效。昔東甌王敬鬼,壽百六十歲。後世怠慢,故衰耗。"(卷 28/1439～1400)

《古列女傳·有虞二妃》：堯乃妻以二女以觀厥內。二女承事舜於畎畝之中,不以天子之女故而驕盈怠慢,猶謙謙恭儉思盡婦道。(265－卷 1/1b)

"怠慢"上述詞義的變化可列表如下：

義　　項	戰國	唐代	新增義項始見時代
① 懈怠輕忽。	＋	＋	──
★② 輕慢不敬；冷淡。	－	＋	西漢

【形狀】

"形狀"在《荀子》中只出現 1 次,指"人的面相、形貌"。注文中"形狀"共出現 4 次,其中 1 次沿用《荀子》中的"人的面相、形貌"義,3 次指"事物的形態、狀貌"。例如：

《非相》：相人之形狀顏色,而知其吉凶妖祥,世俗稱之。

《非相》：葉公子高入據楚,誅白公,定楚國,如反手爾,仁義功名善於後世。故事不揣長,不揳大,不權輕重,亦將志乎爾。長短、小大、美惡、形相,豈論也哉!

楊注：言不論形狀長短、大小、肥瘠,唯在志意脩飭耳。

按：上述 2 例,《荀子》母本和注文中"形狀"都指"人的面相、形貌"。

《正名》：實不喻然後命，命不喻然後期，期不喻然後説，説不喻然後辨。

楊注：言物之稍難名，命之不喻者，則以形狀大小會之，使人易曉也。

《正名》：形體色理以目異，聲音清濁、調竽奇聲以耳異。

楊注：形體，形狀也。色，五色也。理，文理也。言萬物形體色理以目別異之而制名。

按：上述 2 例，楊注中"形狀"是指"事物的形態、狀貌"。
"形狀"指"事物的形態、狀貌"較早已見於漢代文獻。例如：

《文子·自然》：老子曰："樸至大者無形狀，道至大者無度量。"①（《文子》，四庫，1058－卷下/345）

《文子·自然》：天圓而無端，故不得觀其形；地方而無涯，故莫窺其門。天化遂無形狀，地生長無計量。（1058－卷下/349）

《周禮·冬官考工記上》：凡鑄金之狀，金與錫黑濁之氣竭，黃白次之；黃白之氣竭，青白次之；青白之氣竭，青氣次之。然後可鑄也。　鄭玄注：故書"狀"作"壯"。　杜子春云："當爲'狀'，謂鑄金之形狀。"（14－卷 11/26b）

---

① 關於《文子》一書，班固《漢書·藝文志》云："老子弟子，與孔子並時，而稱周平王問，似依托者也。"學界一般對《文子》爲先秦著作持懷疑態度。因此，穩妥起見，我們將"形狀"指"物體的形態、狀貌"的較早出現時間估測爲漢代。

"形狀"上述詞義的變化可列表如下：

義　項	戰國	唐代	新增義項始見時代
① 人的面相、形貌。	＋	＋	——
★② 事物的形態、狀貌。	—	＋	漢代

【通流】

《荀子》中"通流"只出現 1 次，表"（貨物）流通無阻"義，例見下：

> 《王制》：通流財物粟米，無有滯留，使相歸移也，四海之內若一家。

楊倞注文中"通流"出現 2 次，一次指"（貨物）流通無阻"義，一次指"（威儀）流布"。例見下：

> 《富國》：重田野之税，以奪之食；苛關市之征，以難其事。
> 楊注：苛關市之征，出入賣買皆有税也，使貨不得通流，故曰難其事。
> 《議兵》：故刑一人而天下服，罪人不郵其上，知罪之在己也。是故刑罰省而威流，無它故焉，由其道故也。
> 楊注：流，行也，言通流也。

按：上述 2 例，前一例楊倞注文中"通流"指"（貨物）流通無阻"，後一例是"（威儀）流布"的意思。"通流"由"（貨物）流通無阻"

義引申爲威儀、風度及文詞等抽象概念的"流布；流傳"，此乃詞義由具體向抽象引申。

"通流"表"流布；流傳"義較早已見於魏晉文獻[①]。例如：

《三國志·蜀書·蔣琬傳》：斌答書曰："知惟臭味意眷之隆，雅託通流，未拒來謂也。亡考昔遭疾疢，亡於涪縣，卜云其吉，遂安厝之。"（卷 44/1059）

《曹子建集·與楊德祖書》：吾常歎此達言，以爲美談。昔尼父之文詞，與人通流；至於制《春秋》，游、夏之徒乃不能措一辭。過此而言不病者，吾未之見也。（三國魏　曹植《曹子建集》，四部初編，585－卷 9/12b）

"通流"上述詞義的變化可列表如下：

義　　項	戰國	唐代	新增義項始見時代
① (貨物)流通無阻。	＋	＋	——
★② 流布；流傳。	－	＋	魏晉

【文章】

"文章"在《荀子》中共出現 12 次，其中 2 次指"禮樂制度"，10 次表"錯雜的色彩或花紋"義，例如：

《非十二子》：斂然聖王之文章具焉，佛然平世之俗起焉，

---

① 《漢語大詞典》卷十"通流"詞目未列"流布；流傳"義，建議增立該義項。

則六説者不能入也，十二子者不能親也。

《堯問》：是以天下之紀不息，文章不廢也！

《非相》：故贈人以言，重於金石珠玉；觀人以言，美於黼黻文章。

《富國》：故爲之雕琢、刻鏤、黼黻、文章，使足以辨貴賤而已，不求其觀。

按：上述例句，前二例中"文章"是指"禮樂制度"，後二例是"錯雜的色彩或花紋"的意思。

楊倞注文中"文章"共出現 7 次，其中 2 次指"禮樂制度"，4 次指"錯雜的色彩或花紋"。除此之外，還有 1 次指"文辭"義。可見，楊注中"文章"除沿用《荀子》中義項外，還增加了"文辭"義項。列舉如下：

① 禮樂制度。

《仲尼》：然而仲尼之門人，五尺之豎子，言羞稱乎五伯，是何也？曰：然。彼非本政教也，非致隆高也，非綦文理也，非服人之心也。

楊注：非極有文章條理也。

《堯問》：彼正身之士，舍貴而爲賤，舍富而爲貧，舍佚而爲勞，顏色黎黑而不失其所，是以天下之紀不息，文章不廢也！

楊注：賴守道之士不苟徇人，故得綱紀文章常存也。

② 錯雜的色彩或花紋。

《富國》：《詩》曰："雕琢其章，金玉其相，亹亹我王，綱紀四方。"此之謂也。

楊注：言雕琢爲文章，又以金玉爲質，勉力爲善，所以綱紀四方也。與《詩》義小異也。

《禮論》：卑絻、黼黻、文織、資麤、衰絰、菲繐、菅屨，是吉凶憂愉之情發於衣服者也。

楊注：文織，染絲織爲文章也。

③ 文辭。

《正論》：今子宋子嚴然而好説，聚人徒，立師學，成文曲，然而説不免於以至治爲至亂也，豈不過甚矣哉！

楊注：文曲，文章也。

"文章"表"文字；文辭"義較早已見於漢代文獻，此義應該是由"錯雜的色彩或花紋"義由具體到抽象引申而來。用例如下：

《史記·儒林列傳》：臣謹案詔書律令下者，明天人分際，通古今之義，文章爾雅，訓辭深厚，恩施甚美。（卷121/3119）

《東漢文紀·（崔瑗）草書勢》：書契之興，始自頡皇，寫彼鳥迹，以定文章。（明 梅鼎祚編《東漢文紀》，四庫，1397-卷14/305）

"文章"上述詞義的變化可列表如下：

義　　　項	戰國	唐代	新增義項始見時代
① 禮樂制度。	＋	＋	——
② 錯雜的色彩或花紋。	＋	＋	——
★③ 文字；文辭。	—	＋	漢代

【文理】

《荀子》中"文理"共出現 16 次，都是"禮儀"的意思。僅擷舉數例：

> 《禮論》：文理繁，情用省，是禮之隆也。文理省，情用繁，是禮之殺也。
>
> 《禮論》：故先王、聖人安爲之立中制節，一使足以成文理，則舍之矣。
>
> 《禮論》：君者，治辨之主也，文理之原也，情貌之盡也。
>
> 《性惡》：然後出於辭讓，合於文理而歸於治。

楊注中"文理"計出現 13 次，其中 3 次指"紋理；花紋"，8 次指"禮儀"，2 次是"條理；秩序"的意思。相比《荀子》，楊注中"文理"多了"紋理；花紋"和"條理；秩序"兩個義項。分述如下：

① 紋理；花紋。

> 《榮辱》：口辨酸鹹甘苦，鼻辨芬芳腥臊，骨體膚理辨寒暑疾養。

楊注：膚理，肌膚之文理。

《解蔽》：故人心譬如槃水，正錯而勿動，則湛濁在下而清明在上，則足以見鬚眉而察理矣。

楊注：理，肌膚之文理。

《性惡》：骨體膚理好愉佚，是皆生於人之情性者也。

楊注：膚理，皮膚文理也。

② 禮儀。

《正名》：聽則合文，辨則盡故。

楊注：謂聽他人之說，則取其合文理者，自辨說則盡其事實也。

《彊國》：然則奈何？曰：節威反文。

楊注：節減威彊，復用文理。

③ 條理；秩序。

《法行》：潤而澤，仁也；栗而理，知也。

楊注：理，有文理也。似智者處事，堅固又有文理。

《成相》：主好論議必善謀，五聽脩領，莫不理續主執持。

楊注：脩領，謂脩之使得綱領，莫不有文理相續。

“文理”一詞諸義項的發展歷程，在前面“關於‘理’字詞群詞形、詞義發展脈絡”一節中已有闡述：義項②、③由義項①引申而來，義項①雖然在《荀子》中未見，但其實它在與《荀子》同時期的《管子》中已見個別用例，義項②在唐代仍然沿用，義項③較早約見於東漢文獻。

因此，"文理"上述詞義的變化可列表如下：

義　　項	戰國	唐代	新增義項始見時代
① 紋理；花紋。	＋	＋	──
② 禮儀。	＋	＋	──
★③ 條理；秩序。	－	＋	東漢

【和合】

"和合"在《荀子》和楊注中各出現 1 次。在《荀子》中是形容詞，指"和睦同心"；在楊注中是動詞，"調和；會合"義。例見下：

> 《禮論》：故人之歡欣和合之時，則夫忠臣孝子亦惕詭而有所至矣。
> 楊注：歡欣之時，忠臣孝子則感動而思君親之不得同樂也。

按：此例《荀子》母本中"和合"是形容詞，指"和睦同心"。

> 《非十二子》：古之所謂士仕者，厚敦者也，合群者也。
> 楊注：合，謂和合群眾也。

按：此例楊注中"和合"是動詞，"調和；會合"義，後接賓語"群衆”，表動作的支配對象。

　　注文中雖未見“和合”用作形容詞，表“和睦同心”的用法，但在唐代其他文獻中有見。例如：

　　　　《元氏長慶集・辨日旁瑞氣狀》：臣下忠誠輔主，國中歡喜和合。（唐　元稹《元氏長慶集》，四部初編，722－卷35/1b）
　　　　《大唐西域記・摩揭陀國下》：我昔爲王尊居最上，今者出家卑在衆末，尋往白僧自述情事。於是衆僧和合，令未受戒者以年齒爲次。故此伽藍獨有斯制。（唐　釋玄奘《大唐西域記》，四部初編，303－卷9/16b）

　　“和合”用作動詞，表“調和；會合”義，較早已見於漢代文獻。例如：

　　　　《韓詩外傳》：天施地化，陰陽和合，動以雷電，潤以風雨，節以山川，均以寒暑。（西漢　韓嬰《韓詩外傳》，四部初編，46－卷3/11a）
　　　　《周禮・秋官司寇下》：使和諸侯之好，達萬民之説。
　　鄭玄注：有欲相與脩好者，則爲和合之。説，所喜也。（13－卷10/34a）
　　　　《周禮・地官司徒》：調人，下士二人，史二人，徒十人。
　　鄭玄注：“調，猶和合也。”（10－卷3/4a）

　　“和合”上述詞義的變化可列表如下：

義　　項	戰國	唐代	新增義項始見時代
① 和睦同心。	＋	＋	——
★② 調和；會合。	－	＋	漢代

【脩飾】①

《荀子》中"脩飾"共出現 4 次，其中 2 次指"修養品行"，2 次指"整修、裝飾（器物）"。分述如下：

① 修養品行。

《非相》：將由夫脩飾之君子與？則三年之喪，二十五月而畢，若駟之過隙，然而遂之，則是無窮也。

《君道》：其所爲身也，謹脩飾而不危。

② 整修；裝飾（器物）。

《王制》：然後漸賞慶以先之，嚴刑罰以防之，擇士之知事者，使相率貫也。以是厭然畜積脩飾而物用之足也。

《王制》：兵革器械者，彼將日日暴露毀折之中原，我今將脩飾之，拊循之，掩蓋之於府庫。

楊注中"修飾"共出現 11 次，其中 8 次指"修養品行"，1 次指"整飭；整頓"，2 次指"梳妝打扮、修整儀容"。分述如下：

———

① 宋台州本《荀子》母本和注文中有時作"修飾"，有時又作"脩飾"，二者意義無別，故我們在搜檢文獻用例和統計數據時，將"修飾""脩飾"例都計入在內。

① 修養品行。

《榮辱》：堯、禹者，非生而具者也。夫起於變故，成乎脩脩之爲，待盡而後備者也。

楊注：言堯、禹起於憂患，成於脩飾，由於待盡物理，然後乃能備之。

《解蔽》：向是而務，士也；類是而幾，君子也。

楊注：士者，脩飾之名。君子，有道德之稱也。

《王霸》：齊桓公闺門之内，縣樂、奢泰、游抏之脩，於天下不見謂脩。

楊注：天下不謂之脩飾也。

② 整飭；整頓。

《君道》：相者，論列百官之長，要百事之聽，以飾朝廷、臣下、百吏之分。

楊注：脩飾使各當分。

按：此例注文中"脩飾"是"整飭；整頓"的意思，其後隱含了"朝廷、臣下、百吏之事"這個賓語。這與上面《王制篇》中的"脩飾"意義不同：《王制篇》中"脩飾"的賓語是諸如"兵革器械"這種具體的器物，意謂"整修，裝飾"；而此例注文中"脩飾"所帶賓語卻是"朝廷政事"之類抽象的事物，意謂"整飭，整頓"。故應分立義項。

③ 梳妝打扮、修整儀容。

《大略》：上好羞則民闇飾矣，上好富則民死利矣，二者亂之衢也。

楊注：好羞貧而事奢侈，則民闇自脩飾也。

《大略》：言語之美，穆穆皇皇。

楊注：《爾雅》曰：“穆穆，敬也。”“皇皇，正也。”郭璞云：“皇皇，自脩正貌。”“穆穆，容儀謹敬也。”皆由言語之美，所以威儀脩飾。

由上可知，“脩飾”在楊注中除沿用“修養品行”義外，又增加了“整飭；整頓”和“梳妝打扮；修整儀容”兩個義項。

楊注中雖未見“脩飾”指“整修；裝飾（器物）”的例子，然宋代洪适《隸釋·魯相韓勑造孔廟禮器碑》有“脩飾宅廟，更作二輿”（《隸釋》，四庫，681－卷1/454）可見，該義項在唐代仍在使用。“脩飾”由“整修、裝飾（器物）”引申爲“整飭；整頓”義，前者所帶賓語爲具體的器具或建築物，後者所帶賓語爲抽象的事物，諸如政事、學校秩序和社會關係等，此乃詞義由具體向抽象引申[1]。

“脩飾”表“整飭；整頓”義，較早約見於南北朝文獻。例如：

《宋書·孔季恭傳》：（義熙八年）脩飾學校，督課誦習。十年，復爲尚書右僕射，加散騎常侍，又讓不拜。（梁 沈約撰《宋書》，卷54/1532）

《魏書·李平傳》：平勸課農桑，修飾太學，簡試通儒以充

---

[1] 《漢語大詞典》卷一“修飾”詞目未列“整飭；整頓”義，當增立義項。

博士,選五郡聰敏者以教之。(卷 65/1452)

"脩飾"一詞用於"梳妝打扮、修整儀容"義於《荀子》中未見,然在《楚辭·(宋玉)九辯》中有一例:"今脩飾而窺鏡兮,後尚可以竄藏。"(《楚辭》,580 −卷 8/15a)但《楚辭》在寫法上有善用比喻和象徵表現手法來抒發作者政治抱負和高尚情懷的特點,因而此例"脩飾"似乎仍然可理解爲"修養品行"義。"脩飾"表"梳妝打扮、修整儀容"義在漢代以後才比較常見。例如:

　　《詩·曹風·蜉蝣》:蜉蝣之羽,衣裳楚楚。　毛亨傳:蜉蝣,渠略也。朝生夕死,猶有羽翼,以自脩飾。楚楚,鮮明貌。(《毛詩》,6 −卷 7/9a)
　　《漢書·外戚傳·孝武李夫人傳》:夫人曰:"婦人貌不修飾,不見君父。"(卷 97 上/3951)

"脩飾"上述詞義的變化可列表如下:

義　項	戰國	唐代	新增義項始見時代
① 修養品行。	+	+	—
★② 梳妝打扮;修整儀容。	−	+	漢代
③ 整修;裝飾(器物)。	+	+	—
★④ 整飭;整頓。	−	+	南北朝

【顛倒】

"顛倒"在《荀子》中出現了 3 次,其中 1 次謂"急促惶遽中不暇整衣",2 次是"使傾覆、敗亡"的意思。例見下：

① 謂急促惶遽中不暇整衣。

《大略》：諸侯召其臣，臣不俟駕，顛倒衣裳而走，禮也。

② 使傾覆、敗亡。

《仲尼》：畜積脩鬭，而能顛倒其敵者也，詐心以勝矣。

楊注：畜積倉廩，脩戰鬭之術，而能傾覆其敵也。

《富國》：有挈挈伺詐，權謀傾覆，以相顛倒，以靡敝之，百
姓曉然皆知其汙漫暴亂而將大危亡也。

"顛倒"在楊注中出現了 2 次，其中 1 次指"使傾覆、敗亡"，1
次是"行步匆遽貌"的意思。例如：

① 使傾覆、敗亡。

《仲尼》：有災繆者，然後誅之。

楊注：有災怪繆戾者，然後誅之，非顛倒其敵也。

② 行步匆遽貌。

《儒效》：故近者歌謳而樂之，遠者竭蹶而趨之。

楊注：竭蹶，顛倒也。遠者顛倒趨之，如不及然。

　　由上所述,楊注中"顛倒"沿用了《荀子》中"使傾覆、敗亡"義項,又增加了"行步匆遽貌"義項。注文中雖未見"顛倒"表"急促惶遽中不暇整衣"的用法,但唐代其他文獻中仍可見個別用例,如唐太宗李世民撰《晉書·皇甫謐傳》:"夫貴陰賤璧,聖所約也;顛倒衣裳,明所箴也。"(《晉書》,卷 51/1412)故該義在唐代可能仍在使用。

　　"顛倒"表"行步匆遽貌",較早約見於東漢文獻。例如:

　　　　《孟子·萬章下》:萬章曰:"孔子,君命召,不俟駕而行。然則孔子非與?"曰:"孔子當仕有官職,而以其官召之也。" 東漢趙歧注:孟子言孔子所以不待駕者,孔子當仕位有當職之事,君以其官名召之,豈得不顛倒? (41-卷 10 下/14b)
　　　　《昭明太子集·七召》:懷真獨往之夫,犇走而從事;滅迹藏名之士,顛倒而向風。二漢有同於兒戲,魏晉無礙於胸中。(蕭統撰《昭明太子集》,四庫,1063-卷 2/663)

　　"顛倒"上述詞義的變化可列表如下:

義　　項	戰國	唐代	新增義項始見時代
① 謂急促惶遽中不暇整衣。	＋	＋	——
② 使傾覆、敗亡。	＋	＋	——
★③ 行步匆遽貌。	－	＋	東漢

　　(二)義項減少

【事業】

　　"事業"一詞在《荀子》中共出現 10 次,其中 3 次特指"耕稼、勞

役之事",4次指"事務;職業",3次指"行事之成就;功業"。列述如下:

① 特指耕稼、勞役之事。

《王霸》:百畝一守,事業窮,無所移之也。

楊注:百畝,一夫之守。事業,耕稼也。

《富國》:百姓時和,事業得敘者,貨之源也;等賦府庫者,貨之流也。

楊注:事業得敘,耕稼得其次序,上不奪農時也。

《富國》:事業所惡也,功利所好也,職業無分。

楊注:事業,勞役之事,人之所惡。

② 事務;職業。

《君道》:故明主有私人以金石珠玉,無私人以官職事業。

《王霸》:其官職事業,足以容天下之能士矣。

③ 行事之成就;功業。

《富國》:上功勞苦,與百姓均事業,齊功勞。

《賦》:行義以正,事業以成,可以禁暴足窮,百姓待之,而後寧泰。

楊注中"事業"出現6次,其中4次指"事務;職業",2次指"行

事之成就;功業"。例見下:

① 事務;職業。

《正名》:正利而爲,謂之事。正義而爲,謂之行。

楊注:爲正道之事利,則謂之事業,謂商、農、工、賈者也。

《王霸》:賢士一焉,能士官焉,好利之人服焉,三者具而天下盡,無有是其外矣,故百里之地足以竭埶矣。

楊注:有等位、爵服、官職、事業,是天下之人埶盡於此矣。

② 行事之成就;功業。

《富國》:守時力民,進事長功,和齊百姓,使人不偷,是將率之事也。

楊注:進其事業,長其功利。

《王霸》:如是,則雖臧獲不肯與天子易埶業。

楊注:埶業,權埶、事業也。

我們統計了《史記》《漢書》和《三國志》中"事業"一詞的用例,《史記》中"事業"凡6見,其中特指"耕稼、勞役之事"僅1見;《漢書》"事業"凡2見,其中指"耕稼、勞役之事"見1例;《三國志》中"事業"凡7見,無一例指"耕稼、勞役之事"。但未見不等於沒有,趙元任先生曾説過:"説有易,説無難。"所以,我們不能輕易下結論説"事業"特指"耕稼、勞役之事"消失於魏晉以前,但從楊注屢次注

"事業"爲"耕稼、勞役之事"來看，至遲在唐代，"事業"特指"耕稼、勞役之事"應該已不爲時人所熟悉。

"事業"上述詞義的變化可列表如下（減少的義項前標注★號）：

義　項	戰國	唐代	義項消失的時代
★① 特指耕稼、勞役之事。	＋	－	唐代
② 行事之成就；功業	＋	＋	——
③ 事務；職業	＋	＋	——

（三）詞義轉移

【將來】

"將來"在《荀子》中出現了 2 次，指"想來；會來"；在注文中也出現了 2 次，卻已經是"未來；即將到來的時間"的意思。分述如下：

《王制》：材技股肱、健勇爪牙之士，彼將日日挫頓竭之於仇敵，我今將來致之，并閲之，砥礪之於朝廷。

《議兵》：人之情，雖桀、跖，豈又肯爲其所惡，賊其所好者哉？是猶使人之子孫自賊其父母也，彼必將來告之，夫又何可詐也？

按：這兩例中"我今將來致之"和"彼必將來告之"句式一致，"將來"是一個動詞性雙音節連用結構，表示"想來；會來"的意思。《王制》一句是說對於"材技股肱、健勇爪牙之士"，他國是一天天地讓他們在仇敵手裏受挫折、受困頓、被消耗,而我現在想來招募他,容納他,在朝廷鍛煉他。《議兵》一句則是説:哪裏有肯爲他所憎惡的君主去殘害他所喜愛的君主的人呢?這就好像讓別人的子孫親自去殺害他們的父母一樣。他們一定會來告訴我們,那麼我們又怎麼可能會被欺詐呢?"將來"的這個意義在先秦其他文獻中亦有見,如《左傳・昭公三年》:"我欲得齊,而遠其寵,寵將來乎?"(《春秋經傳集解》,28 -卷 20/17b)

　　《正論》:凡刑人之本,禁暴惡惡,且征其未也。

　　楊注:征,讀爲懲。未,謂將來。

　　《解蔽》:不慕往,不閔來,無邑憐之心,當時則動,物至而應。

　　楊注:往,古昔也。來,將來也。不慕往古,不閔將來。言惟義所在,無所繫滯也。

　　按:此 2 例,楊注中"將來"是"未來;即將到來的時間"的意思,已凝固成詞。

　　由於"想要來;會來"表示的是在將來時間裏可能會做某事,因而詞義發生了轉移,轉而指"未來;即將到來的時間"。這個詞義轉移的過程大約發生在西漢。因爲指"未來;即將到來的時間"的用例自西漢漸漸多起來。例如:

　　《揚子法言》:或曰:以往聖人之法治將來,譬猶膠柱而調瑟。(西漢 揚雄撰《揚子法言》,四部初編,333 -卷 9/2a)

《揚子雲集·諫不受單于朝書》：奈何距以來厭之辭，疎以無日之期，消往昔之恩，開將來之隙。（西漢　揚雄撰《揚子雲集》，四庫，1063－卷 4/106）

《孔叢子·連叢子上·左氏傳義詁序》：將來君子儻肯遊意，幸詳録之焉。（西漢　孔鮒撰《孔叢子》，四部初編，319－卷 7/56b）

按：此 3 例中"將來"都是"未來；即將到來的時間"的意思。可見，西漢時複音詞"將來"已經很常見了。

【嫌疑】

"嫌疑"在《荀子》母本和注文中各出現 1 次，在《荀子》母本中指"疑惑難辨的事理"，在注文中則是"被懷疑有某種行爲的可能性"之意。例見下：

《解蔽》：故導之以理，養之以清，物莫之傾，則足以定是非，決嫌疑矣。

《仲尼》：貴而不爲夸，信而不處謙，貴而不爲夸，任重而不敢專。

楊注：謙，讀爲嫌。得信於主，不處嫌疑間，使人疑其作威福也。

按：前一例《荀子》母本中"嫌疑"指"疑惑難辨的事理"；後一例注文中"嫌疑"是"被懷疑有某種行爲的可能性"的意思。

"嫌疑"在漢代以前文獻裏多指"疑惑難辨的事理"，如《韓詩外傳》："將使我深計遠謀乎？定猶豫而決嫌疑乎？"（《韓詩外傳》，47-卷10/9a)《史記》中"嫌疑"凡7見，全部是"疑惑難辨的事理"義，如《史記·田叔列傳》："任安對曰：'夫決嫌疑、定是非、辯治官，使百姓無怨心，安不及仁也。'"（《史記》，卷104/2781)大約在魏晉以後，始出現"嫌疑"指"被懷疑有某種行爲的可能性"的用例。"嫌疑"的詞義發生了轉移，同時詞義感情色彩也由中性變成了貶義。例如：

　　《三國志·蜀書十》：評曰：劉封處嫌疑之地而思防不足以自衛。彭羕、廖立以才拔進，李嚴以幹局達，魏延以勇畧任，楊儀以當官顯，劉琰舊仕，並咸貴重。覽其舉措，迹其規矩，招禍取咎，無不自己也。（卷40/1005～1006)

　　《三國志·吳書·孫堅傳》：堅與卓非有骨肉之怨也，而將軍受譖潤之言，還相嫌疑。（卷46/1097)

　　《三國志·吳書·諸葛恪傳》：恪乃復敕下曰："山民去惡從化，皆當撫慰，徙出外縣，不得嫌疑，有所執拘。"（卷64/1431)

　　《曹子建集·君子行》：君子防未然，不處嫌疑間。瓜田不納履，李下不整冠。周公下白屋，吐哺不及餐。一沐三握髮，後世稱聖賢。（584-卷6/7b～8a)

【平均】

"平均"一詞在《荀子》母本中出現了2次，指"(人心)齊一"。注文中"平均"有時又寫作"均平"，二者詞義無別。注文中"平均/

均平"共出現 3 次，都是"（物）均勻；沒有輕重或多少之別"的意思。
分述如下：

　　《王霸》：出若入若，天下莫不平均，莫不治辨。

　　按：此例《荀子》母本中"平均"指"（人心）齊一"，意謂天下同
心，齊一不貳。
　　再看楊注中的"平均/均平"：

　　《富國》：必將脩禮以齊朝，正法以齊官，平政以齊民，然
後節奏齊於朝，百事齊於官，衆庶齊於下。
　　楊注：上政平均，故民齊一。如是，則近者競親，遠方
致願。
　　《富國》：而百姓皆愛其上，人歸之如流水，親之歡如父
母，爲之出死斷亡而愉者，無它故焉，忠信調和，均辨之至也。
　　楊注：均，平均。辨，明察也。
　　《宥坐》：主量必平，似法；盈不求槩，似正。
　　楊注：言所經阬坎，注必平之然後過，似有法度者均
平也。

　　按：上述例句注文中"平均/均平"，都指"（物）均勻，沒有輕重
或多少之別"。
　　"平均"由指"人心之齊一不貳"，轉而指"物之均勻無別"，屬詞
義發生了轉移。我們調查文獻發現，這個詞義轉移的過程約發生

於漢代。"平均"表"人心之齊一不貳"義在先秦文獻中多見,如《禮記·樂記》:"脩身及家,平均天下。"(《禮記》,22 -卷 11/15b)《國語·楚語下》:"楚國之能平均,以復先王之業者,夫子也。"(《國語》,四部初編,254 -卷 18/14b)然漢代以後就比較少見了,而表"物之均勻無別"的用例從漢代開始漸漸多起來。例如:

　　　《詩·小雅·大東》:周道如砥,其直如矢。　　毛亨傳:"如砥,貢賦平均也。如矢,賞罰不偏也。(《毛詩》,7 -卷 13/3a)
　　　《前漢紀·高祖紀二》:分肉甚平均,父老善之。(87 -卷 2/7a)

　　這三個複音詞詞義的轉移情況可列表如下:

詞義　　　　時代　　複音詞	戰　國	唐　代	詞義轉移的時代
"將來"	欲來;打算來	未來;將來時間裏	西漢
"嫌疑"	疑惑難辨的事理	被懷疑有某種行爲的可能性	魏晉
"平均"	(人心)齊一不貳	(物)均勻,没有輕重或多少之别	漢代

　　上述 15 個複音詞,就其從戰國《荀子》至唐代楊注所發生的詞義變化來看,其中 11 個複音詞的義項有增加。可見,《荀子》中原有複音詞在楊注中詞義的發展主要表現爲義項的增加。這些新增的義項都是在《荀子》母本原有義項的基礎上引申而產生的新義,各義項之間有一定的聯繫。由此看來,戰國至唐代,漢語詞彙意義

發展的總體趨勢，是意義不斷引申，義項逐漸增加，詞義漸趨豐富。此外，上述複音詞的新增義項一般以漢魏時期出現爲多，這説明漢魏時期複音詞的發展不僅表現在本書前面"《荀子》中單音詞在楊注中的雙音化"一節所述大量新的雙音詞詞形的出現，還表現在複音詞詞義的逐漸豐富與細密方面。因此，不管是從新增雙音詞的數量來説，還是從詞義的發展來説，漢魏時期都是漢語複音詞大發展的重要階段。

第三章　楊倞注複音詞衍生的語用目的分析

　　前面我們就《荀子》與楊倞注從單音詞演變更替和雙音詞衍生發展兩個層面的變化進行了分析和討論。總的説來,從戰國後期的《荀子》到唐代的楊注,詞彙的最顯著變化仍是雙音詞的大批衍生和發展。這種注釋文中詞彙的雙音化現象,是漢語詞彙雙音化的重要組成部分。目前在漢語詞彙史研究中,詞彙的雙音化問題一直是備受關注的議題,但現有研究存在兩個值得注意的問題:

　　一是取材範圍多集中於一些熱門語料和同質文獻,注釋語料相對被忽視。關於詞彙雙音化規律的研究,鮮有涉及像注釋材料這種特定文體對雙音詞衍生和發展影響的成果。董志翹(2005)説:"在文體上,注釋文體複音詞的出現頻率遠比其他文體爲高。上古漢語以單音詞爲主,而後代訓詁家對於詞語的訓釋往往使用複音詞。"可見,由於注釋文體的特殊性,注釋文體在漢語詞彙雙音化進程中有着重要地位和推動作用。正如徐望駕(2015)所説:"古籍注釋文體是我國傳世文獻的重要組成部分,若忽略注釋語料這一文體,對漢語詞彙複音化的研究必然是不完整的。"可見,學界今後要加強對古籍注釋語料中詞彙複音化的研究。

　　二是研究角度多采用句法與構詞法同一的方法。王寧先生

(2008)説:"在漢語雙音合成詞的構詞研究中,采用句法與構詞法同一的純形式方法成爲主流。近年來,學界已經感到用這種方法研究雙音合成詞有明顯的局限。"對於這種相對單一的詞彙雙音化研究,王寧先生早在 1997 年就曾指出:"要運用訓詁學的原理,來解決漢語雙音詞形成的原因以及它們的構詞理據。現代漢語裏的許多雙音詞,兩個語素結合的原因必須從先秦文獻語言及訓詁材料中去探尋。"王寧先生的這段話,明確指出了漢語詞彙雙音化研究必須與訓詁研究相結合的方向。

因此,前面已對《荀子》單音詞在楊倞注中大量擴展爲雙音詞進行了分析和描寫,接下來我們就在此基礎上,對楊注中雙音詞產生和構詞的理據進行討論,以期爲漢語雙音化研究提供注釋文體方面的解釋依據。並且,我們在探討楊注中詞彙的雙音化理據時,將改變學界常用的與句法分析同一的方法,而是嘗試從兩個層面進行討論:一是以語用學中的語用目的原則爲指導,來分析楊注這種注釋性語料中雙音詞的產生規律;二是運用語義分析方法分析楊注中新增雙音詞構詞語素之間的語義組配和整合關係,從而探求注釋文體中雙音詞的内部構詞理據。

第一節 語用目的原則用於注釋
語言研究的適切性

我們認爲,單純從静態的句法層面去研究構詞法,這種脱離語用行爲去研究語言規律的做法,與語言本屬於人類社會最重要的交際工具,即語言應該時刻存在於人類動態的交際行爲中這一本質屬性,是相違背的。因此,下面我們將把注釋語料置於語用學的視角下,以語用學的語用目的原則來觀照訓詁家的作注行爲。

語用學是以語言使用和語言理解爲研究對象的學問,它研究的是符號或詞句與解釋者之間的關係,研究如何通過語境來理解和使用語言。隨着語用研究和話語分析在我國的引介和發展,語言使用的目的因素進入了我國語言研究者的視野,並引起了關注。廖美珍在這樣的學術背景之下,將哲學"目的論"引入語言研究,於2005 年提出了語用研究的新途徑——目的原則與目的分析。她說:"目的是言語生成的原因,目的是言語發展的動力。這既是一個哲學命題,也是一個語用原則。目的原則是言語行爲分析的基石。"①語用目的原則首先被廖美珍應用於法庭話語研究,隨後又有學者相繼把語用目的原則應用於警察話語、教學語言等的研究②。這些研究對我們以語用目的原則爲指導來觀照古籍注釋文體中的話語形式,很有啟發意義。

我們首先需要闡釋的是語用目的原則用於古籍注釋文體語言研究,尤其是用於注釋文中雙音詞産生規律研究的適切性。

根據語用學中的語用目的原則,任何言語事件和言語行爲(包括互動式和獨白式話語)都有一定語用目的。廖美珍指出:"目的原則既適用於互動式話語的連貫分析,也適用於獨白式話語的連

---

① 廖美珍:《"目的原則"與目的分析(上)——語用研究新途徑探索》,《修辭學習》2005 年第 3 期。

② 依次參看王佳宇、廖美珍:《目的原則視角下法律論證的語用分析模式》,《當代修辭學》2010 年第 5 期;李響:《警察訊問話語目的、話語策略和話語結構》,《政法學刊》2012 年第 3 期;湯燕瑜、劉紹忠:《教師語言的語用分析》,《外語與外語教學》2003 年第 1 期。

貫分析。"有學者將語用目的原則應用於像法庭判決書中法官後話、文學語言和廣告語言等獨白式話語的研究之中①。我們認爲，注釋文體也是一種獨白式的話語，注家作注也是一種有目的的言語行爲，注家必然會在一定語用目的的驅使下對自己注釋的語言形式進行選擇和組織。因此，語用目的原則同樣適用於古籍注釋語言的研究。

那麼，注釋性話語依據的是什麼樣的語用目的原則呢？英國語言學家利奇(1997)主張"把每一個言語行爲都看作是發生在一個話語情境中"②。他所說的話語情境包括以下四個要素：

> a) 話語本身 U；　　　　b) 話語的說話人/寫話人 S；
> c) 話語的聽話人/讀話人 H；　d) 言語行爲 A。

注家爲古籍作注這種言語行爲(A)，也可看作是發生在一個特殊的話語情境中：一個以古籍母本爲話題、注者(寫話人 S)以注文(話語 U)與讀者(讀話人 H)交流的話語情境。力圖讓讀者借助注文清楚理解古籍母本，就是該話語情境最根本的語用目的。受這一目的的驅使，訓詁家必然會精心選擇恰當的語言形式來表達，以使古籍母本古奧隱晦的語意得以凸顯。上古漢語是以單音詞爲

---

①　依次參看邱昭繼：《論判決書中"法官後語"的語篇分析——語用學"目的原則"視角》,《修辭學習》2006 年第 4 期；董家紅：《〈雷雨〉中疑問句的語用目的分析》,《杭州師範學院學報》(醫學版)2006 年第 3 期；魏在江：《廣告語言變異及語用目的分析》,《西南政法大學學報》2002 年第 6 期。

②　[英] 傑佛瑞·利奇著，李瑞華等譯：《語義學》,上海外語教育出版社,1996年,463 頁。

主的,這就使得中古的訓詁家們必須用添加語詞的辦法來補足古籍中或省略,或隱含,或時人已經不明了的内容,這也就必然表現爲注語中大量以雙音詞或雙音結構對釋古籍母本中單音詞的情形。因此,下面我們就將以語用目的原則爲指導,通過對楊倞使用雙音詞爲《荀子》作注的具體語用目的的分析,來探討注釋文中雙音詞的産生規律。

第二節　楊注複音詞的産生規律

如前面所統計,楊注以《荀子》中單音詞爲構詞語素對應地擴展爲雙音詞的計 591 對,其中 360 對是一對一的擴展,231 對是一對多的擴展。楊注中雙音詞數量遠多於《荀子》,這在唐代其他先秦古籍的注釋書中情況也一樣,如儲亞《〈莊子〉與成疏複音詞比較研究》(2017)一文,統計《莊子》唐代成玄英疏以《莊子》中單音詞爲構詞語素對應地擴展爲雙音詞的共計 515 對[①]。這是由於社會發展和語言演變,唐人對上古主要由單音詞組合成的文本的理解不可避免地出現了各種障礙所致。爲了幫助人們讀懂古籍,唐代的訓詁家們便要以時人易懂的語言去解釋前代典籍,因而就需要對古籍中一些或省略、或隱含的内容,在注語中言簡意賅地予以補出。於是,他們或選用時人慣用的雙音詞,或在原單音詞基礎上添加語詞(語素)形成雙音結構去訓釋古籍中的單音詞,這就使得注

① 儲亞:《〈莊子〉與成疏複音詞比較研究》,江蘇師範大學碩士學位論文,2017 年。

文中出現了大批量的雙音結構和雙音詞。其中一些雙音結構最初可能只是訓詁家爲了釋義明晰而在原單音詞基礎上臨時添加語詞形成，但隨着注釋書的傳播，這些雙音結構後來也大多相沿成習，最終凝固成詞。這可能正是注釋語中有的複音詞的出現年代也往往最早的原因之一①。可以説，很多雙音詞最初都是注家出於釋義明晰的目的而在注語中較早使用，繼而成詞並沿用於後世的。

根據我們對《荀子》楊倞注的考察，在實際作注中，注家選取或創造雙音詞的具體目的可根據母本話語情境再作分析。我們根據楊倞作注時語用目的的不同，將楊注中雙音詞的出現主要歸納爲以下幾種類型：

一　多義限定式

漢語一詞多義是普遍現象。由於古籍母本中單音詞有多個義項而致表意不明，訓詁家爲使注語表意明晰，就將其與另一同義、類義或反義語素組合成雙音詞，以對原單音詞的語義加以限定。組成雙音詞的兩個語素，在意義上往往有着某種共同特徵②。兩個語素互相限制、互相制約，使某個語義特徵得到凸顯，從而使注文表意更加明晰與準確。例如：

《成相》：上通利，隱遠至。

---

① 董志翹先生在《故訓資料的利用與古漢語詞彙研究——兼評〈故訓匯纂〉的學術價值》（《中國語文》2005 年第 3 期）一文中曾説："注釋語中複音詞的出現年代也往往最早。"

② 組成雙音詞的兩個反義語素，其意義之間其實也有着某種共同語義特徵。

　　楊注：上通利，不壅蔽，則幽隱、遐遠者皆至也。

　　《榮辱》：其溫厚矣，其功盛姚遠矣。

　　楊注：姚，與遙同，言功業之盛，甚長遠也。

　　按：此2例《荀子》中都用單音詞“遠”。“遠”是個多義詞，既可指“距離遙遠”（《成相》例），又可指“時間長遠”（《榮辱》例）。爲使讀者明白《荀子》原意，楊注分別前加語素“遐”和“長”①，與“遠”組合成“遐遠”和“長遠”兩個雙音詞。“遐”指距離遠，“長”指時間長，於是“遐”“長”與“遠”的意義互相限制和制約，遂使“遠”之“距離遙遠”和“時間長遠”的語義特徵分別得到凸顯，《荀子》原意也就清楚了。

　　《禮論》：兩情者，人生固有端焉。

　　楊注：兩情，謂吉與凶，憂與愉。言此兩情固自有端緒，非出於禮也。

　　《非相》：小辯不如見端，見端不如見本分。

　　楊注：小辯，謂辯説小事則不如見端首，見端首則不如見本分。言辯説止於知本分而已。

　　《勸學》：端而言，蝡而動，一可以爲法則。

　　楊注：或曰：“端而言，謂端莊而言也。”

---

　　① 這裏需要説明的是，也許“遐遠”或“長遠”並非始自楊注，而是楊倞選用的時人習用的語詞，但楊注選用這兩個詞，相對於《荀子》原單音詞來説，也是添加了語素的，所以仍然可以當做是楊注在《荀子》原單音詞基礎上添加語素形成的雙音詞。下文同此。

按：此 3 例《荀子》中用單音詞"端"。"端"一詞多義，它有"正；不偏斜""公正；正直""頂部；鋒尖；末梢"等多項意義①。爲區分單音詞"端"在《荀子》具體語句中的意義，楊倞作注時，在"端"後分別加上了"緒""首""莊"三個語素，從而構成三個雙音詞"端緒"（凸顯"端"之末梢義）、"端首"（凸顯"端"之頂部義）、"端莊"（凸顯"端"之正、不偏斜義），從而使《荀子》各句中"端"的意義顯明。

《子道》：古之人有言曰："衣與，繆與，不女聊。"

楊注：聊，賴也。言雖與之衣，而紕繆不精，則不聊賴於汝也。

《彊國》：並己之私欲，必以道夫公道通義之可以相兼容者，是勝人之道也。

楊注：並，讀曰屏，棄也。屏棄私欲，遵達公義也。

按：此 2 例，楊注先以一個同義詞訓釋《荀子》中單音詞，然後再把這兩個同義詞組成雙音詞去訓釋原單音詞。如《彊國》例，先以"棄"釋"並（屏）"，然後用"屏棄"去訓釋句意。張世禄在《"同義爲訓"與"同義並行複合詞"的產生》(1981)一文中指出："漢語單音同義詞的豐富性，使訓釋中形成了'同義爲訓'的方式。這種'同義爲訓'的方式，與構詞上'同義並行複合詞'的產生密切相關。"爲制約、限定原單音詞的意義，選取另一個與原單音詞同義、類義或反義的語素，與之組合成一個並列式的雙音詞來作注，這是訓詁家們

---

① 《漢語大詞典》：第 8 卷，394 頁。

通常的做法,也正是因了注釋文中這種並列複合的造詞方法,才使得漢語詞彙中並列式雙音詞變得非常豐富。

二　修飾中心詞式

《荀子》中原單音詞前無修飾限定語,由於詞義的發展演變,中古時人們讀來已經意義不明確、不具體了。於是注家采用在該單音詞前添加一個語素的辦法來對其加以修飾和限定,遂使注語表意明晰,於是形成了一個修飾語加中心語的雙音結構。這種方式非常便於對事物狀態進行描摹説明,因而在注釋文中也比較多見。例如:

《儒效》:身不肖而誣賢,是猶傴身而好升高也,指其頂者愈衆。

楊注:傴身之人而强升高,則頭頂尤低屈,故指而笑者愈衆。

按:此例《荀子》用單音詞"頂"。"頂"的本義是頭頂,單音詞"頂"在《荀子》中即指頭頂,在當時表意是明確的。可是到後來,"頂"發生了由個別到一般的引申,由"頭頂"義引申出"頂部"義。因而,楊倞在作注時,就必須在其前加上限制語"頭",才能使《荀子》句意顯明,於是他以雙音詞"頭頂"去解釋《荀子》中的"頂"。

《脩身》:厭其源,開其瀆,江河可竭。

楊注:瀆,水竇也。

　　按：此例《荀子》用單音詞"瀆"。"瀆"在先秦是"溝渠"的意思，後來引申有"江河大川"等義，還可以通"竇"，指洞穴。如，《左傳·襄公三十年》："癸丑晨，自墓門之瀆入。"（《春秋經傳集解》，28－卷19/9b）因而，楊注爲明確《荀子》原意爲"溝渠"，故在其前加上限制語"水"，以雙音詞"水瀆"釋"瀆"，這樣《荀子》原意就清楚了。

　　　　《臣道》：以持禄養交而已耳，謂之國賊。
　　　　楊注：養其外交，若蘇秦、張儀、孟嘗君，所至爲相也。

　　按：此例《荀子》用單音詞"交"。這裏的"交"非謂一般的交往，而是指裏通外國的交往，故後有"謂之國賊"語。於是，楊注以雙音詞"外交"釋之。"交"前有了修飾限定語"外"，《荀子》原句意義遂顯明。

三　補出中心詞式

　　《荀子》中單音詞表示某種狀態，由於單音詞語法功能的變化，中古時候的人們讀來已經不明白了。楊注在原單音詞後加上一個語詞，指明這種狀態所關涉的事物或補充説明與之相關的動作，這就形成了一個修飾語加中心語的雙音結構。只不過和前面修飾中心詞式不同的是：修飾中心詞式是在原單音詞前添加修飾限定性的語素，這裏的補出中心詞式卻是在原單音詞後補出中心語素。例如：

　　　　《榮辱》：在勢注錯習俗之所積爾！

　　　楊注：在所積習。

　　　《榮辱》：安知廉恥隅積？

　　　楊注：積，積習。

　　　《性惡》：故聖人者，人之所積而致也。

　　　楊注：雖性惡，若積習，則可爲聖人。

　　按：此3例《荀子》中都用單音詞"積"。從《荀子》各句所在語言環境看，"積"相當於一個名詞，指長期以來形成的習慣。然"積"在中古時還可用作動詞，因此，爲排除時人閱讀的障礙，楊注遂以"積習"釋"積"，從而明確《荀子》中的"積"是作名詞用。

　　　《王制》：奸言並至，嘗試之説鋒起。

　　　楊注：鋒起，謂如鋒刃齊起。

　　按：此例《荀子》用單音詞"鋒"，屬名詞用作狀語。中古時這種用法可能已不大爲時人所習用，於是楊注以雙音詞"鋒刃"對釋"鋒"，並説明《荀子》中"鋒"是指（嘗試之説）就像刀劍的刃口突起一樣紛紛出現。

　　　《榮辱》：以群則和，以獨則足。

　　　楊注：知《詩》《書》《禮》《樂》，群居則和同，獨處則自足也。

　　按：此例《荀子》用單音詞"群"，屬名詞活用作動詞，意謂與衆人共居處。這種詞類活用在中古人們的口語中應該已不普遍，爲使《荀子》原意顯明，楊注遂以"群居"釋"群"。

《王霸》：質律禁止而不偏。

楊注：謂禁止奸人不偏聽也。

按：此例《荀子》用單音詞"偏"，形容詞活用作動詞，意謂聽信一面之詞。同樣，爲使《荀子》原意顯明，楊注遂以"偏聽"釋"偏"。

四　補說動作結果式

《荀子》中單音節動詞所表動作的結果、狀態或程度有隱晦或意未盡處，楊注爲幫助讀者更好地理解和領會《荀子》原意，就在該單音節動詞後加上一個語素，以補充説明動作的結果、狀態或程度。例如：

《成相》：脩之者榮，離之者辱，孰它師？

楊注：孰敢以它爲師？言皆歸王道，不敢離貳也。

《議兵》：霍焉離耳，下反制其上。

楊注：霍焉，猶渙焉也。離散之後，則上下易位，若秦、項然。

《正論》：天下有聖而在後者，則天下不離。

楊注：有聖繼其後者，則天下有所歸，不離叛也。

按：此 3 例《荀子》中都用單音詞"離"，但其實三個句子中

"離"的結果是不一樣的:《成相》中"離"的結果是生貳心;《議兵》中"離"的結果是人心渙散;《正論》中"離"的結果是離心背叛。因此,楊注分別用雙音詞"離貳""離散""離叛"釋原單音詞"離",遂使《荀子》各句意義明白顯露。

《富國》:縱欲而不窮,民心奮而不可説也。

楊注:説,讀爲悦。若縱其性情而無分,則民心奮起爭競而不可悦服也。

按:此例《荀子》用單音詞"説(喜悦)",意謂心悦誠服。就"民"來説,通常"悦"則"服",因此,楊注以雙音詞"悦服"釋"悦"。

五　補出施受者式

由於先秦古文中語多省略,故《荀子》中原單音節動詞的施事或受事,時有未出現者。爲使《荀子》原意顯豁,楊注遂將動作的施事或受事予以補出。一般情況下,加在該單音節動詞前的語素是施事,加在其後的是受事。例如:

《成相》:恐爲子胥身離凶。進諫不聽,到而獨鹿棄之江。

楊注:此當是自到之後,盛以罜麗,棄之江也。

按:此例《荀子》用單音詞"到"。"到"是用刀割頸的意思,但並不一定是"自到",如《左傳·定公四年》:"句卑布裳,到而裹之。"杜預注:"司馬已死,到取其首。"(《春秋經傳集解》,30-卷27/8a)

《漢書・賈誼傳》:"今令此道順而全安,甚易,不肯早爲,已乃墮骨
肉之屬而抗到之,豈有異秦之季世乎!"顏師古注:"到,割頸也。"
(8－48卷/2233頁)《荀子》此句是説伍子胥進諫不聽於吳王而被
迫自殺,楊倞爲了讓讀者明白這裏是説伍子胥是自殺的,故特爲補
出施事"自",以雙音詞"自到"釋"到"。

　　《大略》:不自嗛其行者,言濫過。
　　楊注:所以不足其行者,由於言辭汎濫過度也。

　　按:此例《荀子》用單音詞"過"。楊注在"過"後添加語素
"度",補出"過"之對象,以雙音詞"過度"釋"過"。"過度",超越常
度也。

　　《榮辱》:小人注錯之過也。
　　楊注:注錯,謂所注意錯履也。

　　按:此例《荀子》用單音詞"注",謂留意,即把心神集中在某一
方面。中古時僅用單音詞"注"已不能明確表達這個意思,故楊注
特爲補出其後受事"意",以雙音詞"注意"釋"注"。

　　《富國》:爲之出死斷亡以覆救之,以養其厚也。
　　楊注:出死,出身致死。
　　《臣道》:出死無私,致忠而公,夫是之謂通忠之順,信陵
君似之矣。

　　　　楊注：出身死戰不爲私事而歸於至忠、至公。

　　按：此 2 例《荀子》中都用單音詞"出"，謂獻身。中古時僅單音詞"出"已不能表達"獻身"的意思，故楊注特爲補出其後受事"身"，以雙音詞"出身"釋之。

　　以上我們基於語用學的語用目的原則，以《荀子》中單音詞在楊注中擴展爲雙音詞的現象爲例，具體分析了楊倞用雙音詞作注的具體語用目的，總結歸納出了注釋文中雙音詞産生的幾種類型。其中，多義限定式是注釋文中雙音詞産生的最常見方式，這大概是漢語詞彙一詞多義現象極爲普遍所致。修飾中心詞式在注釋文中出現的幾率也很高，居其次。補出中心詞式、補説動作結果式相對較少，尤以補出施受者式爲最少。

第四章　楊倞注複音詞的
構詞理據探究

　　語言是依照自然現實而建構的，是有理據的，語詞也各有其發生發展的理據。語言發展的理據是指"在語言組織運轉過程中，每一個促進或激發語言存在、變異和發展的動因"①。那麽，漢語詞彙複音化又有着什麼樣的理據呢？我們認爲，要研究語詞内部的構詞理據，必須聯繫人類認知活動來加以討論，因爲語義本是一個認知構建的過程，"詞義是人腦對客觀事物進行抽象概括的產物，是社會集體所限定和理解的詞的功用范圍。"②因此，本章將從認知語義學的角度，對《荀子》楊注中新增雙音詞的構詞理據進行討論，從而一定程度上探求注釋文體中複音詞構詞的内部語義理據。

　　我們認爲，注釋文中雙音詞的構詞跟母本中原單音詞意義的發展及其與注家所選構詞語素的組配有着密切關係。因爲一方面正是原單音詞的詞義發展，才導致後人在理解古籍母本時出現了困惑和不確定性，因此，爲幫助時人排除閱讀的障礙，注家就將原單音詞和其他語素組合起來，從而使之表義明晰；另一方面，原單音詞意義

---

①　王艾録、司富珍：《漢語的語詞理據》，北京：商務印書館，2001年，1頁。
②　王寅：《認知語言學探索》，重慶：重慶出版社，2005年，17頁。

的多點引申也使得它具備了在概念意義上和其他語素組配的多種可能性,因爲兩個語素要複合成詞,首先必須在語義上具有可組配性。吳小晶在研究英語複合詞的合成原理時説:"複合構詞是一種極具目的性的編碼行爲。複合詞是爲了表達某一特定的義位,通過選擇構件組合出來的,不是詞庫裏的詞項漫無目的自由碰撞的結果。"①雖然吳小晶是從英語複合詞的合成角度來説的,但這同樣適合漢語複合詞形成原理的分析。下面,我們就以前面第三章"複音詞: 衍生與發展"中所述楊倞注中若干新增雙音詞爲例,從母本原單音詞意義的發展和注文中雙音詞構詞語素的語義組配整合兩個層面,對楊注中雙音詞構詞的語義理據進行一些粗淺的分析和討論。

第一節　單音詞意義的發展

注釋文中雙音詞的構詞跟母本中原單音詞意義的發展及其與注家所選構詞語素的語義組配關係密切。其中,母本中原單音詞意義的引申和發展爲注文中雙音詞的衍生和發展提供了語義前提。就《荀子》與楊倞注中詞彙的雙音化來看,這主要有兩種途徑,即原單音詞意義的多點引申和變讀滋生。

一　多　點　引　申

詞義的引申,是語詞意義發展的重要方式。詞義引申,通常是

① 吳小晶:《再論英語複合詞 ewe lamb 的合成原理》,《語言學研究》第 5 輯,北京大學外國語學院外國語言學及應用語言學研究所編,北京: 高等教育出版社,2007 年,53~64 頁。

由原點義出發,通過隱喻、轉喻等認知機制的作用,在不同認知域之間建立起連通關係,繼而發生多次引申,從而構成一個個彼此意義相通、相關而又各自有所側重的多義範疇系列,這就爲單音詞發生雙音化擴展提供了語義前提。下面就從《荀子》母本單音詞意義多點引申的角度,對上文所述"理"字詞群的雙音化發展過程予以梳理。

"理"的本義是"治玉",即對玉石做雕琢處理。工匠治玉是爲了使玉石的美麗紋理得以顯現,因此,"理"有兩個語義原點:a:治玉的動作;b:玉石的紋理。從這兩個原點義出發,"理"的詞義開始引申,最終發展爲一個詞義非常豐富的多義詞,這種多義性使得它在語義上具備了與其他語素組合的多樣可能性,從而爲包括"紋理""治理"等在內的衆多雙音詞的衍生提供了語義前提。下面分述之:

a:治玉的動作→① 對一般事務的辦理
② 對事務進行思維上的加工處理,即理解
③ 對社會事務的處理,即治理、調理

這幾個義項首先表現爲從個別到一般地引申(從 a 原點義到義項①),然後又從具體到抽象地引申(從義項①到義項②③)。這幾個義項雖分屬不同的認知域:a 原點義和義項①是動作域,義項②思維域,義項③是社會域,但它們都含有一個共同的核心義素,即"治的動作行爲"。這個核心義素由於隱喻作用,通過我們的心智經驗和認知方式,在不同認知域之間建立起了連通,於是構成了一個彼此意義相通而又各自有所側重的多義範疇系列。這就使得"理"在"治的動作"這個語義層面上具備了與其他相類、相關語素組合的多種可能，從而爲"辦理""理解""治理""調理"幾個雙音詞的衍生提供了語義前提。

b：玉石的紋理→① 物體的紋理
② 事物之道理，即事理→③ 事之規律，即物理、義理
④ 事情的次序，即條理→⑤ 使社會有序的規則，即倫理

這幾個義項主要表現爲從具體到抽象地引申（b 原點義和義項①是具體的，義項②③④⑤是抽象的），它們也分屬不同的認知域：原點義和義項①是視覺域，義項②③是知識域，義項④是順序域，義項⑤是社會域。這些不同認知域之間的連通也是因了相似性的隱喻認知方式才得以實現，因爲原點義"玉石的紋理"不是雜亂的，而是美麗有致的，由此派生出的各個義項也就都含有一個共同的核心義素，即"有序"①。通過隱喻機制的作用，這個核心義素在不同認知域產生了投射，從而在各認知域之間建立起了連通關係，於是也構成了一個彼此意義相通而又各自有所側重的多義範疇系列。這也使得"理"在"有序"這個語義層面上具備了與其他相類、相關語素組合的多樣可能性，從而爲"紋理""事理""物理""義理""條理""倫理"等幾個雙音詞的衍生提供了語義前提。

上面"縣"字詞群的衍生發展也是如此。"縣"，本義是"掛"，它也有兩個原點義：其一是"掛的動作"；其二，由於懸掛連接的兩端是有距離的，故"距離"成爲它的第二個原點義。從"掛的動作"這個原點義出發，引申有表動作狀態的"懸掛"和表動作持續的"維

---

① 我們這裏爲叙述方便，說"理"有"治"和"有序"兩個核心義素，其實"治"即"使有序"，所以二者仍然屬於一個核心義。因此，這和王雲路在《漢語詞彙核心義研究》一書中提出的"核心義具有單一性"（北京大學出版社，2014 年，19 頁）的觀點並不矛盾。

繫”以及“稱量”等義；從“距離”原點義出發，引申有“距離遠”“遠隔”“差別大”等義，於是構成了兩個不同的多義範疇系列。這也使得“懸”在“掛的動作”和“距離”兩個語義層面上具備了與其他語素組合的多樣可能性，從而分別組合産生了“懸掛”“懸繫”“懸衡”和“懸遠”“縣隔”“懸殊”等雙音詞。

其餘三個詞群的雙音化發展過程中單音詞意義的引申發展路徑與此同理，不贅述。

二　變　讀　滋　生

除了通過多點引申派生出多項詞義從而爲單音詞的雙音化準備了語義前提之外，語音屈折伴隨詞義發展，也是促使注文中使用雙音詞作注的重要途徑。比如，“四聲別義”（或叫“破讀”，又叫“變調構詞”）就是其中一種重要方式。“四聲別義”同樣可以用認知語義學理論來加以解釋，比如《荀子》中主要用單音詞“行”，而到楊注中則新增了很多以“行”爲構詞語素的雙音詞，這是由於“行”發生了破讀，滋生出了新的音義，從而促使注文中“行”的雙音化擴展。

根據楊倞注對“行”字的各種注音，《荀子》中單音詞“行”共有四種不同的音義：① 作動詞，“行走”義，讀平聲（户庚切）；② 作動詞，“行動；行事”義，讀平聲（户庚切）；③ 作名詞，“行爲；行迹”義，讀去聲（下孟反）；④ 作動詞，“巡行；巡視”義，讀去聲（下孟反）。

這種論音以定義的情形即古漢語裏的“四聲別義”①現象。一

---

① 　關於四聲別義的始出時代，周祖謨指出，四聲別義遠自漢始。見周祖謨：《文字音韻訓詁論集·四聲別義創始之時代》，北京：北京大學出版社，2000年，62～60頁。

般來説,一對變讀構詞,總有其原始詞和滋生詞,原始詞和滋生詞又各有其原點義、引申義。原始詞、滋生詞與變讀構詞相關,而原點義、引申義則與詞義引申相關。需要説明的是,我們所説的原點義并不一定非得是本義,而是就詞義發展的某一特定階段來説作爲起始點的那個意義。那么,對於上述"行"的四種音義,何爲原始詞、何爲原點義? 又何爲滋生詞、何爲引申義呢? 孫玉文説,"通常情况是: 如字保留該字原來的音義,破讀是在如字基礎上産生的新音義。具有四聲别義的字,如字是原始詞,破讀是滋生詞。"[①]王月婷也説:"從古漢語異讀來看,動詞、形容詞發生'名物化'時,一般由非去聲變讀爲去聲,這是'名物化'在語音形式上的標誌。"[②]

雖然"行走"義可能並非"行"之本義[③],但"行"之變讀滋生卻是以此爲起始點開始發展的。根據孫玉文、王月婷的觀點,結合楊注對"行"字的各種注音,可知動詞義"行走"乃"行"之原點義,讀平聲"户庚切",是爲原始詞;"行動"義不變讀,爲引申義;"行"之名詞義"行爲;行迹"破讀爲去聲"下孟反",是動詞"行"發生名物化後的

---

①　孫玉文:《從上古同源詞看上古漢語四聲别義》,《湖北大學學報》(哲社版),1994 年第 6 期。

②　王月婷:《從古漢語異讀看"名物化"的形式標誌》,《西南交通大學學報》(社科版),2012 年第 6 期。

③　關於"行"的本義,《説文·行部》:"行,人之步趨也。"(66-卷 2 下/8a)然羅振玉認爲"行"之甲骨文字形 ╬ "像四達之衢,人所行也",並從字形訛變的角度論證了許説之誤。詳見《羅振玉學術論著集》第一集《增訂殷虚書契考釋》,157 頁。竊以爲羅説可取。《説文》"行"字後並收術、街、衢、衖、衕等形聲字,釋義都與道路有關:"術,邑中道也。從行术聲。""街,四通道也。從行圭聲。""衢,四達謂之衢。從行瞿聲。""衖,通道也。從行童聲。""衕,通街也。從行同聲。"此外,早期先秦文獻中,亦見"行"用作"道路"義的例子。如:《詩·小雅·小弁》:"相彼投兔,尚或先之。行有死人,尚或墐之。"《詩·豳風·七月》:"春日載陽,有鳴倉庚。女執懿筐,遵彼微行,爰求柔桑。"漢毛亨傳:"微行,牆下徑也。"(分别見《毛詩》,5-卷 12/15b;6-卷 8/1b)

滋生詞。

　　那么，對於楊注中"行"之第四種音義：作動詞，表"巡行；巡視"義，讀去聲（下孟反），又該如何解釋呢？美國認知語言學家 Leonard Talmy 關於運動事件（motion event）的理論框架，是近年來極具影響力的認知語言學理論之一。王月婷采用 Talmy 的運動事件框架理論，對古漢語中位移動詞的變讀問題進行了研究①。她認爲古漢語中位移動詞的變讀，跟界性、聚焦域、向量等要素密切相關，簡單説來，就是（1）"界性"，指的是運動路徑的［＋有界］還是［－有界］，［＋有界］動詞皆含向量信息；（2）"聚焦域"，指注意的焦點：［界内］動詞聚焦域在運動過程；［有界］動詞聚焦域在界。基於此，她總結出如下位移動詞變讀的規律：

　　1.［－有界］動詞（無所謂界，如"進、退"），無變讀。

　　2.［－有界］動詞（包括［界内］動詞，如"往、走、超"），變讀爲［＋有界］動詞（包括［抵界］和［逾界］動詞）——增加［向量：到達或經過］義素，可帶處所賓語，變讀爲去聲。如果目的地爲已知信息（如"來、反/返"），則無變讀。

　　3.［＋有界］動詞，聚焦域在"界"，或朝使動/致使變讀，或朝完成體變讀：瞬間動詞（如"去、出、入"）朝使動/致使變讀，增帶致事主語，變讀爲去聲或兼及聲母、韻母的變化；持續動詞（如"過"）則有完成體變讀——增加［完成］義素，變讀爲去聲。

---

① 王月婷：《古漢語中位移動詞的變讀問題研究》，《語言研究》2013 年第 3 期。

　　我們認爲，"行"由讀平聲的"行走"義變讀爲去聲的"巡視"義，就屬於上面第 2 種情況。爲敘述方便，下面我們將讀平聲的表"行走"義之"行"稱爲"行₁"，將讀去聲的表"巡視"義之"行"稱作"行₂"。"行₁"側重於表離開説話者，僅有説話者一個參照點，聚焦域在運動過程，不涉及終點，其後也不帶處所賓語，故爲[位移＋指向外]的[界内]動詞。如《荀子・脩身》："道雖邇，不行不至；事雖小，不爲不成。"句中"行"指的是離開説話者的動作，側重的是行走的過程，後面不帶處所賓語，讀平聲。"行₂"聚焦域也在運動過程，但增加了[向量到達]義素，涉及動作的終點，其後一般要帶處所賓語，指巡視的地方，是[位移＋指向外＋向量到達]的[抵界]動詞。如《荀子・王制》："行水潦，安水臧。"句中"行"帶了處所賓語"水潦"，即增加了[向量到達]義素，讀去聲。故"行"由讀平聲的"行走"義變讀爲讀去聲的"巡視"義，是屬於不及物的[界内]位移動詞轉爲及物的[＋有界]動詞，因而由平聲變讀爲去聲。"行₁"是爲原始詞，"行₂"是爲滋生詞。

　　至此，上述"行"之四種音義之間的發展關係可圖示如下：

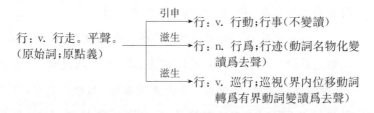

　　由此可知，"行"除引申出了"v. 行動；行事"義外，還發生變讀滋生出了"n. 行爲；行迹"和"v. 巡行；巡視"義，使得"行"在語義上具備了和其他多個語素複合成詞的可能性，從而爲"行人"（"行"讀

平聲)和"行事""力行""通行""運行""施行"(這五個詞中的"行"讀平聲)以及"言行""操行"(這兩個詞中的"行"讀去聲)及"巡行"("行"讀去聲)等諸多雙音節合成詞的衍生提供了語義前提。

第二節　構詞語素組配與意義整合

注家以原單音詞爲基礎語素與另一語素組合,構成雙音詞或雙音結構去訓釋單音詞,其中一些雙音結構最初可能只是注家在原單音詞基礎上臨時添加語素形成的,如《富國》:"縱欲而不窮,民心奮而不可説也。"楊注:"説,讀爲悦。若縱其性情而無分,則民心奮起争競而不可悦服也。"此例楊注以雙音結構"悦服"釋《荀子》中單音詞"悦",然"悦服"未能成詞和沿用於後世。但更多的雙音結構後來相沿成習凝固成詞了。注家以原單音詞爲基礎語素與另一語素組合構成雙音結構去訓釋單音詞,爲何這些雙音結構有的凝固成詞了,有的卻未能沿用於後世? 我們認爲,這和注家所選構詞語素之間是否具有語義上的可組配性以及是否發生了意義整合有關係。下面我們將從認知語義學的角度去分析楊注中雙音詞構詞語素之間的語義關係,以探求注釋文體中雙音詞的内部構詞理據。

如前所述,雙音詞的成詞與原單音詞意義的引申發展有着密切關係,單音詞意義經過多點引申或變讀滋生,構成了一個個多義范疇系列之後,爲單音詞與其他語素的組配提供了多樣可能性。不過,人們在將兩個單音節語素組配成詞的時候,往往並不是將二者意義進行簡單地相加,而是會"基於經驗認知,把兩個來自不同空間的輸入信息進行加工整合,從而産生一個新的概念意義,這個

新的概念意義即表現爲複合詞的詞義創新"①。構詞語素意義的
整合與新創,標誌着雙音詞最終成詞的關鍵一步——語義改造的
完成。

　　在前面"複音詞: 衍生與發展"一章對 5 個詞群雙音化發展脈
絡的考察中,我們發現,一個單音詞與另一個單音詞組合構成雙音
詞時,其詞義往往並不是原有兩個語素所表概念意義的簡單相加,
而是兩個概念融合之後産生的一個新的概念意義,即 $1+1 \neq 2$,整
體不等於部分相加。如"曲"和"直"構成雙音詞"曲直","曲直"的
常用義並不是"彎曲和平直",而是"是非;有理無理"的意思。因
此,接下來要分析的是,上面雙音詞的構詞語素具體經過了怎樣的
語義整合而産生出新創意義最終凝固成詞的。認知語言學家認
爲,"概念和詞語的整合或複合有糅合和截搭兩種類型。糅合好比
是將兩根繩子各抽取一股重新撚成一根,而截搭好比是將兩根繩
子各截取一段重新接成一根。從認知方式上講,糅合與隱喻相關,
截搭與轉喻相關。"②依據這個理論,我們試以上面楊注中"基本"
"基業"和"倫理""物理"幾個雙音詞爲例,就雙音詞成詞過程中構
詞語素意義的整合類型進行分析。

　　我們認爲,單音詞"基"雙音化後産生的"基本""基業"兩個詞
屬糅合型。

　　先説"基本"一詞。"基"的本義是"房屋的根基","本"的本義
是"樹根",但複合詞"基本"的詞義並不是"屋基加樹根"這麼簡單,

---

① 　吴爲善:《認知語言學與漢語研究》,上海: 復旦大學出版社,2011 年,275 頁。
② 　沈家煊:《"糅合"和"截搭"》,《世界漢語教學》2006 年第 4 期。

而是指"基礎；根本"的意思。這是在組合成詞時，二者所代表的兩個概念通過整合效應產生了新的概念意義的結果："房屋——房屋的根基"是一個概念域，"樹——樹根"是另一個概念域，二者本是不相關的兩個概念域，但這兩個概念域之間存在一個共性——"基礎；根本"，二者因此形成隱喻。然後，這兩個概念域之間發生了"概念壓縮(conceptual compression)"。所謂概念壓縮，指的是"參與整合的兩個概念域(輸入域)及其關聯性有選擇地壓縮到一個整合域中。"①人們在"房屋——房屋的根基("基")"和"樹——樹根("本")"這兩個概念域中各選取了一部分——"基"和"本"，將二者合而爲一，在整合過程中兩個概念的距離被壓縮掉了，於是"基"和"本"兩個概念發生整合，生成了一個具有新創意義"基礎；根本"的複合詞"基本"。

再看"基業"一詞，它指"作爲根基的大業"，在古代多用來指帝位或國家政權。如《成相》："天乙湯，論舉當，身讓卞隨舉牟光。道古賢聖基必張。"楊注："古之賢聖，基業必張大也。""基業"的成詞也是概念整合的結果："房屋——房屋的根基"是一個概念域，"國家——國之大業"是另一個概念域，由於人們通常用"國之大業"來代指帝位或國家政權，而帝位或國家政權乃國之根本，它對於國家的重要性就相當於房屋根基之於房屋，都是"最基礎、最根本的東西"，二者因此形成隱喻。然後，通過概念壓縮，在這兩個概念域中各選取一部分——"基"和"業"，將二者合而爲一，從而生成了"作

①　沈家煊：《概念整合與浮現意義——在復旦大學"望道論壇"報告述要》，《修辭學習》2006 年第 5 期。

爲國之根基的大業,即帝位或國家政權"這個新創意義。於是,"帝位;國家政權"就被形象地表達爲"基業"一詞。

　　然而,單音詞"理"雙音化後形成的"倫理""物理"卻屬截搭型。拿"倫理"來説,"倫理"是指人倫道德之理,指人與人相處的各種道德準則。"人倫道德"是一個概念域,"道理"是另一個概念域,爲了簡潔地表示"人倫道德之理"這個概念,於是分別截取"人倫道德"中的"倫"和"道理"中的"理"截搭而成"倫理"一詞。再如"物理"一詞,指事物的道理。"(世間的)事物"和"(事物的)道理"分屬於兩個不同的概念域,於是分別截取"物"和"理"截搭而成"物理"一詞,從而使概念"事物的道理"獲得了"物理"這樣一個簡潔的表達形式。

　　沈家煊先生曾用線性連接圖,清晰地顯示了糅合和截搭這兩種複合構詞的語義整合關係①。在這裏,我們也借鑒他的做法,將上面幾個雙音詞的概念整合關係表示如下:

糅合:
- a. 房屋——b. 房屋的根基("基")
  - ——by"基本"(基礎;根本)
- x. 樹木——y. 樹根("本")
- a. 房屋——b. 房屋的根基("基")
  - ——by"基業"(作爲根基的大業,多指國家政權)
- x. 國家——y. 國之大業("業")

截搭:
- 人倫道德+道理→"倫理"(人倫道德之理)
- (世間的)事物+(事物的)道理→"物理"(事物的道理)

　　此外,我們也看到,單音詞在複合構詞時,其意義的整合新創有時並不是一蹴而就的,它可能會連續經歷截搭與糅合兩個過程。

---

①　沈家煊:《"糅合"和"截搭"》,《世界漢語教學》2006 年第 4 期。

例如上述雙音詞"綱領""曲直"等的詞義整合過程就是如此。

　　先説"綱領"一詞。"綱"的本義是"提網的總繩","領"很早就由本義"脖子"引申有了"衣領"義,"綱領"一詞在漢魏時就已凝固成詞,起初指"網綱裘領",如《抱朴子·外篇·君道》:"操綱領以整毛目,握道數以御衆才。"句中"綱領"正是將"提網的總繩"和"裘服衣領"籠統地組合在了一起,這時屬截搭型整合;由於"提網的總繩"和"裘服衣領"都有着"總綱、要領"的共性,於是人們基於經驗認知,通過隱喻投射,將其從具體的概念域投射到了相似的抽象概念域,從而將"網綱裘領"義加工整合成了一個新的概念意義——"總綱、要領"義。如《三國志·魏書·陳矯傳》:"所在操綱領,舉大體,能使群下自盡。"句中"綱領"與"大體"對文,已經是新創意義"總綱、要領",這時就屬糅合型整合了。

　　"曲直"一詞也一樣,起初只是"彎曲和平直"義,如《尚書·洪範》:"木曰曲直,金曰從革。"(《尚書》,4-卷7/2a)這屬於"彎曲"和"平直"義的截搭型整合;由於人類經驗中通常以"曲"爲"非"、以"直"爲"是",於是發生隱喻投射,使"曲直"一詞生成了一個新的概念意義——"是非;有無道理",如《荀子·王霸》:"小用之者,先利而後義,安不卹是非,不治曲直,唯便僻親比己者之用,夫是之謂小用之。"句中"曲直"就已經是新創意義"是非;有無道理",這時則屬糅合型整合。"綱領""曲直"詞義整合的過程,正如吳爲善所説:"人們對某一概念的獲得並不是一步到位的,通常經歷了這樣的整合過程:首先是對事物的初步印象,將其表象的東西組合在一起,這是初步的、籠統的;然後將獲得的初步材料進行文化、認知的處理,在知識框架中使初步獲得的東西加以完善;最後把完善了的概念進行精緻地加工整合。這個三部曲的概念整合過程是人類對客觀世界認識獲得創新概念產品的連續過程。"①

　　以上我們運用語用-語義的分析方法,從語用目的層面對《荀子》楊注中新增雙音詞的產生規律作了分析,從認知語義的角度對楊注中新增雙音詞的内部構詞理據進行了討論,以此探求了注釋文體中雙音詞的產生規律和構詞理據。本書這種尋求注釋文體對漢語詞彙雙音化解釋依據的研究,一定程度上體現了注釋文體中雙音詞衍生發展的共性,如《詩·周南·漢廣》:"漢之廣矣,不可泳思;江之永矣,不可方思。"鄭箋云:"今以廣長之故,故不可也。"孔疏云:"今漢之廣闊矣,江之永長矣,不可潛行乘泭以求濟。"(《毛詩正義》,上册,53頁)鄭箋中"廣長"未能沿用於後世,而孔疏中"廣闊""永長"卻得以成詞。這是因爲"廣"和"長"不能進行語義組配,而"廣"和"闊"、"永"(水流長義)和"長"卻具備語義上的可組配性,從而得以發生語義整合,最終凝固成"廣闊""永長"兩個雙音詞。基於語用目的原則和認知語義理論來研究注釋文體中詞彙的雙音化現象,目前暫未見有這方面的研究,是本書的一種嘗試,所以我們的論述也還比較粗淺。但本書對楊倞《荀子注》中雙音詞產生規律和構詞理據所作的分析和討論,一定程度上揭示了注釋性語料這種特定文體中詞彙雙音化的規律和特點,爲漢語詞彙雙音化研究嘗試了一種新的思路。希望我們的膚淺論述,能促進學人對相關問題的進一步深入研究。

---

①　吳爲善:《認知語言學與漢語研究》,255~256頁。

第五章 楊倞注與《漢語大詞典》的修訂

　　對語文辭書修訂與編纂的參考借鑒作用，是詞彙研究的重要價值所在。《漢語大詞典》（以下簡稱《大詞典》）始編於 1975 年，到 1994 年十二卷全部出齊。《大詞典》被公認爲是一部不可替代的特大型權威語文工具書。1989 年，被聯合國教科文組織定爲世界權威工具書。然而，由於受詞典編纂時各種客觀條件的限制，加之《大詞典》工程浩繁，成於衆人之手，又是實行分卷主編制，《大詞典》存在的不足在使用過程中也逐漸顯露。我們發現，《大詞典》未能像關注典籍正文一樣關注古籍注疏語料就是其中比較突出的問題之一。對此，學人已多有措意，例如張能甫在研究鄭玄箋詞彙、周紅苓在研究東漢應劭《漢書注》語詞、胡曉華在研究《爾雅》郭璞注語詞的時候，都提出了類似的看法①。我們在查檢《大詞典》引證《荀子》和楊注的過程中，也發現《大詞典》對《荀子》母本給與了相當的重視，而對楊注的重視程度則不夠。有的楊注新生語

　　① 詳見胡曉華：《〈爾雅〉郭璞注語詞研究與〈漢語大詞典〉編纂》，《古漢語研究》2004 年第 4 期；張能甫：《鄭玄注釋語料在〈漢語大詞典〉修訂中的價值》，《西南民族學院學報》（哲社版）2001 年第 6 期；周紅苓：《古籍注釋與〈漢語大詞典〉書證》，《西南民族大學學報》（社科版）2004 年第 6 期。

詞《大詞典》未收入，有的詞目在釋義的準確性、全面性及書證的列舉等方面對楊注也有所忽視。因此，本章就《荀子》楊注詞彙研究在《大詞典》修訂中的應用價值稍作闡述，以促進辭書編纂在語料利用方面對古籍注釋材料的關注與重視。我們從詞目、釋義、書證三個方面對《大詞典》中一些條目進行訂補，各部分條目按詞條首字的現代漢語拼音音序排列。引用例句，一般早期的盡量多引，後世的用例則僅酌舉少量比較有代表性的典型例句。

第一節　釋義疏失例

一　釋義欠允

詞義是客觀存在的，而釋義卻是詞典編纂者對詞義的主觀認識，這就難免會出現一些偏差。我們發現，《大詞典》在引用《荀子》楊注作爲書證時，對其中某些語詞的釋義尚有不盡人意之處。下面試述 5 則。

【獨鹿】1. 劍名。一説即鴟夷。革囊。《荀子·成相》："欲對衷，言不從，恐爲子胥身離凶。進諫不聽，剄而獨鹿棄之江。"楊倞注："獨鹿與屬鏤同，本亦或作屬鏤，吳王夫差賜子胥之劍名。"王念孫《讀書雜志·荀子八》："而猶以也，謂剄以獨鹿也，古者而與以同義。"王先謙集解引郝懿行曰："黄縣、蓬萊間人皆以獨鹿爲酒器名。此言獨鹿蓋爲革囊盛尸，所謂鴟夷者也。"（《大詞典》，卷 5/121）

按："獨鹿"詞條第 1 義項,《大詞典》並列兩説,不加取舍。竊以爲前説非,後説是。下面試作考辨。

關於該句中"獨鹿"一詞的解釋,學界歷來歧説紛紜,其中最有影響的是"屬鏤劍説"和"'鹿獨(落拓)'倒文説"。

"屬鏤劍説"最早由楊倞提出。楊注云:"獨鹿,與'屬鏤'同。本亦或作'屬鏤',吳王夫差賜子胥之劍名。屬,之欲反。鏤,力朱反。《國語》里革曰:'鳥獸成,水蟲孕。水虞於是禁罝𦊇。'此當是自到之後,盛以𦊇𦊇,棄之江也。賈逵云:'𦊇𦊇,小罟也。'"這裏,楊倞先訓"獨鹿"爲劍名,又引《國語》賈逵注"𦊇𦊇,小罟也"爲證,前後牴牾。盧文弨校注云:"楊云本或作'屬鏤',則訓劍,不可易。《國語》以下,必後人采他説附益之。罝,韋昭云當爲'𦊇'。此衍'罝'字而又訛'𦊇'作'𦊇'。"(盧文弨校《荀子》,550 頁)盧校指出,楊注引《國語》之下內容必爲後人所附益,並指出"罝"字衍,且"𦊇"乃"𦊇"之誤。可知,盧氏是以"獨鹿"爲"𦊇𦊇"的。王念孫支持楊倞前説,而不同意盧校,他説:"後人讀'獨鹿'爲'𦊇𦊇'者,蓋未解'而'字之義故也。其意謂獨鹿爲劍名,則不當言'到而獨鹿',故讀爲'𦊇𦊇',謂是既到之後,盛以𦊇𦊇而棄之江也。今案:'而'猶'以'也,謂到以獨鹿也。古者'而'與'以'同義。"[1]我們不同意王念孫的説法,因爲"而"只有在連接兩個對等的動詞或形容詞時才是承接連詞,"以"也是只有在作承接連詞的時候才相當於"而"[2]。若依王念孫,作"到以獨鹿棄之江","獨鹿"訓劍名的話,

---

① 王念孫:《讀書雜志·荀子》,733 頁。
② 楊樹達説:"以,承接連詞,與'而'同"。參看楊樹達著,王術加、范進軍校注:《詞詮校注》,長沙:岳麓書社,1996 年,881 頁、1073 頁。

則"以"當爲介詞,顯然不能等同於"而"。《楚辭後語・成相第一》宋代朱子集注:"'而',一作'以'。獨鹿,罜麗,小罟也。言子胥自刭之後,盛以小罟而棄之江也。一説'獨鹿',屬鏤也,劍名,吴王以賜子胥使自到者也。二説未知孰是。然作'獨鹿',即'以'當作'而';作'屬鏤',即'而'當作'以'。竊謂依本文者近是。"(《楚辭後語》,四庫,1062-卷1/409)可見,朱子也認爲此處用"而"和用"以"是不同的,並認爲當依原文作"而"爲是。因此,既然句中"而"不同於"以",則王念孫訓"獨鹿"爲劍名"屬鏤",自當可商。

　　其次是"'鹿獨'倒文説"。蔣禮鴻《義府續貂》"獨漉、鹿獨"條指出,"獨漉"亦作"獨鹿""獨禄",認爲《成相篇》"到而獨鹿棄之江"中"獨鹿"爲"鹿獨"之倒文,落拓、疲困不能自振也,還説:"'鹿獨'古又作'路亶''鹿埵'等,《荀子・議兵篇》:'仁人之兵不可詐也。彼可詐者,怠慢者也,路亶者也,君臣上下之間渙然有離德者也。'又'圓居而方止,則若磐石然,觸之者角摧,案角鹿埵、隴鐘、東籠而退耳',……'路亶''鹿埵''隴鐘'並連語聲轉,'東籠'則又'隴鐘'之倒,與落拓無異,皆疲困失據之貌。"[①]對此,我們也不敢苟同。雖然"聯綿詞確有詞無定形,或上下二字互倒,或寫作其他音同、音近字的特點"[②],但以"獨鹿"爲"鹿獨/鹿埵"之倒則未必。因爲這裏存在兩個問題:其一,《成相篇》"獨鹿"是否和《議兵篇》"鹿埵"義同? 其二,在歷代文獻中,有無"獨鹿"作落拓義講的用例? 如果二者同義,且又有文獻用例佐證"獨鹿"有落拓義,那麽蔣先生所説

---

① 蔣禮鴻:《義府續貂》,北京:中華書局,1981年,9頁。
② 張世禄:《古代漢語教程》,上海:復旦大學出版社,2008年,112頁。

就是對的,否則尚待商榷。

　　首先,《成相篇》"獨鹿"與《議兵篇》"鹿埵"並不同義。我們認爲,《議兵篇》中"鹿埵"確爲落拓、疲困不能自振義,但《成相篇》中"到而獨鹿棄之江"中"獨鹿"卻不能作此解。因爲若釋句中"獨鹿"爲落拓,則此句應讀爲"子胥自到而落拓,棄之江"。可是,子胥既已自到,又何以復言其疲困不能自振? 語義明顯不順,倒不如"子胥落拓而自到,棄之江"合乎事理。顯然,釋此"獨鹿"爲落拓,於義未安。其次,"獨鹿"作落拓義講,亦於古無徵。"獨鹿"一詞,在《荀子》之後的文獻中並不鮮見,我們調查了"獨鹿(獨漉、獨禄)"在四庫全書和四部叢刊中的用例,並依其意義大致分類列舉如下:

　　第一,以"獨鹿"形容風。

　　　　《太平御覽・天部・風》:《抱朴子》曰:"用兵之要,雄風爲急。扶搖獨鹿之風,大起軍中,軍中必有反者。"[1](6-卷9/7b)

　　　　《駢雅・釋天》:扶搖、獨鹿,旋風也。(明　朱謀㙔《駢雅》,四庫,222-卷5/1a)

　　第二,以"獨鹿"描寫水。

　　　　《南齊書・梁志・獨禄辭》:獨禄獨禄,水深泥濁。泥濁尚可,水深殺我。(卷11/193)

---

[1]　查《抱朴子》原文,並無此語。故此例只能算作是北宋時的用例。

《宋百家詩存·（劉弇）宿法藏禪院》：獨鹿水深愁，濁泥
白汗泣。珠霍如洗桔，橰聲噤松風。（《宋百家詩存》，四庫，
1477 -卷 11/8b）

第三，以“獨鹿”稱木名。

《職方外紀·亞墨利加總説》：其堅木名則獨鹿，能入水
千年不朽。（明 艾儒畧《職方外紀》，四庫，594 -卷 4/10b）
《物理小識·器用類·洋舫》：江船用鐵錨，洋舫用木矴，
多則獨鹿木，其縫以椰索貫，而瀝青、石腦油塗之。（明 方以
智《物理小識》，四庫，867 -卷 8/28b）

　　顯然，上述句子中的“獨鹿”，無論是獨鹿風（旋風），還是獨鹿
水（漩渦），抑或是獨鹿木（木名），都與落拓義不相干。既然《成相
篇》中“獨鹿”和“鹿獨/鹿埵”並不同義，文獻中的“獨鹿”也未見有
作落拓義講的用例，因此，説“獨鹿”爲“鹿獨”之倒文，顯然是值得
商榷的。
　　那麼，《荀子·成相篇》中“獨鹿”到底該作何解？詞彙是成系
統的，語言中一個詞的産生與運用絶非孤立現象，當我們對某個詞
無法作出解釋或對一個詞的某種用法找不到更多文獻用例時，不
妨對這個詞作一點繫源的工作，即通過梳理其詞義系統或考察它
所在的同源詞族來幫助作出判斷。
　　我們先用現代語義分析的方法對上述“獨鹿”在文獻中的用例
進行義素分析，簡列如下：

　　獨鹿(風)：＋[迴旋形]的大風

　　獨鹿(水)：＋[迴旋形]的流水

　　獨鹿(木)：＋[圓形]＋[堅固]的木頭

　　由於"迴旋形"的水或風總是會在中心形成一個圓形漩渦,所以[迴旋形]也相當於[圓形]。因此,這些"獨鹿"都有一個共同的核心義素[圓形],從而形成了一個以[圓形]義爲原點的輻射狀詞義系統。

　　不過,上述幾例全屬晉代以下,與《荀子》年代殊遠,尚不足以證明它們和《成相篇》中"獨鹿"之間有同源關係。那麼,我們再來考察"獨鹿"一詞所在的同源詞族。由於聯綿詞是因聲表義的,它往往有多種書寫形式,我們在尋找文獻用例時不能拘泥於聯綿詞的詞形,而要從語音着眼,以聲求義,方能明其語源。除上述盧文弨校《國語》韋昭注中"罜麗"之外,我們循着語音線索,在歷代文獻中又找到了幾個與"獨鹿"音近義通的詞,茲盡數列舉如下：

　　《墨子·節用中》：飯於土塯,啜於土硎,鬥以酌。　孫詒讓《間詁》引畢沅注云：塯,當爲溜。《說文》無"塯"字。《玉篇》云："瓦飯器也"。(孫詒讓撰《墨子間詁》,卷6/165)

　　《國語·魯語上》：鳥獸成,水蟲孕,水虞於是乎禁罜麗。

　韋昭注：罜,當爲罜。罜麗,小網也。　又《國語補音·周語下第三》"罜麗"條云：罜麗,上音獨,下音鹿,小網也。　今按：韋注云："罜,當作罜。"(三國吳 韋昭《國語解》,四部初編,251−卷4/13b；宋 宋庠《國語補音》,四庫,406−卷1/206)

　　《説文解字·網部》：罜，罜麗，小魚網也。　段玉裁注：
罜麗，小網也。罜，古音獨。（《説文解字注》，卷 7 下/355）

　　《方言》：陳楚宋衛之間謂之桮落，又謂之“豆筥”；自關東
西謂之桮落。　郭璞注：桮落，盛桮器籠也。（晉　郭璞注《方
言》，64 -卷 5/2a）

　　《天工開物·陶埏第七·白瓷》：凡將碎器①爲紫霞色杯
者，用胭脂打濕，將鐵線鈕一兜絡，盛碎器其中，炭火炙熱，然
後以濕胭脂一抹即成。（明　宋應星《天工開物》，卷中/14a～
14b，清　楊素卿刊本）

　　上述例句中，“土塯”“罜麗”“豆筥”“兜絡”等，都指某種器具，
由各自所在語境我們可推知它們的形貌都近似圓弧形。我們還發
現，在現代徐州方言裏也有此類例子，如李申《徐州方言志》收有俗
語“狗頂罜麗不安生”，李申先生告訴筆者説，“罜麗”是指一種竹製
的腹部呈圓形的捕魚器具。蘇曉青《徐州方言詞典》也收有“獨籠”
條，釋義爲“竹簍狀捕魚器具，置於水中，魚進去就出不來”②。這
些詞和“獨鹿”雖然在字形上相異，但讀音都相同相近，意義上也相
通。因此，它們一起構成了一個以“圓弧形盛器”爲核心義素的同
源詞族。陳建初先生説：“古人在爲事物命名時，往往是根據一些
能直接作用於人體感官的表面意象來進行的。”③“圓弧形”正是一

---

　　①　碎器，是指一種釉層有裂紋花樣的瓷器。《天工開物》同篇云：“欲爲碎器，利刀
過後，日曬極熱，入清水一蘸而起，燒出自成裂文。”（《天工開物》，卷中/13b）
　　②　分別見李申：《徐州方言志》，北京：語文出版社，1985 年，115 頁；蘇曉青、呂永
衛編：《徐州方言詞典》，南京：江蘇教育出版社，1996 年，56 頁。
　　③　陳建初：《〈釋名〉考論》，湖南師範大學出版社，2007 年，82 頁。

個能直接作用於人體感官的事物的外形特徵，故古人以此爲據爲該同源詞族命名是可能的。

此外，音韻學界有關複輔音的研究成果也可支持我們的觀點。何九盈先生説："文字訓詁中某些疑難問題，也要在複輔音聲母研究的基礎上才有可能求得滿意的解決。"何九盈認爲甲骨文時代存在複聲母，並指出金文時代複聲母基本消失乃是複聲母分化的結果。有的複聲母的字分化後成了聯綿字，比如卜辭有"燕"無"鷾鴯"。"鷾鴯"見於《莊子·山木》，成玄英疏："燕也。""鷾鴯"就是由複輔音聲母 ?r-分化所形成的聯綿字。又比如歷史上猴子也稱爲"沐猴"，又稱爲"馬留"，"馬留"也是複聲母 ml-分化的結果①。尤其可作爲我們直接佐證的是董同龢和周克庸的研究。董同龢研究發現先秦存在 pl-、tl-、kl-等類型的複聲母②。周克庸則詳細列舉了九個證據，證明上古漢語曾經存在以"tl-"爲複輔音聲母、以"圓"爲核心義素的單音節詞，這類詞經多次引申形成了一個大的詞族，後來隨着複輔音聲母的消失，該詞族中的一部分演化成了以"t-l-"爲語音形式的聯綿詞③。綜合這些材料，可知"獨鹿"一係應該正屬於由複輔音"tl-"爲聲母的單音詞分化而來的聯綿詞"t-l-"一族，其核心義素正是[圓形]。

由上所述，從"獨鹿"的詞義系統及其所在同源詞族來看，把《成相篇》中"獨鹿"釋爲一種大約圓弧形狀的盛器，這種解釋應該是可以成立的。

---

① 分別見：何九盈：《音韻叢稿》，北京：商務印書館，2002 年，1、3、21、262 頁。
② 董同龢：《漢語音韻學》，臺北：文史哲出版社，1981 年，300～302 頁。
③ 周克庸：《説"豆流"》，《浙江傳媒學院學報》2010 年第 5 期。

　　那麼,這種解釋符合歷史事實嗎? 我們來看看伍子胥之死在史書裏是如何記載的。《戰國策・燕策二》:"昔者伍子胥説聽乎闔閭,故吳王遠迹至於郢。夫差弗是也,賜之鴟夷而浮之江。"(《戰國策》,262-卷 9/36b)《史記・伍子胥列傳》:"吳王聞之大怒,乃取子胥尸盛以鴟夷革,浮之江中。"裴駰《集解》引應劭曰:"取馬革爲鴟夷。鴟夷,榼形。"(《史記》,卷 66/2180)由此可知,"鴟夷革"是指一種榼形的革囊。那麼,它具體是什麼形狀的呢?《藝文類聚・食物部・酒》:"漢揚雄《酒賦》曰:'鴟夷滑稽,腹大如壺,盡日盛酒,人復藉酤。'"(《藝文類聚》,第 3 册-1248 頁)今人田申研究唐朝彩瓷發源地長沙窑的瓷器時,考證"榼"爲唐代盛酒器具的專用名稱,"榼"的形制與壺、瓶相似,腹體長圓[①]。可見,史書的記載和我們上面的結論也是一致的。由此可知,將《成相篇》中的"獨鹿"釋作一種腹圓如壺狀的革囊,應該是没有問題的。"到而獨鹿棄之江",是説伍子胥自到後,尸體被裝在一個腹圓如壺狀的革囊中,被丢棄在江裏。王先謙《荀子集解》引郝懿行曰:"黄縣、蓬萊間人皆以獨鹿爲酒器名。此言獨鹿蓋爲革囊盛尸,所謂鴟夷者也。……若作'到而屬鏤',語復不詞。"[②]郝説於義近之。只是我們在文獻中暫未見有"獨鹿"作爲酒器名的用例,故未能定其確否。兹列於此,以備後説。

　　【參省】參驗省察。《荀子・勸學》:"君子博學而日參省

---

　　① 參看田申:《"壺"、"瓶"與"榼"》,《收藏界》2007 年第 2 期。長沙窑,即湖南長沙銅官窑遺址,是中國唐朝彩瓷的發源地。

　　② 王先謙:《荀子集解》,468 頁。

乎己,則知明而行無過矣。"(《大詞典》,卷 2/842)

按:"君子博學而日參省乎己"句中"參"字,楊注爲"參,三也。曾子曰:'日三省吾身'"。清儒俞樾、于鬯等皆以楊注爲非,認爲"參"應訓爲參驗省查。他們的觀點影響甚廣,不獨《大詞典》採納了他們的觀點,王力《古代漢語詞典》、郭錫良主編《古代漢語》,以及人教版新課標高中語文教材第 3 册、蘇教版新課標高中語文教材第 1 册在引用《勸學篇》此句時,也都將"參"解釋爲"參驗;檢驗"。然而,筆者卻認爲當從楊注解。下面試一一辨説。

俞樾援《大戴禮記》"君子博學如日參己焉"爲證,提出《荀子·勸學篇》此句"省乎"二字應爲後人妄加,認爲原文應是"日參己",故其釋"參者,驗也"①。竊以爲俞説可商。因爲俞樾引證的《大戴禮記》原句尚待核實。黃懷信考證了《大戴禮記》的版本流傳情況,指出:"(《大戴禮記》)惟武英殿聚珍本及四庫全書本由戴震校正而多異字,然於文則最善。……戴氏廣參舊説,除各相關典籍及其舊注外,據其校語所及,所參凡有劉本、朱本、沈本、袁本、程本、高安本、方本、傅本、楊本等多家版本。此本一出,使《大戴禮記》面目爲之一新,基本上恢復到可讀的程度。"②俞樾所據版本爲四部叢刊所收明代袁氏嘉趣堂重雕宋本(即袁本),其文作:"君子博學知日糸己焉,故知明則行無過。"(《大戴禮記》,49 - 卷 7/6a)而《大戴禮記》四庫全書本此句則爲:"君子博學而日參省己焉,故知明則行無

---

① 俞樾:《諸子平議·荀子平議》,225 頁。
② 黃懷信:《〈大戴禮記〉傳本源流考》,《中國典籍與文化》2005 年第 1 期。

過。"戴震注語云："各本'而'訛作'知',脱'省'字,今從方本①。"
（《大戴禮記》,四庫,128 - 卷 7/475）因而,據戴震所校,俞樾援引的
《大戴禮記》"君子博學如日參己焉"這一異文並不可靠。戴震所校
使我們不得不對俞樾"《荀子》'省乎'二字爲後人妄加"的説法産生
懷疑。王先謙《集解》亦引孔廣森云："《荀書》自作'而日參省乎
己'。參、三義同。《群書治要》作'而日三省乎己',易'參'爲'三',
是本文有'省乎'二字之明證,與楊注義合。俞説非。"②因此,俞樾
認爲《荀子》原文爲"日參己",並釋"參"爲參驗,不可取。

　　除俞樾之外,又有于鬯、梁啟雄、王天海等,也指楊注爲誤,認
爲句中"參""省"二字平列,應釋爲"參亦省義,省察也"③。但我們
認爲,楊注甚得荀意,諸説辭費不必。理由有三：

　　其一,在《荀子》成書的戰國時代,"參省"尚不應看作一個同義
並列結構。我們遍檢四部、四庫文獻,發現先秦文獻中"參""省"平
列共現僅見《荀子·勸學篇》1 例,其餘再未見有。此後,東漢文獻
和南北朝文獻各見 1 例：

　　　《蔡中郎文集·再讓高陽侯印綬符策》：臣忝自參省,資
　　非(哲人)藩屏之用。（漢代 蔡邕《蔡中郎文集》,四部初編,
　　582 - 卷 8/9b）

　　　《魏書·景先傳》：景先沉敏方正,事兄恭謹,出告反面,

---

① "方本",指方苞《評點大戴禮記》本。
② 王先謙：《〈荀子〉集解》,2 頁。
③ 分別參看于鬯：《香草續校書·荀子》,北京：中華書局,1982 年,122 頁；梁啟
雄：《荀子簡釋》,1～2 頁；王天海：《荀子校釋》,4 頁。

晨昏參省，側立移時，兄亦危坐，相敬如對賓客。（卷 43/978）

　　然而，這兩例中的"參省"作"多次反省自身"解亦通，並不能確定就屬於"參""省"同義並列的用例。所以，遠在《荀子》成書的戰國時代，"日參省乎己"中的"參省"尚不可能是一個同義並列式複合詞。直到唐代才見可以確定"參省"爲同義並列複合詞的例子。《漢書·魏相丙吉傳》："是時，治獄使者丙吉見皇曾孫遭離無辜，吉仁心感動，涕泣悽惻，選擇復作胡組養視皇孫，吉常從。臣尊日再侍卧庭上。後遭條獄之詔，吉扞拒大難，不避嚴刑峻法。"唐代顏師古注："侍謂參省之也。時皇孫孩弱，常在繦褓，故指言卧也。"（《漢書》，卷 74/3148～3149）師古注曰"侍謂參省之"，"參省"後面接了賓語"之"，"之"代皇曾孫，此時的"參省"已不是"多次反省（自身）"的意思，而是"省視（皇曾孫）"的意思。注家往往以時人通語訓古語，顏師古以"參省"訓"侍"，說明"參省"已是時人通語。正因如此，所以楊倞爲了避免時人把《荀子·勸學》中"參（三）省"誤作唐人熟悉的"參（cān）省"，才特爲之注"參，三也"。楊注之苦心孤詣，諸家未能領會，反指其誤，實不可取。

　　其二，"參"字作"三"解，在《荀子》中很常見。先師吳金華説："有些詞語富有時代特色，忽略了其時代性，就難免會造成誤解。"①《荀子》全書共出現"參"字 20 次，其中作"三"字講的就有 7 次。除"參省乎己"外，其他如《非相》："堯舜參牟（眸）子。"《成相》："參伍明謹施賞刑。"《議兵》："窺敵觀變欲潛以深，欲伍以參。"《天

―――――――

① 　吳金華：《古文獻研究叢稿》，南京：江蘇教育出版社，1995 年，78 頁。

論》：“天有其時，地有其財，人有其治，夫是之謂能參。舍其所以參而願其所參，則惑矣！”王天海引冢田虎曰：“參，三也。《中庸》所謂‘應與天地參’也，言與天地相並，而能爲三才也。（王天海）按：‘所以參’，指與天地爲三的道理。‘所參’，指與天地爲三的結果。”①可見，在《荀子》時代，“參”作“三”解乃普遍現象。因而楊注“參，三也”，亦符合《荀子》時代的語言習慣。

其三，“日參省乎己”，在先秦之後的文獻中作爲常語多被引用，但一般都寫作“三省”。對此已有學者撰文討論，兹不贅述②。僅再補2例如下：

《後漢書·郎顗傳》：伏惟陛下躬日昃之聽，溫三省之勤，思過念咎，務消祗悔。（卷30下/1054）

《宋書·王僧達傳》：臣每一日三省，志在報效，遠近大小，顧其所安，受效偏方，得司者則慮之所辦，情有不疑。（卷75/1954）

可見，後世在引用《勸學篇》此句時大都易“參”爲“三”，這也進一步證明“參”當釋爲“三”也。

綜上所述，《勸學篇》“日參省乎己”，楊倞引《論語》曾子語：“日三省吾身”，釋“參”爲“三”，其注甚得荀意。《大詞典》、王力《古代漢語詞典》以及各中學語文教材所釋皆不可取。

---

① 王天海：《荀子校釋》，680頁。
② 參看方有國：《〈荀子〉“參省乎己”釋義商榷》，《語文建設》2003年第9期。

【籍】13. 通"阼"。皇位。《荀子・儒效》："履天子之籍，聽天下之斷。"王先謙集解引王念孫曰："籍者，位也。謂履天子之位也。"(《大詞典》，卷 8/1270)

按："籍"字條"皇位"義項，《大詞典》引《儒效篇》此句王念孫説爲孤證，可商。念孫曰："籍者，位也。謂履天子之位也。楊以'籍'爲'天下之圖籍'，非也。圖籍不可以言'履'。高注《淮南》以'籍'爲'圖籍'，誤與楊同。"①然筆者卻認爲楊倞注、高誘注並不爲誤。理由有三：

其一，念孫以楊注爲誤的理由是"圖籍不可以言'履'"。然而事實並非如此，如《淮南子・氾論訓》："(高皇帝)履天子之圖籍，造劉氏之貌冠。"(《淮南子》，427 - 卷 13/8b)再如南宋黄彦平撰《三餘集・紹興七年請皇帝御正殿表》："請竊以履天下之籍，受海内之圖。"(《三餘集》，四庫，1132 - 卷 3/773)句中"圖""籍"對文，互文見義，"籍"即"圖籍"，"履"與"天下之籍"搭配使用。

其二，"籍"指簿籍，繼而引申爲"天子之籍"，是很自然的。《釋名・釋書契》："籍，籍也，所以籍疏人名户口也。"(《釋名》，65 - 卷 6/2b)宋代賈昌朝撰《群經音辨・辨字同音異》："藉，天子田也。"(四庫，222 - 卷 1/6)"籍"和"圖籍"都可代指帝王統治之疆土人民，在《荀子》中多見，《榮辱》："循法則、度量、刑辟、圖籍，不知其義，謹守其所，慎不敢損益也。"楊倞注："圖謂模寫土地之形。籍謂書其户口之數也。"《彊國》："以桀、紂爲常有天下之籍

① 王念孫：《讀書雜志・荀子》，661 頁。

則然,親有天下之籍則不然。"楊注:"以常主天下之圖籍則然。"此義在其他文獻中也很常見,例如《戰國策·秦策一》:"據九鼎,按圖籍,挾天子以令天下。"宋代鮑彪注:"土地之圖,人民金穀之籍。"(《戰國策》,256－卷3/13b)《駱丞集·表·爲齊州父老請陪封禪表》:"臣聞元天列象,紫宮通北,極之尊大,帝凝圖玄猷,暢東巡之禮。"明代顏文選注:"凝,聚也,聚天下之圖籍而君之也。"(1065－卷3/447～448)

其三,"履(天子之)籍"爲君王登基攝政之代稱,乃古代習語。例如《宋文選·(司馬君實)周論》:"太祖負震主之威,挾不賞之功,措身無所,乘危而發,雖履天下之籍,而家室先覆矣。"(四庫,1346－卷3/58)宋代林之奇撰《尚書全解·湯誥·商書》:"湯之伐桀,其慮所終稽所敝,猶懼來世之亂臣賊子以爲口寔,則其當時始履天下之籍而朝諸侯,寧無懟乎?"(四庫,55－卷15/278)等等,例多不贅舉。我們認爲,當原書得通時,則不煩改"籍"爲"阼"。

綜上所述,《大詞典》引王念孫説以"籍"通"阼",釋爲"皇位",並不可取,當改從楊注"籍,謂天下之圖籍也"。

　　【辟】通"躄"。瘸腿。《荀子·正論》:"王梁、造父者,天下之善馭者也,不能以辟馬毀輿致遠。"楊倞注:"辟,與'躄'同。"(《大詞典》,卷11/483頁)

按:《大詞典》對古今字、異體字、通假字等是嚴格區分的。《大詞典》"凡例"中明確説明:古今字用"'×'的古字""後多作'×'"表示;異體字用"亦(又)作'×'""同'×'"表示;通假字用"通

'×'"表示;又規定:"'×的古字''後多作×',表示古今字關係。前者表示初文同後起字的關係,後者表示本無其字的假借字同區別字的關係。"然我們在研究中發現,《大詞典》在引用《荀子》楊注作爲書證時卻偶有將古今字注作通假字的情況。如"辟"與"躄",《荀子·正論》"不能以辟馬毀輿致遠。"中的"辟"爲"瘸腿,跛行"義,此義後來用"躄"字表示,《史記·平原君列傳》"民家有躄者"中用的就是今字。《大詞典》引《荀子》和楊注此句爲證,注曰:"辟,通'躄'。瘸腿。"是將"辟"注作了通假字,不妥。

又,《大詞典》在"逢迎;邀寵"義項下,注曰:"辟,通'嬖'。逢迎,邀寵。"也將"辟"注作了通假字。《荀子·儒效》"事其便辟。"中的"辟"即是"寵信"義,此義後加"女"旁構成"嬖"字。這裏的"辟"與"嬖"也是古今字。《大詞典》用術語"通",則也將其注作了通假字。

此外,對於"辟"的今字,《大詞典》也有未注出的情況。如"辟"與"避",《荀子·榮辱》"不辟死傷"中的"辟"表示"躲避"義,此義後用"避"字表示。《左傳·宣公二年》:"晉靈公不君,厚斂以彫牆;從臺上彈人,而觀其辟丸也。"(《春秋左傳注》,第 2 册,655 頁)後以"避丸"作爲暴君虐民取樂之典,唐代李嶠《彈》詩:"避丸深可誚,求炙遂難忘。"(《全唐詩》,3-卷 59/707 頁)用的就是今字"避"。《大詞典》僅列"辟"有"躲避、避免"義項,卻未注出"辟"與"避"的古今字關係,失之。

　　【翾】1. 飞貌。《楚辭·九歌·东君》:"翾飞兮翠曾,展詩兮會舞。"洪興祖補注:"翾,小飛也。"4. 通"儇"。輕佻。《荀

子·不苟》：“喜則輕而翾，憂則挫而懾。”梁啟雄釋：“翾，與儇
同，輕薄的意思。”(《大詞典》，卷 9/692)

按：《大詞典》“翾”條第 4 義項“翾，通儇。輕佻”一條，以《荀
子·不苟》“喜則輕而翾”爲書證，並引梁啟雄説“翾，與儇同。輕薄
的意思”。《大詞典》對“翾”的解釋，竊以爲不妥。

其一，梁對句中“翾”字的解釋不可取。從句意上看，“見由
則兑而倨，見閉則怨而險；喜則輕而翾，憂則挫而懾”，該句句式
整齊，句中“而”顯然皆爲連詞，“而”連接的前後兩個成分之間
有事理上的承接關係：“兑而倨”言喜於徼幸則倨傲，“怨而險”
言怨上則險毒，“挫而懾”言受挫則恐懼。“輕而翾”與之對舉，
結構亦當一律，“輕”既爲“輕佻”，則“翾”自不當如梁説再釋爲
“輕佻”。

倒是楊倞釋“翾”字爲“翾，小飛也，言小人之喜輕佻如小鳥之
翾然”與文意相符。“翾”爲“飛”義，古籍中常見，“翾，小飛也”亦古
籍常訓。例見下：

《楚辭·九歌·少司命》：翾飛兮翠曾，展詩兮會舞。
洪興祖補注：翾，小飛也。(卷 2/22b)
《東觀漢記·列傳·王阜傳》：鳥舉足垂翼，應聲而舞，翾
翔復上縣庭屋。十餘日乃去。(漢 劉珍撰《東觀漢記》，四庫，
370 -卷 18/184)
《揚子法言》：朱鳥翾翾，歸其肆矣。(333 -卷 6/4a)
《後漢書·張衡列傳》：翾鳥舉而魚躍兮，將往走乎八荒。

唐 李賢注：翾，飛也。（卷 59/1920）

《説文解字繫傳·羽部》：翾，小飛也，從羽睘聲。臣鍇曰：文子云："翾飛蜎動。"或作蜎，虛全反。（南唐 徐鍇撰《説文解字繫傳》，四部初編，卷 7/10a）

《廣韻·仙韻》：翾，許緣切，小飛皃。（《宋本廣韻》，120 頁）

《龍龕手鑑》：翾，許緣反，小飛虫也。（遼 釋行均撰《龍龕手鑑》，327 頁）

《六書故》：翾，小飛也。蟲飛爲翾。（宋 戴侗撰《六書故》，四庫，226－卷 19/356）

其二，《大詞典》釋"翾"爲"通‘儇’"，與事實不符。"翾"之"輕佻"義，並非通"儇"而得來的通假義，而是"翾"之引申義。理由有二：第一，通假是一種約定俗成的用字現象，如果是通假義，那麼傳世文獻中還應當有別處"翾"通作"儇"的用例，而我們在傳世文獻中暫未見有其他"翾"通作"儇"的用例；第二，"小飛"義和"輕佻"義之間意義上有聯繫，這是詞義引申的特點，而非通假義的特徵。因爲意義互相有聯繫的屬詞義引申，而用字通假則不同，其本字和借字的意義截然不同，不相聯繫。鳥飛時體態輕盈、行止不定，這很容易使人聯想到人舉止輕浮、輕佻不定的情態，顯然，"小飛"義和"輕佻"義之間是有聯繫的。因此，"輕佻"應該是"小飛"的引申義，而不是通假義。此外，從我們掌握的傳世文獻用例看，該引申義較早約於宋代才出現，故早在戰國時《荀子》書中的"翾"字，不可能爲"輕佻"義。

"翾"表"輕佻"義在宋代以後才多見起來。例如：

《春秋説·昭公一》：君德之賢明威重，權臣所甚畏也。故必擇昏庸而易欺、便翾而易制者君之。(宋 洪咨夔撰《洪氏春秋説》，四庫，156－卷23/647)

《續資治通鑑長編·哲宗》：新除黃庭堅爲起居舍人。伏以左右史職清地峻，次補侍從。而黃庭堅所爲輕翾浮艷，素無士行，邪穢之迹，狼籍道路，封還除命。(宋 李燾撰《續資治通鑑長編》，四庫，321－卷456/846)

《至大金陵新志·風俗》：人物敦重質直，罕翾巧浮僞，庶民尚氣能勞，力田遠貫，舊稱陪都大鎮。(元 張鉉撰《至大金陵新志》，四庫，492－卷8/372)

《歷代名臣奏議·治道》：盖夫士無守道自重之節，人有翾躁不恥之求，漸漬成俗，恬不爲怪，未有甚於今日也。(《歷代名臣奏議》，四庫，434－卷42/216)

《大清一統志·江寧府》：山川渾深，土壤平厚，故人物敦重質直，罕翾巧浮僞。(《大清一統志》，四庫，474－卷50/28)

綜上所述，《不苟篇》中"喜則輕而翾"當從楊注，釋爲"翾，小飛也，言小人之喜輕佻如小鳥之翾然"。古籍校勘的原則應該是歸其本真，當原書得通時即從原書，不可輕改古書。梁説改字爲釋，大可不必。《大詞典》引梁説爲證，並誤。建議《大詞典》"翾"之第4義項可把"通'儇'"二字去掉，直接釋爲"翾，輕佻"，然後引上述宋元明清例爲書證。

此外,《大詞典》還可增收"翩然"一詞。"翩然"一詞不獨見於楊注,其他古籍中亦屢見。例如:

> 《類説·北夢瑣言·回避一抄夏供》:所在長老有似蟻蛈,見褻糞盡,即翩然而飛。衆僧依長老相聚而食,僧亡即索然而去。(宋 曾慥《類説》,四庫,873-卷 43/751)

> 《古今事文類聚(續集)·(司馬君實)謝人惠草蟲扇》:枯枝擁寒蜩,黄藥粘飛蜂,翩然得生意,上下相追從。(《古今事文類聚》,四庫,927-卷 28/508)

> 《西河集·周子鉉游天台山記事》:丐僧之能度此者,而導其前,拱翼且胝,翩然而度。(清 毛奇齡撰《西河集》,四庫,1321-卷 116/275)

二　義　項　漏　列

一詞多義是所有語言中詞彙的普遍現象,義項是語詞各種意義在詞典裏的分項表述。詞典中所收列的詞義,一般都是詞的抽象或概括意義,而語詞在具體語境中往往有着靈活性。也就是説,它在上下文裏顯示的常常含有説話人的具體所指。因此,詞典編纂者需要對語詞在具體文句中所表達出來的意義進行加工提煉,舍異取同地將其共同點抽取出來作概括地表述,然後才能歸納出詞的抽象意義或概括意義。《大詞典》作爲一部大型權威語文辭書,每個詞條所立義項必須能夠涵蓋該詞條適用於其所出現的所有語境的詞義。因此,歸納詞義必須從用例着手,也就是説,一個語詞全部義項的得出必須以掌握並透徹分析其所出現的大量語料爲前提。蘇寶榮説：“經過對詞語義點的歸納概括而確立義位，通過義位確定詞典的義項，這是中外歷代辭書編寫的共同思維過程。”①所以，通過語料歸納的方法來提取義位，繼而確定義項，這是辭書編寫的傳統方法。關於詞典義項的羅列，胡明揚説：“釋義的基本要求是準確明了。本質的特點不能漏列，非本質的特點一項也不必多列，這是釋義最基本的要求。”②然而，義項和詞義一樣，也是客觀存在的，但編纂人員對義項的認識卻是主觀的，加上每個詞在進入語用時，總會受到其所在語境的影響而造成它在具體意義上的差異，這就難免會出現義項概括不全的情況。此外，多義詞的各個義項之間往往是有一定聯繫的，到底什麽意義應該單列出來，什么意義可以合併，並不太好把握。下面試就《大詞典》解釋《荀子》楊注語詞時在義項的羅列方面尚有遺漏的詞目進行闡述。除本書前面第三章提到的“修飾”“通流”兩個詞條《大詞典》當增立義項外，這裏再述 5 條：

【後王】③1. 繼承前輩王位的君主。2. 泛指繼前朝而起的國家元首。(《大詞典》，卷 3/957)

按：《大詞典》“後王”條當增立義項。《非相篇》：“欲觀聖王之

---

① 蘇寶榮、武建宇：《詞的義系、義點、義位與語文詞典的義項》，《辭書研究》1999 年第 1 期。

② 胡明揚等：《詞典學概論》，137 頁。

③ 關於《荀子》中“後王”所指，乃得於先師吳金華的啟發。特此注明，以誌懷念！

迹,則於其粲然者矣,後王是也。彼後王者,天下之君也。舍後王
而道上古,譬之是猶舍己之君而事人之君也。"楊注:"後王,近時之
王也。粲然,明白之貌。言近世明王之法,則是聖王之迹也。夫禮
法所興,以救當世之急,故隨時設教,不必拘於舊聞,而時人以爲君
必用堯、舜之道,臣必行禹、稷之術,然後可,斯惑也! 孔子曰:'殷
因於夏禮,所損益可知也。'故荀卿深陳以後王爲法,審其所貴君子
焉。司馬遷曰:'法後王者,以其近己而俗①相類,謙卑而易行
也。'"可見,楊注是把"後王"解釋成"近世之王"的,其意乃與上古
聖王相對而言。

楊倞注"後王"凡五見。除《非相篇》外,其餘四處列舉如下:

《不苟篇》:天地始者,今日是也。百王之道,後王是也。

楊注:後王,當今之王。言後王之道與百王不殊。行堯、
舜則是亦堯、舜也。

《儒效篇》:繆學雜舉,不知法後王而壹制度,不知隆禮義
而殺詩書。

楊注:後王,後世之王。夫隨當時之政而平制度,是一
也。若妄引上古不合於時,制度亂矣。

《王制篇》:王者之制,道不過三代,法不貳後王。

楊注:法不貳後王,言以當世之王爲法,不離貳而遠
取之。

---

① "俗"後脫"變"字。"俗變"乃上古以來常語,疑爲傳寫之脱。《史記·六國年
表》序言中亦爲"俗變"。

《成相篇》：凡成相，辨法方，至治之極復後王。

楊注：後王，當時之王。言欲爲至治，在歸復後王。謂隨時設教，不必拘於古法。

楊注除上述五次直接注"後王"爲近時、當今、當世或後世之王外，其餘在闡發《荀子》文意中，楊注也屢次作出了類似的訓釋，例如：

《儒效篇》：道過三代謂之蕩，法二後王謂之不雅。

楊注：道過三代已前，事已久遠，則爲浩蕩難信也。雅，正也。其治法不論當時之事，而廣說遠古，則爲不正也。

《不苟篇》：君子審後王之道，而論於百王之前，若端拜而議。

楊注：言君子審後王所宜施行之道，而以百王之前比之。若服玄端拜揖而議，言其從容不勞也。時人多言後世澆醨，難以爲治，故荀卿明之。

這些注語雖表述不完全一致，但考其本意，所指均相同，皆指近時或當今之聖明君主。但楊倞之後的各《荀子》注家，如物雙松、劉台拱、汪中、王念孫等，卻都認爲"後王"係指"文、武"而言。竊以爲，楊倞關於"後王"之注洽符荀意，倒是諸家之說缺乏實證，并不足以否定楊說。理由有二：

其一，諸家以"後王"爲周文王、武王，與《荀子》本意不合。孟軻、子思言"法先王"，以爲必行堯舜文武之道；荀卿則常言"法後王""治當世"。"法後王"是荀子提出的重要觀點。"後王"在《荀子》一書中凡九見:《非相篇》一見,《不苟篇》一見,《儒效篇》二見,《王制篇》一見,《正名篇》三見,《成相篇》一見。荀子在這些篇章中多處闡明了其"法後王"的思想,如《不苟篇》:"天地始者,今日是也。百王之道,後王是也。"句中"後王"與"今日"相應,顯然非指遠距荀子時代七百餘年的文、武,而是指近世之王。再如《非相》:"彼後王者,天下之君也。舍後王而道上古,譬之是猶舍己之君而事人之君也。"句中"後王"猶"己之君",也可見荀子言"後王"之本意並非指上古之文、武,而是指近世之明君。並且,不獨荀子有此論,《吕氏春秋》亦有類似觀點,《吕氏春秋·察今》:"上胡不法先王之法? 非不賢也,爲其不可得而法。""世易時移,變法宜矣。"(《吕氏春秋》,422 -卷 15/20a;21b)《吕氏春秋》與《荀子》大約同時代,蓋當時之論固多如此。因此,諸家以"後王"爲"文、武",實未得《荀子》本意。

其二,楊倞注"後王"爲"近世之王",並非没有根據,其注乃源於西漢司馬遷説。《史記·六國年表》序云:"然戰國之權變,亦有可頗采者,何必上古? 秦取天下多暴,然世異變,成功大。傳曰:'法後王。'何也? 以其近己而俗變相類,議卑而易行也。"唐代張守節《正義》:"後王,近代之王。法與己連接,世俗之變及相類也,故議卑淺而易識行耳。"(《史記》,卷 15/686)這裏司馬遷言"傳曰:'法後王。'"雖然他没有直言《荀子》,但先秦文獻中"法後王"之語僅見於《荀子》。竊以爲,司馬遷距荀子所處時代不遠,他把《荀子》中的"法後王"解釋爲"以其近己而俗變相類,議卑而易行也",顯然比一千多年以後清代學者們的揣摩臆測更爲可信。故楊注釋"後王”爲“近世之王”，是有根據的。

綜上所述，《大詞典》“後王”詞目應增立義項“與上古圣王相對而言，指近時或當今之聖明君主”，再引《史記·六國年表》司馬遷説以及《荀子》楊注爲書證。

【偏旁】1. 漢字合體字的組成部分。舊稱左爲偏，右爲旁。今泛稱合體字的左右上下任何一部分爲偏旁。2. 指旁屋側室。晉　袁宏《後漢紀·安帝紀》：“禮：諸侯薨於路寢，大夫卒於適室。死生有命，本無偏旁可避者。”（《大詞典》，卷1/1567）

按：“偏旁”一詞，《大詞典》共列兩義項，然我們在研究《荀子》楊注時發現，《大詞典》該詞條的義項羅列未爲完備。《荀子·大略》：“欲近四旁，莫如中央。故王者必居天下之中，禮也。”楊注：“此明都邑居土中之意，不近偏旁，居中央，取其朝貢道里均。”此言國之都邑必居土中、居中央，而不近“偏旁”。注文中“偏旁”與“中央”相對，“中央”者，四方之中也，可見，此“偏旁”既非指“漢字之偏旁”，也非指“旁屋側室”，而是指“與中央相對而言；偏遠。”此義不獨見於楊注，宋代文獻中亦見。試摘舉兩例：

《朱子語類·景春曰公孫衍張儀章》：行者，事之所由；大道者，非偏旁之徑，荆棘之塲。（《朱子語類》，四庫，701 - 卷55/86）

《太平御覽·州郡部·撫州》：《晉書》曰：“王羲之嘗爲臨川

內史，置宅於郡城東，偏旁臨回溪，時據層阜。"（29 - 卷 170/9b）

　　值得一提的是，"偏旁"不僅可以指方位上的"偏遠"，還可指意義上的"次要；片面；生僻"。後者在宋代很常見。僅以宋代《朱子語類》和《北溪大全集》兩部文獻中的"偏旁"爲例：

　　《朱子語類・論語・雍也・哀公問弟子章》：讀書且要理會要緊處，如某舊時，專揀切身要緊處理會，若偏旁有窒礙處，只恁地且放下。（700 - 卷 30/646～647）

　　《朱子語類・論語・雍也・哀公問弟子章》：看道理要得他如水相似，只要他平直滔滔流去。若去看偏旁處，如水流時這邊壅一堆泥，那邊壅一堆沙，這水便不得條直流去。（700 - 卷 30/648）

　　《朱子語類・朱子・訓門人九》：今不於明白處求卻求之於偏旁處，縱得些理，其能幾何？（702 - 卷 121/486）

　　《北溪大全集・論語發題》：聖人之言坦夷明白，非可以過求也，非可以泛索也，非可以新奇華巧穿鑿也，非可以偏旁迂曲揣測也。（宋　陳淳撰《北溪大全集》，四庫，1168 - 卷 18/635）

　　《北溪大全集・答陳伯澡一》：今吾子之於四書，姑只通其文義，便以爲足而自任。更不復究其中精蘊大義，便一向就枝葉皮膚、偏旁迂曲、閒慢零碎去處，逐一精粹苦索，要無一之。（1168 - 卷 27/712）

　　《北溪大全集・答陳伯澡四》：今若只就皮膚枝葉、偏旁

閒末處理會,則恐枉用心支離,而失卻其中之底蘊。(1168－
卷 27/714)

《北溪大全集·與陳伯澡論李公晦往復書》:若吾友向來
於集注微言至論卻草率過了,而集義諸家之偏旁閒慢者卻苦
思研究不休,實枉工夫爲可惜。(1168－卷 28/723)

《北溪大全集·問呂氏與程子論中》:辨析呂説雖詳審,
然偏旁枝葉之論,在文公或問中已説破大槩矣。學者且須涵
泳子思本文,爛熟講究其正意大義,切於身心而實體之。舍此
不務,而區區惟偏旁枝葉之急,非所謂善學中庸者也。
(1168－卷 41/833)

由上所述,《大詞典》當爲"偏旁"增立兩個義項:1. 與中央相
對而言;偏遠。2. 次要;片面;生僻。兩個義項可分別引上述唐宋
例爲書證。

【流移】1. 流亡;遷移。《後漢書·朱穆傳》:"百姓荒饉,
流移道路。"2. 指流離失所的人。宋 李綱《與折仲古龍學
書》:"境内盜賊,悉已淨盡,流移歸業。"(《大詞典》,卷 5/
1268)

按:《大詞典》"流移"條共列兩個義項,然我們在對《荀子》楊
注的研究中發現,"流移"還可增立義項"流變;變遷"。《荀子·不
苟》:"畏法流俗而不敢以其所獨甚,若是則可謂愨士矣。"楊注:
"法,效也。畏效流移之俗,又不敢以其所獨善而甚過人。"楊注中

之"流移"可以解釋爲"流變;變遷"。"流移"表"流變;變遷"義,不獨楊注有見,在其他文獻中亦不少見。例如:

《水經注》:然地理參差,土無常域,隨其强弱,自相吞并,疆里流移,寧可一也。(295-卷22/31b)

《水經注》:魏寧,故陽安也。晉太康元年改曰晉寧縣,在桂陽郡東百二十里。縣南西二面,阻帶清溪,桂水無出縣東理。蓋縣邑流移,今古不同故也。(300-卷39/4b)

《詩品》:若但用賦體,則患在意浮,意浮則文散,體成流移,文無止泊,有蕪漫之累矣。(南朝梁 鍾嶸撰《詩品》,四庫,1478-卷1/191)

《説郛·韓仙傳》:三十日復召,謂曰:"卿叔韓愈乃吾仙甫冲和後身也。微過謫世子何不往度乎?"予遂領旨而下,則山川變態,人物流移,恍然腥塵中耳!(882-卷112下/474)

《西河集·甘州行省朝勿齋先生松岑集序》:夫詩學之流移久矣。長安高髻,不計尺寸,而世儒無學,方且以草野哩嗟之習易我高文典册,以自掩其劣。(清 毛奇齡撰《西河集》,四庫,1320-卷57/503)

上述例句中,或疆里流移,或縣邑流移,或文體流移,或山川、人物流移,或詩學流移,都和楊注中"風俗流移"一樣,并非"流亡;遷移"或"流離失所"義,而是"流變;變遷"的意思。

此外,通過文獻調查,我們還發現,"流移"一詞除常常表"流變;變遷"義外,還經常指"流動;移動",此義尤多見於醫學著述中。

例見下：

《水經注》：石門齊地，今濟北盧縣。故城西南六十里有故
石門，去水三百步。蓋水瀆流移，故側岸也。(291-卷8/10b)

《巢氏諸病源候總論・疝病諸》：痰又停聚流移於脅肋之
間，有時而痛，即謂之痰癖。（隋 巢元方撰《巢氏諸病源候總
論》，四庫，734-卷20/703）

《備急千金要方・肺臟方》：惡氣腫起，或左或右，或前或
後，或内或外，針灸流移，無有常處。（唐 孫思邈撰《備急千金
要方》，四庫，735-卷56/555）

《普濟方・諸風門》：瘰者，爲瘰聚推之，流移不定也。
（明 朱橚撰《普濟方》，四庫，752-卷168/584）

《聖濟總録纂要・膈氣門・痰飲統論》：水在五臟，病各
立名不同：與夫聚而不散曰留飲；癖於脅肋下曰癖飲；流移不
定曰流飲。（清 程林纂《聖濟總録纂要》，四庫，739-卷
9/216）

由上所述，我們建議《大詞典》增立"流動；移動"和"流變；變
遷"兩個義項，二義項均可引北魏酈道元《水經注》中用例爲書證。

【權制】1. 猶權柄。統治的權力。2. 權宜之制，臨時制
訂的措施。（《大詞典》，卷4/1362）

按："權制"一詞，《大詞典》所列兩個義項都是名詞，但我們發

現"權制"在《荀子》楊注中還可作動詞用。《荀子·子道》:"若夫貫日而治平,權物而稱用,使衣服有制,宮室有度,人徒有數,喪祭械用皆有等宜。"楊注:"貫日,積日也。使條理平正,權制物,使稱於用。稱,尺證反。"注文中"權制"後面帶了賓語"物",顯然是作動詞用,"控制;掌控"的意思。"權制"作動詞用,不獨楊注中有見,其他文獻中也比較常見,例如:

《宋書·志·五行二》:晉哀帝隆和元年夏,旱。是時桓溫强恣,權制朝廷,僭踰之罰也。(卷 31/909)

《魏書·帝紀下·高祖孝文帝》:十有一月乙卯,依古六寢,權制三室,以安昌殿爲内寢,皇信堂爲中寢,四下①爲外寢。(卷 7 下/171)

《晉書·志·五行上》:(穆帝升平)五年四月又大水。是時,桓溫權制朝廷,專征伐,陰勝陽也。(《晉書》,卷 27/816)

《春秋比事·王臣奔他國者三》:南宮嚚奔楚,經書以子朝奔者,疾其助篡奪之惡,權制於三卿,故顯誅之耳。(宋 沈棐撰《春秋比事》,四庫,153-卷 1/17)

《文獻通考·職官考·行臺省》:其官置令、僕射,其尚書丞、郎皆隨時權制。(元 馬端臨《文獻通考》,第 3 册-1507 頁)

上述例句中,"權制"都作動詞用,其後或帶賓語,或接介賓詞

---

① 此句《魏書》中華書局本之校勘記云:"《册府》卷一三'四下'作'四合殿'。……'四下'二字必爲殿名之訛脱。"

組引出施事者,或不帶賓語,都表"控制;掌控"義。並且,"權制"作動詞的用法,自南北朝開始就很常見。因此,建議《大詞典》爲"權制"增立義項"控制;掌控",並可引上述南朝梁代沈約《宋書》例爲書證。

【資借】憑借,借助。宋 黄庭堅《寄陳適用》詩:"邑鄰陳太丘,威德可資借。"(《大詞典》,卷 10/204)

按:"資借"一詞,《大詞典》僅列一個義項"憑借,借助",未爲完備。《荀子·大略》:"非其人而教之,齎盜糧、借賊兵也。"楊注:"若使不善人教非君子,是猶資借盜賊之兵糧,爲害滋甚,不如不教也。"楊注中"資借"是"資助,借給"的意思。"資助,借給"與"憑借,借助"不同:"憑借,借助"是從他人那裏獲得幫助,而"資助,借給"是給他人提供幫助。顯然,二者詞義的區別主要在於施、受體的不同。

"資借"表"資助,借給"義,不獨楊注中有見,在其後文獻中也一直沿用。例如:

《東都事略·王欽若列傳》:宗諤家貧,禄廩不足以給婚嫁。(王)旦前後資借甚多。(宋 王稱撰《東都事略》,四庫,382 - 卷 49/309)

《陝西通志·貢賦三·更名地丁》:有附近及本里、本甲、本户人丁,堪以均派帶種者,勸諭自相資借牛種。及貧無力者,官爲措給,責令開墾,不必勘報。(清 劉於義監修,沈青崖

編纂《陝西通志》,四庫,552－卷 26/386)

　　《五禮通考・吉禮・宗廟制度》:且宜於此者,必不能宜於彼,反不若折成分數互相資借,爲用之簡且易也。(清　秦蕙田撰《五禮通考》,四庫,136－卷 76/869)

　　由上所述,《大詞典》當爲"資借"詞目增立"資助,借給"義項,並可引《荀子・大略》楊注爲書證。

第二節　詞目未收例

　　一部辭書在編纂之初總會制定一個符合自身定位的收詞原則,然後再依據此既定原則來確定是否應該收入某一語詞。《大詞典》編委傅元愷説:"《漢語大詞典》是按歷史原則編纂的大型漢語文工具書,它的編纂方針是'古今兼收,源流並重',注重收入語詞、成語、典故、熟語、外來語,……凡是文獻上出現過的古今詞語都可在收入之列。"[①]然而,在實際操作過程中,詞目的確立總會受到編纂者所掌握的歷史語料的限制和個人對語料中某一詞語具體感知的影響,從而常常出現因人而異的現象,因此在收詞時也就不可能包羅無遺。我們不應該對前代詞典編纂者求全責備以苛求,説"某某語詞《大詞典》失收"之類的話,只能是審慎地提出一些我們認爲可以收入的語詞,以供《大詞典》修訂者參酌。

　　《大詞典》編委傅元愷還説過:"對凡是一般讀者不易理解的詞

---

①　傅元愷:《談談〈漢語大詞典〉的收詞與立義》,《辭書研究》1994 年第 3 期。

藻、詞組、短語（四字格）等均從寬收入。"①就是説，《大詞典》的選
詞立目其實並不僅限於詞，對部分詞組也是酌情收入的。雖然
如此，但謹慎起見，我們還是以"現代詞典編纂所普遍采用的詞
彙控制理論"②來作爲判定某語詞是否應當爲《大詞典》所收入的
基本原則，其具體標準是：詞語本身在表義方面的凝練程度、詞
語結構的定型性以及該詞在傳世文獻中出現的頻次等幾個
方面。

　　依據上述標準，我們找到了若干楊注中有見而《大詞典》未收
的語詞。下面試列舉 5 則：

【柔屈】

　　　《不苟》：夫富貴者，則類傲之；夫貧賤者，則求柔之。是
　　非仁人之情也，是姦人將以盜名於晻世者也，險莫大焉。
　　　楊注：見貧賤者，皆柔屈就之也。

　　按：楊注"柔屈就之"，是説姦人爲盜名於世而對貧賤者假意
遷就、曲意順從以獲取其親近信任，故"柔屈"爲"曲意順從"義。
　　"柔屈"指"曲意順從"義，在楊注之後的文獻中也很常見。
例如：

　　　《新唐書·后妃上·則天武皇后傳》：后城宇深，痛柔屈

---

① 　傅元愷：《談談〈漢語大詞典〉的收詞與立義》，《辭書研究》1994 年第 3 期。
② 　解海江、章黎平：《詞典編纂理念的二度轉向》，《辭書研究》2010 年第 6 期。

不恥,以就大事。帝謂能奉己,故扳公議立之。已得志,即盜
威福,施施無憚避。(卷 76/3475)

　　《盡言集・論王子韶路昌衡差除不當》:豈若子韶姦邪反
覆,見於已試,柔屈不恥,老而益甚。(宋　劉安世撰《盡言集》,
四庫,427 -卷 8/261)

　　《宋宰輔編年録・仁宗乾興元年》:然其在朝廷忠蓋有
守,始終不爲柔屈,死非其罪,天下冤之。(宋　徐自明《宋宰輔
編年録》,四庫,596 -卷 4/104)

　　《山堂肆考・文學・誌・誅下惠》:夫子之信誠而與人無
害兮,柔屈從俗不强察兮,蒙恥救民德彌大兮。(明　彭大翼撰
《山堂肆考》,四庫,974 -卷 130/529)

　　《抑庵文集・世直堂記》:苟循其所好而必欲得之,非默
以自存則柔屈以取濟,安能開口論事無所顧慮哉?(明　王直
撰《抑菴文集》,四庫,1241 -卷 3/47)

　　《方洲集・怡松記》:客將謂松能以物怡我耶? 吾見世之
悦柔屈也。(明　張寧撰《方洲集》,四庫,1247 -卷 18/440)

　　由上所述,“柔屈”在唐代之後的歷代文獻中很常見,表“曲意
順從”義。其義已非“柔”代表的“軟弱”義和“屈”代表的“彎曲”義
的簡單組合,而是這兩個概念經過整合後形成的一個新創意義。
該新創意義暗含的“假意;曲意”義點不易爲讀者所體會得到,因
此,詞典有收入解釋該詞的必要,尤其是像《大詞典》這樣的大型語
文辭書,更是如此。故建議《大詞典》補收“柔屈”一詞,並引上述
《荀子・不苟》楊注例爲首證。

【報白】

《臣道》：以德復君而化之，大忠也；以德調君而補之，次忠也；以是諫非而怒之，下忠也。

楊注：復，報也。以德行之事報白於君，使自化於善。

按：注文中"報白"爲並列式合成詞，"答復"的意思，一般用於下對上的答復或表示尊敬地答復對方，語氣莊重、正式。

"報白"一詞，不獨楊注中有見，其後宋元文獻中亦很常見。例如：

《樂全集·芻蕘論·官刑之濫》：或就繫者積三人以上，即報白行者，還同鞠焉。如此則長吏雖有凶暴之人，而下吏不罹枉濫之酷。（宋　張方平撰《樂全集》，四庫，1104－卷 12/101）

《鶴山集·周禮折衷》：叙群吏之治，以待賓客之令，諸臣之復，萬民之逆。鄭司農云："復，請也。逆迎受王命者。復是報白之義，不得爲請。"（宋　魏了翁撰《鶴山集》，四庫，1173－卷 104/505）

《宋史·劉清之列傳》：已而，郡計漸裕，民力稍蘇。或有報白，手自書之，吏不與焉。（元　脫脫等撰《宋史》，卷 437/12955，中華書局二十四史點校本，1977）

《周禮全經釋原·夏官下》：出大命，王之教令也；入大命，群臣承意而復命也。復，有所報白也；逆，有所陳奏也。

（明　柯尚遷撰《周禮全經釋原》,四庫,96－卷 10/870）

《大詞典》未收“報白”一詞,建議補收,並引上述《荀子·臣道》楊注例爲首證。

【渾迹】

《大略》：柳下惠與後門者同衣,而不見疑,非一日之聞也。

楊注：後門者,君子守後門,至賤者。子夏言“昔柳下惠衣之敝惡,與後門者同,時人尚無疑怪者。”言安於貧賤,渾迹而人不知也。

按：注文言柳下惠敝衣隱於貧賤之中,人莫知之。“渾迹”是“隱蔽本來面目混雜其中”的意思。

“渾迹”一詞,不獨見於唐代,後代文獻也一直沿用。例如：

《松隱集·律詩·贈張鍊師》：護幄通明殿,仙階貴可知。塵凡聊渾迹,功行欲康時。（宋　曹勛撰《松隱集》,四庫,1129－卷 11/387）

《湖廣通志·（張居正）上徐存齋相公書》：今榮進之路,險如榛棘,惡直醜正,實繁有徒。相公内抱不群,外欲渾迹,將以竢時,不亦難乎？（《湖廣通志》,四庫,534－卷 96/502）

《林蕙堂全集·蔬圃記》：蓋傑士不逢,每寄情於鋤菜;而幽人知命,亦渾迹於灌園。是皆有託而然。（清　吴綺撰《林蕙

堂全集》,四庫,1314－卷 1/215)

"渾迹"又寫作"混迹"。請看下面兩組例句:

　　a1:《讀易詳説》:象曰:"大人否亨,不亂群也。"包承小人而不亂小人之群,尤見其大。蓋從容渾迹於群小之間,未嘗悻悻然懷忿躁不平之氣,故小人莫得指目而忌惡之。(宋 李光撰《讀易詳説》,四庫,10－卷 3/307)

　　a2:《讀易詳説》:象曰:"肥遯無不利,無所疑也。"自昔隱遯之士,皆樂枯槁,處閒曠,饑寒切身而不悔者,蓋明乎消長之幾,濟以剛決之勇,處身遠外而無上下之交,混迹編珉而無聲名之累,則其進退豈不綽綽然有餘裕哉?(宋 李光撰《讀易詳説》,四庫,10－卷 6/365)

　　a3:《易小傳》:象曰:"君子夬夬,終無咎也。"混迹小人則行疑於污,而爲其所濡也,衆必有慍之者矣。然迹雖疑而志則決,是以終無咎也。(宋 沈該撰《易小傳》,四庫,10－卷 5 上/586)

　　b1:《松隱集・頌・李次仲誕辰頌》:柱史列裔,清映霞犖。環堵所禮,土木所與。起死濟民,渾迹塵土。好生廣德,密佑人主。三千功就,易遷行著。(《松隱集》,1129－卷 28/492)

　　b2:《畿輔通志・碑・(王磐)大學士寶公神道碑》:惟時,寶公樂道安閒,潛身丘壑,混迹塵寰。(《畿輔通志》,四庫,504－卷 107/594)

按：上面兩組例句，"渾迹"和"混迹"出現的語境相類、語義相似，其用法、意義也基本相同，僅書寫形式不同，二者屬於異形詞。現代漢語保留了"混迹"一形，"渾迹"已基本不用。《大詞典》收有"混迹"一詞，建議以互見條目將"渾迹"也收入進去，並引上述《荀子·大略》楊注例爲首證。畢竟作爲歷史性的大型語文詞典，還是應該反映出所收語詞的歷史源流。

【徑隧】

《大略》：迷者不問路，溺者不問遂，亡人好獨。

楊注：所以迷，由於不問路。溺，由於不問遂。亡，由於好獨。遂，謂徑①隧，水中可涉之徑也。

按：楊注中"徑隧"爲名詞，指"水中的小徑；小路"，屬並列式合成詞。

"徑隧"一詞，唐代以後文獻裏一直沿用。例如：

《畿輔通志·碑·(唐代鄭子春)北嶽碑銘》：庭廡遂敞，容衛彌飾，繪事後素，昭彰歙藐。工無遺巧，人不勞力，垣墉徑隧，内方外直。(506－卷106/574)

《大唐傳載》：壽安縣有噴玉泉、石溪，皆山水之勝絶也。貞元中，李賓客辭爲縣令，乃剗翳薈開徑隧，人方聞而異焉。(《大唐傳載》，四庫，1035－532)

---

① 徑，宋台州本誤作"經"，盧謝本作"徑"，從盧謝本改。

　　《羅昭諫集·謝江都鄭長官啟》：芳草遠山，纔供掇拾；晴
暘媚景，別受指撝。登臨則光祿寒山，悲歎則雍丘明月。憑何
徑隧，達此津涯？（唐　羅隱撰《羅昭諫集》，四庫，1084－卷
6/266）

　　《林泉高致集·山水訓》：真山水之風雨，遠望可得，而近
者玩習不能究一川徑隧起止之勢；真山水之陰晴，遠望可盡，
而近者拘狹不能得一山明晦隱見之迹。（宋　郭熙撰，宋　郭思
編《林泉高致集》，四庫，812－575）

　　《桂海虞衡志·志山》：虛秀洞去城差遠，大石室面平野，
室左右皆有徑隧，各數十百步，穿透兩傍，亦臨平野。（宋　范
成大撰《桂海虞衡志》，四庫，589－370）

　　《學言稿·五言律詩·雪》：積雪凝冬瑞，群情兆歲登。
洞門淪徑隧，宮瓦失甌稜。（元　吳當撰《學言稿》，四庫，
1217－卷4/288）

　　《滎陽外史集·東軒記》：穴墻壁以成戶牖，鑿瓴甓以通
徑隧。（明　鄭真撰《滎陽外史集》，四庫，1234－卷9/24）

　　《大詞典》未收"徑隧"一詞，建議補收，並引《荀子·大略》楊注
例爲首證。

【迫側】

　　《解蔽》：處一之危，其榮滿側；養一之微，榮矣而未知。
　　楊注：危，謂不自安，戒懼之謂也。側，謂迫側，亦充滿
之義。

按：楊注以"迫側"對釋《荀子》母本中"側"，說明"側"在當時已雙音化爲"迫側"。楊注云"亦充滿之義"，充滿則剩餘空間狹小，故"迫側"者，"空間小；狹窄"也。

"迫側"一詞，不獨見於唐代楊注，後世文獻中亦有見。例如：

> 《郝氏續後漢書·禮樂·聲音》：光景之詩，淫詞艷曲，有新聲、犯聲、側聲、正殺、寄殺、偏字、旁字、雙字、平字等調，奇邪曲巧，怨悲哀思，煩碎迫側，宥冶澹沲，先王正聲不復得聞，風俗厖壞，運命回促矣。（元 郝經撰《郝氏續後漢書》，四庫，386-卷87下上/547）
>
> 《周禮訂義·輪人爲輪斬三材必以其時》：轂圍三尺三寸，徑一尺一寸，三分去一以爲空，則中間空寬，故轆轤而不迫窄，小則迫窄矣。○鄭鍔曰："轂以容三十輻，則其長短小大當其法，取足容輻而已。小而長則輻窄狹而不能容，柞迫側而不寬也；大而短則轂末淺短而不能固，摯動搖而不安也。"（宋 王與之撰《周禮訂義》，四庫，94-卷71/401）

《大詞典》未收"迫側"一詞，建議補收，並引《荀子·解蔽》楊注例爲首證。

有的語詞在楊注中已凝固成詞，然《大詞典》未收。并且，經過查檢傳世文獻，我們發現，其實這些語詞甚至還有更早於楊注的用例。下面也試述若干則：

【與否】

　　《解蔽》：傳曰："天下有二：非察是，是察非。"謂合王制與不合王制也。

　　楊注：所以非察是、是察非，觀其合王制與否也。

　　按：楊注以"合王制與否"對釋《荀子》母本中"合王制與不合王制"，"否"代替了"不合王制"所表達的反面情形，楊注的表達更簡潔明了，正反對立的語氣也更加強烈。這裏的"與否"除起到了關聯正反兩面的作用外，還起到了加強正反對立語氣的作用。

　　不過，此時的"與否"尚未凝固成詞①，只是在需要列舉正反兩面情形時，爲了使表達簡潔，避免重複，就用"否"來指代反面情形。此時，"否"在語法層級上和"與"前面的成分並列，"與"只起關聯正反兩方面的作用。董秀芳説："在雙音化趨勢的作用下，兩個高頻率緊鄰出現的單音節詞可能經過重新分析而削弱或者喪失其間的句法邊界，而結合成一個雙音節的語言單位。"②由於"與"和"否"經常在線性序列上相連出現，久而久之，"與"和"否"之間句法層次的分界逐漸向語音節拍分界妥協，從而發生重新分析，"與"和代指否定情形的"否"這兩個單音詞逐漸凝固成一個雙音節的固定詞

---

　　① "與否"雖然在楊注中尚未凝固成詞，但它當時已經成爲一個固定搭配的韻律詞，這是"與否"後來發展成一個結構定型、意義凝固的語詞的關鍵一步。鑒於《漢語大詞典》《現代漢語詞典》（第7版，2016年）都未收入"與否"一詞，故將其附列於末，供詞典修訂者參酌。

　　② 董秀芳：《詞彙化：漢語雙音節詞的衍生和發展》，北京：商務印書館，2011年，40～41頁。

組。不過，此時"否"指代反面情形的作用仍然很明顯，"與"仍然起關聯正反兩方面情形的作用，"與""否"語義尚未融合。但根據馮勝利提出的"韻律詞"的概念："無論是詞還是短語，只要滿足兩個音節就是韻律詞。"①因此，仍然可以説，在語音節拍上，"與否"已經成爲一個固定搭配的韻律詞。試將其重新分析的過程圖示如下：

句法層次分界　　　　　　　　　語音節拍分界

合王制　與　否　　⟶　　合王制 / 與　否

｜　並　｜　列　｜　　　　　　　｜　並　列　｜

其實，這種關聯正反兩面情形的"與否"連用結構，早在東漢文獻中就已多見。例如：

> 《漢書·趙尹韓張兩王列傳·趙廣漢傳》：廣漢聰明，皆知其能之所宜，盡力與否。其或負者，輒先聞知，風諭不改，乃收捕之，無所逃。（卷 76/3201）
>
> 《孟子·告子章句上》：萬鐘則不辯禮義而受之。萬鐘於我何加焉？東漢 趙岐注：言一簞食則貴禮，至於萬鐘，則不復辯別有禮義與否。（41－卷 11 下/12a）
>
> 《論衡·問孔篇》：自改不在言之輕重，在宰予能更與否。（435－卷 9/6a）

"與否"作爲連用結構，在東漢以後文獻中一直沿用，且出現頻

---

① 馮勝利：《論漢語的"韻律詞"》，《中國社會科學》1996 年第 1 期。

率非常高,例多不贅舉。然而,其語法化進程卻相當緩慢。從傳世文獻看,可能直到現代漢語裏"與否"才發生了實質性轉變和跨越式發展。因爲在現代漢語裏"與否"所在的句子結構已經發生了實質性地變化:"與"前面不再只出現表示單方面情形的詞語,而是正反兩面情形的詞語都出現,這表明"否"指代反面情形的身份已失落,"與"關聯正反兩面情形的作用也已經失去。下面試擷舉數例:

1. "痞子"這詞只是和另一些詞,如"僞君子""書呆子"相對仗,褒貶與否全看和什麽東西參照了。(王朔《王朔自選集·序言》,昆明:云南人民出版社,2004 年,2 頁)

2. 學風的優劣與否,反映了學生學習目的是否明確,體現在學習態度是否端正、治學態度是否嚴謹、學術空氣是否濃厚、考風考紀是否良好等等。(付宏淵《黨風、校風、學風是大學的生命》,《光明日報》2014 年 6 月 11 日/013 版)

3. 綜觀古今中外,反腐成敗與否的關鍵,一在魄力,一在制度。(傅達林《制度創新聚合反腐正能量》,《人民日報》2014 年 3 月 18 日/005 版)

4. 生命不分貴賤與否,都應該體面而又有尊嚴地活着,得到關注,實現價值。(張敏《聽希梅内斯講生與死的故事》,《光明日報》2014 年 1 月 13 日/015 版)

5. 收藏的投資不是主要的,藏品價值貴賤與否也不是主要的。主要在於以藏爲樂的心靈取向,圖的是一種通過收藏帶來的快樂體驗。(杜宣新《快樂處方》,《中國商報》2003 年

10 月 09 日/002 版)

　　6. 商品的進貨很重要,但做支撐的還是後臺系統。後臺系統好壞與否,其實是對企業整個供應鏈系統的考核。(王岩《王衛親述爲何樂城散裝食品毛利能做 38 個點》,《中國商報》2014 年 1 月 21 日/003 版)

　　7. 文章內容決定欄目特色,文章好壞決定欄目成敗。文章是否能提供嶄新的視角,是否是獨特的研究,是否能爲當下學術界提供有價值的學術參考? 這些都是考量一個期刊欄目品質高低與否的標準。(李青《利子在他鄉──評〈北京行政學院學報〉》,《光明日報》2014 年 5 月 17 日/012 版)

　　8. 而其"故事性"的強弱與否,則取決於它所産生的"未曾料到"對我們的生活經驗到底産生了多大的顛覆。(耿波《歐洲文學傳統中故事的消失》,《文匯報》2013 年 9 月 2 日/011 版)

　　上述例句中,"與"前正反兩面情形都出現,"否"指代反面情形的身份已完全失落,"與"關聯正反兩面的作用也已經消失,"與否"一同起加強正反對立語氣的作用。根據董秀芳提出的雙音詞衍生的四個基本條件:"第一,語音條件限制。原來的句法單位或跨層結構中的兩個分立的組成成分都必須是單音節的,二者必須構成一個雙音節音步;第二,原有的兩個分立成分必須在線性順序上鄰近;第三,使用頻率高。只有兩個成分經常在一起出現,才有固化成詞的可能性;第四,語義上要有一定改造。語義變化最常見的兩種形式是: A. 部分語義弱化或脫落,B. 語義發生了隱喻引申或轉喻引申。"①從以上我們對"與否"的分析來看,很明顯,至現代漢語階段,這四個條件"與否"都已具備。可以説,此時的"與否"已經語法化爲一個語氣助詞。

因此,至遲在現代漢語裏,"與否"已經發展成爲一個結構定型、意義凝固的語氣助詞。然而,不管是《漢語大詞典》,還是《現代漢語詞典》(第 7 版,2016),都未收"與否"一詞。《大詞典》副主編洪篤仁説:"《漢大》的收詞原則是:如果没有詮釋價值,即使是詞和固定詞組,也可以不予立目;如果有詮釋價值,則立目可以不限於詞和固定詞組。"②依據《大詞典》的這個收詞原則,對"與否"這樣一個意義濃縮度較高、文言色彩也較强的語詞,是應該爲之立目並加以解釋的。因此,建議《大詞典》立詞目"與否",並且立兩個義項:1. 關聯正反兩面情形的詞組。2. 語氣助詞,加强正反對立的語氣。前一義項可舉漢代例爲首證,後一義項可舉現代漢語例爲書證。

【慰接】

　　《議兵》:委之財貨以富之,立良有司以接之,已朞三年,然後民可信也。

　　楊注:立温良之有司以慰接之,懼其畔去也。

　　按:楊注以"慰接"釋《荀子》母本中"接",此乃以雙音詞對釋

---

①　董秀芳:《詞彙化:漢語雙音節詞的衍生和發展》,39～41 頁。

②　洪篤仁:《〈漢語大詞典〉的收詞原則與指導思想》,《辭書研究》1986 年第 6 期。

單音詞,且"慰接"後帶"之"作賓語,"慰""接"中間不能插入別的成分,"慰接"結構定型、意義凝固,屬並列式合成詞,"撫慰接納"的意思。

"慰接"一詞,唐代初期即有見,其後文獻中一直沿用,它的後面或帶或不帶賓語。例如:

《唐丞相曲江張先生文集‧勅安西節度王斛斯書》:但未知事實,不可虛行。卿可觀察蕃情,頗有定否,即須隨事慰接,令彼知之。(唐　張九齡《唐丞相曲江張先生文集》,四部初編,621－卷 10/6a)

《資治通鑑‧漢紀‧孝哀皇帝下》:自黃龍以來,單于每入朝,其賞賜錦繡、繒絮,輒加厚於前,以慰接之。(107－卷 35/9a)

《資治通鑑‧唐紀‧昭宗聖穆景文孝皇帝中之中》:癸丑,李茂貞迎車駕於田家磑,上下馬慰接之。(170－卷 262/18b)

《晦菴先生朱文公文集‧少師保信軍節度使魏國公致仕贈太保張公行狀下》:(公)岳陽遇大雪,急買小舟,冒風濤泛長江而下,且欲經歷諸屯,慰接將士。(宋　朱熹撰《晦菴先生朱文公文集》,四部初編,1101－卷 95 下/19a)

《舊五代史‧唐書第六‧莊宗紀四》:周匝者,帝之寵伶也。胡柳之役陷於梁,帝每思之。至是謁見,欣然慰接。(宋　薛居正撰《舊五代史》,卷 30/412,中華書局二十四史點校本,1976)

《宋史·叛臣中·李全列傳上》：時頻歲小稔，朝野無事，丞相史彌遠鑒開禧之事，不明招納，密勅珏及純之慰接之，號“忠義軍”，就聽節制。（卷 476/13819）

唐代張九齡文稍早於楊注，建議《大詞典》補收“慰接”一詞，並引張九齡文中用例爲書證。

【幸遇】

《仲尼》：桓公兼此數節者而盡有之，夫又何可亡也？其霸也，宜哉！非幸也，數也。

楊注：其術數可霸，非爲幸遇也。

按：注文中“幸遇”是名詞，指“幸運的際遇”。楊注中“幸遇”作“爲”的賓語，結構上是一個偏正式合成詞。

唐代以前文獻中“幸遇＋賓語”的格式很常見，然當時“幸遇”尚未凝固成詞。試看下面 2 例：

《三國志·魏書·徐晃傳》：（晃）常歎曰：“古人患不遭明君，今幸遇之，當以功自效，何用私譽爲？”（卷 17/530）

《宋書·王微傳》：常謂生遭太公，將即華士之戮；幸遇管叔，必蒙僻儒之養。（卷 62/1665）

按：此 2 例中“幸遇”只是一個“狀＋中”結構的詞組，尚不是一個合成詞，“幸運地遇到”的意思。這與楊注中“幸遇”不同，楊注中"幸遇"其後不帶賓語,已經是一個名詞,意爲"幸運的際遇",結構上也已凝固成一個"定＋中"式的偏正式合成詞。

並且,名詞"幸遇"在唐代及其後文獻中也很常見。例如:

《隋書・梁毗列傳》:竊見左僕射、越國公素幸遇愈重,權勢日隆,縉紳之徒,屬其視聽。(唐　魏徵撰《隋書》,卷 62/1479～1480,中華書局點校本,1973 年)

《藝文類聚・靈異部下・神》:魏楊脩《神女賦》曰:"嘉今夜之幸遇,獲帷裳乎期同。情沸涌而思進,彼嚴屬而静恭。微諷説而宣諭,色歡懌而我從。"(唐　歐陽詢撰《藝文類聚》,四庫,888 -卷 79/621)

《彭城集・制誥・承務郎致仕張穀可承奉郎致仕制》:爾以暮齒,膺此光寵,既爲幸遇,亦酬素守。(宋　劉攽撰《彭城集》,四庫,1096 -卷 23/239)

《彭城集・制誥・通直郎李周可奉議郎致仕制》:告老之臣,弗及以政,慶賞之事,逮逼不遺,以是朝恩迫於耆耋。惟汝黄髮,膺我殊寵,是誠幸遇,毋忘欽承。(1096 -卷 23/239)

《歷代名臣奏議・寵倖》:隋文帝仁壽二年,大理卿梁毗見楊素專權,恐爲國患,乃上封事,曰:"臣聞:臣無有作威作福,其害於而家,凶於而國。今楊素幸遇愈重,權勢日隆,所私皆非忠讜,所進咸是親戚。"(明　楊士奇等編《歷代名臣奏議》,四庫,441 -卷 290/162～163)

《玉芝堂談薈・才士豪爽見奇》:有好事者曰:"可得一聞乎?"(陳子昂)答曰:"余居宣陽里,指其第處,并具有酒,明日專候榮顧。且各邀聞名者齊赴,乃幸遇也。"來晨集者凡百餘人,皆當時重譽之士。(明　徐應秋撰《玉芝堂談薈》,四庫,883－卷 7/166～167)

《隋書》作者魏徵生活年代稍早於楊倞,因此,建議《大詞典》補收名詞"幸遇",並引上述魏徵《隋書》例和楊注例等爲書證。

【擘裂】

《哀公》:三日而校來謁,曰:"東野畢之馬失,兩驂列,兩服入廄。"

楊注:兩服,馬在中。兩驂,兩服之外馬。列,與裂同。謂外馬擘裂,中馬牽引而入廄。

按:楊注以"擘裂"釋《荀子》母本中"列(裂)"。"擘裂"屬並列式合成詞。"擘"者,"分開;剖裂"也,如《史記‧刺客列傳‧專諸傳》:"既至王前,專諸擘魚,因以匕首刺王僚,王僚立死。"(《史記》,卷 86/2518)"擘裂"者,"分裂;開裂"義。

"擘裂"早在漢代文獻中就已見個別用例。例如:

《揚子雲集‧太玄賦》:薰以芳而致燒兮,膏含肥而見炳。翠羽嬔而殃身兮,蚌含珠而擘裂。(明　鄭樸編《揚子雲集》,四庫,1063－卷 5/124)

唐宋之後,"擘裂"始爲常見。例如:

《孟東野詩集·詠物·品松》：此松天格高，聲異千萬重。抓挐巨靈手，擘裂少室峰。擘裂風雨獰，抓挐指爪備。（唐 孟郊撰《孟東野詩集》，四部初編，709－卷 9/3a）

《法苑珠林·十惡篇·殺生部·引證》：正報頌曰："戲笑殺他命，悲號入地獄。臭穢與洋銅，灌注連相續。奔刀走火餤，擘裂碎楚毒。億載苦萬端，傷心不可錄。"（唐 釋道世撰《法苑珠林》，四部初編，516－卷 91/6a）

《演繁露·鐵甲皮甲水犀鮫魚》：孔子曰："虎兕出於柙，柙以畜之，尚或擘裂而出，則是不可豢畜也矣。"（宋 程大昌撰《演繁露》，四庫，852－卷 5/108）

《異苑》：乳母傷痛之，乃撫尸而祝曰："若天道有靈，無令死被擘裂。"須臾，尸面赧然上色。於是呼婢共扶之。俄頃，兒墮而尸倒。（宋 劉敬叔撰《異苑》，四庫，1042－卷 8/543）

《濟北晁先生雞肋集·題跋·跋陳伯比所收顏魯公書後》：顏公以耆老忠義縊於賊手，世言公尸解不死，開棺肌肉如生，爪透手背。邢和璞聞而歎曰："此所謂形仙。後五百年，雖藏金石之中，猶當擘裂飛去。"（宋 晁補之撰《濟北晁先生雞肋集》，四部初編，1029－卷 33/17a）

《元詩選二集·（劉詵）題楊補之梅》：元氣擘裂乾坤冬，開卷灑然見二公。孤山之月羅浮風，淡雲萬古吹不融。（清 顧嗣立編《元詩選二集》，四庫，1470－卷 15/499）

《望雲集·七言古詩·寄衣曲》：燕山八月雪若寒，氈褐狐裘俱擘裂。明朝驛使催征車，白袍絮就愁寫書。（明 郭奎撰《望雲集》，四庫，1231－卷 2/651）

《大詞典》未收"掔裂"一詞,建議補收,並引上述《揚子雲集·太玄賦》例爲首證。

【經宿】

> 《大略》:無留善,無宿問。善學者盡其理,善行者究其難。
>
> 楊注:當時即問,不俟經宿。

按:注中"經宿"指"一夜的時間"。《大詞典》收有"經月"(一月;整月)、"經年"(一年;整年),卻未收"經宿"。其實,"經宿"結構同"經月""經年",其中"經"字"經過、經歷"的動作義已虛化,"經宿"不再是"經過了一個晚上"這樣的動賓詞組,而是"一夜"的意思,表示動作、狀態持續了一整夜的時間,"經宿"已經凝固成詞,成爲一個名詞。

而且,"經宿"表"一夜的時間"在南北朝時就已很常見,北魏賈思勰《齊民要術》中"經宿"凡 15 見,全部是"一夜;整夜"的意思。試擷舉兩例:

> 《齊民要術·笨麴餅酒》:初漉時,手搦不相著者,佳漉訖聚,置經宿,來晨熟擣作木範之,令餅方一尺厚二寸,使壯士熟踏之。(355-卷7/16a)
>
> 《齊民要術·作醬法》:氣餾周徧以灰覆之,經宿無令火絕。(355-卷8/2b)

此後,"經宿"在歷代文獻中一直沿用。例如:

《梁書·馬仙琕傳》：建康城陷，仙琕號哭經宿，乃解兵歸罪。（唐　姚思廉撰《梁書》，卷 17/279，中華書局點校本，1973 年）

《急就篇》：侍酒行觴宿昔醒。　顏師古注：昔，夜也。病酒曰醒，謂經宿飲酒故致醒。（69－卷 3/43a）

《論語集説·子罕》：祭於公不宿肉，祭肉不出三日，出三日不食之矣。　蔡節曰：助祭於公，所賜胙肉，歸即頒之，不俟經宿者，重君之惠也。（宋　蔡節撰《論語集説》，四庫，200－卷 5/630）

《婦人大全良方·産後門·胞衣不出方論第四》：自巳午時從下生火，令漸漸上徹，有墜下火，旋夾火上，直至經宿，火冷炭消盡。又放經宿，罐冷定，取出細研，以絹羅至細，甆合内盛，依法用之。（宋　陳自明撰《婦人大全良方》，四庫，742－卷 18/712）

《太平御覽·兵部·刀》：瓘厠上見烈，故給使令出語三軍，會逼瓘不得議定，經宿不眠，各橫刀膝上。（宋　李昉等撰《太平御覽》，四部三編，53－卷 345/5a）

《書纂言·周書》：周公不敢留以經宿，即以禋於文王、武王，敬之至也。（元　吳澄撰《書纂言》，四庫，61－卷 4 上/148）

《宋史·太祖本紀》：太祖，宣祖仲子也。母杜氏。後唐天成二年，生於洛陽夾馬營，赤光繞室，異香經宿不散，體有金色，三日不變。（卷 1/2）

《救荒本草·草部·何首烏》：救飢掘根，洗去泥土，以苦竹刀切作片，米泔浸經宿，換水煮去苦味，再以水淘洗凈，或蒸

或煮食之。（明　朱橚撰《救荒本草》，四庫，730 -卷 4/75）

　　《明史·志·禮》：凡虞祭，葬之日，日中而虞，柔日再虞，剛日三虞。若去家經宿以上，則初虞於墓所行之。（清　張廷玉等修《明史》，卷 60/1490，中華書局點校本，1974 年）

　　《大詞典》未收“經宿”一詞，建議補收，並引上述北魏賈思勰《齊民要術》中用例爲首證。

【渠略】

　　《大略》：飲而不食者，蟬也；不飲不食者，浮蝣也。

　　楊注：浮蝣，渠略，朝生夕死蟲也。

　　按：楊注以“渠略”釋“浮蝣”，可見“渠略”是昆蟲“浮蝣”的另一名稱。並且，從楊注看，“渠略”這個名稱可能更爲唐人所熟悉。

　　“渠略”指“浮蝣”這種朝生暮死的昆蟲，在漢代即有見。例如：

　　《爾雅·釋蟲》：蜉蝣，渠略。　宋　邢昺疏引舍人注曰：蜉蝣，一名渠略。南陽以東曰蜉蝣，梁宋之間曰渠略。（《爾雅注疏》，221 -卷 9/185）

　　《方言》：蜉蝤，秦晉之間謂之蝚蠅。　郭璞注：浮由二音。似天牛而小，有甲角，出糞土中，朝生夕死。案：蜉蝤，亦作浮游。蝤，又作蝣。蝚蠅，亦作渠略。（64 -卷 11/4a）

　　《毛詩·曹風·蜉蝣》：蜉蝣之羽，衣裳楚楚。　毛亨傳：興也。蜉蝣，渠略也，朝生夕死，猶有羽翼以自脩飾。　鄭玄

箋：興者，喻昭公之朝，其群臣皆小人也，徒整飾其衣裳，不知國之將迫脅，君臣死亡無日，如渠略然。（7-卷 14/9a）

《大戴禮記・禮察》：浮游者，渠略也。朝生而莫死，稱有何也？（48-卷 2/7a～7b）

"渠略"，稱"浮蝣"，後世文獻也一直有見。例如：

《埤雅・釋蟲》：梁宋之間曰渠略。叢生鬱棲中，朝生暮殞，有浮游之義，故曰蜉蝣也。（宋　陸佃撰《埤雅》，四庫，222-卷 11/150）

《書敘指南・魚龍昆蟲》：朝生夕死蟲曰蜉蝣，又曰渠略。（明　任廣撰《書敘指南》，四庫，920-卷 14/555）

《說郛・毛詩草木鳥獸蟲魚疏下》：蜉蝣，方土語也。通謂之渠略。（元末明初　陶宗儀編《說郛》，四庫，876-卷 4 上/187）

《宋元詩會・（劉筠）鶴》：肯教渠略知遐壽，會向神區更遠遊。（清　陳焯編《宋元詩會》，四庫，1463-卷 5/82）

由上可知，"渠略""浮蝣"是由於方言用語的不同而形成的對同一事物的不同稱呼。從上述《說郛》和《宋元詩會》例看，在唐宋之後，"渠略"可能比"蜉蝣"使用更爲普遍。今《漢語方言大詞典》也收有"渠略"一詞①，可見"渠略"至今仍然沿用。《大詞典》收有"浮蝣"，卻未收"渠略"，建議爲"渠略"專立詞目，並引上述漢代例

①　《漢語方言大詞典》，卷 4，5821 頁。

爲首證。

【越逐】

　　《議兵》：戰如守，行如戰，有功如幸。

　　楊注：不務越逐也。

　　按：注文中"越逐"是"奔走；追逐"義，其詞義凝固、結構定型，屬並列式合成詞。

　　"越逐"一詞漢代就已出現，後世文獻也一直沿用。例如：

　　《史記·魯周公世家》：馬牛其風，臣妾逋逃，勿敢越逐，敬復之。無敢寇攘，踰牆垣。（卷33/1524）

　　《藝文類聚·治政部上·善政》：赫赫南仲，堂堂方叔。天子命我，遐征越逐。竇氏車騎，去病冠軍。（888－卷52/254）

　　《書傳·周書·文侯之命》：軍亂生於動，故軍以各居其所不動爲法。若牛馬風逸，臣妾逋逃，而聽其越逐，則軍或以亂，亦恐姦人規亂我軍。（宋 蘇軾撰《書傳》，四庫，54－卷20/662～663）

　　《東園叢說·詩說·風馬牛》：《書》云："馬牛其風，臣妾逋逃，勿敢越逐。"蓋封境相接，馬牛或有風逸，臣妾或有逋逃，越逐不復，即起爭競之端，故《費誓》以此告戒，欲息爭端也。（宋 李如箎撰《東園叢說》，四庫，864－卷上/206）

　　《春秋本義·桓公》：獲禽不越逐，不面傷，大獸公之，小

歜私之,冬事也。(元　程端學撰《春秋本義》,四庫,160－卷
4/91)

由上所述,建議《大詞典》補收"越逐"一詞,並引上述漢代例爲
書證。

第三節　首引書證滯後例

對大量歷史語料的全面掌握和透徹分析,是編纂一部貫通古
今的大型詞語訓釋類工具書的前提工作,這一前提在詞典中的反
映形式,即爲書證。《大詞典》每個詞條之下都會列舉一定數量的
典型書證,這些書證不僅有助於讀者準確理解該詞目所立義項,還
可以使各義項之間的源流衍生關係清晰顯露。詞典編纂中對書證
的選擇和使用,要講究時代性、典型性和規範性。我們在翻檢《大
詞典》所釋《荀子》楊注語詞的過程中,發現其在書證的列舉方面也
還存在一些有待改進之處,比如有的義項所引始見例時代偏晚,有
些義項僅引孤例,等等。《大詞典》編纂於上世紀末,當時一些現代
大型電子語料庫尚未研發面世,所以存在僅引孤例的缺憾也實屬
難免。此節我們僅以楊注爲據,着重就其首引書證滯後這方面的
問題擇要舉例説明。

《大詞典》作爲一部"源流並重"型的大型語文辭書,應當盡可
能地反映語詞的源流及其意義演變過程。所以,引用始見例之文
獻,應以時代最早者爲准,這樣才能充分反映詞目的歷史,也才能
幫助讀者找到語詞的真正源頭。我們在研究《荀子》楊注詞彙時發

現，《大詞典》並未能像重視典籍正文一樣關注古籍注疏，尤其是在書證的列舉方面，常常忽略了對古籍注疏語料的引用，以致有的詞目下某義項的始見書證時代過晚，因而不能較好地反映詞目的源流和全貌。下面我們就在楊注詞彙研究的基礎上，對《大詞典》在書證滯後方面的疏失擇要舉例闡述。具體做法是，先根據《荀子》楊注，將《大詞典》某詞目下某義項晚出的書證提前至楊注時代，並盡量以唐代其他文獻中的用例參證之。然後，再盡可能地進一步追本溯源，甚至爲該義項找到更早於楊注的用例。

一　《漢語大詞典》首引書證爲清代例

這類詞目有 3 個，其中第一個爲楊注中始見，後兩個可將始見書證更提前至漢魏時期，然《大詞典》所引始見書證卻爲清代用例，滯後許多。下面一並列出，供《大詞典》修訂者參酌。

【祧】4. 引申爲更換。严复《〈法意〉按語》：“若夫歐美諸邦，雖治制不同，實皆有一國之民，爲不祧之内主。”（《大詞典》，卷 7/914）

按：《大詞典》“祧”該義項引清末民初严复作品中例句爲始見書證，時代過晚。其實《荀子》楊注中已有用於該義項的“祧”字。《荀子·禮論》：“故王者天太祖，諸侯不敢壞，大夫士有常宗，所以別貴始。”楊注：“謂不祧其廟，若魯周公。”此言諸侯不敢企望把天子的始祖作爲自己的太祖來進行祭祀，而只能以始封的國君爲太祖來進行祭祀。比如，魯國國君不敢以后稷爲太祖，而只能以周公旦爲太祖來祭祀,故楊注:"不祧其廟。"意謂不更換其祭祀之神主也。

"祧"用於"更換"義,不獨見於楊注,亦見於唐代其他文獻中。例如:

> 《元氏長慶集·遷廟議狀》:若以爲後代有功有德者盡爲不遷之廟,則成、康刑措,宣王中興,平王東周之始王,並無不祧之説,豈非有功有德哉?蓋以爲七廟之數既定,若親盡之廟不毁,則親親之昭穆無所設矣,故不得不祧耳。(722 - 卷34/4b)
>
> 《唐文粹·(劉軻)再上崔相公書》:惟梁公、鄭公高視千載之上,始潛心於伊尹,且亦惟恐太宗不及堯、舜,故得謚以經緯天地曰宗,爲不祧之廟。(1344 - 卷79/221)

由上所述,《大詞典》"祧"詞目的"更換"義項可將始見書證提前至唐代。

> 【布卦】排列卦象,進行占卜。《東周列國志》第一回:"伯陽父布卦已畢,獻上繇詞。"(《大詞典》,卷 3/677)

按:《大詞典》該詞條始見書證是清代長篇白話歷史演義小説《東周列國志》,引例過晚。其實,"布卦"一詞《荀子》楊注中已有見。如《荀子·王制》:"鑽龜陳卦,主攘擇五卜,知其吉凶妖祥,傴巫跛擊之事也。"楊注:"陳卦,謂揲蓍布卦也。"

然楊注例也不爲最早,"布卦"指"排列卦象,進行占卜"早在漢代文獻中就已經比較常見了。例如：

　　《漢書·東方朔傳》：上嘗使諸數家射覆，置守宮盂下，射
之，皆不能中。朔自贊曰："臣嘗受易，請射之。"乃別著布卦而
對曰：……（卷 65/2843）
　　《漢書·張禹傳》：（張）禹爲兒，數隨家至市，喜觀於卜相
者前。久之，頗曉其別著布卦意，時從旁言。（卷 81/3347）
　　《前漢紀·孝武一》：上置守宮於盆下，使筮者射之，莫能
中。朔自請布卦射之。（88－卷 10/6a）

　　由上所述，《大詞典》"布卦"條可將始見書證提前至漢代，繼以
唐代楊注例作爲中間書證。

　　【水竇】2. 水道；水之出入孔道。清顧炎武《濟南》詩之一：
"西來水竇緣王屋，南去山根接岱宗。"清　談遷《北遊録·後紀
程》："自是長隄多水竇，水塋綠異常。"（《大詞典》，卷 5/890）

　　按：《大詞典》該詞條第 2 義項始見例引清代書證，引例過晚。
《荀子·脩身》："厭其源，開其瀆，江河可竭。"楊注："厭，塞也，音一
涉反。瀆，水竇也。"注中"水竇"即爲"水道"義。"水竇"亦見於唐
代其他文獻，例如：

　　《隋書·煬三子列傳》：宇文化及弒逆之際，倓覺變，欲入
奏，恐露其事。因與梁公蕭鉅、千牛宇文晶等穿芳林門側水竇

而入。至玄武門,詭奏曰……(卷59/1438)

楊注例亦不爲最早,"水竇"指"水道;水之出入孔道",魏晉時就已見。例如:

> 《左傳·襄公二十六年》:襲衛羊角取之,遂襲我高魚。有大雨,自其竇入。杜預注:雨,故水竇開。竇,音豆。(《春秋經傳集解》,28-卷18/8a)

由上所述,《大詞典》"水竇"條可暫引晉杜預注爲始見書證,繼以楊注例作爲中間書證。

二 《漢語大詞典》首引書證爲元明例

這類詞目計6個,其中前4個爲楊注中始見,後2個還有更早於楊注的書證。列述如下:

> 【傀異】奇異,與平常的不一樣。明 宋濂《恭題御制方竹記後》:"唯吳越山中,有名方竹者,最爲傀異。"(《大詞典》,卷1/1343)

按:《大詞典》"傀異"條引明代例爲孤證,引例偏晚。《荀子·賦》:"天下不治,請陳傀詩。"楊注:"荀卿請陳傀異激切之詩,言天下不治之意也。"楊注中"傀異"即爲"奇异"義。

"傀異"表"奇异",不獨楊注中有,宋代文獻中亦見。《楚辭後語·成相第一》:"天下不治,請陳佹詩。"宋朱子集注:"佹,與詭同。佹詩,佹異激切之詩也。"(《楚辭後語》,四庫,1062-卷1/410)

故《大詞典》可引《荀子》楊注爲"佹異"詞目之始見書證,再引朱子注爲中間書證。

【律條】1. 法律條文。明 焦竑《玉堂叢語·纂修》:"(洪武)二十二年八月,更定《大明律》,初命本院同刑部官將比年律條參考折衷,以類編附,曰名例律,附於斷獄下。"(《大詞典》,卷3/954)

按:《大詞典》"律條"詞目第1義項"法律條文"引明代例爲始見書證,引例偏晚。《荀子·勸學》:"《禮》者,法之大分,群類之綱紀也。"楊注:"禮所以爲典法之大分,統類之綱紀。類,謂禮法所無,觸類而長者,猶律條之比附。《方言》云'齊謂法爲類'也。"楊注中"律條"即指"法律條文"。

"律條"指"法律條文",不獨楊注中有見,在唐代其他文獻中也較常見。擷舉《唐律疏議》中數例如下:

《唐律疏議·廄庫》:主傷馬牛及以誤殺,律條無罪。(唐長孫無忌等撰《唐律疏議》,四部三編,6-卷15/13b)

《唐律疏議·賊盜一》:况監臨內相殺,被殺者又是本親,一違律條,二乖親義,受財一疋以上,並是枉法之贓。(7-卷17/18a)

《唐律疏議·詐偽》:問曰:"詐陷人渡朽敗橋梁,溺之甚

困,不傷不死,律條無文,應得何罪?”(10 -卷 25/29b)

由上所述,《大詞典》“律條”詞目之“法律条文”義項可將始見書證提前至唐代。

【商度】1. 測量。2. 商討。明 李贄《與焦漪園太史書》:“豈自以爲至足,無復商度處耶?”章炳麟《與羅振玉書》:“見東人所集漢學,有足下與林泰輔書,商度古文,獎藉泰甚,誠怔怔若有所忘也。”(《大詞典》,卷 2/373)

按:《大詞典》“商度”條第 2 義項引明代例爲始見書證,引例偏晚。《荀子·儒效》:“若夫謫德而定次,量能而授官,使賢不肖皆得其位,能不能皆得其官。”楊注:“謫,與商同,古字。商度其德而定位次。”楊注中“商度”即爲“商討”義。

“商度”表“商討”,不獨楊注中有見,唐代其他文獻中也有。例如:

《唐新語·聰敏》:表奏押至,則天令宰臣商度事宜。休璟俄頃草奏,使施行。(唐 劉肅撰《唐新語》,四庫,1035 -卷 8/357)

《唐丞相曲江張先生文集·西幸改期請宣付史館狀》:聞京畿百姓,猶有未安,倘來歲非熟,下人無向,朕雖至彼,復有何情? 欲延期至來冬,待看穀麥,卿等商度以爲何?(《唐丞相曲江張先生文集》,四部叢刊,622 -卷 13/13b)

《翰苑集·論度支令京兆府折稅市草事狀》：如蒙聖恩，允許臣即依此宣行，既免擾人，又不增費，以資儲蓄，足御凶災。度支謹守恒規，亦自不關，常用臣等商度，將爲合宜。（《翰苑集》，四庫，1072－卷20/12a）

由上所述，《大詞典》"商度"詞目之"商討"義項可將始見書證提前至唐代。

【張大】2. 發揚光大。明　唐順之《葉包菴先生壽序》："順之碌碌在弟子中，進不能張大先生之教以行於世，退復不能推衍先生之説以淑於人。"清　劉大櫆《阮君墓誌銘》："吾觀阮氏之先，世著其德，而君能張大之。"3. 高漲；熾盛。4. 猶猛烈。（《大詞典》，卷4/122）

按：《大詞典》該詞條第2義項引明代例爲始見書證，引例偏晚。《荀子·成相》："十有四世，乃有天乙，是成湯。天乙湯，論舉當，身讓卞隨舉牟光，道古賢聖基必張。"楊注："道，説。古之賢聖，基業必張大也。"楊注中"張大"即爲"發揚光大"義。

"張大"表"發揚光大"，不獨楊注中有見，唐代其他文獻中也有。例如：

《五百家注昌黎文集·(韓愈)送楊少尹序》：道邊觀者亦有歎息，知其爲賢以否，而太史氏又能張大其事，爲傳繼二疏踪迹否？(宋　魏仲舉編《五百家注昌黎文集》，1074－卷21/

353～354)

《文苑英華·(韋愨)重修滕王閣記》：夫易舊圖新,樹非常之績,天其或者必將候魁岸博達,負出人智能,而俾張大其所爲。(宋 李昉等編《文苑英華》,四庫,1341-卷810/92)

由上所述,《大詞典》"張大"詞目之"發揚光大"義項可將始見書證提前至唐代。

【不可勝舉】無法一一枚舉,極言其多。明 方孝孺《答俞景文》："古之傳世者雖不可勝舉,而其大較皆豪傑之士,道德充溢於中,事功見於當時。"清 俞樾《茶香室續抄·身後請致仕》："於卒後書致仕者,不可勝舉。"(《大詞典》,卷1/403)

按："不可勝舉"是一個四音節詞。《大詞典》該詞目引明代例爲孤證,引例偏晚。《荀子·彊國》："亡國之禍敗,不可勝悔也。"楊注："所悔之事不可勝舉,言多甚也。"

然楊注例並不爲最早,"不可勝舉"一詞早在漢代就已出現：

《呂氏春秋·有始覽第一·謹聽》：故殷周以亡,比干以死,諍而不足以舉。　高誘注：殷周以亂而亡,比干以忠而死,不當亂而亂,不可爲忠而忠,故悖不可勝舉。(421-卷13/9a)

《鹽鐵論·貧富》：夫乘爵禄以謙讓者名,不可勝舉也;因權勢以求利者入,不可勝數也。(323-卷4/10a)

　　由上所述,《大詞典》"不可勝舉"詞目可將始見書證提前至漢代,繼之以唐代楊注例作爲中間書證。

　　【廬屋】小屋。元　廼賢《居庸關》詩:"環邨列墟市,鑿翠構廬屋。"(《大詞典》,卷 3/1288)

　　按:《大詞典》"廬屋"詞目引元代書證爲孤證,引例偏晚。《荀子·富國》:"雖爲之逢蒙視,詘要橈腘,君廬屋妾,由將不足以免也。"楊注:"盧,當爲廬。君廬屋妾,謂處女自稱是君廬屋之妾,猶言箕帚妾,卑下之辭也。"楊注中"廬屋之妾"乃處女之謙稱,"廬屋"者,小屋也。唐代陸龜蒙撰《甫里先生文集·田舍》亦云:"江上有田,田中有廬屋,以菰蔣扉,以篷簾苫籬,捷微方寶,虛疎簷卑,欹而立傴僂,户偪側而行趔趄。"(《甫里先生文集》,四部初編,卷 14/39a)
　　不過,楊注例也不爲最早,"廬屋"早在漢代文獻中就已見個別用例:

　　《東觀漢記·帝紀·世祖光武皇帝》:十五年詔曰:"刺史太守多爲詐巧,不務實核,苟以度田爲名,聚人田中,并度廬屋。里落聚人,遮道啼呼。"(370－卷 1/76)

　　由上所述,《大詞典》"廬屋"詞目可將始見書證提前至漢代,繼之以楊注例作爲中間書證。

三　《漢語大詞典》首引書證爲宋代例

這類詞目共10個,全部爲楊注中始見。鑒於這類詞語數量相對較多,加之唐宋相距不遠,故限於篇幅,以下僅先列出《大詞典》之首引書證滯後詞目,再列出楊注中可供《大詞典》提前書證之例句,不再作共時用例的參證和討論。

【不拔一毛】同"一毛不拔"。比喻非常吝嗇。宋　秦觀《浩氣傳》:"爲己者至於不拔一毛,兼愛者至於摩頂放踵。"(《大詞典》,卷1/417~418)

《王霸》:"楊朱哭衢涂,曰:'此夫過舉蹞步,而覺跌千里者夫!'哀哭之。"楊注:"楊朱,戰國時人,後於墨子。與墨子弟子禽滑釐辨論。其説在愛己,不拔一毛,以利天下,與墨子相反。"

【百骸九竅】指整個軀體和所有器官。宋　周煇《清波雜志》卷二:"抄掠之餘,所存百骸九竅耳。"《朱子語類》卷一二六:"色即是空,空即是色,大而萬事萬物,細而百骸九竅,一齊都歸於無。"(《大詞典》,卷8/243)

《天論》:"好惡喜怒哀樂臧焉,夫是之謂天情。"楊注:"形,謂百骸九竅。"

【博棋】指圍棋子。宋　陸游《暴雨》詩:"黑雲如龍爪,白

雨如博棋。"(《大詞典》,卷 1/913)

《性惡》:"驊騮、騹驥、纖離、綠耳,此皆古之良馬也。"楊注:"皆周穆王八駿名。騹,讀爲騏,謂青驪,文如博綦①。"

【橫逆】1. 橫流逆行。 宋 苏舜欽《屯田郎滎陽鄭公墓誌》:"大中祥符八年夏四月,暴雨十日不絶,山谼客水鍾於河,河弗勝兼任,溢噎橫逆,大決於凝陽。"(《大詞典》,卷 4/1246)

《致士》:"凡流言、流説、流事、流謀、流譽、流愬,不官而衡至者,君子慎之。"楊注:"衡,讀爲橫②。橫至,橫逆而至也。"

【繆妄】荒謬無稽。 宋 歐陽修《正統論》上:"而謂帝王之興必乘五運者,繆妄之説也。"(《大詞典》,卷 9/1012)

《非相》:"未可直至也,遠舉則病繆,近世則病傭。"楊注:"遠舉上世之事則患繆妄,下舉近世之事則患傭鄙也。"

【泥淖】1. 爛泥;淤泥。 宋 王安石《次前韻寄楊德逢》:"翻然陂路長,泥淖困臧獲。"(《大詞典》,卷 5/1107)

---

① 棋,亦作"綦"。
② 宋台州本注文作"衡,讀爲攄",盧謝本作"衡,讀爲橫"。據下文,當從盧謝本。

《脩身》："行而供冀,非漬淖也。"楊注："凡行自當恭敬,非謂潰於泥淖也。人在泥淖中則兢兢然。"

【豈止】猶何止。宋　歐陽修《相州畫錦堂記》:"惟德被生民而功施社稷,勒之金石,播之聲詩,以耀後世而垂無窮。此公之志而士亦以此望於公也,豈止誇一時而榮一鄉哉!"(《大詞典》,卷 9/1345)

《榮辱》:"是其爲相縣也,幾直夫芻豢稻粱之縣糟糠爾哉!"楊注:"言以先王之道與桀、跖相縣,豈止糟糠比芻豢哉?"

【舒和】2. 舒緩和順。宋　姜夔《聖宋鐃歌吹曲序》:"故臣斯文,特倡盛德,其辭舒和,與前作異。"(《大詞典》,卷 8/1086)

《子道》:"子路趨而出,改服而入,蓋猶若也。"楊注:"猶若,舒和之貌。"

【違悖】違背。宋　王栐《燕翼詒謀錄》卷二:"雖於古禮違悖,亦忠厚之至也。"(《大詞典》,卷 10/1115)

《不苟》:"身之所長,上雖不知,不以悖君。"楊注:"不怨君而違悖也。"

【委地】4. 喻没落,消亡。《太平廣記》卷 455 引《奇事記·皆規》:"唐長安皆規因喪母,又遭火,焚其家産,遂貧乏委地。"(《大詞典》,卷 4/323)

《成相》:"展禽三絀,春申道綴基畢輸。"楊注:"畢,盡也。輸,傾委也。言春申爲李園所殺,其儒術、政治、道德、基業盡傾覆委地也。"

第六章　楊倞注與《荀子》校釋

　　楊倞《荀子注》是迄今可見《荀子》最早注本。楊倞自序云："《孟子》有趙氏《章句》","獨《荀子》未有注解,亦復編簡爛脱,雖好事者時亦覽之,至於文義不通,屢掩卷焉","荀氏之書千載而未光焉"。由此可見,在楊倞心中,《荀子》地位堪比《孟子》,由於痛感《荀子》"編簡爛脱",楊倞遂傾盡全力爲之全面作注。自此,《荀子》一書方有了可讀之本,後人研究《荀子》皆自楊注始,凡注《荀子》必稱楊注,楊注成爲後人研究《荀子》的必參之本。

　　楊倞注定書名,移篇第,解題旨,對《荀子》一書的整理有着篳路藍縷之功。《荀子》一書,西漢劉向原定名爲《孫卿新書》,至楊倞才定名爲《荀卿子》,簡稱《荀子》,並沿用至今。楊倞又爲《荀子》重新編次,分舊十二卷三十二篇爲二十卷,並將篇第作了一些調整,意在"使以類相從",且移易之篇,楊倞都有説明。楊倞的調整,更便於讀者了解《荀子》的著述形式和把握全書的思想。此外,楊倞還對其中《非相》《臣道》《致士》《正論》《解蔽》《正名》《性惡》《君子》《成相》《賦》《大略》《法行》計十二篇作了解題。所謂解題,就是在篇首即開宗明義,對該篇題旨進行簡要説明。楊倞解題,對讀者理解《荀子》的思想精髓極有幫助,且開創了後世注《荀子》解題之先河,爲後世《荀子》注家所承襲。千年而下,荀學得以發揚光大,楊倞功莫大焉!

　　自唐以來,楊倞《荀子注》流傳千年,一直備受推崇。直至晚清民國,小學大興,始有清儒間或提出《荀子注》之失誤,然仍難掩其光輝。試以校注《荀子》成就最高、內容最豐富的王念孫《讀書雜志·荀子》爲例:王氏《荀子雜志》注《荀子》,立條目共 752 條,其中有些是複合型條目,程淼《王念孫〈讀書雜志〉研究》説:"細看各條的内容,我們不難發現,有許多條目屬複合型條目,這些複合型的總條目實際上是由兩個或兩個以上的條目組成的。"①因此,王氏《荀子雜志》實際條目數應多於 752 條。據我們統計,其中 375 條是專論楊注的。在這 375 條中,有 67 次王氏肯定或進一步申述了楊注,有 321 次王氏否定了楊注②。假設王氏所述條條精准的話,其否定楊注的 321 條,也僅占楊注總數(3 234 條)的 10% 而已。此外,王念孫《荀子雜志》還曾 61 次引楊注爲據來證明自己的觀點。由此可見,楊倞所注絶大部分是可信的。圖示如下:

楊倞注正確率圖表

念孫引楊注爲據	61
念孫肯定楊注	67
念孫否定楊注	321
念孫專論楊注	375
念孫注《荀》	752
楊倞注《荀》	3 034

①　程淼:《王念孫〈讀書雜志〉研究》,復旦大學博士學位論文,2009 年,11 頁。

②　由於有些屬複合型條目,比如在同一條目中對楊注的某一説加以肯定,又對其另一方面予以否定,所以我們統計的"否定楊注者"與"肯定楊注者"之和大於"專論楊注者"之條目數。

　　楊倞對《荀子》進行了全面系統的注釋，其注不僅很好地繼承
了前人訓詁成果，嫻熟地運用了各種訓詁方法，而且在前人基礎上
還時有創獲。千載以來，對楊注大多數訓條，後人從無異議。楊注
有些注釋，發前人所未發，頗給後人以啟迪。有些注釋，後人雖偶
有批駁之言，但仔細審定，卻終覺楊注可取，他人所論，倒未必切合
荀書之旨。

　　關於楊倞注對《荀子》整理之功，學人多有論述，然仍有可進一
步闡發之處。我們在《荀子》與楊倞注詞彙研究中，也發現了一些
楊注對《荀子》校釋及其他古籍整理工作頗有借鑒和參考價值之
處。本章主要從疑難字詞考釋、方俗語詞的訓釋、《荀子》文本的校
勘以及對前人注釋的引用幾個方面，予以闡述。

第一節　疑難字詞考釋

　　楊倞痛感《荀子》"文義不通"，而發奮爲之全面作注，其注時有
發前人所未發之處，在訓釋《荀子》疑難字詞方面頗有創見，也爲後
人提供了較高的研究平臺，對後人頗有啟迪。略舉數例：
　　傲

　　　　《勸學》：君子之學也以美其身，小人之學也以爲禽犢，故
　　　不問而告謂之傲。
　　　　楊注：傲，喧噪也。言與戲傲無異。

　　按："故不問而告謂之傲"之"傲"，楊注爲"傲，喧噪也，言與戲

傲無異"。楊注釋"傲"爲喧噪、戲傲(呼嗷)①,同篇下文"未可與言
而言謂之傲"之"傲",楊倞亦注爲:"傲,亦戲傲也。《論語》曰:'言
未及而言謂之躁。'"可知,楊注以"傲"爲"喧噪",即吵鬧、聒噪。對
此,後世多不以爲然。郝懿行曰:"傲與敖同。敖者,謂放散也。"劉
師培曰:"傲,即傲誕之意,所謂妄也。"楊樹達亦云:"人不知故問,
人若不問,則非不知。我逆億其不知,不待其問而告知,非傲而
何?"諸家都認爲"傲"釋爲"戲傲、喧噪"可疑,而以"傲"爲傲誕。然
筆者卻以楊注爲可取。

　　楊注之所以釋"傲"爲喧噪、戲傲,是因爲他認爲《荀子》"未可
與言而言謂之傲""不問而告謂之傲"乃化用《論語》"言未及而言謂
之躁"一句。可是,《荀子》中爲"傲",而《論語》中卻言"躁","傲"與
"躁"如何能勾聯起來呢? 要確定語典義,必須調查用典者所本經
文的原意。考《論語·季氏篇》原文,曰:"侍於君子有三愆:言未
及之而言謂之躁,言及之而不言謂之隱,未見顏色而言謂之瞽。"鄭
玄曰:"躁,不安静也。"唐代陸德明《音義》云:"躁,早報反。魯讀躁
爲傲,今從古。"(《論語注疏》,195-卷16/683)由此看來,陸德明釋
"魯讀躁爲傲"應該正是楊注將《荀子》之"傲"與《論語》之"躁"勾聯
起來的依據。

　　然而,關於陸氏"魯讀躁爲傲",學界也頗多質疑。俞樾曰:
"《荀子》此文蓋本《魯論》。惟變躁爲傲可證也。自古文《論語》出,
得其本字,遂謂《魯論》讀躁爲傲,實不然也。躁字義長,傲字義短,

---

　　① 戲,《廣韻·模韻》:"戲,荒烏切,古文呼字。"見《宋本廣韻》,63頁。

魯之經師豈不知此,而改躁爲傲乎?"①龍宇純亦曰:"傲與躁聲不相及,傲不得爲躁之假借也。"②

那麼,對於"魯讀躁爲傲"到底該如何解讀? 要弄清楚陸氏"魯讀"之真實用意,必須對陸氏《論語音義》之訓詁條例進行調查研究。陸氏特意將"魯讀"收入《論語音義》,那麼在《音義》這個封閉體系中其用法應該是基本一致的,因此只需窮盡查檢其"魯讀"訓釋條目,便可分析確定陸氏"魯讀"之用意。朱宏勝、錢宗武曾對陸德明《論語音義》中23條"魯讀"訓詁條例進行了考辨,最終確定陸氏"魯讀":凡屬"魯讀爲""魯讀某爲某"者,均爲改易字③。由此可知,陸德明注"魯讀躁爲傲",是把"傲"作爲"躁"的改易字的。那麼,楊倞據此將"未可與言而言謂之傲""不問而告謂之傲"中"傲"釋爲喧噪、戲傲(呼嗷),並指出《荀子》此句乃本自《論語》語典,其說不誤。

事實上,《論語》此典不獨見於《荀子》,亦見於《荀子》之後文獻中。西漢桓寬《鹽鐵論·孝養篇》:"言不及而言者,傲也。"(323-卷5/17b)就已將《論語》中"言未及而言謂之躁"之"躁"字改作了"傲"。《唐宋文醇》卷57宋代曾鞏《講官議》:"荀子之語教人曰:'不問而告謂之傲,問一而告二謂之嚾。傲,非也。嚾,非也。君子如響。'故禮無往教,而有待問則師之,道有問而告之者爾。世之挾書而講者,終日言而非有問之者也,乃不自知其強聒,而欲以師自

---

① （清）俞樾:《諸子平議·荀子平議》,北京:中華書局,1954年,57頁。
② 轉引自王天海:《荀子校釋》,32頁。
③ 朱宏勝、錢宗武:《"魯讀易爲亦"考辨——以〈論語音義〉條例爲中心》,《揚州大學學報》(社科版)2010年第5期。

任,何其妄也!"(《唐宋文醇》,四庫,1447 -卷 57/951)可見,曾鞏也是將《荀子》"不問而告謂之傲"之"傲"解作"强聒"的,即强自聒噪,與楊注"喧噪、戲傲"義同。

由上所述,楊注敏銳地發現了《荀子》此句所用語典,其釋"傲"爲戲傲(呼嗷)、喧噪,甚得《荀子》本意。倒是清儒各家未考《荀子》此句所本《論語》語典之原義,以致誤説。順便提及,《漢語大詞典》(卷 1/1589)【傲】詞條,列義項 3"急躁",並引《荀子·勸學》"君子之學也以美其身,小人之學也以爲禽犢,故不問而告謂之傲"句爲書證,亦失之。

端拜

　　《不苟》:君子審後王之道,而論於百王之前,若端拜而議。

　　楊注:端,玄端,朝服也。端拜,猶言端拱。言君子審後王所宜施行之道,而以百王之前比之,若服玄端拜揖而議,言其從容不勞也。

　　王念孫案:古無拜議之禮。且"端拜"二字,意義不相屬。"拜"當爲"拜"。"拜",今"拱"字也,形與"拜"相似,因訛爲"拜"。"端拱而議",即楊注所云"從容不勞也"。楊云"端拜,猶言端拱",近之。(《讀書雜志·荀子》,642 頁)

按:楊倞指出"端拜"義同"端拱",王念孫在楊注的基礎上進一步闡釋,"拜"乃"拜"之訛,"拜"即"拱"字,所以,"端拜"和"端拱"實際上是同一個詞,只是字形的訛變,造成了後人理解上的困惑。

念孫之説無疑是受到了楊注的啟發。可見,楊注在訓釋古疑難字詞方面頗有創見,爲後人提供了較高的研究平臺。

第二節　方俗語詞訓釋

楊倞爲幫助時人解除閱讀《荀子》的語言障礙而爲之全面作注,其注基本反映了唐代通語。並且,楊注還表現出了對唐代方俗語詞的高度重視,因而其對古代方俗語詞的研究也很有價值。兹舉數例予以説明。

不到

《性惡》:孟子曰:"人之學者,其性善。"曰:是不然。是不及知人之性,而不察乎人之性僞之分者也。

楊注:不及知,謂智慮淺近不能及於知,猶言不到也。

按:楊注中"猶言",是用時人通語來對《荀子》中疑難語詞加以進一步解釋的一個訓詁術語。先師吳金華説:"一些洋溢着時代氣息的俗語詞,值得我們特別注意。"①這裏的"不到"就是唐代新興的俗語詞,是指"對某事的認知、體會尚不夠",相當於"不懂"的意思,與今日習用的"不到"詞義明顯不同②。今日習用的"不到",指"没有到達;不至",這個用法在上古漢語裏就很常見了,其後一

---

① 吳金華:《古文獻研究叢稿》,71頁。
② 此説來自先師吳金華 2011 年 12 月 16 日的授課筆記,特此注明,以誌懷念!

般接處所名詞,或隱含有處所名詞。例如:

《詩·大雅·韓奕》:蹶父孔武,靡國不到。(8-18/21a)

《史記·晉世家》:子圉之亡,秦怨之,乃求公子重耳,欲內之。子圉之立,畏秦之伐也。乃令國中諸從重耳亡者與期,期盡不到者盡滅其家。(卷39/1656)

《史記·李將軍列傳》:且引且戰,連鬥八日,還未到居延百餘里,匈奴遮狹絶道,陵食乏而救兵不到,虜急擊招降陵。(卷190/2877)

然而,這裏楊注中的"不到",其後並不接處所名詞,也未隱含有處所名詞,它並非"不到達,不至"的意思,而是指向對某事的認知、體會,相當於"不懂"的意思。囿於目力所見,此義項似不見於楊注以前文獻,我們在楊注同時代其他文獻中也未找到,只在楊注以後五代至宋的一些口語色彩很強的作品中才找到一些用例。例如:

《祖堂集·歸宗和尚》:既有辭親棄俗,被褐講經。經有明文,疏無不盡。自是智辯不到,謬判三身;體解不圓,濫轉八識。將智辯智,狂用功夫;將文執文,豈非大錯?(卷15/687)

《玉海·辭學指南·誦書》:朱文公曰:"讀書須成誦方精熟。"附注曰:熟讀《漢書》、韓柳文不到,不能作文章。歐公、東坡皆於經術本領上用功。(宋 王應麟《玉海》,四庫,948-卷210/280)

　　《九家集注杜詩・承沈八丈東美除膳部員外阻雨未遂馳
賀奉寄此詩》：天路牽騏驥，雲臺引棟梁。徒懷貢公喜，颯颯
鬢毛蒼。　　郭注：首篇止引劉孝標《絕交論》云"王陽登則貢
公喜，罕生逝而國子悲"，爲補舊注之遺，此豈獨出於劉孝標
邪？陸機《鞠歌行》云"王陽登，貢公歡。罕生既没國子嘆"，孰
謂前人不相依傍歟？此亦注《文選》所不到矣。（宋　郭知達集
注《九家集注杜詩》，四庫，1068－卷 18/329）

　　《補注杜詩・杜鵑》：杜鵑暮春至哀，哀叫其間，我見常再
拜，重是古帝魂。　　黃希注：趙曰："鮑昭《行路難》云：中有一
鳥名杜鵑，云是古時蜀帝魂，公所用蓋出於此也。"至若此篇，
常再拜而重之，不能拜而淚下，則尊君之意前人所不到。（宋
黃希原注，黃鶴補注《補注杜詩》，四庫，1069－卷 11/211）

　　上述"不到"用例多出現在五代至宋的一些口語色彩很強的作
品中，都是"不及知；不懂"的意思。可見，此"不到"最早見於楊注，
很可能是在經楊注闡發之後才流傳開來。楊倞爲讓時人讀懂戰國
時的《荀子》，以"不到"解釋《荀子》中的"不及知"，體現了他對當時
流行俗語詞的高度重視。這裏也順便提及，《漢語大詞典》"不到"
詞條，僅列"不到達""不料""不至於；不見得""不周到"四個義項，
建議《大詞典》引楊倞注爲始見例，增立"不了解；不懂"義項。

　　除對時人俗語詞的高度重視外，楊注對方言詞也頗爲措意。
除直引揚雄《方言》爲證之外，楊倞還時常以自己熟悉的方言——
"今秦俗方言"證之，因而其注也保存了一些可貴的唐代方言材料。
尤爲可貴的是，其中有的方言詞乃始見於楊注。因此，楊注也爲我

們留存了不少珍貴的方言詞研究材料。兹舉兩例予以説明：

衢

　　《勸學》：行衢道者不至，事兩君者不容。

　　楊注：《爾雅》云："四達謂之衢。"孫炎云："衢，交道四出
也。"或曰：衢道，兩道也。不至，不能有所至。下篇有"楊朱
哭衢涂。"今秦俗猶以"兩"爲"衢"，古之遺言歟？

　　王念孫案：《爾雅》："四達謂之衢。"又云："二達謂之岐旁。"
岐、衢一聲之轉，則二達亦可謂之衢，故《大戴記》作"行岐塗者不
至"，《勸學篇》下文言兩君、兩視、兩聽，《王霸篇》下文言"榮辱安
危存亡之衢"，皆謂"兩"爲"衢"也。《大略篇》又云："二者，治亂之
衢也。"則《荀子》書皆謂"兩"爲"衢"。（《讀書雜志·荀子》，632 頁）

　　按："衢道"與"兩君"對舉，"衢"的古義是"四"還是"兩"？竊以
爲，楊倞或説可取，其注堪稱精彩。他先引《荀子》下篇"楊朱哭衢
涂"（楊注："衢涂，岐路也。"）爲内證，又以共時的方言材料——"今
秦俗猶以'兩'爲'衢'，古之遺言歟"爲外證，内證、外證共舉，令人
信服地論證了"衢"可訓"兩"。楊倞乃虢州弘農人，秦方言是楊倞
熟知的方言，也是他注《荀子》時的共時語料，楊倞引唐代秦方言爲
實證來訓釋疑難字詞，可謂精到準確。尤爲可貴的是，先秦時"衢"
有"兩"義，並不見於今本揚雄《方言》。後來王念孫在楊注的基礎
上，進一步用外證（《爾雅》《大戴禮記》等與《荀子》共時的語料）與
内證（《勸學篇》《王霸篇》及《大略篇》等《荀子》自身的語料），對楊
注進行了申述，把這個問題闡述得更爲透徹。

律

《禮論》：不沐則濡櫛三律而止，不浴則濡巾三式而止。

楊注：律，理髮也。今秦俗猶以枇髮爲栗。

按：楊倞以唐代秦方言"以枇髮爲栗"證先秦《荀子》中"律"有梳理頭髮義。"律"有梳髮義，亦不見於今本揚雄《方言》，只見於楊注及其後的典籍中。例如：

《廣韻·質韻》：㨨，用手理物。（《宋本廣韻》，450 頁）

《正字通·彳部》中亦云：律，理髮曰律。（明　張自烈撰《正字通》，1－423b）

王先謙《荀子集解》引郝懿行曰：律，猶類也。今齊俗亦以比去蟣蝨爲類，言一類而盡除之也。（《荀子集解》，367 頁）

按："栗""律""類"同屬來母，上古"栗"屬質部，"律""類"屬物部，三字音近。梳理頭髮，古可說"栗"，也可說"律"、說"類"。"律"之理髮義，很可能是因了楊注的闡發，才得以傳於後世。以手理物、梳理頭髮稱"㨨"，現代方言中仍存遺迹，《漢語方言大詞典》云："㨨，梳理；以手理物。（一）膠遼官話，山東牟平。（二）吳語，浙江蒼南金鄉。㨨頭。//頭髮㨨㨨好。浙江象山，1926《象山縣志》：㨨，《廣韻》力質切，以手理物。"[1]可見，楊注對古方俗語詞的流傳

---

① 許寶華、宮田一郎主編：《漢語方言大詞典》，北京：中華書局，1999 年，卷 5/6469。

和研究也作出了重要貢獻。

第三節　《荀子》文本校勘

楊倞在當時《荀子》"編簡爛脱"之際,對《荀子》進行了全面校勘,努力恢復其原貌,在文本的校勘方面作出了劃時代的貢獻。下面試舉兩例,以見楊注在校勘《荀子》文本方面的重要價值。

梧鼠／鼫鼠

《勸學》:螣蛇無足而飛,梧鼠五技而窮。

楊注:"梧鼠",當爲"鼫鼠"。蓋本誤爲"鼯"字,傳寫又誤爲"梧"耳。

盧文弨案:《本草》云:"螻蛄,一名鼫鼠。"《易·釋文》及《正義》皆引之,崔豹《古今注》亦同。蛄與梧音近,楊説似未參此。(盧文弨、謝墉校《荀子》,1 册,8 頁)

王念孫案:《本草》言"螻蛄,一名鼫鼠",不言"一名梧鼠"也。今以"螻蛄"之"蛄","鼫鼠"之"鼠",合爲一名而謂之蛄鼠,又以蛄、梧音相近而謂之梧鼠,可乎? 且《大戴記》正作"鼫鼠五伎而窮","鼫"與"梧"音不相近,則"梧"爲誤字明矣。當以楊説爲是。(《讀書雜志·荀子》,632 頁)

按:楊注以"梧鼠"當爲"鼫鼠"之誤,並指出了其致誤緣由:"鼫"誤爲"鼯",傳寫又誤作了"梧"。清代校勘家盧文弨批駁楊説,提出"蛄與梧音近",故"螻蛄即梧鼠。一名鼫鼠"。可王念孫卻力挺楊説,指出"顅"與"梧"並不音近,再由《大戴記》本作"顅鼠五伎而窮",明"梧"確爲"顅"之誤字,從而鞭辟入裏地指出了盧説之誤。可見,楊注去僞存真,在恢復《荀子》文本原貌方面作出了非凡貢獻。

裏/理

> 《解蔽》:經緯天地而材官萬物,制割大理而宇宙裏矣。
>
> 楊注:裏,當爲理。
>
> 楊柳橋:裏,本作裏。裏,乃裹字之誤。宇宙裹,謂包裹宇宙也。今以意改。(《荀子詁譯》,591頁)

按:楊注以"裏"爲"理",而楊柳橋改"裏"爲"裹"。孰是孰非?竊以爲,楊注可取。裏、理古字通。《詩·小雅·小弁》:"不屬於毛,不罹於裏。"王引之《經義述聞·詩六》:"裏,讀爲理,謂腠理也。毛在外,理在内,相對爲文。"[①]《黄帝内經·素問·陰陽陰陽應象論》:"冬三月之病,在理已盡,草與柳葉皆殺。"王冰注:"理,裏也。"(四部叢刊,357-卷2/7b)銀雀山漢簡本《孫子兵法·九地》:"九地之法,人清(情)之裏也。"宋本《孫子》作"人清(情)之理。"[②]因此,《解蔽》篇"制割大理而宇宙裏矣"句中"裏"字可作"理",意爲掌握了普遍性的大道理,則整個宇宙就都清楚了。楊倞以"裏"爲"理",文從字順,故不必如楊柳橋説,改"裏"爲"裹"。

---

① (清)王引之撰:《經義述聞》,王雲五主編:《國學基本叢書》,上海:商務印書館1935年,3-卷6/241頁。

② 參看李零:《〈孫子〉古本研究》,北京:北京大學出版社,1995年,101～102頁。

值得一説的是,即使有時對某詞句楊倞並未出注,但我們發現,通過參看楊倞他處相關注釋,亦足以發明。

乳彘/乳狗

《榮辱篇》:乳彘不觸虎,乳狗不遠遊,不忘其親也。人也,憂①忘其身,内忘其親,上忘其君,則是人也,而曾狗彘之不若也。

按:對於"乳彘不觸虎,乳狗不遠遊"句,學界歷來説法不一,歧義主要集中在兩個方面:一是"乳彘"和"乳狗"到底是指幼彘、幼狗,還是指哺乳中的母彘、母狗? 二是"觸虎"前到底有没有"不"字? 下面試就這兩個問題分别進行辨析。

先説有關"乳彘""乳狗"到底何所指的問題。久保愛、楊樹達、王天海等皆以"乳彘""乳狗"爲幼彘、幼狗,而王先謙、潘重規、梁啟雄則認爲是指哺乳中的母彘、母狗②。孰是孰非? 竊以爲當以後説爲是。理由有四:

其一,楊倞於此無注,蓋以爲此"乳"乃常語,不必作注。《禮論》:"乳母,飲食之者也。"可見"乳"在《荀子》中是作如字解的。楊注在《榮辱》篇之外亦曾多次釋"乳"爲"哺乳"。如《禮論》:"君子以

---

① 楊注:"遭憂患刑戮,而不能保其身,是憂忘其身也。或曰:當爲'下忘其身',誤爲'夏',又'夏'轉誤爲'憂'字耳。"王念孫曰:"後説爲長。"

② 依次分别參看:[日] 久保愛:《荀子增注》,日本文政三年(1820),平安書肆水玉堂本;楊樹達:《積微居讀書記·讀〈荀子〉小箋》,中華書局,1962年,178~179頁;王天海:《荀子校釋》,125頁;王先謙:《荀子集解》,55頁;潘重規:《王先謙〈荀子集解〉訂補》,臺灣師範大學《師大學報》1956年第1期;梁啟雄:《荀子簡釋》,36頁。

倍叛之心接臧穀，猶且羞之，而況以事其所隆親乎？"楊注："穀，乳也。謂哺乳小兒也。"又，《禮論》："父能生之，不能養之。"楊注："養，謂哺乳之也。"《禮論篇》楊注可與《榮辱篇》互發，因此，由《禮論篇》楊注可知，《榮辱篇》楊倞未出注，其意當謂此"乳彘""乳狗"乃指哺乳中的母彘、母狗。

其二，文獻中"乳彘"或作"乳狗"，指哺乳中的母狗。漢代劉向《古列女傳·節義傳》在敘述戰國時魏節乳母在秦破魏追殺公子之際以身爲公子蔽矢而與之俱死的故事之後，感歎道："夫慈故能愛，乳狗搏虎，伏雞搏狸，恩出於中心也。"（四庫，448-卷5/50）①由此可知，該典意在贊乳母護犢之大愛，故"乳狗"當指哺乳中的母狗。

其三，文獻中，"乳彘"/"乳狗"每每與"伏雞"對舉。"伏雞"何所指？宋代陸佃撰《埤雅·釋鳥》："《易》曰：'巽爲雞。'兌見而巽伏，故爲雞，雞知時而善伏故也。故曰：'乳狗噬虎，伏雞搏狸。'又曰：'伏雞日抱其卵伏而未孚始化之時謂之涅。'"（四庫，104-卷6/105）既然"伏雞"是指抱窩母雞，"乳彘"/"乳狗"與之對舉，則"乳彘"/"乳狗"無疑是指哺乳中的母彘、母狗。

其四，"乳彘"/"乳狗"指母彘、母狗，有古代注疏爲證。《春秋公羊傳·莊公十二年》："仇牧可謂不畏强禦矣。"東漢何休注："猶乳犬攫虎，伏雞搏狸，精誠之至也。"陸德明疏："似若産乳之犬不憚猛虎，伏雞愛子投命敵狸之類，故比之。"（四庫，145-卷7/140）又，

---

①　此典目前最早見於西漢劉向《古列女傳》，然而《古列女傳》所載爲戰國之事，傳世文獻所載往往滯後於實際語言，故該語典應該於西漢之前早有流傳，因而可以認爲《荀子》此句也是將前代成句作了順應文意的改編。

宋代司馬光《資治通鑒・周紀一》：“愚者雖欲爲不善，智不能周，力不能勝，譬如乳狗搏人，人得而制之。”胡三省注：“乳，育也。乳狗，育子之狗也。”（四庫，304－卷 1/11）

由上所述，《榮辱篇》“乳彘不觸虎，乳狗不遠遊”中“乳彘”“乳狗”當指哺乳中的母彘、母狗，而非指幼彘、幼狗。

在確定了“乳彘”“乳狗”所指之後，我們再來看《荀子》“觸虎”前到底有無“不”字。清盧謝本、集解本、四庫本“觸虎”前皆無“不”字，然宋台本、宋浙本及久保愛增注本“觸虎”前卻有“不”字，南宋錢佃《荀子考異》亦曰：“監本作‘不觸虎’”①。那麽，“不”字到底有沒有？愚以爲“乳彘不觸虎”中“不”字當有。理由有二：

其一，依《荀子》此節文意知此句“不”字當有。此節開篇總述好鬥者之弊：“鬥者，忘其身者也，忘其親者也，忘其君者也。”繼而將鬥者與狗、彘相較，言其不若彼：“人也，憂忘其身，內忘其親，上忘其君，則是人也，而曾狗彘之不若也。”最後總結：“人之有鬥，何哉？我甚醜之。”可見《荀子》此節乃斥鬥者：狗彘尚且不觸虎，何況人哉？則好鬥之人曾不若狗彘。因而，“乳彘不觸虎”中“不”字當有。

其二，《荀子》此處乃反用前代語典，並有意將前代典故作了順應文意的改編。如前所述，典故“乳彘/乳狗搏虎”意在贊母彘、母狗爲護犢而不惜身之大愛，“乳彘”或“乳狗”是指哺乳中的母彘、母狗，而非指幼彘、幼狗。清儒以爲“不”字衍者，蓋因將該典錯誤理解爲贊幼彘爲衛母而不量其力以搏虎之勇，故徑去“不”字。其實，

---

① （宋）錢佃：《荀子考異》，卷 1/1b，（清）擇是居叢書影鈔宋本。

《荀子》於"觸虎"前加"不"字,正是爲順應此節禁鬥的主旨而有意爲之。"乳彘不觸虎,乳狗不遠遊",謂狗、彘尚不忘顧及其子而或愛身避虎、或不遠出行,而人卻忘其親竟自不量力而好鬥,是狗、彘不若也! 從而正與《荀子》此節不忘身、不忘親、不忘君而禁鬥的主旨相應。這裏《荀子》没有直接沿用前代典故,而是反其意而化用之,將前代典故有意作了順應文意的改編,這正是《荀子》深刻之處。所以,愚以爲當從宋台本、宋浙本,"觸虎"前有"不"字。否則,就與《荀子》此節主旨乖違,情味全失。

綜上,《榮辱篇》"乳彘不觸虎,乳狗不遠遊"中"乳彘""乳狗"當指哺乳中的母彘、母狗,依此節文意及該句語境,"觸虎"前"不"字並非衍文。

第四節　前人注釋的引用

楊倞《荀子注》廣泛參引前代典籍和他人成説,留存了許多寶貴的古文獻資料的信息。並且,楊注徵引他種典籍往往説明出處,不掠人之美。如果是已經亡佚者,楊倞也會注明爲亡佚之作,如《王霸》:"《詩》云:'如霜雪之將將,如日月之光明。'"楊注:"逸《詩》。"據我們統計,《荀子注》引前人典籍或前人成説作注共計737 次,其中,明確標注所引書名者共計 693 次,標注書名的典籍達 60 種;引前人成説明確注明姓名但未述書名者有 11 人,計 44次。因此,可以説,楊注的每次引用基本都是有典可查、有據可憑的。其注信而有徵,其注《荀子》之態度客觀嚴謹,令人嘆服。

《荀子注》引前人典籍以及引用頻次見下(楊倞引用各書的注

文計入原書頻次，如楊倞引鄭玄《詩箋》，也一併計入引《詩》的次數)①：

《詩》80 次	《韓詩外傳》14 次	《尚書》41 次
《易》6 次	《禮記》90 次	《周禮》34 次
《儀禮》26 次	《大戴禮》1 次	《考工記》8 次
《周官·職方氏》2 次	《春秋傳》15 次	《春秋·穀梁傳》4 次
《左氏傳》16 次	《春秋·公羊傳》11 次	《國語》15 次
《韓子》11 次	《戰國策》8 次	《世本》3 次
《中庸》2 次	《老子》1 次	《論語》7 次
《孟子》10 次	《莊子》43 次	《墨子》2 次
《列子》6 次	《晏子春秋》5 次	《呂氏春秋》9 次
《管子》2 次	《曾子》3 次	《孝經》1 次
《慎子》6 次	《文子》4 次	《尸子》9 次
《隨巢子》1 次	《堅白論》1 次	《白馬論》1 次
《列仙傳》1 次	《本草》3 次	《楚詞》5 次
《三蒼》1 次	《史記》39 次	《方言》16 次
《爾雅》17 次	《說苑》20 次	《新序》10 次
《子虛賦》1 次	《列女傳》2 次	《漢書》29 次
《說文》21 次	《釋名》1 次	《論衡》1 次
《白虎通》1 次	《西京賦》2 次	《孔子家語》13 次
《魏都賦》1 次	曹植《七啟》1 次	張景陽《七發》1 次

---

①　此處書名、人名大致按成書時代順序排列。其中《後語》一書不知何時代、何作者，故列在末。

《江賦》1 次　　　　　《長短經》1 次　　　　　《後語》7 次

楊倞《荀子注》引前人成説,明確注明姓名但未述書名者有 11 人,計 44 次,分別是:

子思 1 次　　　賈誼 1 次　　　司馬遷 1 次　　　鄭康成 8 次

王肅 8 次　　　如淳 1 次　　　杜元凱 5 次　　　徐廣 5 次

顏師古 4 次　　司馬貞 2 次　　**韓侍郎** 8 次

韓侍郎①

這裏值得特別注意的是楊注中提到的"韓侍郎"。楊注引前人成説,一般都會明確注明姓名,但有一個例外,那就是在注文中出現了 8 次之多的"韓侍郎"。這個"韓侍郎"是誰,爲何楊倞如此重視他對《荀子》的解説,爲何只稱其官職,又爲何多次引述他的觀點卻不提及出處? 這些問題值得考究。

據我們統計,楊倞引"韓侍郎云"爲證的條目凡 8 見:《勸學篇》《脩身篇》《解蔽篇》各 1 見,《非相篇》《成相篇》各 2 見、《性惡篇》1 見(該條不嫌辭費,把"韓侍郎"所作《原性》一篇全文引録,達 700 多字)。那麽,"韓侍郎"究竟何許人也? 他在楊倞之前就已注過《荀子》嗎? 楊倞爲何對他如此重視?

《荀子·勸學篇》:"小人之學也,入乎耳出乎口,口耳之間則四寸耳,曷足以美七尺之軀哉?"楊注引韓侍郎云"則,當爲財,與纔同"。王念孫《讀書雜志·荀子》引劉台拱對韓説進行了批評②,然並未提及"韓侍郎"到底爲何人。今人趙建軍《韓愈曾經注〈荀子〉》

---

① 此節有關"韓侍郎"即韓愈的發現,得於先師吳金華的指點,再蒙江蘇凤凰出版集團吳葆勤先生惠賜珍貴資料。特此注明,以致謝忱!

② (清)王念孫:《讀書雜志·荀子》,南京:江蘇古籍出版社,1985 年,第 633 頁。

一文，稱其發現楊倞所引"韓侍郎"即韓愈，進而斷定楊倞所引用的
"韓侍郎云"的内容，正是韓愈曾經注《荀子》的佚文①。但我們不
禁要問：趙文所述可信嗎？韓愈真的注過《荀子》嗎？假設"韓侍
郎"確爲韓愈，那麼，楊倞《荀子注》大概完成於唐元和十三年
（818），現已傳世 1 100 多年，經過了宋、元、明、清等多個朝代，難
道歷代飽學之士都未曾揭示"韓侍郎"就是韓愈，爲何一直到了進
入電腦檢索時代的今天，才有了今天趙文的"首次發現"？

　　帶着這些疑問，我們進行了研究。結果發現，其實早在距今一
千多年的宋代，就有研究整理韓文的學者指出《荀子注》中的"韓侍
郎"就是時爲刑部侍郎的韓愈（元和十二年，即 817 年任職）。《原
本韓集考異》四庫提要云：

　　　　《原本韓集考異》十卷，宋　朱子撰。其書因韓集諸本互有
　　異同，方崧卿所作舉正……此本出自李光地家，乃從朱子門人
　　張洽所校舊本翻雕，最爲精善。……第四卷末，洽補注一條，
　　辨《原性》一篇，唐人實作《性原》，引楊倞《荀子注》所載全篇，
　　證方氏舉證不誤，朱子偶未及考②。

　　該提要中論及的"洽補注一條，辨《原性》一篇，唐人實作《性
原》"的"洽"，即宋人張洽。張洽（1160—1237），字元德，號主一，南
宋嘉定元年（1208）進士，著名理學家。張洽在朱熹《原本韓集考

　　①　趙建軍：《韓愈曾經注〈荀子〉》，《陰山學刊》2011 年第 3 期。
　　②　參看《四庫全書總目提要》，文淵閣四庫全書，1073 册- 128 頁。

異》"原性"下曾指出："楊倞注《荀子》，全載《性原》一篇，先生考偶
未及。今記其異。"據此可知，《荀子注》中所引"韓侍郎"的確就是
韓愈。但張洽是不是最早揭示"韓侍郎"即韓愈的人呢？我們發現
也不是。宋代魏仲舉編《五百家注昌黎文集》卷11《雜説》云：

> "昔之聖者，其首有若牛者，其形有若蛇者，其喙有若鳥
> 者，其貌有若蒙倛者。"祝曰："《荀子》：'仲尼之狀面如蒙倛，其
> 注云方相也，其首蒙茸然，故曰蒙倛。'韓侍郎云：'四目爲方
> 相，兩目爲蒙倛。'韓侍郎正謂公也。按：楊倞注《荀子》時爲
> 大理評事，公爲刑部侍郎，此語豈親授於公耶？"①

　　此處"祝曰"的"祝"即祝充。祝氏指出："韓侍郎"即韓愈。楊
倞注《荀子》時任大理評事，韓愈爲刑部侍郎。此條的引述難道是
韓愈親自告訴楊倞的嗎？祝充，《宋史》無傳，晁公武《郡齋讀書志》
卷5下《韓文音義》條載："右從政郎潭州寧鄉縣丞祝充所進也。"王
應麟《玉海》卷55云："《音義》五十卷，祝充進於朝紹興中。"《五百
家注昌黎文集》卷前標明"文溪祝氏，名充，字廷賓"。綜合以上材
料可知：祝充，字廷賓，可能爲四川文溪人，曾官右從政郎潭州寧
鄉縣丞，大致活動於南宋高宗紹興年間。朱熹（1130—1200）於紹
興十八年（1148）中進士，歷仕高宗、孝宗、光宗、寧宗四朝，從祝充
於紹興年間（1131—1161）進《韓文音義》看，祝充與朱熹應是同時

---

① （宋）魏仲舉編：《五百家注昌黎文集》，文淵閣四庫全書，臺灣商務印書館，
1986年，1074册-231頁。

代人，年資亦與朱熹相若。而朱熹的弟子張洽（1160—1237）比朱熹約小 30 歲，故祝充才是目前我們見到的第一個揭示《荀子注》中"韓侍郎"就是韓愈的學者。

在祝充、張洽之後，還有兩人曾先後提及"韓侍郎"即韓愈這個事實。《荀子·非相篇》："仲尼之狀面如蒙倛。"楊倞注："倛，方相也。其首蒙茸然，故曰蒙倛。《子虛賦》曰：'蒙公先驅。'韓侍郎云：'四目爲方相，兩目爲倛。'倛，音欺。"此條楊倞引"韓侍郎"注，又見於元代陶宗儀和清代惠士奇的著述之中。陶宗儀撰《説郛》卷 6 下："《荀子》：'仲尼之狀如蒙倛。'韓退之注：'四目爲方相，兩目爲倛。'楊倞注：'倛，蒙倛。'"惠士奇撰《禮説》卷 11《夏官二》："《荀子》曰：'仲尼之狀面如蒙倛。'韓退之曰：'四目爲方相，兩目爲倛。猶今假面也。'"二人皆引述了韓愈對《荀子》"仲尼之狀如蒙倛"句的説解，但在引述時卻已直改"韓侍郎"爲"韓退之"，可見楊注中"韓侍郎"確爲元和年間任刑部侍郎的韓愈無疑。

"韓侍郎"既確爲韓愈，那麼，由楊倞引韓愈説爲證，是否就可斷定韓愈曾經在楊倞之前注過《荀子》呢？此説未必。理由有三：其一，韓愈曾研讀《荀子》，撰有《讀〈荀子〉》一文，如果他真的注過《荀子》，那麼在此文中必然會提及。可是韓愈《讀〈荀子〉》一文僅闡述了其對《荀子》一書的總體評價："考其辭，時若不粹；要其歸，與孔子異者鮮矣"云云，並認爲和孟子的"醇乎醇者也"相比，荀子的學説是"大醇而小疵"[①]，卻並未提及自己對《荀子》作過任何注釋工作。其二，楊倞注《荀子》廣引多種典籍，他在引用時每每信而

---

① 　馬其昶：《〈韓昌黎文集〉校注》，上海：上海古籍出版社，1986 年，第 37 頁。

有徵，除非不知書名，一般情況下都會不僅注明作者姓名，還會説明所引著述的題目①，唯獨在引用韓説的時候，只提"韓侍郎云"，不説源自何種著述。楊倞注《荀子》時爲韓愈下屬，且由上述祝充"楊倞注《荀子》時爲大理評事，公爲刑部侍郎，此語豈親授於公耶"之語，可知楊倞很可能與韓愈有過交往，如果韓愈真有《荀子》注疏類著作傳世，楊倞應該得見，又怎會不提其著述名？這只能説明，韓愈並没有系統撰寫過《荀子》注疏類的著作。其三，楊倞在《荀子注》序言中敘述了其決意注《荀子》的原因，其文云：

> 倞以末宦之暇，頗窺篇籍，竊感炎黄之風未洽於聖代，謂孟、荀有功於時政，尤所耽慕。而《孟子》有趙氏《章句》，漢氏亦嘗立博士，傳習不絶，故今之君子多好其書。獨《荀子》未有注解，亦復編簡爛脱，傳寫謬誤，雖好事者時亦覽之，至於文義不通，屢掩卷焉。夫理曉則愜心，文舛則忤意，未知者謂異端不覽，覽者以脱誤不終，所以荀氏之書千載而未光焉。

由此可知，楊倞是痛感《荀子》一書"未有注解，且編簡爛脱，傳寫謬誤"才決意注《荀子》的，所以，時爲楊倞上司且年紀長於楊倞的韓愈，是不可能在楊倞之前注過《荀子》的。那麽，楊倞是如何得聞韓説的呢？韓愈在元和元年(806)之後的十餘年間，一直擔任國子監博士之職，在國子監博士任上曾作《進學解》："口不絶吟於六

---

① 順便提及，趙文《韓愈曾經注荀子》一文説："《荀子注》雖博求群書，但均爲直接引用，並不注明出處。"此説與事實完全不符。如前所述，《荀子注》明確注明所引著述的書名和作者多達 60 種。

藝之文,手不停披於百家之編。"此云韓愈"披百家之編",是説韓愈
遍覽百家,而不可能是韓愈注遍百家。既云"百家之編",那麼《荀
子》理應包括在内。我們估計,《荀子》應該也是韓愈在國子監博士
任上的授課内容之一。因而,很有可能如南宋祝充所説——"楊倞
注《荀子》時爲大理評事,公爲刑部侍郎,此語豈親授於公耶?"當
然,是否親授,暫不得而知,但我們有理由相信,韓愈並未系統注過
《荀子》,楊注所引用的 8 條"韓侍郎云"注説,極有可能是他從韓愈
的口授或講義中直接或間接得聞。

綜上,循着楊注對"韓侍郎"説的引證這一線索向上追溯,得知
此"韓侍郎"確是唐代文學家韓愈,宋代祝充是目前所知最早揭示
"韓侍郎"即韓愈的學者,但並不能由此就斷定韓愈曾經注過
《荀子》。

外不顧其遊

《非十二子》:飾邪説,文姦言,以梟亂天下,欺惑愚衆,矞
宇嵬瑣,使天下混然不知是非治亂之所存者,有人矣。

楊注:《晏子春秋》曰:"不以上爲本,不以民爲憂;内不恤
其家,外不顧其游;夸言愧行,自勤於飢寒,命之曰狂僻之民。
明王之所禁也。"

王念孫云:家可以言内,身不可以言外。且"身遊"二字,
義不相屬。"身"字乃後人所加也。"内不恤其家,外不顧其
遊"者,遊謂交遊也。下文曰:"身勤於飢寒,不及醜儕",正所
謂"外不顧其遊"也。《非十二子》篇楊注引此正作"外不顧其
遊"。(《讀書雜志·晏子春秋》,541 頁)

　　按：楊注引《晏子春秋》爲《荀子》作注，其所引見《晏子春秋·内篇問下》。王念孫在校釋《晏子春秋》該句時，即根據楊倞此注指出今本《晏子》作"外不顧其身遊"，"遊"上多"身"字。可見，楊注旁徵博引，留存了很多寶貴的古文獻資料，一些早期文獻中的文句也賴楊注得以流傳。後人據此不僅可以訂正《荀子》文本，還可藉以考證其他古書之訛誤。

結　語

　　從戰國到中唐，時隔千年，漢語詞彙在很多方面都發生了變化。爲幫助唐人讀懂戰國時候的《荀子》，楊倞以唐人通語去解釋《荀子》，可以説《荀子》用語是戰國時期語言的重要載體，《荀子》楊注則反映了中唐時代的通語。本書對《荀子》母本與楊倞注文進行比較研究，通過對《荀子》母本與楊倞注文從詞形、詞義及用法諸方面進行全方位的比較，分析了漢語詞彙從戰國《荀子》到中唐楊注詞彙的差異，歸納了戰國至中唐漢語詞彙的主要發展變化，繼而探討了注釋文體中詞彙演變的特殊規律。最後，對楊倞注詞彙在《漢語大詞典》修訂和《荀子》整理兩個方面的應用價值進行了闡述。

　　概括地説，從《荀子》到楊注詞彙的發展演變主要表現在單音詞的演變與更替和複音詞的衍生和發展兩個層面。

　　首先，《荀子》中詞彙在單音詞層面的發展主要表現爲這樣兩個方面：有的單音詞在楊注中仍然沿用，但其意義、用法已發生了變化；有的則表現爲從一個單音詞到另一個單音詞形式上的更替。對此，本書分別選取了五組發生了詞形歷時更替的單音詞和五組意義用法發生了變化的單音詞進行了個案分析。大體説來，單音詞在楊注中的意義、用法及表現形式，跟戰國時相比已有較大發展，有的甚至已經接近於其在近、現代漢語中的意義、用法及表現形式。接着，在上述研究的基礎上，結合當代學者的相關研究成果，對漢語單音節常用詞的演變動因進行了簡單的歸納和總結。除了目前學界已經提出的各種常用詞演變動因之外，本書又提出，語源義的制約、構形義的影響、社會經濟發展的推動以及語義場內部的語義調節，也是漢語常用詞發生更替的重要原因。

　　其次，《荀子》到楊注詞彙在複音詞層面的發展也主要體現在兩個方面：一是《荀子》中單音詞大量地擴展爲雙音詞。據我們統計，楊注以《荀子》中單音詞爲構詞語素對應地擴展爲雙音詞的計591 對，其中 360 對是一一對應的擴展，231 對是一對多的擴展。本書重點選取了其中 5 個由一對多擴展而形成的雙音詞詞群，對其中雙音詞詞形和詞義的發展脈絡進行了歷時考察；二是《荀子》中原有的一些複音詞在楊注中仍然沿用，但其中部分複音詞的意義已經發生變化。《荀子》中複音詞共有 473 個仍爲楊注所沿用，其中一部分複音詞的詞義發生了不同程度的變化。本書選取其中 15 個複音詞，分義項增加、義項減少、詞義轉移三種形式，對語詞意義的發展變化進行了舉例分析。總體説來，戰國到唐代，漢語詞彙發展的主流是雙音化。同時，在雙音化過程中，有的語詞的意義也發生了變化，其詞義發展的總體趨勢是義項增加、詞義漸趨豐富。

　　然後，關於注釋文中詞彙的雙音化理據，本書提出可以根據語用目的原則去分析雙音詞的產生規律和從認知語義學的角度去分析雙音詞的構詞理據。一方面，注家爲古籍作注的語用目的決定了注家作注時對語言形式的選擇和組織，這是促使注文中雙音詞大量出現的重要原因。我們認爲，語用目的原則也適用於注釋話語的語言研究。因爲注家爲古籍作注這種言語行爲，也可看作是發生在一個特殊的話語情境之中。在這個話語情境中，力圖讓讀者借助注文較好地理解古籍母本，是該話語情境最根本的語用目的，該語用目的決定了注家作注時對語言形式的選擇和組織。基於這一目的原則，注者必然會想方設法使古籍母本中含蓄隱晦的語義凸顯。由於上古漢語是以單音詞爲主的，中古的訓詁家們必須通過添加語詞的辦法來補足古籍中或省略、或隱含、或時人已經不明了的内容，這就表現爲在注語中用大量的雙音詞或雙音結構去對釋古籍母本中單音詞的情形。我們根據楊倞作注時語用目的的不同，將注語中雙音詞的產生歸納爲多義限定式、修飾中心詞式、補出中心詞式、補說動作結果式和補出施受者式共 5 種類型。其中，多義限定式最爲多見。另一方面，雙音詞的衍生和發展跟注文中原單音詞意義的發展和注家所選取構詞語素的組配及其意義的整合有着密切關係。原單音詞的意義引申和發展是促使注家用雙音詞作注的重要前提。正是原單音詞具有一詞多義性，才使得它出現了表義上的不確定性，從而需要和其他語素組合方能表義明晰，也才使得它具備了在概念意義上和其他語素組配的可能性。單音詞的詞義引申，通常是從原點義出發，通過隱喻、轉喻機制的作用在不同認知域之間建立起聯通關係，繼而發生多次引申，從而構成一個個彼此意義相通、相關而又各自有所側重的多義範疇系列。單音詞的多義性爲它與別的語素組合成雙音詞提供了語義前提。不過，人們在將兩個概念意義上可組配的單音節語素複合成詞的時候，往往不是只將二者意義簡單相加，而是會基於經驗認知，把兩個來自不同空間的輸入信息進行加工整合，產生一個新的概念意義，從而實現複合詞的詞義整合與新創。詞義的整合新創，標誌着雙音詞最終成詞的關鍵一步——語義改造的完成。可以說，注釋文體中雙音詞的產生是外部語用目的的動力驅使和内部語素意義的組配與整合這兩個層面共同作用的結果。

最後，《荀子》楊注詞彙研究的成果，對《漢語大詞典》的修訂和《荀子》的校釋也具有重要價值。關於對《大詞典》修訂的現實意義，本書主要從詞目、釋義、書證三個方面分別作了舉例分析，由此指出，《大詞典》在對古籍注疏語料的重視和利用方面尚有待加強。楊倞注對《荀子》校釋工作的參考價值則表現在對疑難字詞的考釋、方俗語詞的訓釋、《荀子》文本的校勘以及對前人注釋的引用這幾個方面。在目前注釋性語料相對被忽視的形勢下，楊注是值得我們再細加琢磨，深入挖掘的。

本書立足於《荀子》和楊倞注詞彙的比較研究，歸納了戰國《荀子》到唐代楊注詞彙的差異，揭示了注釋文體中詞彙演變的特殊性，一定程度上探討了注釋文體中雙音詞的產生規律，爲漢語詞彙雙音化理據研究嘗試了一種新的角度。其實，注釋性語料不僅可以用於詞彙史研究，同樣也可以用來考察漢語語法、語音從古籍所處時代到注家時代的發展變化。可以說，在發掘注釋性語料對漢語史研究的價值方面，還有較大的開拓空間。只要推陳出新，注釋語料完全可以作爲漢語史研究極有價值的材料。希望這種從語言演變的角度去觀照古籍母本與注文的研究能引起越來越多學者的重視，也希望古籍注釋語料對漢語史研究和語文辭書編纂以及古籍整理的價值能得到進一步的挖掘和開拓。

由於對古籍母本與其注文詞彙進行全面的比較研究，目前學界關注不多，所以我們暫時缺乏足夠可資參考的範例。加上本人能力學識有限，故書中一定還存在很多不足，如：本書主要是就《荀子》和楊注中詞彙以個案研究的形式做了一些描寫和分析，更全面的研究尚有待時日；本書關於注釋文體中雙音詞産生規律和構詞理據的探討還比較膚淺，理論高度和深度還有待提升；此外，本書對佛經、變文及禪宗語録等語料的利用也還不夠充分，等等。暫且作引玉之磚，敬俟方家指正！

引 用 書 目^①

1. （戰國）莊周 撰.《南華真經》,四部叢刊初編子部.上海：商務印書館,1926.

2. （戰國）韓非子 撰.《韓非子》,四部叢刊初編子部.

3. （戰國）呂不韋 編.《呂氏春秋》,四部叢刊初編子部.

4. （漢）毛亨 傳.《毛詩》,四部叢刊初編經部.

5. （漢）孔安國 傳.（唐）陸德明 音義.《尚書》,四部叢刊初編經部.

6. （漢）桓寬 撰.《鹽鐵論》,四部叢刊初編子部.

7. （漢）劉向 撰.《古列女傳》,四部叢刊初編史部.

8. （漢）韓嬰 撰.《韓詩外傳》,四部叢刊初編經部.

9. （漢）揚雄 撰,（晉）范望 注.《太玄經》,四部叢刊初編子部.

10. （漢）揚雄 撰.《揚子法言》,四部叢刊初編子部.

11. （漢）董仲舒 撰.《春秋繁露》,四部叢刊初編經部.

12. （漢）王逸 撰.《楚辭章句》,四部叢刊初編集部.

13. （漢）許慎 撰.《說文解字》,四部叢刊初編經部.

14. （漢）鄭玄 注.《纂圖互注禮記》,四部叢刊初編經部.

---

① 引用書目大致以作者或注者的生活時代爲序.

15.（漢）戴德 撰.《大戴禮記》,四部叢刊初編經部.

16.（漢）蔡邕 撰.《蔡中郎文集》,四部叢刊初編集部.

17.（漢）鄭玄 注.《周禮》,四部叢刊初編經部.

18.（漢）司馬遷 撰,（唐）張守節 正義.《史記》,中華書局二十四史及清史稿點校本,1959.

19.（漢）劉安 撰,（漢）許慎 注.《淮南子》,四部叢刊初編子部.

20.（漢）王充 撰.《論衡》,四部叢刊初編子部.

21.（漢）班固 撰.《漢書》,中華書局二十四史及清史稿點校本,1962.

22.（漢）史游 撰,（唐）顏師古 注.《急就篇》,四部叢刊續編經部.上海：商務印書館,1934.

23.（漢）劉珍 撰.《東觀漢記》,影印文淵閣四庫全書本,臺北：商務印書館,1986.

24.（漢）荀悅 撰.《前漢紀》,四部叢刊初編史部.

25.（漢）劉熙 撰.《釋名》.叢書集成初編本,北京：中華書局,1985.

26.（三國魏）王肅 注.《孔子家語》,四部叢刊初編子部.

27.（三國魏）何晏 注.《論語集解》,四部叢刊初編經部.

28.（三國吳）韋昭 撰.《國語解》,四部叢刊初編史部.

29.（三國魏）曹植 撰.《曹子建集》,四部叢刊初編集部.

30.（晉）陈壽 撰,（南朝宋）裴松之 注.《三國志》,中華書局二十四史及清史稿點校本,1959.

31.（晉）杜預 注,（唐）陸德明 音義.《春秋經傳集解》,四部叢刊初編經部.

32.（晉）劉義慶 撰.《世説新語》,四部叢刊初編子部.

33.（晉）郭璞 注.《爾雅》,四部叢刊初編經部.

34.（晉）郭璞 注.《方言》,四部叢刊初編經部.

35.（北魏）賈思勰 撰.《齊民要術》,四部叢刊初編子部.

36.（北齊）劉晝 撰.《劉子》,影印文淵閣四庫全書本.

37.（隋）王通 撰,（宋）阮逸 注.《中説》,四部叢刊初編子部.

38.（隋）顏之推 撰.《顏氏家訓》,四部叢刊初編子部.

39.（唐）孔穎達 撰.《尚書正義》,四部叢刊三編經部.上海：商務
印書館,1936.

40.（唐）李善、呂延濟等 注.《六臣注文選》,四部叢刊初編集部.

41.（唐）顧野王 撰.《玉篇》,四部叢刊初編經部.

42.（唐）楊倞 注,（清）盧文弨 校.《荀子》.叢書集成初編本,北
京：中華書局,1985.

43.（唐）楊倞 注.《荀子》.古逸叢書本,四部叢刊初編子部.

44.（唐）釋玄奘 撰.《大唐西域記》,四部叢刊初編史部.

45.（唐）元稹 撰.《元氏長慶集》,四部叢刊初編集部.

46.（唐）魏徵 撰.《隋書》,中華書局二十四史及清史稿點校本,
1973.

47.（唐）張九齡 撰.《唐丞相曲江張先生文集》,四部叢刊初編
集部.

48.（唐）元結 撰.《唐元次山文集》,四部叢刊初編集部.

49.（唐）陸贄 撰.《翰苑集》,四部叢刊初編集部.

50.（唐）釋道世 撰.《法苑珠林》,四部叢刊初編子部.

51.（唐）姚思廉 撰.《梁書》,中華書局二十四史點校本,1973.

52. （唐）孔穎達 疏.《毛詩正義》,十三經注疏(標點本),北京：北京大學出版社,1999.

53. （唐）歐陽詢 撰,汪紹楹 校.《藝文類聚》,上海：上海古籍出版社,1982.

54. （唐）李肇 撰.《唐國史補》,影印文淵閣四庫全書本.

55. （唐）陸龜蒙 撰.《甫里先生文集》,四部叢刊初編集部.

56. （唐）駱賓王 撰,（明）顏文選 注.《駱丞集》,影印文淵閣四庫全書本.

57. （五代）王定保 撰.《唐摭言》,影印文淵閣四庫全書本.

58. （五代）劉昫 撰.《舊唐書》,中華書局二十四史及清史稿點校本,1975.

59. （南唐）徐鍇 撰.《説文解字繫傳》,四部叢刊初編經部.

60. （南唐）静、筠二禪師 編撰,孫昌武、[日]衣川賢次 點校.《祖堂集》,北京：中華書局,2007.

61. （遼）釋行均 撰.《龍龕手鑑》,影印高麗本,北京：中華書局,1985.

62. （宋）陳彭年等 編.《宋本廣韻》.北京：中國書店,1982.

63. （宋）丁度等 編.《集韻》.北京：中華書局,1988.

64. （宋）歐陽德隆 撰,郭守正 增修.《增修校正押韻釋疑》,影印文淵閣四庫全書本.

65. （宋）歐陽修 撰.《新唐書》,中華書局二十四史及清史稿點校本,1975.

66. （宋）司馬光 編.《資治通鑑》,四部叢刊初編史部.

67. （宋）胡仔 撰.《苕溪漁隱叢話》,叢書集成初編本,北京：中華書局,1985.

68.（宋）薛居正 撰.《舊五代史》,中華書局二十四史及清史稿點校本,1976.

69.（宋）邢昺 撰.《爾雅疏》.四部叢刊續編經部.

70.（宋）邢昺 撰.《論語注疏》,影印文淵閣四庫全書本.

71.（宋）魏仲舉 編.《五百家注昌黎文集》,影印文淵閣四庫全書本.

72.（宋）朱熹 撰.《晦菴先生朱文公文集》,四部叢刊初編集部.

73.（宋）洪邁 編.《萬首唐人絶句》,四部叢刊初編集部.

74.（宋）鮑彪 校注,（元）吳師道 重校.《戰國策》,四部叢刊初編史部.

75.（宋）姚鉉 編.《唐文粹》,四部初編集部.

76.（宋）林之奇 撰.《尚書全解》,影印文淵閣四庫全書本.

77.（宋）黃彥平 撰.《三餘集》,影印文淵閣四庫全書本.

78.（宋）李昉等 編.《文苑英華》,北京：中華書局,1966.

79.（宋）戴侗 撰.《六書故》,影印文淵閣四庫全書本.

80.（宋）賈昌朝 撰.《群經音辨》,影印文淵閣四庫全書本.

81.（宋）范祖禹 撰.《范太史集》,影印文淵閣四庫全書本.

82.（宋）郭知達 注.《九家集注杜詩》,影印文淵閣四庫全書本.

83.（宋）黃希 原本,黃鶴 補注.《補注杜詩》,影印文淵閣四庫全書本.

84.（宋）黃震 撰.《黃氏日抄》,影印文淵閣四庫全書本.

85.（宋）王溥 撰.《唐會要》,上海：上海古籍出版社,2006.

86.（宋）董衝 撰.《〈新唐書〉釋音》,影印文淵閣四庫全書本.

87. （宋）晁公武 撰，孫猛 校正.《郡齋讀書志》,上海：上海古籍出
　　版社,1990.

88. （宋）宋庠 撰.《國語補音》,影印文淵閣四庫全書本.

89. （宋）王應麟 編.《玉海》,影印文淵閣四庫全書本.

90. （宋）普濟 著,蘇淵雷 點校.《五燈會元》,北京：中華書局,
　　1984.

91. （宋）祝穆 著.《古今事文類聚》,影印文淵閣四庫全書本.

92. （宋）李昉 編.《太平御覽》,四部叢刊三編子部.

93. （元）馬端臨 著.《文獻通考》,北京：中華書局,2011.

94. （元）脫脫等 撰.《宋史》,中華書局二十四史點校本,1977.

95. （元末明初）陶宗儀 撰.《古刻叢鈔》,影印文淵閣四庫全書本.

96. （元末明初）陶宗儀 撰.《説郛》,影印文淵閣四庫全書本.

97. （明）張溥 編,殷孟倫 注.《漢魏六朝百三家集》,北京：中華書
　　局,2007.

98. （明）張自烈、（清）廖文英 編.《正字通》.北京：國際文化出
　　版公司,1996.

99. （清）彭定求等 編.《全唐詩》,北京：中華書局,1960.

100. （清）段玉裁 撰.《説文解字注》.上海：上海古籍出版社,
　　　1981.

101. （清）康有爲 撰.《康有爲全集（第二集）》.上海：上海古籍出
　　　版社,1990.

102. （清）王念孫 撰.《讀書雜志》.南京：江蘇古籍出版社,1985.

103. （清）王念孫 撰.《廣雅疏證》.南京：江蘇古籍出版社,1984.

104. （清）王念孫 撰,羅振玉 輯.《高郵王氏遺書》.南京：江蘇古

籍出版社,2000.

105. （清）王引之 撰.《經傳釋詞》.南京：江蘇古籍出版社,1985.

106. （清）王引之 撰.《經義述聞》,王雲五主編,國學基本叢書,上海：商務印書館,1935 年.

107. （清）于鬯 撰.《香草續校書·荀子》.北京：中華書局,1982.

108. （清）俞樾 撰.《諸子平議·荀子平議》.北京：中華書局,1954.

109. （清）朱駿聲 撰.《説文通訓定聲》.武漢：武漢市古籍書店,1983.

110. （清）桂馥 撰.《説文義證》.濟南：齊魯書社,1987.

111. （清）焦循 撰.《孟子正義》.新編諸子集成本,北京：中華書局,1987.

112. （清）郝懿行 撰.《爾雅義疏》.北京：中國書店,1982.

113. （清）郝懿行 撰.《荀子補注》.齊魯先哲遺書散本,嘉慶二十年印,1815.

114. （清）劉台拱 撰.《劉氏遺書·荀子補注》.廣雅書局刊本,清光緒十五年,1890.

115. （清）閻若璩 撰.《四書釋地》,影印文淵閣四庫全書本.

116. （清）孫星衍 撰,陳抗 點校.《尚書今古文注疏》.十三經注疏本,北京：中華書局,1986.

117. （清）孫詒讓 撰,孫啟治 點校.《墨子間詁》.新編諸子集成本,北京：中華書局,2001.

118. （清）劉於義 監修,沈青崖 編纂.《陝西通志》.影印文淵閣四庫全書本.

119. （清）毛奇齡 撰.《西河集》.影印文淵閣四庫全書本.

參 考 書 目^①

1. 專著類

［1］ 岑仲勉. 墨子城守各篇簡注［M］. 據民國三十七年排印本影印,嚴靈峰《無求備齋墨子集成》第 45 册,臺北：成文出版社,1977.

［2］ 岑仲勉. 唐史餘瀋［M］. 上海：上海古籍出版社,1979.

［3］ 岑仲勉. 郎官石柱題名新考訂(外三種)［M］. 北京：中華書局,2004.

［4］ 車淑亞.《韓非子》語言研究［M］. 北京：北京語言學院出版社,1995.

［5］ 陳建初.《釋名》考論［M］. 長沙：湖南師範大學出版社,2007.

［6］ 陳克明. 韓愈年譜及詩文繫年［M］. 成都：巴蜀書社,1999.

［7］ 陳夢家. 殷虚卜辭綜述［M］. 北京：中華書局,1988.

［8］ 陳 偉 主編. 秦簡牘合集(一)［M］. 武漢：武漢大學出版社,2014.

---

① 參考書目以作者姓氏拼音爲序排列,如果是同一作者的多種著述,則以出版時間爲序。國外著作統一列於國内著作之後,以國别拼音爲序。

［9］　程湘清.漢語史專書複音詞研究［M］.北京：商務印書館,2008.

［10］　丁　忱.《爾雅》《毛傳》異同考［M］.武漢：武漢大學出版社,1988.

［11］　董同龢.漢語音韻學［M］.臺北：文史哲出版社,1981.

［12］　董爲光.漢語詞義發展基本類型［M］.武漢：華中科技大學出版社,2004.

［13］　董秀芳.詞彙化——漢語雙音詞的衍生和發展（修訂本）［M］.北京：商務印書館,2011.

［14］　方一新.中古近代漢語詞彙學［M］.北京：商務印書館,2010.

［15］　符淮青.詞義的分析和描寫［M］.北京：外語教學與研究出版社,2006.

［16］　傅　傑.章太炎學術史論集［M］.北京：中國社會科學出版社.1998.

［17］　高　正.《荀子》版本源流考［M］.北京：中華書局,2010.

［18］　郭錫良 編著.古代漢語［M］.北京：北京出版社,1981.

［19］　郭錫良.漢語史論集（增補本）［M］.北京：商務印書館,2005.

［20］　何九盈.音韻叢稿［M］.北京：商務印書館,2002.

［21］　何自然.語用學概論［M］.長沙：湖南教育出版社,1987.

［22］　胡明揚等.詞典學概論［M］.北京：中國人民大學出版社,1982.

［23］　胡　適.中國哲學史大綱（卷上）［M］.北京：商務印書館,

1987.

[24]　黄　珊.《荀子》虛詞研究[M]. 開封：河南大學出版社，
2005.

[25]　黄聖旻. 王先謙《荀子集解》研究[M]. 臺北：花木蘭文化出
版社，2006.

[26]　黄曉冬.《荀子》單音節形容詞同義關係研究[M]. 成都：巴
蜀書社，2003.

[27]　江藍生. 魏晉南北朝小説詞語匯釋[M]. 北京：語文出版
社，1988.

[28]　蔣冀騁. 近代漢語詞彙研究[M]. 長沙：湖南教育出版
社，1991.

[29]　蔣禮鴻. 義府續貂[M]. 北京：中華書局，1981.

[30]　焦德森 編. 中國畫像石全集(第三卷)[M]. 濟南：山東美術
出版社，2000.

[31]　賴積船.《論語》與其漢魏注中的常用詞比較研究[M]. 成
都：巴蜀書社，2007.

[32]　李滌生.《荀子》集釋[M]. 臺北：學生書局，1994 年.

[33]　李　零.《孫子》古本研究[M]. 北京：北京大學出版社，
1995.

[34]　李　申. 徐州方言志[M]. 北京：語文出版社，1985.

[35]　李宗江. 漢語常用詞演變研究[M]. 上海：漢語大詞典出版
社，1999.

[36]　李中生.《荀子》校詁叢稿[M]. 廣州：廣東高教出版社，
2001.

[37]　梁啟超. 墨子學案[A]. 收入《共學社哲人傳記叢書》,上海商務印書館,1921.

[38]　梁啟雄. 荀子簡釋[M]. 北京：中華書局,1983.

[39]　劉曉南. 漢語音韻研究教程[M]. 北京：北京大學出版社,2007.

[40]　劉曉南. 漢語歷史方言研究[M]. 上海：上海人民出版社,2008.

[41]　陸宗達. 訓詁簡論[M]. 北京：北京出版社,1980.

[42]　羅振玉 著,羅繼祖 編.《羅振玉學術論著集》第一集《增訂殷虛書契考釋》[C]. 上海：上海古籍出版社,1987.

[43]　茅以升. 橋梁史話[M]. 北京：北京出版社,2012.

[44]　潘允中. 漢語詞彙史概要[M]. 上海：上海古籍出版社,1989.

[45]　錢　穆. 先秦諸子繫年[M]. 北京：商務印書館,2001.

[46]　錢鍾書. 管錐編(第 2 版)[M]. 北京：三聯書店,2008.

[47]　秦彥士. 古代防禦軍事與墨家和平主義——《墨子·備城門》綜合研究[M]. 北京：人民出版社,2008.

[48]　容　庚. 金文編[M]. 北京：中華書局,1985.

[49]　沈家煊. 認知與漢語語法研究[M]. 北京：商務印書館,2009.

[50]　史黨社. 墨子城守諸篇研究[M]. 北京：中華書局,2011.

[51]　睡虎地秦墓竹簡整理小組編. 睡虎地秦墓竹簡[M]. 北京：文物出版社,1978.

[52]　孫詒讓. 墨子間詁[M]. 新編諸子集成本,北京：中華書

局,2001.

[53]　汪維輝. 東漢—隋常用詞演變研究[M]. 南京：南京大學出版社,2000.

[54]　汪維輝. 著名中年語言學家自選集[M]. 上海：上海教育出版社,2011.

[55]　王艾録、司富珍. 漢語的語詞理據[M],北京：商務印書館,2001.

[56]　王國維. 觀堂集林(卷三)[M]. 北京：中華書局,1959.

[57]　王　寧 主編. 訓詁學(第 2 版)[M]. 北京：高等教育出版社,2010.

[58]　王　力. 龍蟲並雕齋文集[C]. 北京：中華書局,1980.

[59]　王　力. 漢語史稿[M]. 北京：中華書局,1980.

[60]　王　力. 古代漢語(修訂本)[M]. 北京：中華書局,1981.

[61]　王　力. 王力文集[C]. 濟南：山東教育出版社,1990.

[62]　王天海.《荀子》校釋[M]. 上海：上海古籍出版社,2005.

[63]　王先謙.《荀子》集解[M]. 新編諸子集成本,北京：中華書局,1988.

[64]　王雲路、方一新. 中古漢語語詞例釋[M]. 長春：吉林教育出版社,1992.

[65]　王雲路. 中古漢語詞彙史(上)[M]. 北京：商務印書館,2010.

[66]　魏德勝.《韓非子》語言研究[M]. 北京：北京語言學院出版社,1995.

[67]　吳金華. 古文獻研究叢稿[M]. 南京：江蘇教育出版社,

1995.

[68]　吴金華. 古文獻整理與古漢語研究[M]. 南京：江蘇古籍出版社,2001.

[69]　吴爲善. 認知語言學與漢語研究[M]. 上海：復旦大學出版社,2011.

[70]　許寶華、宫田一郎　主編. 漢語方言大詞典[M]. 北京：中華書局,1999.

[71]　邢福義　主編. 現代漢語[M]. 北京：高等教育出版社,1991.

[72]　徐中舒. 甲骨文字典[M]. 成都：四川辭書出版社,1989.

[73]　楊伯峻. 春秋左傳注(修訂本)[M]. 北京：中華書局,1981.

[74]　楊世鐵. 先秦漢語常用詞研究[M]. 北京：中國社會科學出版社,2015.

[75]　楊樹達. 古書疑義舉例續補(卷一)[A]. 見俞樾《古書疑義舉例五種》附録,北京：中華書局,1956.

[76]　楊樹達　著,王術加、范進軍　校注. 詞詮校注[M]. 長沙：岳麓書社,1996.

[77]　楊柳橋.《荀子》詁譯[M]. 濟南：齊魯書社,1985.

[78]　姚　堯.《春秋公羊傳》語言研究[M]. 上海：復旦大學出版社,2014.

[79]　葉正渤. 上古漢語詞彙研究[M]. 北京：中央文獻出版社,2007.

[80]　殷寄明. 漢語同源字詞叢考[M]. 上海：中國出版集團東方出版中心,2007.

[81]　余嘉錫. 四庫提要辨證[M]. 北京：中華書局,1980.

［82］　于峻嶸.《荀子》語法研究［M］.石家莊：河北教育出版社，
　　　　2008.

［83］　于省吾.《荀子》新證［M］.北平：北平大業印刷局印，1937.

［84］　張　亨.《荀子》假借字譜［M］.臺北：臺灣大學文學院，
　　　　1965.

［85］　張　覺.荀子譯注［M］.上海：上海古籍出版社，1995.

［86］　張家山二四七號漢墓竹簡整理小組 編著.張家山漢墓竹簡
　　　　（二四七號墓）（釋文修訂本）［M］.北京：文物出版
　　　　社，2006.

［87］　張聯榮.古漢語詞義論［M］.北京：北京大學出版社，2000.

［88］　張能甫.鄭玄注釋語言詞彙研究［M］.成都：巴蜀書社，
　　　　2000.

［89］　張世禄 主編.古代漢語教程（第 3 版）［M］.上海：復旦大學
　　　　出版社，2008.

［90］　中國軍事史編寫組.中國軍事史·兵法［M］.北京：解放軍
　　　　出版社，1988.

［91］　周大璞.訓詁學初稿（第 4 版）［M］.武漢：武漢大學出版
　　　　社，2011.

［92］　周到、吕品、湯文興編.河南漢代畫像磚［M］.上海：人民美
　　　　術出版社，1985.

［93］　周祖謨.問學集［M］.北京：中華書局，1966.

［94］　［捷］拉迪斯拉夫·兹古斯塔 主編，林書武等 譯.詞典學概
　　　　論［M］.北京：商務印書館，1983.

［95］　［日］久保愛.荀子增注［M］.日本平安書肆翻刻宋本，日本

文政八年(公元 1825).

［96］　［日］圓仁 撰. 入唐求法巡禮行記［M］，上海：上海古籍出版社，1986.

［97］　［瑞士］費爾迪南·德·索緒爾 著，高名凱 譯. 普通語言學教程［M］. 北京：商務印書館，1996.

［98］　［英］傑佛瑞·利奇 著，李瑞華等 譯. 語義學［M］. 上海：上海外語教育出版社，1996.

2. 論文類

［ 1 ］　白　雲.“走”詞義系統的歷時與共時比較研究［J］. 山西大學學報(哲社版)，2007(02).

［ 2 ］　白　鈺.《荀子》連詞的語法化初探［D］. 首都師範大學碩士學位論文，2007.

［ 3 ］　蔡英傑. 從同源關係看“窈宨”一詞的釋義［J］. 中國語文，2012(03).

［ 4 ］　常豔勇.《荀子》述賓語義關係研究［D］. 山東師範大學碩士學位論文，2009.

［ 5 ］　陳　輝.《荀子》反義字組研究［D］. 蘭州大學碩士學位論文，2007.

［ 6 ］　程　決. 王念孫《讀書雜志》研究［D］. 復旦大學博士學位論文，2009.

［ 7 ］　丁喜霞.“橋”、“梁”的興替過程及原因［J］. 語言教學與研究，2005(01).

［ 8 ］　丁喜霞. 訓詁與詞彙史研究［J］. 古漢語研究，2005(02).

［ 9 ］　董志翹. 訓詁學與漢語史研究［J］. 語言研究，2005(02).

［10］　董志翹. 故訓資料的利用與古漢語詞彙研究——兼評《故訓匯纂》的學術價值［J］. 中國語文, 2005(03).

［11］　董志翹. 漢語史的分期與 20 世紀前的中古漢語詞彙研究［J］. 合肥師範學院學報, 2011(01).

［12］　方平權. 論體用引申［J］. 語文研究. 2006(02).

［13］　方向東. 從現代大型辭書的編纂看運用古代訓詁材料的誤區［J］. 徐州師範大學學報, 1999(02).

［14］　方有國.《荀子》"參省乎己"釋義商榷［J］. 語文建設, 2003(09).

［15］　房建昌. 朱駿聲與《説文通訓定聲》［J］. 辭書研究, 1984(02).

［16］　馮春田. 從漢語史角度看古籍注釋、校點例［J］. 山東圖書館學刊, 2010(02).

［17］　馮勝利. 論漢語的"韻律詞"［J］. 中國社會科學, 1996(01).

［18］　傅元愷. 談談《漢語大詞典》的收詞與立義［J］. 辭書研究, 1994(03).

［19］　高華平. 何晏著述考［J］. 文獻, 2003(04).

［20］　辜夕娟. 漢語義類詞群的造字構詞理據——以"水"詞群爲例［J］. 語文建設, 2014(27).

［21］　郭海洋. 論漢語詞語的構詞理據及其詞義演變［J］. 求索, 2012(09).

［22］　何愛晶. 構詞理據研究溯源［J］. 長江大學學報(社會科學版), 2010(03).

［23］　胡繼明.《漢書》應劭注的語言學價值［J］. 西南師範大學學

報(社科版),2005(1).

[24] 胡平生.阜陽雙古堆漢簡與《孔子家語》[J].國學研究(第七卷),2000.

[25] 胡曉華.郭璞注釋語言詞彙研究[D].浙江大學博士學位論文,2005.

[26] 胡曉華.《爾雅》郭璞注語詞研究與《漢語大詞典》編纂[J].古漢語研究,2004(04).

[27] 黃方方.從顏師古注和李善注的比較看唐代典籍注釋特點[J].暨南學報(哲社版),2016(02).

[28] 黃懷信.《大戴禮記》傳本源流考[J].中國典籍與文化,2005(01).

[29] 黃萍、王天華.語用目的原則的詮釋與應用[J].黑龍江社會科學,2013(04).

[30] 洪篤仁.《漢語大詞典》的收詞原則與指導思想[J].辭書研究,1986(06).

[31] 洪篤仁.試論大型語文詞典的義項詳備原則[J].語言教學與研究,1989(01).

[32] 蔣冀騁.論近代漢語的上限(下)[J].古漢語研究,1991(02).

[33] 蔣紹愚.關於漢語詞彙系統及其發展變化的幾點想法[J].中國語文,1989(01).

[34] 蔣紹愚.兩次分類——再談詞彙系統及其變化[J].中國語文,1999(05).

[35] 蔣紹愚.詞彙、語法和認知的表達[J].語言教學與研究,

2011(04).

[36] 廖美珍."目的原則"與目的分析(上)——語用研究新途徑[J].修辭學習,2005(03).

[37] 廖美珍."目的原則"與目的分析(下)——語用研究新途徑[J].修辭學習,2005(04).

[38] 匡鵬飛.《拍案驚奇》與現代漢語詞彙比較研究[D].華中師範大學碩士學位論文,2001.

[39] 李丹弟.詞彙語用學:揭示詞彙的認知語用屬性[N].中國社會科學報·語言學,2012年/8月/20日/第A07版.

[40] 李　麗.南北朝時期漢語詞彙的南北差異研究——以《魏書》、《宋書》任職語義場的比較爲例[J].西南交通大學學報(社會科學版),2012(04).

[41] 李　莉.揚雄《方言》與現代關中話相關詞彙之比較研究[J].中山大學研究生學刊(社會科學版),2004(01).

[42] 李學勤.竹簡《家語》與漢魏孔氏家學[J].孔子研究,1987(02).

[43] 李學勤.《尚書孔傳》的出現時間[J].古籍整理研究學刊,2002(01).

[44] 李學勤.清華簡與《尚書》、《逸周書》的研究[J].史學史研究,2011(02).

[45] 李友良.會話目的對語用原則選擇的決定作用[J].湖南大學學報(社會科學版),2002(04).

[46] 李運富.谈古籍电子版的保真原則和整理原則[J].古籍整理研究學刊,2000(01).

[47]　李運富. 訓詁材料的分析與漢語學術史的研究——《〈周禮〉複音詞鄭玄注研究》序[J]. 長春師範學院學報,2007(03).

[48]　劉宏章. 六韜初探[J]. 中國哲學史研究,1985(02).

[49]　劉文起. 楊倞《荀子注》之學術成就[J]. 臺北：中正中文學報,2001(04).

[50]　劉瑶瑶.《孟子》與《孟子章句》複音詞構詞法比較研究[D]. 蘭州大學碩士學位論文,2007.

[51]　盧春紅.《荀子》複音詞研究[D]. 遼寧師範大學碩士學位論文,2005.

[52]　盧鳳鵬.《説文》詞彙語義系統研究[D]. 貴州大學碩士學位論文,2009.

[53]　魯國堯. 論"歷史文獻考證法"與"歷史比較法"的結合——兼議漢語研究中的"犬馬鬼魅法則"[J]. 古漢語研究,2003(01).

[54]　魯　六.《荀子》詞彙研究[D]. 山東大學博士學位論文,2005.

[55]　魯　六.《荀子》聯合式複音詞研究[J]. 鄭州大學學報(哲社版),2006(05).

[56]　羅　琴.《詩經·國風》四家注疏中複音詞替換單音詞現象研究[D]. 四川外國語大學碩士學位論文,2014.

[57]　馬玲玲. 認知語言學視閾下偏義式複合詞的構詞理據研究[J]. 現代語文(語言研究版),2015(02).

[58]　邱昭繼. 論判決書中"法官後語"的語篇分析——語用學"目的原則"視角[J]. 修辭學習,2006(04).

[59]　邵榮芬.五經文字的直音和反切[J].中國語文,1964(03).

[60]　沈家煊.“糅合”和“截搭”[J].世界漢語教學,2006(04).

[61]　沈家煊.概念整合與浮現意義——在復旦大學“望道論壇”報告述要[J].修辭學習,2006(05).

[62]　施含笑.趙岐《孟子章句》詞彙研究[D].浙江大學碩士學位論文,2011.

[63]　石　磊.《五經文字》音注反映的中唐語音現象[J].古籍整理研究學刊,2000(04).

[64]　束定芳、黃潔.漢語反義複合詞構詞理據和語義變化的認知分析[J].外語教學與研究,2008(06).

[65]　宋亞雲.東漢訓詁材料與漢語動結式研究[J].語言科學,2007(01).

[66]　蘇寶榮.詞的義系、義點、義位與語文詞典的義項[J].辭書研究,1999(01).

[67]　孫　健.試論貝爲中國最早的貨幣形式[J].中國人民大學學報,1989(06).

[68]　孫良明.古籍譯注表現語義關係的古代範例[J].古籍整理研究學刊,1990(03).

[69]　孫良明.漢代注釋家的詞類觀[J].古漢語研究,1990(04).

[70]　孫玉文.從上古同源詞看上古漢語四聲別義[J].湖北大學學報(哲社版),1994(06).

[71]　唐賢清.漢語“漸”類副詞演變的規律[J].古漢語研究,2003(01).

[72]　田　申.“壺”、“瓶”與“榼”[J].收藏界,2007(02).

[73]　仝晰綱. 六韜的成書及其思想蘊涵[J]. 學術月刊, 2000 (07).

[74]　童致和. "香"和"臭"的詞義演變及氣味詞的詞義系統的發展[J]. 杭州大學學報(哲社版), 1983(02).

[75]　汪少華. 朱駿聲的古韻研究貢獻[J]. 江西教育學院學報, 1989(04).

[76]　汪維輝. 漢語"說類詞"的歷時演變與共時分布[J]. 中國語文, 2003(04).

[77]　汪維輝.《百喻經》與《世說新語》詞彙比較研究(下)[J]. 漢語史學報(第十輯), 2011.

[78]　王承略. 論《孔子家語》的真偽及其文獻價值[J]. 煙台師範學院學報(哲社版), 2001(03).

[79]　王　紅.《荀子》楊倞注名詞釋義考察[D]. 河北師範大學碩士學位論文, 2011.

[80]　王佳宇、廖美珍. 目的原則視角下法律論證的語用分析模式[J]. 當代修辭學, 2010(05).

[81]　王　寧. 談訓詁材料中的詞與詞義[J]. 昭烏達蒙師專學報(哲學社會科學版), 1984(02).

[82]　王　寧. 訓詁學與漢語雙音詞的結構和意義[J]. 語言教學與研究, 1997(04).

[83]　王　寧. 漢語雙音合成詞結構的非句法特徵[J]. 江蘇大學學報(社科版), 2008(01).

[84]　王　寧. 談訓詁學在 21 世紀的發展趨勢[J]. 蘇州大學學報, 2012(04).

［85］　王彦坤.語文辭書利用訓詁材料應避免的問題［J］.中國語文,1999(01).

［86］　王相峰、于飛.臨時造詞及其語用功能［J］.東北亞外語論壇,2017(01).

［87］　王毅力.常用詞"竊"、"盜"、"偷"的歷時演變［J］.語言科學,2009(06).

［88］　王月婷.從古漢語異讀看"名物化"的形式標誌［J］.西南交通大學學報(社科版),2012(06).

［89］　王月婷.古漢語中位移動詞的變讀問題研究［J］.語言研究,2013(03).

［90］　王月婷.古漢語"及物"系列變讀規則解析［J］.古漢語研究,2014(02).

［91］　王月婷.古漢語"及物"變讀規則所反映的語言運作模式［J］.古漢語研究,2017(01).

［92］　韋　琳.《史記索隱》詞義訓釋方法研究［D］.西南大學碩士學位論文,2013.

［93］　吴小晶.再論英語複合詞 ewe lamb 的合成原理［J］.語言學研究(第5輯),2007.

［94］　吴　欣.高誘《吕氏春秋注》詞彙研究［D］.浙江大學博士學位論文,2008.

［95］　武振玉.副詞"都"的産生和發展［J］.社會科學戰線,2001(05).

［96］　吕長鳳.從詞義與語素義的關係看三音節詞的構詞理據［J］.通化師範學院學報,2010(03).

[97]　呂殊佳、黃萍. 語用目的原則與機構性話語研究[J]. 外語學刊,2015(03).

[98]　解海江、章黎平. 詞典編纂理念的二度轉向[J],辭書研究,2010(06).

[99]　徐朝暉.《國語》韋昭注詞彙、語法專題研究[D]. 復旦大學博士學位論文,2009.

[100]　夏鳳梅.《老乞大》四種版本詞彙比較研究[D]. 浙江大學博士學位論文,2005.

[101]　徐望駕.《説文解字》注釋語言常用詞的語料價值[J]. 合肥師範學院學報,2009(02).

[102]　徐望駕. 中古注釋語料詞彙研究的回顧與展望[J]. 合肥學院學報,2015(02).

[103]　楊愛萍.《荀子》楊倞注複音詞研究[D]. 河北師範大學碩士學位論文,2010.

[104]　楊光榮. 漢字構字理據與漢語構詞理據的交集[J]. 山西大學學報(哲學社會科學版),2011(01).

[105]　楊克定. 關於動詞"走"行義的產生問題[J]. 東岳論叢,1994(03).

[106]　姚　堯."或"和"或者"的語法化[J]. 語言研究,2012(01).

[107]　姚　堯."果"與"竟"的平行與對立[J]. 語言研究,2016(02).

[108]　張結根. 言語事件、交際目的與語用推理[J]. 安徽工業大學學報(社會科學版),2013(06).

[109]　張荆萍."買"、"賣"語義場交集動詞演變探析[J]. 寧波大

學學報(人文科學版),2011(05).

[110]　張　烈.六韜的成書及其内容[J].歷史研究,1981(03).

[111]　張　艗.簡析語用學與認知語言學的聯繫與區別[J].外語教育與翻譯發展創新研究(第六卷),2017.

[112]　張能甫.鄭玄注釋語料在《漢語大詞典》編纂中的價值[J].西昌師範高等專科學校學報,2001(03).

[113]　張能甫.鄭玄注釋語料在《漢語大詞典》修訂中的價值[J].西南民族學院學報(哲學社會科學版),2001(06).

[114]　張青松.試論訓詁材料在漢語史研究中的價值[J].惠州學院學報,2007(01).

[115]　趙　倩.漢語複合詞構詞理據的規約性[J].漢語學習,2017(03).

[116]　趙　岩、金穎男.上古漢語含"軍隊"義位的同義詞比較研究——兼談詞彙意義制約詞語搭配的問題[J].大慶師範學院學報,2007(01).

[117]　張世禄."同義爲訓"與"同義並行複合詞"的産生[J].揚州師院學報(人文社科版),1981(03).

[118]　張永言.關於辭彙史研究的一點思考[J].中國語文,1995(06).

[119]　趙振華、王學春.唐張正則、張知實父子墓誌研究[J].趙力光主編《碑林集刊》(第十一輯),西安碑林博物館編,2005.

[120]　甄岳剛.古今盜賊稱謂之差異[J].公安大學學報(社科版),1999(02).

[121]　周紅苓.古籍注釋與《漢語大詞典》書證[J],西南民族大學

學報(社科版).2004(06).

[122]　周加勝.唐沈亞之事叢考——兼論《沈下賢集》的史料價值[D].陝西師範大學碩士學位論文,2005.

[123]　周夢燁.杜預《春秋經傳集解》詞彙研究[D].浙江大學碩士學位論文,2011.

[124]　周夢燁.孔穎達《春秋左傳正義》詞彙研究[D].浙江大學博士學位論文,2015.

[125]　朱宏勝."魯讀易爲亦"考辨——以《論語音義》條例爲中心[J].揚州大學學報(社科版),2010(05).

[126]　祝敏徹、尚春生.敦煌變文中的幾個行爲動詞——穿、走、行李、去[J].語文研究,1984(01).

3. 語料庫類

[1]　《四部叢刊》電子版,北京:北京書同文數位化技術有限公司、萬方數據電子出版社。

[2]　《文淵閣四庫全書》電子版,上海:上海人民出版社。

[3]　漢籍全文檢索系統(V4.0),西安:陝西師範大學歷史文化學院。

[4]　國學寶典(V9.0),北京:北京國學時代文化傳播有限公司。

《荀子》與楊倞注單、
雙音節詞語對應表

　　本表旨在將《荀子》與楊注中單、雙音節詞語的對應關係體現出來，以客觀呈現從戰國到唐代單音詞大批量發生雙音化的具體情況。收詞標準是：在某一具體注釋語境中，楊注訓釋語中雙音詞是以《荀子》中原單音詞爲構詞語素對應地擴展而來，且該詞在《荀子》其他篇目中也未出現，則爲楊注中新增雙音詞，即將該雙音詞收入本表。如《脩身》：“辟違而不愨，程役而不録。”楊注：“程，功程。役，勞役。”例中，楊注以“功程”釋“程”、以“勞役”釋“役”，雙音節合成詞“功程”“勞役”來自單音詞“程”“役”的雙音化擴展，遂構成了《荀子》與楊注“程——功程”“役——勞役”兩組對應的單、雙音節詞語，且“功程”“勞役”在《荀子》其他篇目中也未見，故爲楊注中新增雙音詞，即收入表中。此外，由於詞和詞組有時很難區分，故本表對於雙音詞的認定，采取從寬原則。據此，本表一共收入 591 對單、雙音節對應的詞語。

　　本表采用如下體例：

　　1. 對每一組對應語詞，例如《荀子》中“役”與楊注中雙音詞“勞役”對應，將《荀子》中單音詞列在左邊，楊注中雙音詞列於右邊，中間以橫線連接。

　　2. 在對應的單、雙音節詞語之後，列出其詞義。詞義的描述主要是依據該組單、雙音節詞語所處語言環境而定,同時參照《漢語大詞典》關於該詞的釋義。

3. 在詞義下再列出該組、雙音節詞語在《荀子》母本和楊倞注文中所出現的篇目、文本。如果該雙音詞不止一次出現,則依次列出其所出現的全部篇目、文本。爲顯明起見,每一篇目和文本都換行編排。

4. 如果該組詞語有多項詞義,則以①、②……爲序依次列出其詞義及其在《荀子》和楊注中所出現的篇目、文本。

5. 本詞表以處於對應關係中單音詞的現代漢語拼音爲序排列;如果一個單音詞對應多個雙音詞,則依其所對應雙音詞的首字拼音順序依次排列;如果首字相同,則以雙音詞第二字的拼音爲序排列;如果是同音詞,則依其在《荀子》中所出現的篇目先後順序排列。示例如下:

成——成就：① 完成;成功。

《勸學》："能定能應,夫是之謂成人。"注："內自定而外應物,乃爲成就之人也。"

② 造就;成全。

《正名》："後王之成名。"注："後之王者,有素定成就之名。謂舊名可法效者也。"

《正名》："是散名之在人者也,是後王之成名也。"注："後王可因襲成就素定之名也。"

A

晻(暗)——昏闇(暗)：指社會混亂,政治腐敗。

《不苟》:"是姦人將以盜名於晻世者也。"注:"晻,與暗同。姦人盜
　　富貴、貧賤之名於昏闇之世。"

敖——傲慢:驕傲怠慢。

《彊國》:"如是,百姓劫則致畏。嬴則敖上。"注:"稍嬴緩之則
　　傲慢"。

B

暴——暴戾:殘暴酷虐;粗暴乖戾。

《臣道》:"能化易,時關內之,是事暴君之義也。"注:"言既以沖和事
　　之,則能化易其暴戾之性,時以善道開納之也。"

暴——兇暴:兇狠殘暴。

《不苟》:"堅彊而不暴。"注:"雖堅彊而不兇暴。"

暴——陵暴:輕侮。

《性惡》:"衆者暴寡而嘩之。"注:"衆者陵暴於寡而誼嘩之,不使得
　　發言也。"

搏——搏擊:捕捉;擊打。

《解蔽》:"曾子曰:'是其庭可以搏鼠,惡能與我歌矣!'"注:"是,蓋
　　當爲視。曾子言:'有人視庭中可以搏擊鼠,則安能與我成歌
　　詠乎?'"

博——博雜:駁雜,多而雜亂。

《儒效》:"億萬之衆而博若一人。"注:"雖博雜衆多,如理一人之
　　少也。"

悖——乖悖:悖逆不馴。

《非相》:"類不悖,雖久同理。"注:"言種類不乖悖,雖久而理同。"

《君子》:"親疏有分,則施行而不悖。"注:"親疏有分,則恩惠各親其
　　親,故不乖悖。"

備——戒備:警戒防備。

《儒效》:"家富而愈儉,勝敵而愈戒。"注:"戒,備也。言勝敵而益
　　戒備。"

悖——違悖:違背。

《不苟》:"身之所長,上雖不知,不以悖君。"注:"不怨君而違悖也。"

倍——倍反:背反,背叛,倍,通"背"。

《解蔽》:"君人者,宣則直言至矣,而讒言反矣。"注:"反,倍也。言
　　與讒人相倍反也。"

奔——奔走:趨附;迎合。

《議兵》:"服者不禽,格者不舍,犇命者不獲。"注:"奔命,謂奔走來
　　歸其命者,不獲之爲囚俘也。犇,與奔同。"

賁(憤)——憤然:气憤貌。

《彊國》:"如是,下比周賁潰以離上矣。"注:"賁,讀爲憤,憤然也。"

幣——財幣:錢財。

《大略》:"塚卿不脩幣,大夫不爲場園。"注:"不脩幣,謂不脩財幣販
　　息之也。"

蔽——掩蔽:蒙蔽;隱瞞。

《大略》:"蔽公者謂之昧,隱良者謂之妒。"注:"掩蔽公道,謂之
　　暗昧。"

閉——閉結:閉塞,鬱結。

《非十二子》:"甚僻違而無類,幽隱而無説,閉約而無解。"注:"謂其
　　言幽隱閉結而不能自解説。"

閉——閉塞：堵塞。

《不苟》："見閉則敬而齊。"注："謂閉塞，道不行也。"

閉——隱閉：隱蔽，遮掩。

《王制》："則下畏恐而不親，周閉而不竭。"注："隱閉其情而不竭
　　盡也。"

變——變動：變化。

《議兵》："固塞不樹，機變不張。"注："機變，謂器械變動攻敵也。"

變——變改：改變。

《不苟》："明則能變矣。"注："明而易，人不敢欺，故能變改其
　　惡也。"

變——改變：改換；更改。

《正論》："以堯繼堯，夫又何變之有矣！"注："言繼位相承，與一堯無
　　異，豈爲禪讓改變與他人乎？"

變——權變：隨機應變。

《儒效》："成王鄉無天下，今有天下，非奪也，變埶次序節然也。"注：
　　"權變次序之期如此也。"

辨——辨別：分辨；區別。

《宥坐》："有父子訟者，孔子拘之，三月不別。"注："別，猶決也。謂
　　不辨別其子之罪。"

《哀公》："所謂大聖者，……辨乎萬物之情性者也。"注："辨別萬物
　　之情性也。"

《哀公》："是故其事大辨乎天地。"注："言辨別萬事如天地之別萬
　　物，各使區分。"

辯——辯説：分辯；説明。

《非相》：“小辯不如見端，見端不如見本分。”注：“小辯，謂辯説小事
　　則不如見端首，見端首則不如見本分。言辯説止於知本分
　　而已。”

《解蔽》：“辯利非以言是，則謂之詍。”注：“辯説利口而飾非，以言亂
　　是，則謂之詍。”

便——便宜：指有利國家，合乎時宜之事。

《解蔽》：“由執謂之道，盡便矣。”注：“便，便宜也。從執而去智，則
　　盡於逐便。”

表——標表：標誌。

《富國》：“其防表明。”注：“隄防標表，明白易識。”

表——表識：標記；標識。

《天論》：“外内異表，隱顯有常，民陷乃去。”注：“所表識章示各
　　異也。”

布——陳布：公布，宣布。

《成相》：“請布基，慎聖人，愚而自專事不治。”注：“請説陳布基業，
　　在乎順聖人也。”

偪——偪側：狹窄。

《賦》：“充盈大宇而不窕，入郄穴而不偪者與？”注：“言充盈則滿大
　　宇，幽深則入郄穴，而曾無偪側不容也。”

C

操——操持：操作；從事。

《非十二子》：“察辯而操僻。”注：“爲察察之辯，而操持僻淫之事。”

操——操行：操守、品行。

《勸學》："生乎由是，死乎由是，夫是之謂德操。"注："死生必由於
　　學，是乃德之操行。"

才——才藝：才能。

《儒效》："知而好問，然後能才。"注："其智慮不及，常好問，然後能
　　有才藝。"

采——華采：華麗的色彩。

《賦》："王曰：'此夫文而不采者與？'"注："先王爲解禮意，曰：'此乃
　　有文飾而不至華采者與？'"

慘——慘毒：殘忍狠毒。

《議兵》："宛鉅鐵釶，慘如蠭蠆。"注："慘如蜂蠆，言其中人之慘
　　毒也。"

《天論》："其説甚爾，其菑甚慘。"注："其災害人則甚慘毒也。"

殘——傷殘：損害，傷害。

《榮辱》："察察而殘者，忮也。"注："至明察而見傷殘者，由於有忮害
　　之心也。"

藏——苞藏：同"包藏"。裹藏；隐藏。苞，通"包"。

《解蔽》："心未嘗不臧也，然而有所謂虛。"注："言心未嘗不苞藏，然
　　有所謂虛也。"

差——差錯：錯誤；錯亂。

《儒效》："張法而度之，則晻然若合符節，是大儒者也。"注："開張其
　　法以測度之，則晻然如合符節。言不差錯也。"

差——差謬：錯誤；差錯。

《天論》："亂生其差，治盡其詳。"注："所以亂者，生於條貫差謬。"

察——聰察：明察。

《不苟》："説不貴苟察。"注："察，聰察。"

察——嚴察：嚴厲苛察。

《彊國》："有道德之威者，有暴察之威者，有狂妄之威者。"注："暴
　　察，謂暴急嚴察也。"

讒——讒邪：讒佞奸邪的人。

《大略》："正君漸於香酒，可讒而得也。"注："雖正直之君，其所漸染
　　如香之於酒，則讒邪可得而入。"

常——非常：不合慣例；不適時宜。

《榮辱》："故君子道其常，而小人道其怪也。"注："謂非常之事，取以
　　自比也。"

誠——誠實：真誠老實。

《大略》："不足於信者，誠言。"注："數欲誠實其言，故信不能副。"

成——成就：① 完成；成功。

《勸學》："能定能應，夫是之謂成人。"注："内自定而外應物，乃爲成
　　就之人也。"

　　　　　　　② 造就；成全。

《正名》："後王之成名。"注："後之王者，有素定成就之名。謂舊名
　　可法效者也。"

《正名》："是散名之在人者也，是後王之成名也。"注："後王可因襲
　　成就素定之名也。"

程——功程：任務，工作量。

《脩身》："程役而不録。"注："程，功程。於功程及勞役之事怠惰而
　　不檢束。"

持——保持：保護扶持。

《榮辱》：“父子相傳，以持王公。”注：“世傳法則所以保持王公。”

持——扶持：支持；幫助。

《榮辱》：“持之難立也。”注：“謂難扶持之也。”

《富國》：“以國持之而不足以容其身。”注：“以一國扶持之，至堅
　　固也。”

《禮論》：“兩者相持而長，是禮之所以起也。”注：“欲與物相扶持，故
　　能長久，是禮所起之本意者也。”

持——守持：堅守。

《富國》：“將脩小大強弱之義，以持慎之。”注：“慎，讀曰順。脩小事
　　大、弱事彊之義，守持此道，以順大國也。”

弛——弛廢：敗壞；荒廢。

《王制》：“大事殆乎弛，小事殆乎遂。”注：“大事近於弛廢，小事近於
　　因循。”

馳——馳騖：疾馳；奔騰。

《王霸》：“縣縣常以結引馳外爲務。”注：“不脩德政，但使説客引軸
　　馳騖於他國，以權詐爲務也。”

恥——慚恥：羞恥。

《彊國》：“墮興功之臣，恥受賞之屬。”注：“（使）受賞之屬慚恥
　　於心。”

侈——奢侈：揮霍浪費，追求過分享受。

《王霸》：“四方之國有侈離之德則必滅。”注：“侈，奢侈。”

疇——疇域：疆域。

《正論》：“故至賢疇四海，湯、武是也。”注：“疇四海，謂以四海爲
　　疇域。”

出——出身：獻身。

《富國》："爲之出死斷亡以覆救之，以養其厚也。"注："出死，出身
　　致死。"

《臣道》："出死無私，致忠而公，夫是之謂通忠之順，信陵君似之
　　矣。"注："出身死戰不爲私事而歸於至忠、至公。"

除——除去：去掉。

《臣道》："因其怒也，而除其怨"注："怨惡之人，因君怒除去之也。"

喘——喘息：呼吸。

《勸學》："端而言，蝡而動，一可以爲法則。"注："端，讀爲喘。或喘
　　息微言，或蝡蠢微動，皆可以爲法則。"

傳——傳聞：非親見親聞，而出自他人的轉述。亦指所傳聞的事。

《非相》："其所見焉，猶可欺也，而況於千世之傳也！"注："傳，傳
　　聞也。"

辭——辭説：言辭。

《非十二子》："案飾其辭而祇敬之曰：'此真先君子之言也。'"注：
　　"言自敬其辭説。"

辭——言辭：説話或寫文章時所用的詞句。

《正名》："辭也者，兼異實之名以論一意也。"注："辭者，説事之
　　言辭。"

《大略》："不自嗛其行者，言濫過。"注："所以不足其行者，由於言辭
　　汛濫過度也。"

次——位次：指官位等級。

《儒效》："若夫謫德而定次。"注："謫，與商同，古字。商度其德而定
　　位次。"

頜——顇頜：形容枯槁瘦弱。

《王霸》：“必自爲之然後可，則勞苦秏頜莫甚焉。”注：“頜，顇頜也。”

D

大——弘大：廣大；寬大；巨大。

《禮論》：“故厚者，禮之積也；大者，禮之廣也。”注：“能弘大者，由廣禮也。”

大——壯大：增大、擴大。

《法行》：“轂已破碎，乃大其輻。”注：“大其輻，謂壯大其輻也。”

膽——膽氣：膽量和勇氣。

《脩身》：“勇膽猛戾，則輔之以道順。”注：“膽，有膽氣。”

道（導）——教導：教育指導。

《大略》：“脩六禮，明十教，所以道之也。”注：“道，謂教導之也。”

誕——妄誕：虛妄不實。

《不苟》：“夸誕生惑。”注：“矜夸妄誕，則貪惑於物也。”

《致士》：“誠信如神，夸誕逐魂。”注：“矜夸妄誕，作僞心勞，故喪其精魂。”

蕩——浩蕩：曠遠。

《儒效》：“道過三代謂之蕩。”注：“道過三代已前，事已久遠，則爲浩蕩難信也。”

道（導）——導達：疏通。

《儒效》：“教誨開導成王，使諭於道而能揜迹於文武。”注：“開導，謂開通導達。”

《王霸》：“不可不善爲擇道然後道之。”注：“不可不善爲擇道路而導達之。”

《王霸》：“何法之道，誰子之與也。”注：“既非封焉之謂，問以何法導
　　達之。”

導——導引：前導；引導。

《王制》：“凡聽，威嚴猛厲而不好假導人。”注：“假道，謂以寬和假借
　　導引人也。”

等——等差：等級次序；等級差別。

《王霸》：“喪祭械用皆有等宜，以是用挾於萬物。”注：“皆有等宜，言
　　等差皆得其宜也。”

度——測度：猜測，料想。

《非相》：“彼眾人者，愚而無說，陋而無度者也。”注：“言其愚陋而不
　　能辨說測度。”

《儒效》：“張法而度之。”注：“開張其法以測度之。”

獨——獨處：單獨居處。

《榮辱》：“以群則和，以獨則足。”注：“知《詩》《書》《禮》《樂》，群居則
　　和同，獨處則自足也。”

瀆——水竇：水道；水之出入孔道。

《脩身》：“厭其源，開其瀆，江河可竭。”注：“瀆，水竇也。”

端——端緒：頭緒。

《禮論》：“兩情者，人生固有端焉。”注：“兩情，謂吉與凶，憂與愉。
　　言此兩情固自有端緒，非出於禮也。”

端——端首：高位；首要。

《非相》：“小辯不如見端，見端不如見本分。”注：“小辯，謂辯說小事
　　則不如見端首，見端首則不如見本分。言辯說止於知本分

而已。"

端——端莊：端正莊重。

《勸學》："端而言，蝡而動，一可以爲法則。"注："或曰：端而言，謂端莊而言也。"

彫——彫畫：雕刻绘饰。

《大略》："天子彫弓，諸侯彤弓，大夫黑弓，禮也。"注："彫，謂彫畫爲文飾。"

頂——頭頂：頭的最上部。

《儒效》："身不肖而誣賢，是猶傴身而好升高也，指其頂者愈衆。"注："傴身之人而彊升高，則頭頂尤低屈，故指而笑者愈衆。"

《王霸》："喪祭械用皆有等宜，以是用挾於萬物。"注："皆有等宜，言等差皆得其宜也。"

鬪——戰鬪：敵對雙方所進行的武裝衝突。

《仲尼》："畜積脩鬪，而能顛倒其敵者也，詐心以勝矣。"注："畜積倉廩，脩戰鬪之術，而能傾覆其敵也。"

篤——篤愛：厚愛；甚愛。

《子道》："上順下篤，人之中行也。"注："上順從於君父，下篤愛於卑幼。"

惰——怠惰：懈怠；懶惰。

《脩身》："安燕而血氣不惰，柬理也。"注："言柬擇其事理所宜而不務驕逸，故雖安燕，而不至怠惰。"

惰——懈惰：懈怠；懶惰。

《非十二子》："彼君子則不然，佚而不惰，勞而不僈。"注："雖逸而不懈惰，雖勞而不弛慢。"

違——違戾:違背。

《非十二子》:"甚僻違而無類,幽隱而無説,閉約而無解。"注:"謂乖
　　僻違戾而不知善類也。"

《臣道》:"争然後善,戾然後功。"注:"諫争君然後能善,違戾君然後
　　立功。"

斷——斷決:決斷;裁決。

《王霸》:"三邪者在匈中,而又好以權謀傾覆之人斷事其外。"注:
　　"謂斷決任事於外也。"

墮——墮廢:毀棄;荒廢。

《彊國》:"墮興功之臣,恥受賞之屬。"注:"使興功之臣墮廢其志。"

墮——墮損:敗壞損害。

《正論》:"天下未嘗有説也,直墮之耳!"注:"自古論説未嘗有此世
　　俗之墮損湯、武耳。"

妬——嫉妬:忌妒。

《解蔽》:"亂國之君,亂家之人,……妬繆於道而人誘其所迨也。"
　　注:"言亂君、亂人,本亦求理,以其嫉妬迷繆於道,故人因其所
　　好而誘之。"

E

阨——險阨:指險要之處。

《議兵》:"劫之以埶,隱之以阨。"注:"謂隱蔽以險阨,使敵不能害。"

《議兵》:"阨而用之,得而後功。"注:"守險阨而用之。"

貳——離貳:有異心。

《王制》:"道不過三代,法不貳後王。"注:"言以當世之王爲法,不離

貳而遠取之。"

F

法——典法：典章法規。

《勸學》："《禮》者，法之大分、群類之綱紀也。"注："禮所以爲典法之
　　大分，統類之綱紀。"

《非十二子》："少言而法，君子也。"注："少言而法，謂不敢自造言
　　説，所言皆守典法也。"

法——法效：效法。

《王制》："夫是之謂人師，是王者之法也。"注："師者亦使人法效之
　　者也。"

《禮論》："孰知夫出死要節之所以養生也。"注："出死，出身死寇
　　難也。"

犯——觸犯：冒犯；衝撞。

《致士》："誦説而不陵不犯，可以爲師。"注："謂守其誦説，不自陵突
　　觸犯。"

藩——藩蔽：遮蔽；屏障。

《榮辱》："以相持養，以相藩飾，以相安固邪?"注："藩飾，藩蔽文
　　飾也。"

藩——藩衛：屏障。

《富國》："爲之雕琢、刻鏤、黼黻、文章以藩飾之。"注："有德者宜備
　　藩衛、文飾也。"

繁——繁多：衆多。

《富國》："直將巧繁拜請而畏事之。"注："但巧爲繁多拜請，以畏事

之也。”

防——隄防:攔水的堤壩。

《儒效》:“君子言有壇宇,行有防表。”注:“防,隄防。”

《富國》:“其塞固,其政令一,其防表明。”注:“隄防標表,明白易識。”

反——相反:事物的兩個方面互相對立或互相排斥。

《不苟》:“君子,小人之反也。”注:“與小人相反。”

誹——誹謗:以不實之辭毁人。

《非十二子》:“是以不誘於譽,不恐於誹。”注:“虚譽不能誘,誹謗不能動。”

《大略》:“惟惟而亡者,誹也。”注:“常聽從人而不免亡者,由於退後即誹謗也。”

費——煩費:大量耗費。

《議兵》:“若是,則戎甲俞衆,奉養必費。”注:“奉養戎甲必煩費也。”

糞——糞除:打掃;清除。

《彊國》:“堂上不糞,則郊草不瞻曠芸。”注:“堂上猶未糞除,則不暇瞻視郊野之草有無也。”

分——職分:職務上應盡的本分。

《王霸》:“是百王之所同也,而禮法之大分也。”注:“禮法大分在任人,各使當其職分也。”

鋒——鋒刃:刀劍等的尖端和刃口。

《王制》:“姦言並至,嘗試之說鋒起。”注:“鋒起,謂如鋒刃齊起。”

封——封畿:古指王都周圍地區。

《彊國》:“古者百王之一天下、臣諸侯也,未有過封内千里者也。”

注:"封畿之內。"

復——重復：反復。

《儒效》:"《詩》曰:'……維彼忍心,是顧是復。"注:"爲惡之人,反顧念而重復之。

府——府藏：舊時國家儲存文書、財物之所。亦指貯藏的財物。

《大略》:"六貳之博,則天府已。"注:"天府,天之府藏。"

伏——伏膺：信服；欽慕。

《性惡》:"今使塗之人伏術爲學,專心一志。"注:"伏術,伏膺於術。"

負——負荷：背負肩擔。

《王霸》:"取天下者,非負其土地而從之之謂也。"注:"非謂它國負荷其土地來而從我之謂也。"

膚——皮膚：身體表面包在肌肉外部的組織。

《性惡》:"骨體膚理好愉佚。"注:"膚理,皮膚文理也。人勞苦則皮膚枯槁也。"

輔——輔弼：輔佐；輔助。

《成相》:"上壅蔽,失輔埶。"注:"失輔弼之臣,則埶不在上。"

賦——賦税：田賦和捐税的合稱。

《王制》:"王者之等賦、政事、財萬物,所以養萬民也。"注:"等賦,賦税有等。"

拂——違拂：違背；不順從。

《正名》:"名有固善,徑易而不拂,謂之善名。"注:"徑疾平易,而不違拂,謂易曉之名也。"

腐——朽腐：腐朽。

《非相》:"腐儒之謂也。"注:"腐儒,如朽腐之物,無所用也。"

G

改——改易：改動;變更。

《正論》:"唯其徙朝改制爲難。"注:"後世見其改易,遂以爲擅讓也。"

蓋——車蓋：古代車上遮雨蔽日的篷。狀如傘,有柄。

《禮論》:"棺槨,其須象版蓋,斯象拂也。"注:"蓋,車蓋也。"

高——高遠：又高又遠。

《解蔽》:"從山下望木者,十仞之木若箸,而求箸者不上折也,高蔽其長也。"注:"皆知爲高遠所蔽,故不往求。"

高——崇高：高尚。

《富國》:"仁人之用國,……伉隆高,致忠信,期文理。"注:"舉崇高遠大之事。"

《王霸》:"非致隆高也,非綦文理也。"注:"不如堯、舜、禹、湯之極崇高也。"

《禮論》:"高者,禮之隆也。"注:"崇高者,由隆禮也。"

剛——剛直：剛强正直。

《臣道》:"撟然剛折,端志而無傾側之心。"注:"剛折,剛直面折也。"

隔——隔異：封鎖隔絶。

《儒效》:"堅白、同異之分隔也。"注:"以堅白、同異之言相分別隔異。"

歌——歌詠：歌唱;吟詠。

《解蔽》:"曾子曰:'是其庭可以搏鼠,惡能與我歌矣!'"注:"是,蓋當爲視。曾子言:'有人視庭中可以搏擊鼠,則安能與我成歌詠乎?'"

貢——貢賦：土貢和賦税。

《正論》："爵列尊,貢禄厚,形埶勝。"注："貢,謂所受貢賦,謂天子諸
　　侯也。"

公——公共：公衆。

《富國》："陋也者,天下之公患也。"注："公共有此患也。"

《富國》："夫不足,非天下之公患也,特墨子之私憂過計也。"注："非
　　公共之患也。"

攻——攻擊：進攻打擊。

《議兵》："王者有誅而無戰,城守不攻,兵格不擊。"注："德義未加,
　　所以敵人不服,故不攻擊也。"

固——堅固：① 堅定。

《儒效》："曷謂一? 曰：執神而固。"注："精神堅固。"

　　　　　　　② 堅固。

《議兵》："兼并易能也,唯堅凝之難焉。"注："凝,定也。堅固定有地
　　爲難。"

固——牢固：堅固。

《議兵》："處舍收藏,欲周以固。"注："周密牢固,則敵不能陵奪矣。"

《賦》："往來惛憊而不可爲固塞者與?"注："雖往來晦冥,掩蔽萬物,
　　若使牢固蔽塞,則不可。"

固——鄙固：鄙陋,不通達。

《脩身》："體倨固而心執詐。"注："固,鄙固。"

故——事故：事情,問題。

《榮辱》："夫起於變故。"注："變故,患難事故也。"

顧——顧念：眷顧想念;念及。

《儒效》:"《詩》曰:'……維彼忍心,是顧是復。'"注:"爲惡之人,反
　　顧念而重復之。"

固——險固:險要;穩固。

《富國》:"境内之聚也,保固視可。"注:"其境内屯聚,則保其險固,
　　視其可進。"

《議兵》:"固塞不樹,機變不張。"注:"固塞,謂使邊境險固,若今之
　　邊城也。"

汩——汩亂:混亂。

《成相》:"吏謹將之無鈹滑。"注:"鈹,與披同。滑,與汩同。言不使
　　紛披汩亂也。"

怪——怪異:奇特;奇異。

《天論》:"怪之可也,而畏之非也。"注:"以其罕至,謂之怪異則可,
　　因遂畏懼則非。"

貫——條貫:条理;貫穿。

《天論》:"百王之無變,足以爲道貫。"注:"言禮可以爲道之條
　　貫也。"

《天論》:"一廢一起,應之以貫。"注:"雖質文廢起時有不同,然其要
　　歸以禮爲條貫。"

《天論》:"理貫不亂,不知貫,不知應變。"注:"知理則其條貫不亂
　　也;不知以禮爲條貫,則不能應變。言必差錯而亂也。"

《成相》:"公察善思論不亂。以治天下,後世法之成律貫。"注:"律
　　貫,法之爲條貫也。"

貫——貫穿:融會貫通。

《勸學》:"君子知夫不全不粹之不足以爲美也,故誦數以貫之。"注:

　　“使習《禮》《樂》《詩》《書》之數以貫穿之。”

觀——觀望：眺望；觀看；張望。

《富國》：“使足以辨貴賤而已，不求其觀。”注：“不求使人觀望也。”

苟——苟免：苟且免於損害。

《大略》：“君子隘窮而不失，勞倦而不苟。”注：“不苟免也。”

廣——廣博：寬廣博大。

《榮辱》：“有之而可久也，廣之而可通也。”注：“知禮樂廣博，則於事
　　可通。”

《天論》：“陰陽大化，風雨博施。”注：“博施，謂廣博施行，無不
　　被也。”

《禮論》：“多知而無親，博學而無方。”注：“謂雖廣博而無師法也。”

佹——佹異：奇異，與平常的不一樣。

《賦》：“天下不治，請陳佹詩。”注：“荀卿請陳佹異激切之詩，言天下
　　不治之意也。”

詭——詭詐：狡詐；欺詐。

《正論》：“求利之詭緩，而犯分之羞大也。”注：“求利詭詐之心
　　緩也。”

貴——貴重：器重；看重。

《哀公》：“日選擇於物，不知所貴。”注：“不知可貴重者。”

歸——指歸：主旨；意向。

《非十二子》：“終日言成文典，及紃察之，則倜然無所歸宿。”注：“雖
　　言成文典，若反覆紃察，則疏遠無所指歸也。”

《王霸》：“君者，論一相，陳一法，明一指。”注：“指，指歸也。”

珪——珪璋：玉制的禮器。古代用於朝聘、祭祀。

《大略》："聘人以珪，問士以璧。"注："聘人以珪，謂使人聘他國以珪
　　璋也。"

過——過度：超越常度。

《大略》："不自嗛其行者，言濫過。"注："所以不足其行者，由於言辭
　　汎濫過度也。"

H

悍——兇悍：兇暴；强悍。

《王制》："析愿禁悍而刑罰不過。"注："分其愿愨之民，使與凶悍者
　　異也。"

扞——扞蔽：猶屏藩。

《議兵》："百姓有扞其賊，則是亦賊也。"注："扞其賊，謂爲賊之扞
　　蔽也。"

《彊國》："白刃扞乎胸，則目不見流矢。"注："扞，蔽也。扞蔽於胸，
　　謂見斬刺也。"

秏——竭秏：消耗竭盡。

《王霸》："必自爲之然後可，則勞苦秏頓莫甚焉。"注："秏，謂精神
　　竭秏。"

合——合會：聚集；聚會。

《儒效》："合天下，立聲樂。"注："合天下，謂合會天下諸侯歸一
　　統也。"

和——和順：① 順應，不違背。

《臣道》："過而通情，和而無經。"注："但和順上意而無常守。"

　　　　　　② 调和顺适。

《大略》:"和而不發,不成樂。"注:"雖和順積中,而英華不發於外,
　　無以播八音,則不成樂。"

和——和氣:古人認爲天地間陰氣與陽氣交合而成之氣。萬物由
　　此"和氣"而生。

《富國》:"合歡定和而已,不求其餘。"注:"和,謂和氣。"

《富國》:"百姓時和,事業得敍者,貨之源也。"注:"時和,得天之和
　　氣,謂歲豐也。"

《天論》:"萬物各得其和以生,各得其養以成。"注:"和,謂和氣。
　　養,謂風雨。"

和——沖和:道家術語,指真气、元气。

《正名》:"性之和所生,精合感應,不事而自然謂之性。"注:"和,陰
　　陽沖和氣也。"

和——和輯:和睦團結。

《正論》:"非至明莫之能和。"注:"天下之人至衆,非極知其情僞,不
　　能和輯也。"

橫——橫逆:橫流逆行。

《致士》:"不官而衡至者,君子慎之。"注:"衡,讀爲橫。橫至,橫逆
　　而至也。"

候——斥候:偵察;候望。

《富國》:"其候徼支繚,其竟關之政盡察。"注:"候,斥候徼巡也。"

厚——厚重:厚實;重要。

《仲尼》:"桀、紂舍之,厚於有天下之埶,而不得以匹夫老。"注:"桀、
　　紂舍道,雖有天下厚重之埶,而不得如庶人壽終。"

《禮論》:"故厚者,禮之積也。"注:"聖人所以能厚重者,由積禮也。"

呼——呼召：呼喚；召喚。

《王霸》：“挈國以呼禮義，而無以害之。”注：“言提挈一國之人，皆使呼召禮義。”

《王霸》：“挈國以呼功利。”注：“提挈一國之人，以呼召功利。”

化——化育：教化培育。

《不苟》：“神則能化矣。”注：“下尊之如神，能化育之矣。”

化——從化：歸化；歸順。

《非十二子》：“六説者立息，十二子者遷化。”注：“遷而從化。”

《議兵》：“故仁人之兵所存者神，所過者化。”注：“所存止之處，畏之如神。所過往之國，無不從化。”

《議兵》：“故民歸之如流水，所存者神，所爲者化。”注：“言所至之處畏之如神。凡所施爲，民皆從化也。”

壞——毀壞：敗壞；破壞。

《富國》：“徒壞墮落，必反無功。”注：“雖苟求功利，旋即毀壞墮落，必反無成功也。”

環——環繞：圍繞。

《臣道》：“朋黨比周，以環主圖私爲務，是篡臣者也。”注：“環主，環繞其主不使賢者得用。”

荒——荒廢：荒疏。

《彊國》：“補漏者危，大荒者亡。”注：“大荒，謂都荒廢不治也。”

華——光華：光芒；光彩。

《正論》：“琅玕、龍兹、華覲以爲實。”注：“覲，當爲瑾。華，謂有光華者也。”

嘩——喧嘩：聲音大而雜亂。

《性惡》："衆者暴寡而嘩之。"注："衆者陵暴於寡而誼嘩之，不使得
　　發言也。"

魂——精魂：精神魂魄。

《致士》："誠信如神，夸誕逐魂。"注："逐魂，逐去其精魂，猶喪
　　精也。"

惠——恩惠：仁愛。亦謂他人給與的好處、照顧。

《王制》："庶人駭政，則莫若惠之。"注："惠，恩惠也。"

昏——昏闇（暗）：指社會混亂，政治腐敗。

《天論》："昏世，大亂也。"注："昏世，謂使世昏闇也。"

惑——惑亂：迷亂；混亂。

《禮論》："刻生而附死，謂之惑。"注："惑，謂惑亂過禮也。"

禍——禍難：禍害；災難。

《性惡》："輕身而重貨，恬禍而廣解。"注："謂安於禍難也，而廣自
　　解説。"

貨——貨物：泛指可供買賣的物品。

《儒效》："通財貨，相美惡，辨貴賤。"注："視貨物之美惡，辨其貴
　　賤也。"

J

給——供給：以物資、錢財等給人而供其所需。

《臣道》："應卒遇變，齊給如響。"注："給，供給也。"

基——基本。

《王霸》："如是，則下仰上以義矣，是綦定也。"注："綦，當爲基，基本
　　也，言以義爲本。"

《大略》：“取友善人，不可不慎，是德之基也。”注：“取友求善人不可不慎，是德之基本。”

基——基業：作爲根基的大業。多指帝位；國家政權。

《成相》：“請布基，慎聖人，愚而自專事不治。”注：“請説陳布基業，在乎順聖人也。”

《成相》：“展禽三絀，春申道綴基畢輸。”注：“言春申爲李園所殺，其儒術、政治、道德、基業盡傾覆委地也。”

《成相》：“道古賢聖基必張。”注：“古之賢聖，基業必張大也。”

《成相》：“請牧祺，明有基。”注：“請牧治吉祥之事，在明其所有之基業也。”

積——積久：經歷很長時間。

《王霸》：“國者，重任也，不以積持之則不立。”注：“不以積久之法持之，則傾覆也。”

《正名》：“慮積焉、能習焉而後成，謂之僞。”注：“心雖能動，亦在積久習學，然後能矯其本性也。”

積——積習：長期形成的習慣。

《榮辱》：“在勢注錯習俗之所積爾！”注：“在所積習。”

《榮辱》：“安知廉恥隅積？”注：“積，積習。”

《儒效》：“而師法者，所得乎情，非所受乎性。”注：“情當爲積。所得乎積習，非受於天性。”

《儒效》：“是非天性也，積靡使然也。”注：“順其積習，故能然。”

《性惡》：“故聖人者，人之所積而致也。”注：“雖性惡，若積習，則可爲聖人。”

技——技能：技藝才能。

《勸學》:"梧鼠五技而窮。"注:"言技能雖多,而不能如螣蛇專一。"

幾——幾何:多少。

《議兵》:"是其出賃市傭而戰之,幾矣。"注:"此與賃市中傭作之人而使之戰,相去幾何也?"

稽——稽考:查考,考核。

《王霸》:"後世言惡則必稽焉。"注:"後世稽考,閔王爲龜鏡也。"

《臣道》:"必謹志之而慎自爲擇取焉,足以稽矣。"注:"言必謹記此四臣之安危而慎自擇取,則足以稽考用臣也。"

《正論》:"天下之大傮,後世之言惡者必稽焉。"注:"言惡者必稽考桀、紂,以爲龜鏡也。"

《正名》:"此事之所以稽實定數也。"注:"稽考其實,而定一二之數也。"

《成相》:"言有節,稽其實。"注:"欲使民言有法及不欺誑,在稽考行實也。"

疾——疾苦:憎惡,厭恨。

《王制》:"故近者不隱其能,遠者不疾其勞。"注:"不疾苦其勞,謂奔走來王也。"

忌——疑忌:懷疑猜忌。

《賦》:"暴至殺傷而不億忌者與?"注:"謂雷霆震怒,殺傷萬物,曾不億度疑忌。"

繼——繼續:連續。

《宥坐》:"吾亦未輟,還復瞻被九蓋皆繼,被有説邪?"注:"子貢問北盞皆繼續,彼有説邪?"

擊——擊斬:斬殺。

《議兵》:"齊人隆技擊。"注:"齊人以勇力擊斬敵者,號爲技擊。"

假──假借:寬假,寬容。

《王制》:"凡聽,威嚴猛厲而不好假導人。"注:"假道,謂以寬和假借
　　導引人也。"

詰──詰問:追問;責問。

《成相》:"衆人貳之,讒夫棄之形是詰。"注:"衆人則不能復一,讒夫
　　則兼棄之,但詰問治之。"

到──自到:自殺。

《成相》:"恐爲子胥身離凶。進諫不聽,到而獨鹿棄之江。"注:"此
　　當是自到之後,盛以罜麗,棄之江也。"

憼(儆)──儆備:警戒防备。

《賦》:"無私罪人,憼革貳兵。"注:"憼,與儆同,備也。言去邪嫉惡,
　　乃以儆備增益兵革之道。言彊盛也。"

僭──僭差:僭越失度。

《臣道》:"《詩》曰:'不僭不賊,鮮不爲則。'"注:"言不僭差賊害,則
　　少不爲人法則矣。"

薦──薦陳:進獻並陳列。

《正論》:"五祀,執薦者百人侍西房。"注:"薦,謂所薦陳之物,籩豆
　　之屬也。"

建──建立:設置;設立。

《非十二子》:"不知一天下,建國家之權稱。"注:"不知齊一天下,建
　　立國家之權稱。"

健──健羨:貪欲。

《哀公》:"健,貪也;詌,亂也。"注:"健羨之人多貪欲,詌忌之人多

悖亂。”

蹇——蹇難：猶言困苦艱難。

《賦》：“卬卬兮天下之鹹蹇也。”注：“雲高而不雨，則天下皆蹇難也。”

漸——漸染：猶漸冉，延續。

《議兵》：“故招近募選，隆埶詐、尚功利，是漸之也。”注：“謂其賞罰纔可，漸染於外，中心未悦服。”

《大略》：“正君漸於香酒，可讒而得也。”注：“雖正直之君，其所漸染如香之於酒，則讒邪可得而入。”

間——間隙：空隙。

《王霸》：“日欲司間而相與投藉之，去逐之。”注：“司間，伺其間隙。”

柬——柬擇：選擇。

《脩身》：“安燕而血氣不惰，柬理也。”注：“言柬擇其事理所宜而不務驕逸。”

交——交接：交往；結交。

《勸學》：“詩曰：‘匪交匪舒，天子所予。’此之謂也。”注：“匪交，當爲彼交。言彼與人交接，不敢舒緩，故受天子之賜予也。”

《脩身》：“勞倦而容貌不枯，好交也。”注：“以和好交接於物。”

《王制》：“是言上下之交不相亂也。”注：“交，謂上下相交接也。”

郊——郊野：泛指城邑之外的地方。

《彊國》：“郊草不瞻曠芸。”注：“不暇瞻視郊野之草有無也。”

交——交接：交往；結交。

《脩身》：“詩曰：‘匪交匪舒，天子所予。’此之謂也。”注：“匪交，當爲彼交。言彼與人交接，不敢舒緩。”

《脩身》：“勞倦而容貌不枯，好交也。”注：“以和好交接於物，志意常泰也。”

《榮辱》：“豢之而俞瘠者，交也。”注：“所交接非其道，則必有患難。”

《儒效》：“《詩》曰：‘平平左右，亦是率從。’是言上下之交不相亂也。”注：“交，謂上下相交接也。”

《臣道》：“偷合苟容，以持禄養交而已耳，謂之國賊。”注：“養交，謂養其與君交接之人。”

交——交通：交相通達。

《大略》：“奉妒昧者謂之交譎。”注：“交通於譎詐之人，相成爲惡也。”

徼——徼巡：巡查。

《富國》：“其候徼支繚，其竟關之政盡察。”注：“候，斥候徼巡也。”

驕——驕慢：驕傲怠慢。

《非相》：“《詩》曰：‘雨雪瀌瀌，宴然聿消；莫肯下隧，式居屢驕。’此之謂也。”注：“幽王曾莫肯下隨於人，用此居處，斂其驕慢之過也。”

捐——捐棄：抛棄。

《賦》：“德厚而不捐，五采備而成文。”注：“萬物或美或惡，覆被之，皆無捐棄也。”

救——匡救：匡扶；救助。

《非相》：“起於下所以忠於上，謀救是也。”注：“謀救，謂嘉謀匡救。”

交——外交：指與外國私相交往、勾結。

《臣道》：“以持禄養交而已耳，謂之國賊。”注：“養其外交，若蘇秦、張儀、孟嘗君，所至爲相也。”

戒——備戒：警戒防備。

《儒效》："當是時也，夫又誰爲戒矣哉！"注："太平如此，復誰備戒？"

竭——竭盡：盡；用盡。

《王制》："則下畏恐而不親，周閉而不竭。"注："隱閉其情而不竭
　　盡也。"

節——名節：名譽與節操。

《君子》："節者，死生此者也。"注："能爲此五者死生，則爲名節也。"

解——解説：解釋；説明。

《非十二子》："甚僻違而無類，幽隱而無説，閉約而無解。"注："謂其
　　言幽隱閉結而不能自解説。"

《性惡》："輕身而重貨，恬禍而廣解。"注："謂安於禍難也，而廣自
　　解説。"

解——解釋：解救；解脱。

《富國》："和調累解，速乎急疾。"注："累解，嬰累解釋也。若和調而
　　使嬰累解釋，則民速乎急疾。"

節——節義：謂節操與義行。

《仲尼》："夫齊桓公有天下之大節焉，夫孰能亡之！"注："大節，謂大
　　節義也。"

《禮論》："孰知夫出死要節之所以養生也。"注："要節，自要約以節
　　義，謂立節也。"

節——節文：禮節；儀式。

《儒效》："行禮要節而安之，若生四枝。"注："節，節文也。"

接——慰接：安慰；撫慰。

《議兵》："委之財貨以富之，立良有司以接之。"注："立温良之有司

以慰接之。”

劫——劫脅：威逼脅迫。

《彊國》：“如是，百姓劫則致畏。”注：“見劫脅之時則畏也。”

籍——國籍：國家的典籍；史籍。

《彊國》：“執籍之所存，天下之宗室也。”注：“執位國籍之所在也。”

節——節減：節約；減省。

《彊國》：“然則奈何？曰：節威反文。”注：“節減威彊，復用文理。”

藉——淩藉：侵淩；欺壓。

《正論》：“斬斷枯磔，藉靡舌。”注：“藉，見淩藉也。”

謹——謹敬：謹慎誠敬。

《榮辱》：“雖欲不謹，若云不使。”注：“雖欲爲不謹敬，若有制物而不
　　使之者。”

今——如今：現在。

《非十二子》：“假今之世。”注：“假如今之世也。”

《正論》：“今人或入其央瀆，竊其豬彘，則援劍戟而逐之，不避死
　　傷。”注：“央瀆，中瀆也。如今人家出水溝也。”

矜——矜伐：恃才夸功；夸耀。

《君子》：“備而不矜，一自善也，謂之聖。”注：“德備而不矜伐於人，
　　皆所以自善，則謂之聖人。”

《子道》：“奮於言者華，奮於行者伐，色知而有能者，小人也。”注：
　　“色知，謂所知見於顏色。有能，自有其能。皆矜伐之意。”

浸——浸漬：浸泡；滲透。

《勸學》：“所漸者然也。”注：“漸，漬也。言雖香草，浸漬於溺中則可
　　惡也。”

經——經常：常道；常法。

《解蔽》：“治則復經，兩疑則惑矣。”注：“言治世用禮義則自復經常
　　之正道。”

精——精誠：認真，專注。

《解蔽》：“耳目之欲接，則敗其思；蚊虻之聲聞，則挫其精。”注：“精，
　　精誠也。”

徑——徑疾：徑直；直接。

《正名》：“名有固善，徑易而不拂，謂之善名。”注：“徑疾平易，而不
　　違拂，謂易曉之名也。”

久——久長：長久。

《性惡》：“加日縣久，積善而不息。”注：“縣久，縣系以久長。”

倨——倨傲：傲慢不恭。

《不苟》：“見由則兌而倨。”注：“兌，悅也。言喜於徼幸而倨傲也。”

聚——屯聚：集結。

《富國》：“境內之聚也，保固視可。”注：“其境內屯聚，則保其險固，
　　視其可進。”

懼——戒懼：警戒恐懼。

《解蔽》：“故有知非以慮是，則謂之懼。”注：“自知其非，以圖慮於
　　是，則謂之能戒懼也。”

爵——官爵：官職和爵位。

《王制》：“宰爵知賓客、祭祀、饗食、犧牲之牢數。”注：“爵，官爵也。”

決——決斷：做決定；拿主意。

《臣道》：“聽從而敏，不敢有以私決擇也。”注：“敏，謂承命而速行，
　　不敢更私自決斷選擇也。”

決——斷決：決斷；裁決。

《仲尼》："安忘其怒，出忘其讎，遂立以爲仲父，是天下之大決也。"
　　注："大決，謂斷決之大也。"

《儒效》："若夫譎德而定次。"注："或亦多作譎，譎與決同，謂斷決
　　其德。"

均——平均：均匀，没有輕重或多少之别。

《富國》："忠信調和，均辨之至也。"注："均，平均。"

譎——譎詐：狡詐；奸詐。

《大略》："奉妒昧者謂之交譎。"注："交通於譎詐之人，相成爲
　　惡也。"

鈞——鈞平：均等，相等。

《脩身》："加好學遜敏焉，則有鈞無上。"注："既好學遜敏，又有鈞平
　　之心。"

K

開——開通：開導；使不閉塞。

《儒效》："教誨開導成王，使諭於道而能撡迹於文武。"注："開導，謂
　　開通導達。"

夸——矜夸：夸耀。

《不苟》："夸誕生惑。"注："矜夸妄誕，則貪惑於物也。"

《致士》："誠信如神，夸誕逐魂。"注："矜夸妄誕，作僞心勞，故喪其
　　精魂。"

誇——矜夸：夸耀。

《不苟》："誠信生神，夸誕生惑。"注："矜夸妄誕，則貪惑於物也。"

《致士》："誠信如神,夸誕逐魂。"注："矜夸妄誕,作僞心勞,故喪其
　　精魂。"

款——誠款：忠誠；真誠。

《脩身》："愚款端愨。"注："款,誠款也。"

寬——寬弘：胸懷寬闊,氣量大。

《堯問》："其爲人寬,好自用,以慎。"注："寬,寬弘也。"

況——比況：與類似事例進行比照。

《非十二子》："成名況乎諸侯,莫不願以爲臣。"注："況,比也。言其
　　所成之名,比況於人,莫與爲偶,故諸侯莫不願得以爲臣。"

狂——狂亂：昏亂；錯亂。

《王霸》："愚者之知,固以少矣,有以守多,能無狂乎!"注："事煩則
　　狂亂也。"

傀——傀偉：奇特；宏大。

《性惡》："傀然獨立天地之間而不畏。"注："傀,傀偉,大貌也。"

匱——匱竭：空乏,盡絕。

《大略》："《詩》云:'孝子不匱,永錫爾類。'"注："言孝子之養,無有
　　匱竭之時,故天長賜以善也。"

困——困躓：受挫,顛沛窘迫。

《儒效》："雖敦必困。"注："雖所知多厚,必至困躓也。"

L

濫——汎濫：像洪水一樣氾濫。

《大略》："不自嗛其行者,言濫過。"注："所以不足其行者,由於言辭
　　汎濫過度也。"

樂──歡樂：謹慎老實。

《榮辱》：“安利者常樂易。”注：“樂易，歡樂平易也。”

累──嬰累：遭罹罪累。

《富國》：“和調累解，速乎急疾。”注：“累解，嬰累解釋也。若和調而使嬰累解釋，則民速乎急疾。”

類──種類：根據事物本身的性質或特點而分成的門類。

《非相》：“故以人度人，以情度情，以類度類。”注：“類，種類，謂若牛馬也。”

《非相》：“類不悖，雖久同理。”注：“言種類不乖悖，雖久而理同。”

《臣道》：“禮義以爲文，倫類以爲理。”注：“類，物之種類。”

類──統類：綱紀；大綱。

《勸學》：“依乎法而又深其類。”注：“謂深知統類。”

《不苟》：“知則明通而類。”注：“類，謂知統類。”

《儒效》：“以類行雜。”注：“得其統類，則不患於雜也。”

隸──役隸：服賤役者。

《議兵》：“功賞相長也，五甲首而隸五家。”注：“獲得五甲首則役隸鄉里之五家也。”

離──離貳：有異心。

《成相》：“脩之者榮，離之者辱，孰它師?”注：“孰敢以它爲師? 言皆歸王道，不敢離貳也。”

離──分離：分開，離散。

《正名》：“異形離心，交喻異物，名實玄紐。”注：“萬物之形各異，則分離人之心。”

麗──華麗：美麗而有光彩。

《正名》:"累而成文,名之麗也。"注:"累名而成文辭,所以爲名之
　　華麗。"

離——離散:渙散。

《議兵》:"霍焉離耳,下反制其上。"注:"霍焉,猶渙焉也。離散之
　　後,則上下易位,若秦、項然。"

離——離叛:離心;背叛。

《正論》:"天下有聖而在後者,則天下不離。"注:"有聖繼其後者,則
　　天下有所歸,不離叛也。"

力——力行:竭力而行。

《勸學》:"真積力久則入。"注:"力,力行也。"

力——力作:努力勞作。

《王霸》:"農夫莫不朴力而寡能矣。"注:"但質朴而力作,不務他
　　能也。"

理——條理:① 脉络;层次;秩序。

《脩身》:"少而理曰治。"注:"少謂舉其要,而有條理,謂之治。"

《不苟》:"誠心行義則理。"注:"義行則事有條理。"

《非十二子》:"務事理者也。"注:"務使事有條理。"

《仲尼》:"非綦文理也。"注:"非極有文章條理也。"

《儒效》:"井井兮其有理也。"注:"理,有條理也。"

　　　　　　② 條例;法規。

《王霸》:"然而天下之理略奏矣。"注:"天下之謂條理者,略有節
　　奏也。"

《臣道》:"禮義以爲文,倫類以爲理。"注:"言推近以知遠,以此爲條
　　理也。"

《性惡》:"淫亂生而禮義、文理亡焉。"注:"文理,謂節文條理也。"

　　　　③ 治理;整理。

《王制》:"相地而衰政,理道之遠近而致貢。"注:"相,視也。理,條
　　理也。"

理——物理:事物的道理、規律。

《解蔽》:"凡以知人之性也,可以知物之理也。"注:"以知人之性推
　　之,則可知物理也。"

理——義理:合於一定的倫理道德的行事準則。

《賦》:"夫是之謂蠶理。"注:"五帝言此乃蠶之義理也。"

《賦》:"夫是之謂箴理。"注:"理,義理也。"

廉——廉隅:棱角。

《不苟》:"君子寬而不僈,廉而不劌。"注:"但有廉隅,不至於刃
　　傷也。"

廉——廉稜:棱角。

《法行》:"廉而不劌,行也。"注:"雖有廉稜而不傷物,似有德行者不
　　傷害人。"

斂——賦斂:徵收賦税。

《宥坐》:"今有時斂也無時,暴也。"注:"言生物有時而賦斂無時,是
　　陵暴也。"

糧——兵糧:军粮。

《大略》:"非其人而教之,齎盜糧、借賊兵也。"注:"若使不善人教非
　　君子,是猶資借盜賊之兵糧,爲害滋甚,不如不教也。"

慮——圖慮:圖謀;考慮。

《解蔽》:"故有知非以慮是,則謂之懼。"注:"自知其非,以圖慮於

是,則謂之能戒懼也。”

良——溫良：溫和；善良。

《議兵》：“委之財貨以富之,立良有司以接之。”注：“立溫良之有司
　　以慰接之。”

繚——繚繞：曲折圍繞。

《富國》：“其候徼支繚,其竟關之政盡察。”注：“支繚,支分繚繞,言
　　委曲巡警也。”

《議兵》：“矜糾收繚之屬,爲之化而調。”注：“繚,謂繚繞,言委
　　曲也。”

領——綱領：① 網綱裘領。

《勸學》：“若挈裘領。”注：“言禮亦爲人之綱領。”

　　　　　　② 總綱要領。

《成相》：“五聽循領。”注：“謂脩之使得綱領。”

陵——侵陵：侵犯欺淩。

《富國》：“陵謹盡察；是榮國已。”注：“陵,侵陵,言深於禮義也。”

《致士》：“凡節奏欲陵而生民欲寬。”注：“陵,侵陵,亦嚴峻之義。”

流——流湎：放縱無度。

《臣道》：“調而不流,柔而不屈。”注：“雖調和而不至流湎。”

流——流移：流變；遷移。

《不苟》：“畏法流俗而不敢以其所獨甚。”注：“畏效流移之俗。”

流——流光：謂福澤流傳至後世。

《禮論》：“積厚者流澤廣,積薄者流澤狹也。”注：“德厚者流光,德薄
　　者流卑。”

流——流轉：流離轉徙。

《大略》:"流言滅之,貨色遠之。"注:"流言,謂流轉之言,不定者也。"

留——留滯:停留;羈留。

《大略》:"無留善,無宿問。"注:"有善即行,無留滯。"

亂——暴亂:殘暴昏亂。

《脩身》:"事亂君而通。"注:"言事大國暴亂之君違道而通。"

倫——倫理:人倫道德之理,指人與人相處的各種道德準則。

《非相》:"故曰:'斬而齊,枉而順,不同而一。'夫是之謂人倫。"注:"夫如此,是人之倫理也。"

律——法律:由國家立法機關制定,具有一定文字形式,由國家政權保證執行,公民必須遵守的行爲規則。古代多指刑法、律令,今亦泛指由國家政權機關制定的各種法令、法規、條例和規定等。

《成相》:"進退有律,莫得貴賤孰私王?"注:"進人、退人皆以法律,貴賤各以其才,孰有私佞於王乎?"

聊——聊賴:依賴。指生活上的憑藉或精神上的寄託。

《子道》:"古之人有言曰:'衣與,繆與,不女聊。'"注:"聊,賴也。言雖與之衣,而紕繆不精,則不聊賴於汝也。"

慮——計慮:計劃;考慮。

《榮辱》:"其慮之不深,其擇之不謹,其定取舍楛僈,是其所以危也。"注:"小人所以危亡,由於計慮之失也。"

《王制》:"慮以王命。"注:"其計慮常用王命,謂不敢擅侵暴也。"

《王制》:"非其道而慮之以王也。"注:"不行其道,而以計慮爲王,所以危亡也。"

慮——謀慮：謀劃；考慮。

《議兵》："慮敵之者削，反之者亡。"注："謀慮與之爲敵者，土地必見侵削。"

《議兵》："慮必先事而申之以敬。"注："謀慮必在事先，重之以敬，常戒懼而有備也。"

《正論》："慮一朝而改之，說必不行矣。"注："其謀慮乃欲一朝而改聖王之法，說必不行也。"

《正名》："欲雖不可去，所求不得慮者，欲節求也。"注："爲賤者之謀慮，皆在節其所求之欲也。"

略——簡略：省略；簡單不詳。

《禮論》："略而不盡，貌而不功。"注："謂簡略而不盡備也。"

陋——固陋：閉塞、淺陋。

《榮辱》："然而人力爲此而寡爲彼，何也？曰：陋也。"注："由於性之固陋也。"

《彊國》："子發之致命也恭，其辭賞也固。"注："其致命難，其辭賞則固陋，非坦明之道也。"

陋——鄙陋：庸俗淺薄。

《榮辱》："陋者俄且僩也。"注："言鄙陋之人俄且矜莊。"

漏——敝漏：疏漏；遺漏。

《彊國》："補漏者危，大荒者亡。"注："補漏，謂不能積功累業，至於敝漏，然後補之。"

論——討論：謂探討研究並加以評論。

《王霸》："若夫論一相以兼率之。"注："論，謂討論選擇之也。"

論——講論：講談論議。

《致士》：“知微而論，可以爲師。”注：“知精微之理而能講論。”

論——言論：言談；談論。

《成相》：“君法明，論有常。”注：“君法所以明，在言論有常，不二三也。”

M

貌——禮貌：以言行表示敬意。

《堯問》：“貌執之士者百有餘人。”注：“以禮貌接待之士百餘人也。”

慢——弛慢：懈怠；輕忽。

《非十二子》：“彼君子則不然，佚而不惰，勞而不僈。”注：“雖逸而不懈惰，雖勞而不弛慢。”

漫——誕漫：放浪。

《性惡》：“所見者汙漫淫邪，貪利之行也。”注：“漫，誕漫欺誑也。”

滿——充滿：布滿；填滿。

《解蔽》：“處一之危，其榮滿側。”注：“側，謂迫側，亦充滿之義。”

滿——盈滿：充盈；充滿。

《仲尼》：“故知者之舉事也，滿則慮嗛。”注：“當其盈滿，則思其後不足之時而先防之。”

旄——旄牛：即牦牛。產於我國西南地區。

《王制》：“西海則有皮革、文旄焉。”注：“旄，旄牛尾。”

貌——形貌：形體；外貌。

《禮論》：“略而不盡，貌而不功。”注：“貌，形也。言但有形貌不加功精好也。”

靡——披靡：草木倒伏，比喻來勢兇猛，速度很快。

《大略》："利夫秋豪,害靡國家,然且爲之,幾爲知計哉!"注:"靡,披靡也。利夫秋豪之細,其害遂披靡而來,及於國家。"

民——民氓:民衆;百姓。

《正論》："不能以義制利,不能以僞飾性,則兼以爲民。"注:"無能者,則兼并之,令盡爲民氓也。"

閔——憂閔:憂慮哀憐。

《禮論》："夫忠臣孝子亦知其閔已。"注:"言此時知其必至於憂閔也。"

名——名器:名號與車服儀制。奴隸社會與封建社會用以别尊卑貴賤的等級。

《成相》："莫不説教名不移。"注:"既能正己,則民皆悦上之教而名器不移也。"

明——明白:① 清楚;明確。

《富國》："其防表明。"注:"隄防標表,明白易識。"

《富國》："三者,明主之所謹擇也,仁人之所務白也。"注:"白,明白也。"

《致士》："聞聽而明譽之,定其當而當。"注:"君子聞聽流言、流説,則明白稱譽。"

　　　　　② 了解;知道。

《非相》："知行淺薄,曲直有以縣矣。"注:"言智慮德行至淺薄,其能否與人又相縣遠,不能推讓明白之。"

　　　　　③ 聰明;懂道理。

《致士》："莫不明通,方起以尚盡矣。"注:"明通,謂明白通達其意。"

明——彰明:顯豁,明顯。

《不苟》:“通則文而明。”注:“有文而彰明也。”

昧——暗昧:不光明磊落;不可告人之陰私、隱私。

《大略》:“蔽公者謂之昧,隱良者謂之妒。”注:“掩蔽公道,謂之暗昧。”

謀——嘉謀:高明的經國謀略。

《非相》:“起於下所以忠於上,謀救是也。”注:“謀救,謂嘉謀匡救。”

謀——謀慮:謀劃;考慮。

《解蔽》:“心,臥則夢,偷則自行,使之則謀。”注:“言人心有所思,寢則必夢,偷則必放縱,役用則必謀慮。”

牧——牧治:治理。

《成相》:“請牧祺,明有基。”注:“請牧治吉祥之事,在明其所有之基業也。”

繆——繆妄:荒謬無稽。

《非相》:“遠舉則病繆,近世則病傭。”注:“遠舉上世之事則患繆妄,下舉近世之事則患傭鄙也。”

繆——繆戾:錯亂;違背。

《仲尼》:“有災繆者,然後誅之。”注:“有災怪繆戾者,然後誅之,非顛倒其敵也。”

謬——謬誤:差謬;錯誤。

《儒效》:“雖博必謬。”注:“雖博聞,必有謬誤也。”

繆——迷繆:迷惑謬誤。

《解蔽》:“亂國之君,亂家之人,……妬繆於道而人誘其所迨也。”注:“言亂君、亂人,本亦求理,以其嫉妬迷繆於道,故人因其所好而誘之。”

繆——紕繆:錯誤。

《子道》:"古之人有言曰:'衣與,繆與,不女聊。'"注:"繆,紕繆也。與,讀爲歟。"

N

橈——橈屈:屈從;屈服。

《法行》:"折而不橈,勇也。"注:"雖摧折而不橈屈,似勇者。"

撓——撓曲:屈服;屈從。

《榮辱》:"重死持義而不撓,是士君子之勇也。"注:"雖重愛其死而執節持義,不撓曲以苟生也。"

難——爲難:難以應付;難辦。

《非相》:"凡說之難:以至高遇至卑,以至治接至亂。"注:"以先王之至高至治之道,說末世至卑至亂之君,所以爲難也。"

能——才能:才智和能力。

《正名》:"智所以能之在人者,謂之能。"注:"能,才能也。"

能——智能:智謀與才能。

《天論》:"因物而多之,孰與騁能而化之?"注:"因物而自多,不如騁其智能而化之使多也。"

年——年壽:人的壽命。

《解蔽》:"沒世窮年不能徧也。"注:"窮年,盡其年壽。"

孽——祅孽:指物類反常的現象;不祥之兆。

《議兵》:"百姓莫不敦惡,莫不毒孽,若被不祥。"注:"孽,謂祅孽。"

疑——疑滯:遲疑不決;猶豫不定。

《儒效》:"舉統類而應之,無所儗㤞。"注:"儗,讀爲疑。㤞,與怍同。奇物怪變卒然而起,人所難處者,大儒知其統類,故舉以應之,

　　無所疑滯慚怍也。"

怒——忿怒：憤怒。

《榮辱》："快快而亡者，怒也。"注："肆其快意而亡，由於忿怒也。"

《富國》："不然，則忿之也。"注："不然，則以忿怒。"

儒（懦）——懦弱：柔弱；軟弱。

《脩身》："勞苦之事則偷儒轉脱。"注："儒，謂懦弱畏事。"

《脩身》："偷儒憚事。"注："偷儒憚事，皆謂懦弱怠惰，畏勞苦之
　　人也。"

P

盤——盤薄：廣大，雄偉。

《富國》："國安於盤石，壽於旗翼。"注："盤石，盤薄大石也。"

披——紛披：混亂；散亂。

《成相》："吏謹將之無鈹滑。"注："鈹，與披同。滑，與汩同。言不使
　　紛披汩亂也。"

僻——乖僻：反常；怪僻。

《勸學》："辟違而不愨。"注："乖僻違背，不能端愨誠信。"

《非十二子》："甚僻違而無類，幽隱而無説，閉約而無解。"注："謂乖
　　僻違戾而不知善類也。"

僻——僻淫：邪僻淫佚。

《非十二子》："察辯而操僻。"注："爲察察之辯，而操持僻淫之事。"

偏——偏聽：聽信一面之詞。

《王霸》："質律禁止而不偏。"注："謂禁止姦人不偏聽也。"

貧——貧乏：窮困；貧困。

《哀公》:"布施天下而不病貧。"注:"言廣施德澤,子惠困窮,使家給
　　人足而上不憂貧乏。"

屏——屏棄:廢棄。

《彊國》:"併己之私欲。"注:"併,讀曰屏,棄也。屏棄私欲,遵達公
　　義也。"

平——平常:平時;往常。

《禮論》:"變而飾,動而遠,久而平。"注:"久則哀殺,如平常也。"

平——均平:平正;公允。

《宥坐》:"主量必平,似法。"注:"言所經阬坎,注必平之然後過,似
　　有法度者均平也。"

樸——敦樸:敦厚;樸實。

《王制》:"以時順脩,使農夫樸力而寡能,治田之事也。"注:"使農夫
　　敦樸於力稼。"

樸——質樸:樸實淳厚。

《性惡》:"生而離其樸,離其資,必失而喪之。"注:"言人若生而任其
　　性,則離其質樸而偷薄,離其資材而愚惡,其失喪必也。"

《性惡》:"所謂性善者,不離其樸而美之,不離其資而利之也。"注:
　　"不離質樸、資材,自得美利。"

《性惡》:"使夫資樸之於美,心意之於善。"注:"使質樸資材自善。"

Q

齊——齊整:整頓;使端正。

《不苟》:"見閉則敬而齊。"注:"謂自齊整而不怨也。"

奇——奇異:奇特,特別。

《正名》:"聲音清濁、調竽奇聲以耳異。"注:"奇,奇異也。"

期——期會:約期聚集。

《正名》:"後王之成名:……散名之加於萬物者,則從諸夏之成俗曲期。"注:"曲期,謂委曲期會,物之名者也。"

《正名》:"故比方之疑似而通,是所以共其約名以相期也。"注:"共其省約之名,以相期會而命之。"

忮——忮害:忌刻殘忍;嫉忌陷害。

《榮辱》:"察察而殘者,忮也。"注:"至明察而見傷殘者,由於有忮害之心也。"

起——興起:使興盛。

《性惡》:"故聖人化性而起僞。"注:"言聖人能變化本性而興起矯僞也。"

齊——整齊:整治;使有条理;使齊一。

《性惡》:"大齊信焉而輕貨財。"注:"齊信,謂整齊於信也。"

浹——周浹:周遍,普遍。

《儒效》:"曰:盡善挾浹之謂神,萬物莫足以傾之之謂固。"注:"浹,周浹也。"

淺——淺近:淺顯,不深奥。

《堯問》:"彼其慎也,是其所以淺也。"注:"彼伯禽之慎密,不廣接士,適所以自使知識淺近也。"

鉗——鉗忌:忌刻。

《哀公》:"健,貪也;詌,亂也。"注:"健羨之人多貪欲,詌忌之人多悖亂。"

潛——潛隱:潛藏;隱藏。

《議兵》："窺敵觀變，欲潛以深，欲伍以參。"注："謂使閒諜觀敵，欲
　　潛隱深入之也。"

挈——提挈：帶領；統率。

《王霸》："挈國以呼禮義，而無以害之。"注："言提挈一國之人，皆使
　　呼召禮義。"

《王霸》："挈國以呼功利。"注："提挈一國之人，以呼召功利。"

契（挈）——挈持：扶持。

《議兵》："掎契司詐，權謀傾覆，未免盜兵也。"注："契，讀爲挈，挈
　　持也。"

寢——寢處：坐臥；息止。

《禮論》："寢兕、持虎、蛟韅、絲末、彌龍，所以養威也。"注："謂武士
　　寢處於甲胄。"

慶——慶賀：慶祝，祝賀。

《議兵》："上下相喜則慶之。"注："敵人上下相愛悦則慶賀之。"

清——清潔：潔净無塵。

《王制》："脩采清，易道路。"注："清，謂使之清潔。"

輕——輕佻：行動不沉着，不穩重。

《不苟》："喜則輕而翾。"注："輕，謂輕佻失據。"

情——真情：本心；真實的感情。

《禮論》："非禮義之文也，非孝子之情也，將以有爲者也。"注："非禮
　　義之節文，孝子之真情，將有作爲。"

窮——窮匱：指貧困的人。

《脩身》："不窮窮而通者積焉。"注："謂惠恤鰥寡窮匱也。"

窮——窮蹙：窘迫；困厄。

《榮辱》:"博而窮者，訾也。"注:"言詞辯博而見窮蹙者，由於好毀訾也。"

窮——窮迫:窮困;窘迫。

《榮辱》:"怨人者窮，怨天者無志。"注:"徒怨憤於人，不自脩者，則窮迫無所出。"

窮——窮竭:竭盡;用盡。

《王制》:"爭則必亂，亂則窮矣。"注:"物窮竭也。"

窮——窮僻:貧窮偏僻。

《儒效》:"雖隱於窮閻漏屋，人莫不貴之，道誠存也。"注:"窮閻，窮僻之處。"

屈——屈曲:委曲，曲意遷就。

《臣道》:"調而不流，柔而不屈。"注:"雖柔從而不屈曲。"

慤——愿慤:謹慎老實。

《議兵》:"順暴悍勇力之屬，爲之化而愿。"注:"謂好從暴悍勇力之人皆化而愿慤也。"

群——群衆:衆人。

《非十二子》:"古之所謂士仕者，厚敦者也，合群者也。"注:"合，謂和合群衆也。"

曲——委曲:① 詳盡;詳細。

《王霸》:"若夫貫日而治詳，一日而曲列之。"注:"積日而使條理詳備，一日如委曲列之，無差錯也。"

《王霸》:"儒者爲之不然，必將曲辨。"注:"委曲使歸於理也。"

《正名》:"散名之加於萬物者，則從諸夏之成俗曲期。"注:"曲期，謂委曲期會物之名者也。"

② 隱晦曲折。

《非相》:"曲得所謂焉,然而不折傷。"注:"言談說委曲,皆得其意之所謂,然而不折傷其道也。"

《禮論》:"於是其中焉,方皇周挾,曲得其次序,是聖人也。"注:"言於是禮之中,徘徊周匝、委曲,皆得其次序而不亂,是聖人也。"

③ 周全;調和。

《仲尼》:"故知者之舉事也,滿則慮嗛,平則慮險,安則慮危,曲重其豫,猶恐及其餓。"注:"委曲重多而備豫之,猶恐其及餓。"

《王制》:"三節者不當,則其餘雖曲當,猶將無益也。"注:"曲當,謂委曲皆當。"

《臣道》:"推類接譽,以待無方,曲成制象,是聖臣者也。"注:"委曲皆成制度法象。"

《臣道》:"因其怒也,而除其怨,曲得所謂焉。"注:"雖憂懼喜怒之殊,委曲皆得所謂。"

《禮論》:"故天子七月,諸侯五月,大夫三月,皆使其須足以容事,事足以容成,成足以容文,文足以容備。曲容備物之謂道矣。"注:"道者,委曲容物,備物者也。"

群——群居: 眾人共處。

《榮辱》:"以群則和,以獨則足。"注:"知《詩》《書》《禮》《樂》,群居則和同,獨處則自足也。"

R

然——必然: 謂事理必定如此;一定。

《正名》:"生之所以然者謂之性。"注:"人生善惡,故有必然之理,是

　　所受於天之性也。"

攘——攘除：驅除，剗除。

《王制》："鑽龜陳卦，主攘擇五卜。"注："攘擇，攘除不祥，擇取吉

　　事也。"

人——人家：民家；民宅。

《正論》："今人或入其央瀆，竊其豬彘，則援劔戟而逐之，不避死

　　傷。"注："央瀆，中瀆也。如今人家出水溝也。"

任——委任：信任，任用。

《成相》："妻以二女任以事。大人哉舜！"注："委任群下，無爲

　　而理。"

仁——仁愛：寬仁慈愛；親愛。

《脩身》："君子貧窮而志廣，隆仁也。"注："仁愛之心厚，故所思

　　者廣。"

《不苟》："誠心守仁則形。"注："誠心守於仁愛，則必形見於外，"

日——日益：一天比一天。

《議兵》："故仁人用，國日明。"注："日益明察。"

日——時日：時間。

《彊國》："其縣日也博，其爲積也大。"注："謂所縣系時日多也。"

《彊國》："其縣日也淺，其爲積也小。"注："時日既淺，則所積亦

　　少也。"

柔——柔屈：軟弱屈從。

《不苟》："夫貧賤者，則求柔之。"注："見貧賤者，皆柔屈就之也。"

容——容儀：儀仗、隨從。

《正論》："居則設張容，負依而坐，諸侯趨走乎堂下。"注："居則設張

其容儀,負依而坐也。”

辱——陵辱：欺凌侮辱。

《富國》：“是辱國已。”注：“辱國,言必見陵辱也。”

S

塞——充塞：充滿塞足。

《富國》：“其塞固,其政令一。”注：“其所充塞民心者固。”

塞——窮塞：窮屈不通。

《不苟》：“詐偽生塞。”注：“多窮塞也。”

散——分散：分開；散開。

《正名》：“散名之在人者。”注：“舉名之分散在人者。”

殺——減殺：減少；減輕；減弱。

《禮論》：“文理省,情用繁,是禮之殺也。”注：“情過於文,雖減殺,是亦禮也。”

實——行實：指生平事迹。

《成相》：“言有節,稽其實。”注：“欲使民言有法及不欺誆,在稽考行實也。”

謫(商)——商度：商定；考量。

《儒效》：“若夫謫德而定次。”注：“謫,與商同,古字。商度其德而定位次。”

設——設張：設置；張設。

《正論》：“居則設張容,負依而坐,諸侯趨走乎堂下。”注：“居則設張其容儀,負依而坐也。”

慎——戒慎：警惕謹慎。

《不苟》：“以慎其獨者也。”注：“謂戒慎乎其所不睹。”

《正名》：“不聞之謀，君子慎之。”注：“人所不聞見者，君子尤當戒慎，不可忽也。”

傷——傷害：損傷；損害。

《富國》：“冬不凍寒，急不傷力，緩不後時。”注：“皆謂量民之力，不使有所傷害。”

《天論》：“其生不傷，夫是之謂知天。”注：“其生長萬物，無所傷害，是謂知天也。”

深——深入：進入到内部或中心。

《議兵》：“窺敵觀變，欲潛以深，欲伍以參。”注：“謂使間諜觀敵，欲潛隱深入之也。”

慎——慎密：謹慎，周密。

《堯問》：“彼其慎也，是其所以淺也。”注：“彼伯禽之慎密，不廣接士。”

審——審慎：謹慎、慎重。

《王霸》：“審吾所以適人。”注：“審慎其與人之道。”

神——神異：指以爲神靈奇異。

《非相》：“寶之，珍之，貴之，神之，如是則説常無不受。”注：“神之，謂自神異其説，不敢慢也。”

深——深遠：意義深長。

《天論》：“如是者雖深，其人不加慮焉。”注：“言天道雖深遠，至人曾不措意測度焉。”

生——生活：使活命。

《王霸》：“生民則致寬。”注：“生民，生活民。謂衣食也。”

生——生長：養育；生育。

《天論》："其生不傷，夫是之謂知天。"注："其生長萬物，無所傷害，是謂知天也。"

《賦》："夏生而惡暑，喜溼而惡雨。"注："生長於夏，先暑而化。"

實——穀實：五穀之實；穀物。

《富國》："田肥以易則出實百倍。"注："所出穀實多也。"

衰（縗）——縗麻：粗麻布喪服。

《大略》："五十不成喪，七十唯衰存。"注："衰存，但服縗麻而已，其禮皆可略也。"

識——記識：記下；記住；記得。

《儒效》："見之而不知，雖識必妄。"注："見而不知，雖能記識，必昧於指意。"

埶——權埶：權力和勢力。

《脩身》："富貴而體恭，殺埶也。"注："減權埶之威，故形體恭謹。"

《儒效》："人主用之，則埶在本朝而宜。"注："言儒者得權埶在本朝，則事皆合宜也。"

《王霸》："如是，則雖臧獲不肎與天子易埶業。"楊注："埶業，權埶、事業也。"

《解蔽》："申子蔽於埶而不知知。"注："其說但賢得權埶，以刑法馭下，而不知權埶待才智然後治。"

《成相》："治之志，後埶富，君子誠之好以待。"注："爲治之意，後權埶與富者，則公道行而貨賂息也。"

施——施設：安排；設立。

《王制》："官施而衣食之，兼覆無遺。"注："官爲之施設所職而與之衣食也。”

《大略》:“故王者先仁而後禮,天施然也。”注:“天施,天道之所施

設也。”

施——施布:傳布;散布。

《王霸》:“論德使能而官施之者,聖王之道也。”注:“官施,謂建百

官,施布職事。”

侍——侍立:恭順地站立在旁邊伺候。

《正論》:“五祀,執薦者百人侍西房。”注:“侍,侍立也。”

師——師長:老師和尊長。

《儒效》:“夫是之謂人師。”注:“師,長也。言儒者之功如此,故可以

爲人師長也。”

《解蔽》:“工精於器而不可以爲器師。”注:“皆蔽於一技,故不可爲

師長也。”

市——市井:街頭,街市。

《哀公》:“好肆不守折,長者不爲市。”注:“言喜於市肆之人,不使所

守貨財折耗,而長者亦不能爲此市井盜竊之事。”

埶——威埶:威嚴權勢。

《議兵》:“劫之以埶,隱之以阸。”注:“謂以威埶劫迫之,使出戰。”

飾——文飾:① 掩飾,遮蓋。

《榮辱》:“以相持養,以相藩飾,以相安固邪?”注:“藩飾,藩蔽文

飾也。”

《致士》:“節奏陵而文,生民寬而安。”注:“節奏雖峻,亦有文飾,不

至於刻急。”

② 裝飾;修飾。

《非相》:“鄙夫反是,好其實不恤其文。”注:“但好其質而不知文飾,
　　若墨子之屬也。”

《富國》:“將以明仁之文,通仁之順也。”注:“將以明仁人乃得此文
　　飾,言至貴也。”

《臣道》:“禮義以爲文,倫類以爲理。”注:“用爲文飾。”

《正名》:“故期、命、辨、説也者,用之大文也。”注:“無期、命、辨、説,
　　則萬事不行,故爲用之大文飾。”

《賦篇》:“王曰:‘此夫文而不采者與?’”注:“先王爲解説曰:‘此乃
　　有文飾而不至華采者與?’”

《宥坐》:“非無良材也,蓋曰貴文也。”注:“非無良材大木,不斷絶
　　者,蓋所以貴文飾也。”

使——役使:驅使;支配。

《富國》:“故古之人爲之不然。使民夏不宛暍。”注:“使民,謂役使
　　民也。”

《成相》:“務本節用財無極。事業聽上,莫得相使一民力。”注:“所
　　興事業皆聽於上,群下不得擅相役使,則民力一也。”

壽——壽命:生存的年限。後亦比喻存在的期限或使用的期限。

《賦》:“屢化而不壽者與?”注:“不得終其壽命。”

孰——精孰:精通熟悉。

《富國》:“其於貨財取與計數也,須孰盡察。”注:“孰,精孰也。”

《正名》:“觀其孰行,則能禁之矣。”注:“因觀‘見侮不辱’之説精孰
　　可行與否,則能禁也。”

《正名》:“觀其孰調,則能禁之矣。”注:“觀其精孰得調理與否,則能
　　禁惑於實而亂名也。”

《性惡》:"專心一志,思索孰察。"注:"孰察,精孰而察。"

《性惡》:"析速粹孰而不急。"注:"粹孰,所著論甚精孰也。"

疎——疎漏:粗略錯漏;疏忽缺失。

《禮論》:"屬茨、……,是吉凶憂愉之情發於居處者也。"注:"屬茨,令茨相連屬而已,至疎漏也。"

豎——僮豎:童僕。

《大略》:"食則饘粥不足,衣則豎褐不完。"注:"豎褐,僮豎之褐,亦短褐也。"

舒——舒緩:懈怠,廢弛。

《勸學》:"詩曰:'匪交匪舒,天子所予。'此之謂也。"注:"言彼與人交接,不敢舒緩,故受天子之賜予也。"

孰——成孰:比喻事物發展到完善的程度。

《不苟》:"兼權之,孰計之。"注:"孰,甚也,猶成孰也"

樹——樹立:建立;建樹。

《富國》:"如是,則人有樹事之患,而有争功之禍矣。"注:"若無分,則人人患於樹立己事而争人之功,以此爲禍也。"

數——術數:治國的方法和謀略。

《仲尼》:"其霸也,宜哉! 非幸也,數也。"注:"其術數可霸,非爲幸遇也。"

《富國》:"必時臧餘,謂之稱數。"注:"足用有餘,則以時臧之,此之謂有稱之術數也。"

《議兵》:"故四世有勝,非幸也,數也。"注:"言秦亦非天幸,有術數然也。"

《解蔽》:"由法謂之道,盡數。"注:"由法而不由賢,則天下之道盡於術數也。”

樞——户樞：門軸。亦謂門户。

《富國》：“而人君者，所以管分之樞要也。”注：“樞，户樞也。”

順——和順：和睦順從；和睦融洽。

《王制》：“順州里，定廛宅。”注：“使之和順。”

順——順從：順服；服從。

《富國》：“將以明仁之文，通仁之順也。”注：“通仁人乃得此順從，言
　　不違其志也。”

《子道》：“上順下篤，人之中行也。”注：“上順從於君父，下篤愛於
　　卑幼。”

説——稱説：稱頌，傳説。

《榮辱》：“辯而不説者，争也。”注：“不説，不爲人所稱説。”

説——解説：解釋；説明。

《致士》：“誦説而不陵不犯，可以爲師。”注：“説，謂解説。”

似——似續：繼承；繼續。

《賦》：“性不得則若禽獸，性得之則甚雅似者與？”注：“似，謂似續
　　古人。”

私——私自：私下；暗自。

《臣道》：“聽從而敏，不敢有以私決擇也。”注：“敏，謂承命而速行，
　　不敢更私自決斷選擇也。”

嗣——繼嗣：後嗣；後代。

《哀公》：“若天之嗣，其事不可識。”注：“言聖人如天之繼嗣，衆人不
　　能識其意。”

肆——市肆：市場；市中店鋪。

《哀公》："好肆不守折，長者不爲市。"注："言喜於市肆之人，不使所
　　守貨財折耗，而長者亦不能爲此市井盜竊之事。"

宿——經宿：過了一個晚上。

《大略》："無留善，無宿問。"注："當時即問，不俟經宿。"

隨——相隨：互相依存。

《天論》："列星隨旋，日月遞炤。"注："隨旋，相隨迴旋也。"

T

態——容態：容貌姿態。

《臣道》："善取寵乎上，是態臣者也。"注："以佞媚爲容態。"

逃——逃匿：逃跑；隱匿。

《彊國》："今已有數萬之衆者也，陶誕、比周以爭與。"注："（陶）或曰
　　當爲逃，謂逃匿其情。"

體——大體：重要的義理，有關大局的道理。

《脩身》："篤志而體。"注："厚其志而知大體者也。"

調——調理：調和治理。

《正名》："驗之所緣無以同異，而觀其孰調，則能禁之矣。"注："若觀
　　其精孰得調理與否，則能禁惑於實而亂名也。"

鐵——剛鐵：鋼和鐵的統稱。

《議兵》："宛鉅鐵鉇，慘如蠭蠆。"注："言宛地出此剛鐵爲矛。"

託——依託：僞託；假託。

《賦》："行遠疾速而不可托訊者與？"注："本或作托訓。或曰：與似
　　續同也，言雲行遠疾速不可依託繼續也。"

偷——偷竊：盜竊。

《議兵》：“是事小敵毳則偷可用也。”注：“可偷竊用之也。”

統——體統：體例、綱紀。

《非十二子》：“略法先王，而不知其統。”注：“言其大略雖法先王，而不知體統。”

通——通好：往來交好；結交。

《禮論》：“諸侯之喪動通國，屬大夫。”注：“通國，謂通好之國也。”

涂——道涂：道路。

《榮辱》：“巨涂則讓，小涂則殆。”注：“行於道涂，大道並行則讓之。”

《議兵》：“辟門除涂以迎吾入。”注：“除涂，治其道涂也。”

《禮論》：“蔔筮視日，齋戒脩涂，几筵、饋薦、告祝，如或饗之。”注：“《史記》：‘周文爲項燕視日脩涂。’謂脩自宮至廟之道涂也。”

突——凌（陵）突：衝撞；侵犯。

《榮辱》：“陶誕突盜。”注：“突，凌突不順也。”

《非相》：“突禿長左，軒較之下而以楚霸。”注：“突，謂短髮可凌突人者。”

《致士》：“誦説而不陵不犯，可以爲師。”注：“謂守其誦説，不自陵突觸犯。”

圖——圖謀：謀劃。

《儒效》：“圖回天下於掌上而辯白黑。”注：“言圖謀運轉天下之事如在掌上也。”

徒——胥徒：泛指官府衙役。

《王制》：“人徒有數。”注：“人徒，謂士卒、胥徒也。”

脱——脱略：輕慢不拘。

《禮論》:"凡禮,始乎稅,成乎文,終乎悦校。"注:"《史記》作'始乎脱,成乎文,終乎稅。'言禮始於脱略,成於文飾,終於稅減。"

蜕——蟬蜕:形同蟬蜕的現象。

《大略》:"君子之學如蜕,幡然遷之。"注:"如蟬蜕也。"

W

曼(萬)——萬舞:古代的舞名。先是武舞,舞者手拿兵器;後是文舞,舞者手拿鳥羽和乐器。亦泛指舞蹈。

《正論》:"曼而馈,代罷而食。"注:"曼,當爲萬。列萬舞而進食。"

枉——枉曲:違法曲斷;不公正。

《榮辱》:"斬而齊,枉而順,不同而一。"注:"枉而順,雖枉曲不直,然而歸於順也。"

《臣道》:"傳曰:'斬而齊,枉而順,不同而壹。'"注:"所以枉曲之,取其順也。"

往——往古:古昔;從前。

《解蔽》:"不慕往,不閔來,無邑憐之心。"注:"不慕往古,不閔將來,言惟義所在,無所系滯也。"

妄——愚妄:愚昧而狂妄。

《解蔽》:"夫是之謂妄人。"注:"夫是之謂愚妄之人也。"

文——禮文:指禮樂儀制。

《非相》:"文久而息,節族久而絶。"注:"文,禮文。言禮文久則制度滅息,節奏久則廢也。"

文——節文:禮節;儀式。

《禮論》:"故先王案爲之立文,尊尊、親親之義至矣。"注:"文,謂祭祀節文。”

《禮論》:“事死如事生,事亡如事存,狀乎無形影,然而成文。”注:
　　“言祭祀不見鬼神,有類乎無形影者。然而足以成人道之節
　　文也。”

文——文綵:豔麗而錯雜的色彩。

《王制》:“西海則有皮革、文旄焉。”注:“文旄,謂染之爲文綵也。”

文——文辭:文章。

《正名》:“累而成文,名之麗也。”注:“累名而成文辭,所以爲名之
　　華麗。”

温——温足:謂富裕。

《榮辱》:“其温厚矣,其功盛姚遠矣。”注:“言先王之道於生人,其爲
　　温足也亦厚矣。”

微——微旨:精深微妙的意旨。

《儒效》:“《春秋》言是其微也。”注:“微,謂儒之微旨。”

微——微細:微小;細小。

《儒效》:“弓調矢直矣,而不能以射遠中微,則非羿也。”注:“善射者
　　既能及遠,又中微細之物也。”

《彊國》:“積微:月不勝日,時不勝月,歲不勝時。”注:“積微細之
　　事,月不如日。”

微——細微:細小;隱微。

《王霸》:“人主欲得善射,射遠中微,則莫若羿、蠭門矣。”注:“射及
　　遠,中細微之物。”

《賦》:“精微乎毫毛,而盈大乎寓宙。”注:“寓,與宇同。言細微之時
　　則如毫毛,其廣大則盈大於宇宙之内。”

《堯問》:“執一無失,行微無怠。”注:“行微,行細微之事也。”

《堯問》:“行微如日月。”注:“日月之行,人所不見,似於細微安徐,
　　然而無怠止之時也。”

爲——施爲:作爲;行爲。

《議兵》:“所存者神,所爲者化。”注:“言所至之處畏之如神。凡所
　　施爲,民皆從化也。”

畏——畏懼:害怕。

《天論》:“怪之可也,而畏之非也。”注:“以其罕至,謂之怪異則可,
　　因遂畏懼則非。”

畏——畏憚:畏懼。

《正論》:“是又畏事者之議也!”注:“或曰自以畏憚勞苦,以爲聖王
　　亦然也。”

帷——帷帳:帷幕床帳。

《禮論》:“其貌以象菲、帷、幬、尉也。”注:“帷帳如網也。”

爲——作爲:所作所爲;行爲。

《榮辱》:“非孰脩爲之君子,莫之能知也。”注:“甚脩飾作爲之君
　　子也。”

《非十二子》:“尚法而無法,下脩而好作。”注:“以脩立爲下,而好
　　作爲。”

《禮論》:“非禮義之文也,非孝子之情也,將以有爲者也。”注:“非禮
　　義之節文,孝子之真情,將有作爲。”

《性惡》:“人之性惡,其善者,僞也。”注:“僞,爲也。凡非天性而人
　　作爲之者,皆謂之僞。”

臥——寢臥:睡眠;睡覺。

《解蔽》:"有子惡臥而焠掌,可謂能自忍矣。"注:"惡其寢臥而焠其
　　掌,若刺股然也。"

汙——汙穢:① 卑污;卑下。

《不苟》:"人汙而脩之者。"注:"人有汙穢之行,將脩爲善。"

　　　　　② 玷污;誹謗。

《非十二子》:"故君子恥不脩,不恥見汙。"注:"見汙,爲人所汙
　　穢也。"

汙——穢汙:不潔;骯髒。

《彊國》:"汙漫、爭奪、貪利是也。"注:"汙漫,謂穢汙不脩潔也。漫
　　謂欺誑欺诉也。"

侮——侵侮:侵犯輕慢;侵害欺侮。

《正論》:"子宋子曰:'明見侮之不辱,使人不鬬。'"注:"宋子言若能
　　明侵侮而不以爲辱之義,則可使人不鬬也。"

侮——侮慢:對人輕忽,態度傲慢,乃至冒犯無禮。

《議兵》:"刑威者强,刑侮者弱。"注:"刑當罪,使人可畏則强;不當
　　罪,則人侮慢,故弱也。"

物——器物:器具;物品。

《禮論》:"陶器不成物,薄器不成内。"注:"瓦不成於器物,不可
　　用也。"

《大略》:"口不能言,身能行之,國器也。"注:"如器物,雖不言,而有
　　行也。"

武——武勇:威武勇猛。

《議兵》:"魏氏之武卒,以度取之。"注:"武卒,選擇武勇之卒,號爲
　　武卒。"

X

息——蕃息：滋生；繁衍。

《天論》："所志於地者，已其見宜之可以息者矣。"注："所以記識於
　　地者，其見土宜可以蕃息嘉穀者是也。"

析——離析：分裂；離散；分離。

《王霸》："上詐其下，下詐其上，則是上下析也。"注："離析。"

喜——欣喜：歡喜，高興。

《臣道》："因其喜也，而入其道。"注："欣喜之時，多所聽納，故因以
　　道入之。"

席——蒲席：用蒲葉編織的席子。

《禮論》："疏房、檖貌，越席、牀笫、几筵，所以養體也。"注："越席，翦
　　蒲席也。"

下——謙下：謙遜，屈己待人。

《堯問》："子貢問於孔子曰："賜爲人下而未知也。"注："下，謙
　　下也。"

夏——中夏：指華夏，中國。

《儒效》："居楚而楚，居越而越，居夏而夏。"注："夏，中夏。"

險——傾險：用心邪僻險惡。

《彊國》："好利多詐而危，權謀傾覆幽險而亡。"注："幽深傾險，使下
　　難知，則亡也。"

險——危險：艱危險惡，不安全。

《臣道》："通忠之順，權險之平，禍亂之從聲。"注："權用危險之事，
　　使至於平也。"

險——兇險：兇狠險惡。

《賦》:"天下幽險,恐失世英。"注:"天下幽暗凶險如此,必恐時賢不
　　見用也。"

《宥坐》:"一曰心達而險,二曰行辟而堅。"注:"心達而險,謂心通達
　　於事而凶險也。"

顯——明顯:清楚地顯露出來,容易讓人看出或感覺到。

《致士》:"衡聽、顯幽、重明、退姦、進良之術。"注:"顯幽,謂使幽人
　　明顯。"

憲——憲法:法典,法度。

《王制》:"脩憲命,審詩商。"注:"脩憲法之命,所以表示人也。"

詳——詳備:詳盡;齊備。

《王霸》:"若夫貫日而治詳,一日而曲列之。"注:"積日而使條理詳
　　備,一日如委曲列之,無差錯也。

詳——詳明:審查明白。

《不苟》:"窮則約而詳。"注:"隱約而詳明其道也。"

《仲尼》:"主專任之,則拘守而詳。"注:"謹守職事,詳明法度。"

《成相》:"慎、墨、季、惠,百家之説誠不詳。"注:"言四子及百家好爲
　　異説,故不用心詳明之。"

詳——精詳:精細;周詳。

《天論》:"亂生其差,治盡其詳。"注:"所以治者,在於精詳也。"

鄉——鄉黨:同鄉;鄉親。

《非十二子》:"遇君則脩臣下之義,遇鄉則脩長幼之義。"注:"在鄉
　　黨之中也。"

饗——歆饗:神靈享受供物。

《禮論》:"几筵、饋薦、告祝,如或饗之。"注:"如或歆饗其祀然也。"

相——互相：副詞，表示彼此對等的關係，

《天論》："耳目鼻口形能各有接，而不相能也。"注："其所能皆可以
　　接物，而不能互相爲用。"

象——垂象：上天顯示的徵兆。

《天論》："所志於天者，已其見象之可以期者矣。"注："記識於天者，
　　其見垂象之文，可以知其節候者是也。"

相——贊相：指舉行典禮時司儀贊唱導引各種儀式。

《大略》："善爲《禮》者不相。"注："相，謂爲人贊相也。"

邪——回邪：不正；邪僻。

《仲尼》："主安近之，則慎比而不邪。"注："謹慎親比於上，而不回邪
　　諂佞。"

邪——奸邪：指奸詐邪惡的事或人。

《宥坐》："邪民不從，然後俟之以刑，則民知罪矣！"注："百姓既往，
　　然後誅其奸邪也。"

泄——漏泄：泄漏。

《解蔽》："周而成，泄而敗，明君無之有也。"注："以周密爲成，以漏
　　泄爲敗。"

信——親信：親近；信任。

《富國》："其信者不愨，是闇主已。"注："信者不愨，所親信者不愿
　　愨也。"

幸——幸遇：幸運的際遇。

《仲尼》："夫又何可亡也？其霸也，宜哉！非幸也，數也。"注："其術
　　數可霸，非爲幸遇也。"

幸——僥（徼）幸：① 希求意外獲取成功或幸免災害。猶幸運。

《王制》:"朝無幸位,民無幸生。"注:"幸,僥幸也。"

        ② 徼,通"僥"。作非分企求。

《富國》:"'朝無幸位,民無幸生。'此之謂也。"注:"上下所爲之事,皆以稱數推之,故無徼幸之徒。"

幸——天幸:天賜之幸;僥倖。

《議兵》:"故四世有勝,非幸也,數也。"注:"言秦亦非天幸,有術數然也。"

行——巡行:出行巡察;巡視。

《王制》:"通溝澮,行水潦,安水臧。"楊注:"行,巡行也。"

形——地形:地勢;地面的形狀。

《彊國》:"天材之利多,是形勝也。"注:"形,地形便而物産多,所以爲勝。"

修——進修:猶言進德修業。

《禮論》:"大夫之喪動一國,屬脩士。"注:"脩士,士之進脩者,謂上士也。"

虛——空虛:不充實,貧乏。

《儒效》:"遵道則積,夸誕則虛。"注:"遵道則自委積,夸誕則尤益空虛也。"

須——須暇:等待寬暇。猶言放寬時間。

《王制》:"職而教之,須而待之。"注:"須而待之,謂須暇之而待其遷善也。"

旋——回旋:轉動;運轉。

《天論》:"列星隨旋,日月遞炤。"注:"隨旋,相隨迴旋也。"

選——簡擇:選擇。

《儒效》:"遂選馬而進。"注:"選,簡擇也。"

縣——縣隔:懸殊,相差極遠。

《非十二子》:"曾不足以容辨異、縣君臣。"注:"上下同等,則其中不
　　容分別而縣隔君臣也。"

《富國》:"功名未成,則群衆未縣也。"注:"有功名者居上,無功名者
　　居下,然後群衆縣隔。"

《富國》:"群衆未縣,則君臣未立也。"注:"既無縣隔,則未有君臣之
　　位也。"

眩——眩惑:炫目;迷惑。

《正名》:"彼誘其名,眩其辭,而無深於其志義者也。"注:"眩惑其辭
　　而不實。"

縣——縣系:持續。

《彊國》:"其縣日也博,其爲積也大。"注:"所縣系時日多也。"

《性惡》:"加日縣久,積善而不息。"楊注:"縣久,縣系以久長。"

宣——宣露:顯露;外露。

《解蔽》:"宣而成,隱而敗,闇君無之有也。"注:"以宣露爲成,以隱
　　蔽爲敗。"

Y

言——言論:言詞;發表的議論或意見。

《非十二子》:"然而其持之有故,其言之成理,足以欺惑愚衆。"注:
　　"其言論能成文理,故曰'言之成理'。"

厭——厭惡:討厭;憎惡。

《禮論》:"禮者,謹於吉凶不相厭者也。"注:"或曰:不使相厭惡,

非也。"

厭——厭倦：對某種活動失去興趣，不願繼續做。

《非相》："故君子之於言無厭。"注："無厭倦也。"

《非相》："故君子之行仁也無厭。"注："無厭倦時。"

要——要約：立盟；立約；約定。

《王霸》："臣下曉然皆知其可要也。"注："皆知其可與要約不欺也。"

《王霸》："官人失要則死，公侯失禮則幽。"注："要，政令之要約也。"

《王霸》："所使要百事者誠仁人也。"注："主百事之要約網紀者，謂
　　相也。"

《禮論》："孰知夫出死要節之所以養生也。"注："要節，自要約以節
　　義，謂立節也。"

億——億度：測度；揣測。

《賦》："暴至殺傷而不億忌者與？"注："謂雷霆震怒，殺傷萬物，曾不
　　億度疑忌。"

逸——奔逸：快跑，迅速前進。

《宥坐》："其應佚若聲響。"注："佚，與逸同，奔逸也。"

易——移易：移動改變。

《哀公》："若性命肌膚之不可易也。"注："言固守所見，如愛其性命
　　肌膚之不可以他物移易者也。"

宜——合宜：適合；適宜。

《儒效》："人主用之，則埶在本朝而宜。"注："言儒者得權埶在本朝，
　　則事皆合宜也。"

《大略》："不時宜，不敬交，不驩欣，雖指，非禮也。"注："宜，謂
　　合宜。"

倚——偏倚：偏向。

《解蔽》:"倚其所私,以觀異術,唯恐聞其美也。"注:"倚,任也。或曰,偏倚也。"

《性惡》:"倚而觀天下民人之相與也。"注:"倚,任也。或曰:倚,偏倚,猶傍觀也。"

易——平易：① 平坦;寬廣。

《富國》:"民富則田肥以易。"注:"易,謂耕墾平易。"

② 平和;寧静。

《榮辱》:"安利者常樂易。"注:"樂易,歡樂平易也。"

③ 平實;簡易。

《正名》:"徑易而不拂,謂之善名。"注:"徑疾平易,而不違拂,謂易曉之名也。"

《富國》:"則其道易,其塞固。"注:"平易可行。"

《正名》:"夫是之謂以己爲物役矣。"注:"己爲物之役使。"

役——役用：役使;使用。

《大略》:"人主仁心設焉,知其役也,禮其盡也。"注:"人主根本所施設在仁,其役用則在知,盡善則在禮。"

役——勞役：勞苦。

《脩身》:"程役而不録。"注:"役,勞役。於功程及勞役之事怠惰而不檢束。"

役——徒役：服勞役的人。

《彊國》:"然而秦使左案左,使右案右,是能使讎人役也。"注:"秦能使讎人爲之徒役。"

邑——縣邑：縣城。

《彊國》：“及都邑官府，其百吏肅然。”注：“至縣邑之解署。”

役——役使：驅使；支配。

《仲尼》：“不善用之，則楚六千里而爲讎人役。”注：“楚懷王死於秦，其子襄王又爲秦所制而役使之也。”

抑——抑損：貶低；貶損。

《彊國》：“無僇乎族黨而抑卑乎後世。”注：“雖無刑戮之恥，而後世亦抑損卑下。”

一——專一：專注。

《禮論》：“人一之於禮義，則兩得之矣；一之於情性，則兩喪之矣。”注：“專一於禮義，則禮義、情性兩得；專一於情性，則禮義、情性兩喪也。”

《解蔽》：“類不可兩也，故知者擇一而壹焉。”注：“凡事類皆不可兩，故知者精於一道而專一焉。”

野——郊野：泛指城邑之外的地方。

《脩身》：“不由禮則夷固僻違、庸衆而野。”注：“野，郊野之人。”

《大略》：“野人也，不可以爲天子大夫。”注：“言四子皆類郊野之人。”

吟——吟詠：吟誦玩味。

《不苟》：“盜跖吟口，名聲若日月。”注：“吟口，吟詠長在人口也”

螾——蚯螾（蚓）：環節動物名。體型圓長而柔軟，經常穿穴泥中。

《勸學》：“螾無爪牙之利。”注：“螾，與蚓同，蚯蚓也。”

隱——幽隱：隱居未仕的人。

《成相》：“上通利，隱遠至。”注：“上通利，不壅蔽，則幽隱、遐遠者皆至也。”

隱——隱蔽：遮掩；隱藏。

《榮辱》:"是故窮則不隱。"注:"不隱,謂人不能隱蔽。"

《議兵》:"隱之以阨。"注:"謂隱蔽以險阨,使敵不能害。"

《解蔽》:"宣而成,隱而敗,闇君無之有也。"注:"以宣露爲成,以隱蔽爲敗,闇君亦無此事也。闇君務在隱蔽而不知昭明之功也。"

隱——隱藏：隱蔽；隱居。

《正論》:"天下無隱士,無遺善。"注:"無隱藏不用之士也。"

應——報應：佛教語。原謂種善因得善果,種惡因得惡果,後專指種惡因得惡果。

《彊國》:"彼先王之道也,一人之本也,善善、惡惡之應也。"注:"言彼賞罰者乃先王之道,齊一人之本,善善、惡惡之報應也。"

盈——盈滿：充盈；充滿。

《大略》:"《國風》之好色也,傳曰:'盈其欲而不愆其止。'"注:"欲雖盈滿,而不敢過禮求之。"

　　　② 謂到達極限。

《宥坐》:"盈不求槩,似正。"注:"槩,平斗斛之木也。《考工記》曰'槩而不稅',言水盈滿則不待槩而自平,如正者不假於刑法之禁也。"

由——由於：介詞。表示原因或理由。

《勸學》:"生乎由是,死乎由是,夫是之謂德操。"注:"死生必由於學,是乃德之操行。"

《大略》:"故由用謂之道,盡利矣。"注:"若由於用,則天下之道無復仁義,皆盡於求利也。"

猶——猶豫：遲疑不決。

《非十二子》：“世俗之溝猶瞀儒，嚾嚾然不知其所非也。”注：“猶，猶豫也，不定之貌。”

幽——幽暗：昏暗不明。

《賦》：“天下幽險，恐失世英。”注：“天下幽暗兇險如此，必恐時賢不見用也。”

幽——幽人：幽隱之人；隱士。

《致士》：“衡聽、顯幽、重明、退姦、進良之術。”注：“顯幽，謂使幽人明顯。”

幽——幽深：心術極深，陰險難測。

《彊國》：“好利多詐而危，權謀傾覆幽險而亡。”注：“幽深傾險，使下難知，則亡也。”

用——財用：財物；財富。

《王制》：“聖王之用也。”注：“用，財用也。”

庸——凡庸：平凡；平庸。

《脩身》：“不由禮則夷固僻違、庸衆而野。”注：“庸，凡庸。”

傭——傭鄙：庸俗；鄙陋。

《非相》：“遠舉則病繆，近世則病傭。”注：“遠舉上世之事則患繆妄，下舉近世之事則患傭鄙也。”

傭——傭作：受雇爲人工作。

《議兵》：“是其出賃市傭而戰之，幾矣。”注：“此與賃市中傭作之人而使之戰，相去幾何也？”

《正名》：“心平愉，則色不及傭而可以養目。”注：“所視之物不及傭作之人，亦可養目。”

豫——備豫:防備;準備。

《仲尼》:"曲重其豫,猶恐及其畋,是以百舉而不陷也。"注:"委曲重
多而備豫之,猶恐其及畋。畋,與禍同。"

予——賜予:賞賜、賜予。

《勸學》:"詩曰:'匪交匪舒,天子所予。'此之謂也。"注:"言彼與人
交接,不敢舒緩,故受天子之賜予也。"

與——賜與:賞賜;給與。

《富國》:"其於貨財取與計數也,須孰盡察。"注:"與,謂賜與。"

與——付與:交付;給與。

《王霸》:"何法之道,誰子之與也。"注:"既非封焉之謂,問以何法導
達之,求誰人付與之。"

與——親與:親近交好。

《王霸》:"約結已定,雖覩利敗,不欺其與。"注:"與,相親與之國。"

怨——怨惡:怨恨憎惡。

《臣道》:"因其怒也,而除其怨。"注:"怨惡之人,因君怒除去之也。"

遠——遐遠:遼遠;遙遠。亦指遙遠的地方。

《成相》:"上通利,隱遠至。"注:"上通利,不壅蔽,則幽隱、遐遠者皆
至也。"

遠——長遠:長久。

《榮辱》:"其溫厚矣,其功盛姚遠矣。"注:"姚,與遙同,言功業之盛,
甚長遠也。"

愿——愿慤:樸實,誠實。

《王制》:"析愿禁悍而刑罰不過。"注:"分其愿慤之民,使與凶悍者
異也。"

約——簡約：簡單；簡潔。

《王制》：“神明博大以至約。”注：“言用禮義治化，雖神明博大，原其本至簡約也。”

約——省約：簡約；減省。

《正名》：“故比方之疑似而通，是所以共其約名以相期也。”注：“共其省約之名，以相期會而命之。”

約——隱約：謂義深而言簡。

《勸學》：“《春秋》約而不速。”注：“文義隱約，褒貶難明，不能使人速曉其意也。”

《不苟》：“窮則約而詳。”注：“隱約而詳明其道也。”

悦——悦服：心悦誠服。

《富國》：“縱欲而不窮，民心奮而不可説也。”注：“説，讀爲悦。若縱其性情而無分，則民心奮起争競而不可悦服也。”

芸——芸鋤：芟刈；耕耘。芸，通“耘”。

《彊國》：“堂上不糞，則郊草不瞻曠芸。”注：“芸，謂有草可芸鋤也。”

Z

雜——雜亂：多而亂；無秩序、條理。

《賦》：“脩潔之爲親而雜汙之爲狄者邪？”注：“智脩潔則可相親，若雜亂穢汙，則與夷狄無異。”

災——災怪：禍患，災難。

《仲尼》：“有災繆者，然後誅之。”注：“有災怪繆戾者，然後誅之，非顛倒其敵也。”

災——災害：天災人禍造成的損害。

《脩身》:"菑然必以自惡也。"注:"菑,讀爲災。災然,災害在身
　　之貌。"

《天論》:"其菑甚慘。"注:"其災害人則甚慘毒也。"

澡——澡濯:洗澡。

《正論》:"治古無肉刑而有象刑:墨黥、慅嬰、……治古如是。"注:
　　"當爲澡嬰。謂澡濯其布爲纓。"

澤——潤澤:形容有光澤。

《非十二子》:"飾非而好,玩姦而澤。"注:"習姦而使有潤澤也。"

《禮論》:"故説豫娩澤,憂戚萃惡,是吉凶憂愉之情發於顏色者也。"
　　注:"澤,顏色潤澤也。"

《宥坐》:"五曰順非而澤。"注:"澤,有潤澤也。"

齎——資借:憑藉;藉助。

《大略》:"非其人而教之,齎盜糧、藉賊兵也。"注:"若使不善人教非
　　君子,是猶資藉盜賊之兵糧,爲害滋甚,不如不教也。齎,與
　　資同。"

詔——詔告:以皇帝的名義發布告示。

《大略》:"舜之治天下,不以事詔而萬物成。"注:"不以事詔告,但委
　　任而已。"

昭——昭明:顯明;顯著。

《賦》:"幽晦登昭,日月下藏。"注:"言幽闇之人登昭明之位,君子明
　　如日月,反下藏也。"

占——占候:視天象變化以附會人事,預言吉凶。

《王制》:"相陰陽,占祲兆。"注:"占,占候也。兆,萌兆。"

遭——遭回:輾轉;盤旋;縈繞。

《賦》：“尾生而事起，尾遒而事已。”注：“尾遒回盤結，則箴功畢也。”

瞻——瞻視：觀看。

《彊國》：“堂上不糞，則郊草不瞻曠芸。”注：“堂上猶未糞除，則不暇瞻視郊野之草有無也。”

張——張大：發揚光大。

《成相》：“道古賢聖基必張。”注：“古之賢聖，基業必張大也。”

張——開張：開放；公布。

《儒效》：“張法而度之。”注：“開張其法以測度之。”

兆——萌兆：預兆。

《王制》：“相陰陽，占祲兆。”注：“占，占候也。兆，萌兆。”

淖——泥淖：爛泥；淤泥。

《脩身》：“行而供冀，非漬淖也。”注：“凡行自當恭敬，非謂漬於泥淖也。”

《正論》：“而淖陷之，以偷取利焉。”注：“因以欺愚者，猶於泥淖之中。”

折——面折：當面批評、指責。

《臣道》：“矯然剛折，端志而無傾側之心。”注：“剛折，剛直面折也。”

折——摧折：挫折，打擊。

《法行》：“折而不橈，勇也。”注：“雖摧折而不橈屈，似勇者。”

折——折耗：損失消耗。

《哀公》：“好肆不守折，長者不爲市。”注：“言喜於市肆之人，不使所守貨財折耗，而長者亦不能爲此市井盜竊之事。”

珍——珍貴：珍愛；重視。

《正名》：“小家珍説之所願皆衰矣。”注：“宋、墨之家自珍貴其説，願人之去欲寡欲者,皆衰矣。"

争——争競: 争鬥;争勝。

《富國》:"天下尚儉而彌貧,非鬪而日争。"注:"物不能贍,雖以鬪爲非,而日日争競也。"

徵——徵驗: 應驗;證實。

《王霸》:"是治國之徵也。"注:"徵,驗也。治國之徵驗在分定。"

質——本質: 指人的本性;資質。

《儒效》:"習俗移志,安久移質。"注:"安之既久,則移本質。"

智——才智: 才能;智慧。

《解蔽》:"申子蔽於執而不知知。"注:"其説但賢得權執,以刑法馭下,而不知權執待才智然後治。"

質——形質: 外形;實質。

《正名》:"正名而期,質請而喻。"注:"質,物之形質。"

至——精至: 工巧;細緻。

《禮論》:"大路之馬必倍至教順,然後乘之,所以養安也。"注:"倍至,謂倍加精至也。"

枝——樹枝: 樹木的枝條。

《解蔽》:"心枝則無知,傾則不精。"注:"枝,旁引如樹枝也。"

治——政治: 政事的治理。

《大略》:"天子、諸侯子十九而冠,冠而聽治,其教至也。"注:"雖人君之子,猶年長而冠,冠而後聽其政治,以明教至。"

支——支分: 支使;分派。

《富國》:"其候徼支繚,其竟關之政盡察。"注:"支繚,支分繚繞,言委曲巡警也。"

指——指陳：指明和陳述。

《儒效》："雖有聖人之知，未能僂指也。"注："僂，疾也。言雖聖人亦
　　不可疾速指陳。"

職——職任：職責；任務。

《天論》："夫是之謂天職。"注："四時行焉，百物生焉，天之職任
　　如此。"

秩——秩祿：俸祿。

《王霸》："百官則將齊其制度，重其官秩。"注："厚重其秩祿，使不
　　貪也。"

治——治化：謂治理國家、教化人民。

《議兵》："故兵大齊則制天下，小齊則治鄰敵。"注："治鄰敵，言鄰敵
　　受其治化耳。"

枝——枝子：庶子。

《儒效》："故以枝代主而非越也。"注："枝，枝子。"

止——制止：阻止。

《正名》："故欲過之而動不及，心止之也。"注："言欲過多而所作爲
　　不及其欲，由心制止之也。

衆——衆多：許多。

《儒效》："億萬之衆而博若一人。"注："雖博雜衆多，如理一人之
　　少也。"

重——厚重：豐厚。

《王霸》："百官則將齊其制度，重其官秩。"注："厚重其秩祿，使不
　　貪也。"

中——中央：四方之中。

《大略》:"故王者必居天下之中,禮也。"注:"此明都邑居土中之意,
　　不近偏旁,居中央。"

忠——忠心:真誠;忠誠。

《禮論》:"故事生不忠厚、不敬文,謂之野。"注:"忠厚,忠心篤厚。"

衷——衷心:内心;心中。

《子道》:"不從命乃衷,從命則親辱。"注:"謂善發於衷心矣。"

屬——連屬:連接;連續。

《禮論》:"屬茨、……,是吉凶憂愉之情發於居處者也。"注:"屬茨,
　　令茨相連屬而已,至疎漏也。"

篡——篡奪:篡取君位。

《臣道》:"朋黨比周,以環主圖私爲務,是篡臣者也。"注:"篡臣者,
　　篡奪君政也。"

卒——卒伍:古人軍隊編制,五人爲伍,百人爲卒。

《議兵》:"故仁人之兵,聚則成卒,散則成列。"注:"卒,卒伍。"

作——動作:行爲舉動。

《天論》:"養備而動時,則天不能病。"注:"養生既備,動作以時,則
　　疾疹不作也。"

《解蔽》:"作之,則將須道者之虛則入。"注:"將,行也。作之則行,
　　言人心有動作則自行也。"

助——輔助:助手;幫手。

《大略》:"苟不求助,何能舉?"注:"既無輔助,必不勝任矣。"

誅——誅伐:討伐;聲討。

《大略》:"文王誅四,武王誅二,周公卒業,至成、康,則案無誅已。"
　　注:"言周公終王業,猶不得無誅伐,至成、康然後刑措也。"

箸——明箸：鮮明顯著。

《彊國》："霸者之善箸。"注："霸者其善明箸。"

注——注意：留意。謂把心神集中在某一方面。

《榮辱》："小人注錯之過也。"注："注錯，謂所注意錯履也。"

逐——逐去：驅逐；去掉。

《致士》："誠信如神，夸誕逐魂。"注："逐魂，逐去其精魂，猶喪精也。"

訾——毀訾：詆毀、非議。

《榮辱》："博而窮者，訾也。"注："言詞辯博而見窮蹙者，由於好毀訾也。"

資——資材：稟賦，資性。

《性惡》："生而離其樸，離其資，必失而喪之。"注："言人若生而任其性，則離其質樸而偷薄，離其資材而愚惡，其失喪必也。"

《性惡》："所謂性善者，不離其樸而美之，不離其資而利之也。"注："不離質樸、資材，自得美利。"

《性惡》："使夫資樸之於美，心意之於善。"注："使質樸資材自善。"

訾——訾毀：詆毀、非議。

《非十二子》："離縱而跂訾者也。"注："跂訾，亦謂跂足自高而訾毀於人。"

恣——縱恣：肆意放縱。

《解蔽》："人孰欲得恣而守其所不可，以禁其所可?"注："人心誰欲得縱恣而肯守其不合意之事，以自禁其合意者?"

縱——放縱：放任而不受約束。

《非十二子》："離縱而跂訾者也。"注："離縱，謂離於俗而放縱。"

縳(撙)——撙節：抑制；節制。

《不苟》："不能則恭敬縳絀，以畏事人。"注："縳，與撙同。謂自撙節貶損。"

撙——撙抑：抑制；壓制。

《儒效》："以相薦撙，以相恥怍，君子不若惠施、鄧析也。"注："謂相蹈藉、撙抑，皆謂相陵駕也。"

怍——慚怍：羞愧。

《儒效》："舉統類而應之，無所儗怎。"注："儗，讀爲疑。怎，與怍同。奇物怪變卒然而起，人所難處者，大儒知其統類，故舉以應之，無所疑滯慚怍也。"

後　記

　　這本小書是在我的博士學位論文的基礎上修改而成的。2011年秋，我來到了復旦校園重温學生時光。對我來説，這是極爲難得的機會，是先師吴金華向我敞開了這扇大門。世上有兩種恩情是永遠也報答不了的：一是養育之恩，一是知遇之恩。父母的養育之恩自不必説，然此乃上天注定；而知遇之恩，卻是芸芸衆生、茫茫人海之中的幸運相會。引用一句流行歌詞所説，這是"我在佛前苦苦求了幾千年"都求不來的際遇，是先生把這彌足珍貴的機會賜予了我！

　　吴先生讓我感受到了什麼是嚴謹不苟的治學態度、什麼是平易親和的處世風格。先生花了整整一學期的時間專門爲我講授《荀子》和楊倞注，他説："我和你一起來讀《荀子》，這學期的課就是專爲你一人開設的。"先生常教導我説："古文獻整理和古漢語研究要密切結合，古文獻整理與古漢語研究須兼治。"是先生爲我開啟了詞彙學、文獻學研究的門徑，也爲我敲定了"《荀子》和楊注詞彙研究"這一選題。俗話説"一日爲師，終生爲父"，先生之恩，雖不同於父母養育之恩，但在學術生涯上，卻也是恩同再造。無奈人生如夢，轉瞬雲烟，我總覺得先生年富力强、活力旺盛，可是，天不假年，2013年6月2日凌晨，先生卻溘然長逝！泰山其頹，哲人其萎，痛矣傷嗟！先生的音容笑貌歷歷在目，先生的教言至今縈繞耳畔。先生的真、先生的善、先生的美，永遠留在我心裏。我只能以潛心學術、專注於文，作爲對先生永遠的憶念！

不幸之中萬幸的是，在痛失吳師之後，我有幸投入了劉曉南老師門下。其實，早在十幾年前在湖南師範大學讀本科期間，我就已經聆聽到劉老師的授課，繼而三年碩士期間，劉老師的《音韻學》課程我也是追隨始終。不知是不是一切在冥冥之中都早已注定，十五年後，我最終還是輾轉投到了劉老師門下。劉老師對學生的極度負責、良苦用心，讓人感動！可以説，我的學位論文的全部寫作過程，都是在劉老師的悉心指導下完成的。劉老師不厭其煩地多次爲我批閱論文，從文章布局到章節標題，從觀點立意到遣詞造句，從最初的研究思路到今天書稿即將付梓時爲我撰序，每一字、每一句，無不凝聚着劉老師的心血！

在論文送審、答辯和書稿修訂過程中，我有幸得到了許多前輩學者的鼓勵與指教，他們是魯國堯、汪少華、黃笑山、陳廣宏、鄭利華、汪維輝、華學誠、李運富等先生，謹向上述各位先生致以誠摯的謝意！在滬求學期間，我還要感謝復旦大學古籍所的蘇杰老師、季忠平老師，他們對我的論文提出了修改建議，季老師更是慷慨惠賜了自己收藏的寶貴資料。還有何凌霞老師，我倆年齡相仿，見面總有説不完的話。與何老師的友誼，是我異地求學生活中的温暖和慰藉。

從復旦畢業已經三年有餘。三年來，我對學位論文作了較大修改，全書由原來的四章變成了現在的七章，將原第三章第三節"楊倞注複音詞構詞的語義理據探究"獨立爲第五章，新增了第四章"楊倞注複音詞衍生的語用目的分析"、第七章"楊倞注研究與《荀子》整理"。這樣，第四、第五章的内容就分別從語用和語義兩個層面對《荀子》到楊注詞彙雙音化現象進行了理論層面的探討；新增的第七章和原有的第六章則分別從《荀子》楊倞注對《漢語大詞典》的補正和對《荀子》整理的考辨這兩個方面的應用價值進行了闡述。做這樣的結構調整和内容增補，凸顯了本書立足於注釋文體研究詞彙史的獨特視角，也更有利於達成本書旨在爲漢語詞彙演變研究提供注釋文體方面的資料和依據的研究目標。再加上第六、第七章對楊倞注在辭書編修和古籍整理方面應用價值的闡述，就使得本書内容形成了一個由對專書語言現象做客觀描寫和歸納，到基於語言現象做理論分析，再到將理論用於實踐研究的科學、完整的篇章結構。此外，在具體内容上也做了不少修正和完善，如第二章"單音詞：更替與演變"下"梁/橋"條，在增補了新的材料、對某些環節重新作了考證之後，已刊於《中國語文》（2016 年第 2 期），"盜、窃/偷"條在結構和内容上都做了大幅改动，也已在《勵耘語言學刊》（2016 年第 3 期）刊出。由於這兩節是本書稿的有機組成部分，故仍然收入本書之中。

就在書稿修訂過程中，我有幸以"《毛詩》古注中的語詞替換與漢語詞彙演變的研究"爲題獲得了 2018 年度國家社科基金資助。雖然國家社科項目與本書稿的研究對象不同，但二者都是立足於古籍母本與其後世注文的詞彙比較所開展的詞彙演變研究，研究思路和方法一脈相承。而且，國家社科項目的獲准立項，一方面更堅定了我立足於注釋材料研究詞彙史的信心，從而放心大膽對本書稿作深入修改；另一方面也爲本書稿的最終完成提供了經費支持。

　　飲水思源。此時此刻，我也想起了我的碩士導師陳建初教授。在我還只是一個懵懂無知的年少學生的時候，是陳老師領我進入了漢語史研究的大門。我初學寫作漢語史論文時，手足無措，完全不得要領，是陳老師手把手地教我寫作，耐心給我指導，我一直記得老師給我看過的論文稿子上那密密麻麻的紅色批注！陳老師的認真嚴謹，讓我深深體會到了漢語史研究"無一字無來處"的樸學作風！

　　我尤其要感謝我先生，他總是毫不猶豫地支持我的一切選擇。十幾年來，他像嚴師般督促我的惰性，像兄長般包容我的任性，像朋友般傾聽我的煩惱。在我論文寫作和書稿修訂陷於停滯時鼓勵我振作；在我離家求學的日子裏，獨自承擔了撫養和教育兒子的重任。如果沒有他這個堅強後盾的大力支持和無條件付出，我要在學術道路上走到今天，是絕對無法想象的。

　　本書的出版得到了江蘇師範大學文學院的大力支持和資助，沙先一院長和張仲謀教授給本書提出了寶貴的修改意見。正是在他們的關心和幫助下，本書才得以順利出版。本書還承上海古籍出版社姚明輝博士認真審定和評閱。姚明輝編輯的高度責任心和極度嚴謹的作風，令人感動！在此一併致謝！

圖書在版編目(CIP)數據

古詞今語:《荀子》與楊倞注詞彙比較研究 / 霍生
玉著. —上海:上海古籍出版社,2019.3
ISBN 978-7-5325-9147-3

Ⅰ.①古… Ⅱ.①霍… Ⅲ.①古漢語-詞彙-研究-
上古②《荀子》-詞彙-研究 Ⅳ.①H131②B222.65

中國版本圖書館 CIP 數據核字(2019)第 044981 號

古詞今語

——《荀子》與楊倞注詞彙比較研究

霍生玉　著

上海古籍出版社出版發行

(上海瑞金二路 272 號　郵政編碼 200020)

(1) 網址:www.guji.com.cn

(2) E-mail:guji1@guji.com.cn

(3) 易文網網址:www.ewen.co

浙江臨安曙光印務有限公司印刷

開本 890×1240　1/32　印張 15.25　插頁 3　字數 328,000
2019 年 3 月第 1 版　2019 年 3 月第 1 次印刷
ISBN 978-7-5325-9147-3

H·204　定價:78.00 元

如有質量問題,請與承印公司聯繫